KB260444

이주민 정책과 서비스

이주민 정책과 서비스

이기영 안혜영 이민영 박은숙 박윤숙 김현경 김선화

그리스도대학교 남북통합지원센터 편

사회복지 전문출판 나눔의집

그리스도대학교는 "남북통합시대를 대비한 복지전문인력 양성 및 허브 구축"이라는 주제로 2007~2008년도 교육인적자원부(교육과학기술부) 수도권대학 특성화사업 지원대상으로 선정되어 2008년 4월까지 그 1차년도 사업을 완료하게 되었습니다.

그간 본교 남북통합지원 SSNI^{Support for South-North Integration} 특성화사업단(http://ssni.kcu.ac.kr)은 사회복지학부 안에 남북통합지원 특성화과정을 세계 최초로 개설하여 장학금을 통해 우수학생을 선발하고 새터민 전문가 양성 프로젝트를 시작하였습니다. 그 다양한 사업 가운데 핵심 사업은 다름 아닌 남북통합지원 특성화교과목의 신규 개발이었고, 그 성과가 바로 이번에 출간되는 남북통합지원 특성화 교재총서 시리즈입니다. 이 총서의 발간으로 비로소 우리 대학은 세계 최초 북한이탈주민 전문가 양성의 요람으로서 위상을 확고히 하게 되었습니다.

2007년 말 1만 명을 돌파하고 2008년 현재까지 2만 명에 육박하는 등 최근 급증세를 보이는 북한이탈주민은 1백만 명을 돌파한 다문화이주민과 함께 새로운 취약계층으로 급속히 부각되고 있습니다. 그럼에도 불구하고 이들에 대한 체계적인 한국사회 안내 및 적응 프로그램은 아직도 걸음마단계를 벗어나고 있지 못합니다. 이런 점에서 본교 특성화사업단에서 개발한 교재총서는 그 시발점이 될 것으로 확신합니다. 2차년도에서 개발할 교재총서까지 합하면 결코 적지 않은 양과 질이 될 것입니다.

본교 특성화사업은 우선 북한이탈주민을 주요 대상으로 설정하였지만 장기적으로는 다문화이주민까지 포괄하게 될 것입니다. 「북한이탈주민의 보호 및 정착지원에 관한 법률」과 「재한외국인 처우기본법」, 「다문화가족 지원법」 등 법체계의 구비로 본교 특성화사업은 큰 힘을 얻고 있습니다.

본 교재총서 집필에 참여하신 교내외 전문가들께 감사와 치하의 말씀을 드리며, 그간 본 특성화사업 제1차년도 사업에 혼신의 노력을 기울이신 박영희 단장님 이하 9인의 위원교수님들께 심심한 사의를 표하는 바입니다.

감사합니다.

2008. 4.

그리스도대학교 총장 고성주

I

서론 〈이기영〉 • **9**

II

이주현상(migration) • **17**

1장 이주 경향과 이론적 관점 〈김현경〉 / 19

2장 이주민 특성 〈김현경〉 / 51

III

이주민 정책의 역사와 현황 • **63**

3장 외국의 이주민 정책: 역사와 현황 〈이기영〉 / 65

4장 외국의 이주민 정책: 정착지원 〈이기영〉 / 73

5장 한국의 이주민 정책 〈박은숙〉 / 91

IV

북한이주민 지원정책과 서비스 현황 • **147**

6장 북한이탈주민 지원정책 및 공공서비스 〈박윤숙〉 / 149

7장 북한이주민 지원서비스 전달체계 〈안혜영〉 / 197

V

북한이주민 문제와 사회복지적 개입 • **233**

8장 북한이주민 지원 민간서비스 〈김선화〉 / 235

9장 북한이주민 문제에 대한 사회복지 역할 〈김선화〉 / 257

VI

이주민 지원정책 논의의 확장 • **291**

10장 북한이주민의 지역사회통합: 정착지원센터모형을 중심으로 〈김선화〉 / 293

11장 이민정책과 북한이주민정책 조화 〈이민영〉 / 331

VII

결론 〈이기영〉 • **359**

I

서론

이 기 영

국제이주^{international migration}는 세계적 현상이 되었다. 과거의 특정한 국가 간, 혹은 가까운 지역 간의 일로 여겨져 왔던 국경을 넘는 이주는 전 세계적으로 이미 보편화, 대규모화, 일상화되고 있다(엄한진, 2006). 상대적 경제이익이 존재하거나, 생활의 윤택함이 더욱 잘 보장될 수 있는 지역이면 어디든지 이주하려는 자발적 이민자들의 욕구가 팽배해졌고 기술문명의 진전과 이동수단의 발달로 그러한 욕구를 빈번히 실현해내고 있다. 한편으로 민족 및 국가 간 분쟁과 갈등은 새로운 세기를 시작하면서도 끊임없이 지속되어, 수많은 난민과 정치적 망명자와 같은 비자발적 이주자들의 수용과 정착은 국제이주의 또 하나의 큰 영역이 되고 있다. 이에 덧붙여 잦은 자연재해, 그로 인한 생활경제의 피폐는 지구촌 주민들을 기아와 절대빈곤의 상황으로 내몰아 환경난민과 같은 유형의 방랑인들을 배출하고 있다. 지구촌 모든 국가들이 이러한 이주자들의 배출지역 혹은 수용지역과 관련되어 있다.

한국도 예외는 아니다. 1960년대 이후 경제성장과 함께 이루어진 도·농간 이동이 한국사회 내의 유일한 이주현상으로 사회적으로 문제시되던 것이 과거 상황이라면, 1990년대 이후 빠르게 증가하는 다양한 유형들의 외국인들과 이들의 장기체류 및 정주경향의 발생(설동훈, 2006)은 한국사회를 국제이주의 문제와 결코 무관할 수 없는 처지로 만들고 있다. 구체적으로는 1980년대 후반부터 시작된 외국인노동자의 유입은 이미 20년 가까운 역사를 가지게 되었고 최근 결혼이민자의 이주 또한 급격히 증가하고 있다. 민족 내부집단으로서 탈북자가 지속적으로 입국하고 있고 외국인 유학생 등 체류외국인의 숫자가 증가하며 체류기간이 장기화되고 있다. 이로써 한국사회의 다문화 사회로의 진입이 하나의 현실적인 진단으로 인식되고 있다(조옥라 외, 2006; 김혜순 외, 2006).

한국사회는 미국, 캐나다, 호주 등과 같은 전통적 이민국가와는 다른 경험과 환경을 가진다. 역사적으로 대량이민을 수용해본 적이 없고 그러므로 다양한 민족적·문화적 소수자집단들의 문화가 사회구성원들의 뚜렷한 인식하에 존재하고 그것들에 내향적으로 접촉해본 적이 거의 없었다. 따라서 한국은 이민정책이 발달할 수 없었고, 일본과 비슷한 폐쇄적 이민정책을 가진 입장에서 어떠한 유형으로든 어떠한 이민법상의 신분으로든 이미 입국하여 체류·정주하는 이민자들에 대한 대책이 제대로 형성될 여건을 갖추지 못했다.

이러한 현실 속에서 한국사회 내의 최근의 국제이주민들은 새로운 사회에 정착하면서 사회문화적으로 적응하고 경제적으로 생존해야 할 소수집단이자 취약인구집단이다. 이들은 또한 문화적 소외를 넘어서 차별과 배제의 대상이 될 가능성을 안고 있다. 북한의 경제적·정치적 박해를 피해 탈출하여 남한사회로 들어온 탈북난민이 그러하며, 합법적 정주의 자격이 부여되지 않은 외국인노동자가 그러하며, 국제결혼으로 한국사회에 이주하여 가족과 공동체 속에서 전면적인 문화변용을 이루어가야 하는 결혼이주여성이 그러하다. 체류외국인들에 대한 국가의 이민자정책은 아직 체계적 기반을 이루지 못하고 있고, 지방정부의 간헐적인 이주민 지원서비스 프로그램에 의존하는 형편이며, 체류 외국인들의 체류 신분과 기본적 인권의 옹호는 시민사회의 몫으로 맡겨져 있다. 물론, 북한이주민의 경우는 한민족 동포 관점에서 다른 외국인들과는 다르게 국가주도하의 지원프로그램을 작동하고 있지만, 이들의 사회통합 과정은 아직은 미지수로 남겨진 부분이 많다. 한편, 사회 전반적으로 빠른 시간에 부각된 다문화사회의 담론은 체류외국인에 대한 무분별하고 폿대 없는 정책과 지원프로그램을 이루게 하여 그 지원목표가 왜곡되거나 비효과적인 것으로 비판되기도 한다.

이러한 배경에서 이주와 이주민문제에 대하여 한국사회가 좀 더 정확하고 체계적인 시각을 정립할 필요가 있고, 특히 사회 내 약자와 소수자집단을 위해 실천을 도모하는 사회복지 영역에서 이들을 위한 정책과 서비스는 중요하게 인식될 필요가 있다. 한국사회의 새로운 클라이언트집단으로 이주민의 문제가 검토되어야 하며, 이러한 이주와 이주민에 대하여 사회복지가 접근할 수 있는 토대를 형성할 필요가 있는 것이다. 기존의 사회복지제도와 서비스내용과 더불어 이주, 이민, 이주민 지원서비스에 관한 제도적 관점에서의 새로운 지식영역을 사회복지학 전공학생들에게 제공할 필요가 있다. 이주 관련 문제는 한 개인적 적응문제에서부터 공동체 내의 역동성, 그리고 국가 전체의 정체성과 경제, 문화적 차원, 더 나아가 국제관계적 차원까지 연결되는 매우 광범위하고 포괄적인 주제이다. 그러나 이 책에서는 주로 이주민의 기본적 삶과 적응의 문제, 그리고 사회통합을 위한 제도적 차원, 즉 국가의 정책과 구체적인 서비스 내용 및 그 체계를 위주로 다루고자 한다. 그리고 이러한 정책과 서비스에 대한 내용을 사회복지의 관점과 연관지어 고찰하고자 한다.

단, 독자들이 이 책을 선택하기 전에 알아야 할 정보는, 이 책은 한국사회 내의 다른 이주집단에 비해 북한이주민집단에 초점이 맞추어져 있다는 것이다. 이 책의 저술은 북한이주민 문제에 관심이 있는 사회복지학자들에 의하여 추진되으나, 좀 더 넓은 시각으로 이주민 문제를 다루고, 또한 이주민정책과 서비스의 문제로 확장하며 북한이주민 문제를 좀 더 포괄적이고 원시邊視적으로 다루고자 하는 목적으로 저술되었다. 그러므로 이 책은 북한이주민집단의 문제에 관심을 갖는 독자들에게만 배타적으로 유용한 것이 아님을 강조하고 싶다. 즉, 사회복지의 한 주제로서 이주, 이주민, 문화적 소수집단, 문화적 다양성, 외국인의 적응과 정착 문제 등에 관심이 있는 사회복지 전공 학생과 학자들에게 도움이 될 수 있는 내용으로 편집하고자 노력하였다.

책의 내용을 간략히 소개하면 다음과 같다. 우선 이 책은 이주와 관련된 기본적인 개념과 이론적 배경에서부터 시작하여 한국사회 내의 이주자 혹은 이민자와 관련된 현황과 이슈들을 개괄적으로 소개한다. 여기에는 국제이주의 경향과 현황, 이주의 개념 및 이론들의 소개가 포함되고, 이주민과 난민들의 기본적 정보와 이들의 삶의 특성들의 소개된다. 이러한 기본적 정보제공에 뒤이어 이주정책에 대한 논의의 출발로서 외국, 주로 이민수용에서의 선경험을 가진 외국의 이주민 수용의 역사와 이민정책의 변천사를 정리하였다. 여기서는 주로 이민수용국 성책의 특성에 근거한 유형화를 설녕하고 구체적인 이주민정책경험을 소개한다. 한국의 이주민 관련 역사와 정책 현황은 그 뒤를 이어 논의함으로써 비교적 관점을 제공할 수 있도록 하였다.

앞서 언급하였듯이 이주민 문제 가운데서도 북한이주민 문제에 비중을 두고 있기 때문에 이 책의 많은 지면을 이들에 관련된 정책과 서비스에 할애하였다. 즉, 북한이주민을 위한 지원정책의 기조, 서비스 전달체계, 공공서비스와 민간서비스의 비교 등이 기본적 지식토대로서 제공되고 있고, 뒤이어 북한이주민이라는 특수 이주집단을 위한 사회복지적 개입이 무엇이며, 어떠해야 하는지에 관하여 심도 있는 논의를 전개한다. 여기에는 북한이주민 문제에 대한 사회복지 프로그램의 발달과 현황, 그 성과와 문제점이 무엇인지 논의하며, 한편으로 이들의 남한사회 내의 통합과정은 어떠하며 사회복지는 이 목적을 위해 어떠한 일들을 진행시켜 왔는지 서술된다.

이 책의 마지막 장들은 북한이주민 문제에 관한 귀결적 논의이자, 한국사회의 다음 이주민집단을 위한 정책과 프로그램의 연결을 시도하는 내용들이다. 이러한 연결은, 첫째 북한이주민을 위한 고유하고 특정한 정책과 프로그램, 그리고 일반사회구성원들을 위한 정책과 프로그램, 이 두 가지 정책진영의 연결이며, 다른 또 하나의 연결은 북한이주민이라는 집단을 위한 정책과 외국인근로자와 결혼이주민과 같은 '진짜' 외국인 이주민을 위한 정책의 연결로서 정책대상의 통합이라고 볼 수 있다. 구체적으로 사회복지정책과 북한이주민 지원정책을 어떻게 연결할 것인가에 있어서 일반 사회보장제도의 적용성, 향후 사회복지 전달체계의 활용의 개선방안, 두 정책진영의 통합가능성에 대한 논의가 제공될 것이다. 또한 일반 이주민정책과 북한이주민정책 조화에서는 이주민 지원제도와의 비교 논의, 북한이주민의 이주민 지원 전달체계의 활용 여부 혹은 그 체계로의 통합가능성 논의 등이 이루어질 것이다.

□ Ⅰ부 참고문헌 □

엄한진(2006), 「전 지구적 맥락에서 본 다문화주의 이민논의」, 『동북아 다문화 시대 한국사회
　　의 변화와 통합』, 김혜순 외, 동북아시대위원회 용역과제 최종보고서, pp.45~75.
조옥라 · 박재묵 · 설동훈 · 신광영 · 이송희 · 이은주 · 정민자 · 조은 · 조희금 · 최병두(2006),
　　『다문화개방사회를 위한 사회정책연구』, 빈부격차차별시정위원회 연구과제보고서.
설동훈(2006), 「이민과 다문화사회의 도래」, 『한국사회론』 김영기 편, 전북대출판부, pp.3~23.

II

이주현상(migration)

1장 이주 경향과 이론적 관점__김현경
2장 이주민 특성__김현경

1장 이주 경향과 이론적 관점

1. 국제이주 경향과 현황

1) 국제이주의 세계적 동향

이주는 오늘날의 새로운 현상은 아니다. 이미 수백 년 전부터 탐험가, 유목민, 점령군 및 무역상 등이 전 세계를 누비며 돌아다녔다. 순수한 혈통을 강조하는 국가의 국민들도 여러 세대의 이주민들이 여러 겹으로 겹쳐진 결과임을 부인할 수 없을 것이다. 이렇게 이주민들이 이동하게 된 본질적 이유는 명백하면서도 잠재적인 사회적·경제적인 혜택요인이 있기 때문으로 파악된다(피터 스토커, 2002: 15; Brunson McKinley, International Organization for Migration-Facts & Figures, http://www.iom.int).

이주에 대한 논점들은 다양한 관점을 포함한다. 대부분 모든 국가에서 사회경제적 측면에서 필수불가결한 요인으로 이주의 필요성에 대한 인식이 증가하고 있다. 합당하게 관리된 이주는 개인과 그 개인이 속한 사회 모두에 혜택을 준다. 이주와 이주관리^{migration management}에 영향을 주는 오늘날의 유동적 지구촌은 다음과 같은 특성이 있다.

· 인구학적 경향성
· 개발도상국과 선진국들 간의 경제적 양극화 현상
· 유동 노동인력을 필요로 하는 교역 자유화
· 전 세계의 지역을 연계시켜주는 커뮤니케이션 네트워크
· 초국적 이주 등

따라서 21세기 사람들의 이주를 위의 몇 가지 요인들에 따른 결과에 의해 논의해 보고자 한다.

(1) 인구학적 변화

지구촌의 인구 성장률은 선진국과 개발도상국 간에 차이가 있다. 선진국의 현재 연간 인구 성장비율은 0.3% 미만인 반면 개발도상국의 인구 성장비율은 선진국의 거의 6배나 빠르게 증가하고 있다. 이러한 인구학적 변화는 국제이주에 있어 두 가지 측면으로 영향을 미친다. 첫째, 급속한 인구 성장은 경제적 어려움과 연계되어 개인을 자국에서부터 밀어내게 된다. 둘째, 인구감소와 노령화에 섭어든 국가들은 이주자들을 수용해야 하는 압박을 받게 된다는 점이다.

선진국의 지속되는 낮은 출산은 급속한 인구노령화로 연계된다. 선진국에서 향후 50년에 걸쳐 이루어질 인구감소와 노령화는 더욱

많은 사람들이 이주할 가능성을 증가시킬 것이다. UN 인구계획에 따르면 일본과 전 유럽국들이 향후 50년에 걸쳐 인구 성장의 감소에 직면할 것이라고 예상하였다. 예를 들면, 이탈리아의 인구는 2050년 경에 현재의 5천7백만 명에서 4천1백만 명으로 감소할 것으로 추정되며, 유사하게도 일본의 인구 역시 2080년에는 현재의 1억 2천7백만 명에서 1억 5백만 명 정도가 될 것으로 예측하고 있다. 인구 규모의 축소에 덧붙여 일본과 전 유럽 국가들은 상대적으로 급속한 인구 노령화를 경험하고 있다. 본질적인 문제해결은 아니지만 이러한 문제해결을 다루기 위한 도구의 한 부분이 '대체이주replacement migration'의 점진적 과정이라고 할 수 있다.

(2) 개발도상국과 선진국 간의 경제적 양극화 현상의 극심화

선진국과 개발도상국 간의 극심해진 경제적 양극화 현상으로 대부분의 이주노동자들이 더 많은 돈을 벌기 위해 이동하게 되었다. 그러나 이주를 한다고 해서 곧장 그 나라의 소득수준만큼 벌어들일 수 있는 것은 아니다. 1995년 상황에서 이주자가 가장 일하기 좋은 곳으로 독일을 꼽았다. 그러나 선택권은 지역민에게 주어지기 때문에 이주민이 지역민과 같은 일자리에서 근로한다고 하여도 임금에서는 차이 날 때가 많다. 1999년 한국의 경우 태국, 중국, 파키스탄에서 온 합법적인 산업연수생들에게 한국인 노동자에 비해 45~76% 가량의 임금을 주었다. 한국인 목공 노동자는 월 1,500달러를 받는 반면 외국인 목공 노동자는 월 636달러를 받았다(Migration News, 1999. Vol.6(2). Feb). 홍콩의 2000년 조사에 의하면 일반적 일당은 28달러이나 도매상에서 채소 하역 일을 하는 중국본토 사람들은 일당 8달러밖에 받지 못한다(Lo. C., 2000).

덧붙여 불법노동자의 경우에는 착취당할 가능성이 더욱 높다. 모든 이주자들이 합법적인 이주경로를 통하여 새로운 이주국에 입국하는 것은 아니기 때문이다. 세계 이주자의 약 15~20%인 3천~4천만 명은 불법이주자들이다(IOM-Global estimate & Trends, 2007). 이러한 상황을 고려할 때 이주국에서 불법 이주노동자들에 대한 착취적 행위를 예측할 수 있다.

그러나 일반적으로 아무런 기술이 없는 이주자들도 본국에서 근로할 때보다 새로운 이주국에서 훨씬 많은 임금을 받게 된다. 유럽 내에서 국경 양쪽의 임금 격차가 가장 큰 경우는 독일과 폴란드인데 폴란드 공장 노동자들은 월 약 250달러를 버는데 그들이 휴가를 내고 독일에 가서 아스파라거스를 딴다면 한 달에 800~900 달러를 벌 수 있을 것이다(Migration News, 2000. Vol.7(6), June). 말레이시아의 미숙련 노동자는 본국에서 월 100달러를 벌 수 있지만, 싱가포르로 건너가면 600달러는 벌 수 있다(Migration News, 2000. Vol.7(8), August). 이렇게 큰 임금 격차는 상당히 매력적이다. 그렇지만 빈곤한 국가의 소득이 상승하고 지역 전망이 좋아지면 국가 간 임금의 격차가 크더라도 이주자는 감소한다. 예를 들어, 한국은 1960년대와 1070년대 사이에 수백만 명의 노동자를 중동을 비롯한 해외로 파견하였으나, 1980년대 중반 이후 한국인은 국내에 훨씬 더 많은 일자리가 있으며 떠날 이유가 별로 없음을 알게 되었다. 이후 1980년대 후반부터 싱가포르, 대만, 한국, 홍콩은 네 마리 호랑이가 되었으며, 1990년대 초반에 이르러 의류공장, 석탄광산, 건설 현장 등에서 심각한 노동력 부족에 직면하게 된다. 당시 한국정부는 외국인의 고용을 허용하지 않았기 때문에 중국이나 필리핀 등지에서 14일 관광비자로 들어와 '휴가'를 연장하는 미등록 이주노동자 형식으로 근로하였다. 중국인으로 조선족들이 가장 많았으며 이들은 과거에 중국 농사일로 하루 2달러를 받았다면 한국의 건설현장에서 하루 50달러를 받았다.

(3) 유동 노동인력을 필요로 하는 직종의 자유화

대부분의 이주노동자들은 가장 나쁜 조건의 직종에 종사하게 된다. 즉, 3D 업종 밖에서는 일자리를 찾을 수 없음을 알게 된다. 이주국의 지역민 노동자들이 힘들고[difficult] 더럽고[dirty] 위험한[dangerous] 일을 기피하기 때문이다. 건설업이나 농업, 개인서비스업 등에서 그러한 현상들이 잘 나타난다. 예를 들어, 농업의 경우 도미니카 공화국의 커피의 약 80%는 아이티 사람들에 의해 수확된다(Migration News, 2000. Vol.4(4) April.).

스토커(2002)에 따르면 캘리포니아 딸기 농장의 경우 딸기는 너무 물러서 기계로 수확하기 어렵기 때문에 노동력을 필요로 한다. 이 지역에서는 노동시간으로 에이커당 2천 시간이 필요한데 이 노동력을 제공한 사람들은 약 주당 2백 달러를 받고 일하는 멕시코 이주노동자들이 거의 대부분이었다. 유럽 농장 역시 이주민들에게 의존하고 있는데 스페인 남부의 온실 과일과 채소는 대부분 모로코 출신 이주자들이 재배한다. 영국의 농장에서는 이주노동자를 덜 쓰는 편이어서 2000년에는 농장에 1만 명, 2001년에는 1만 5천 명을 공식 허용하였다. 그러나 영국의 전국농민연맹에서는 농번기 과일과 채소를 수확할 만큼의 노동력이 충족되지 않기 때문에 정부에 외국인 종일 노동자를 더 많이 허용하도록 끈질기게 로비를 펼치고 있다. 결국 영국 농장주들은 관광비자로 들어온 동유럽 출신의 불법 이주자들을 고용할 수밖에 없다(피터 스토커, 2002; 김보영 역, 2004: 42~43).

개인서비스업, 즉 간호사, 가정부, 베이비시터, 청소원 등은 자동화가 매우 어려운 반면 수요는 꾸준히 증가하는 업종이다. 미국 텔레 비전 의료드라마 〈ER〉에서도 크로아티아인 의사가 등장한다. 영국 국민보건서비스^{National Health Service}는 줄곧 이주민 직원에 의해 유지되었다. 영국 전체 의사의 31%, 간호사의 13%가 외국 태생이며, 런던에서는 그 비율이 더 높아 각각 23%, 47%에 이른다. 지난 10년 동안 1만 6천 명의 신입직원이 국민보건서비스에 들어왔는데 그 절반이 외국에서 자격을 취득한 사람이다(Glover et al., 2001). 베이비시터에 대한 수요 증가는 여성에게 더 많은 풀타임 일자리를 제공하였다. 연간 약 8천 명 가량의 오페어^{au pair}가 미국에 입국한다. 오페어는 육아 등 집안 일을 돌보는 대신 현지어를 배우는 등의 교육적 기회를 제공받을 수 있다. 자메이카 여성들은 캐나다에서 베이비시터일을 선호하는데, 그 이유는 2년 계약으로 캐나다에서 근무한 경력이 있으면 이민 신청자격이 주어지기 때문이다. 이주민의 취업이 정례화된 한 가지 직업군은 청소부이다. 미국에서 일하는 청소부 중에는 멕시코인이 가장 많으며 미등록 노동자가 대부분이다. 이탈리아에서 일하는 청소부 역시 3분의 1이 이주노동자이다(피터 스토커, 2002: 44~45).

(4) 전 세계의 지역을 연계시켜주는 커뮤니케이션 네트워크

'이주민 네트워크'의 출현은 세계를 연계시켜주는 커뮤니케이션 네트워크로 인해 가능하였다. 글로벌 미디어의 확산, 그리고 통신 및 교통 혁명이라는 근대화는 이주를 촉진시키고 유지하는 요인이 된다. 개발도상국에서 TV나 영화를 보는 사람들은 선진국에 가면 경제적 부를 더 쉽게 제한 없이 축적할 수 있다는 인상을 받게 된다. 어떤 나라에서는 TV를 이주를 막는 도구로 사용하기도 한다. 하지만 역으로 미국 연방이민국은 국경지역에서 방영되는 멕시코 TV를 통해 사막을 횡단하여 국경을 넘는 것이 얼마나 위험한 것인지에 대해 경고

하는 광고를 방영하였다. 호주 역시 2000년에 중동 및 중앙아시아에서 불법으로 배를 타고 호주에 들어오려는 일은 독사나 독거미, 악어로 인해 상당히 위험한 일임을 공지하는 캠페인을 벌렸다(피터 스토커, 2004: 52~53).

특정 지역 출신 이주자들의 네트워크는 그들의 이동을 향상시키는 데 우세한 힘으로 나타나고 있다. 이주자들이 정착할 국가와 지역을 결정하는 데 이주자 네트워크는 중요한 영향을 주는 요인으로 작용할 것이다. 자신보다 앞서 나간 이주 개척자들이 구축해놓은 공동체나 다국적 연계를 활용할 수 있기 때문이다. 나아가 이주자들의 네트워크는 자국의 가족들에게 경제적 원조를 제공할 만한 국가를 결정하는 데 영향을 주기도 한다. 대체로 이주민들이 어떤 나라로 갈지, 어떻게 갈 수 있는지 등에 대한 유용한 정보는 대체로 가족이나 다른 이주자에게서 얻는다. 터키, 모로코, 이집트, 가나, 세네갈로부터 스페인과 이탈리아로 온 이주자들의 이주에 관한 일차적 정보 원천은 해당국가에 사는 친인척 및 가족이 3분의 2로 나타났다(NIDI/Eurostat, 2001).

네트워크는 이주민이 새로운 공동체에 정착하는 데 중요한 도움을 제공한다. 우선 동포들은 숙식을 제공해준다. 또한 네트워크의 가장 중요한 일은 취업에서의 조력이다. 대체로 앞서 이주한 동포들이 일자리를 제공해 주는 경우가 많다. 1990년대 초반 로스앤젤레스에서 한국인 피고용자의 약 3분의 1은 한국인이 고용했다고 보고된다. 나아가 이주민 네트워크는 효율적인 고용교환의 장으로 기능하였다. 이주노동자들은 동료가 이직을 생각하는 경우 결원이 생기기도 전에 동포이주자들을 추천하기도 하고 동료집단을 통해 신참에 대한 압력을 고용자 대신 가해주는 기능도 하였다. 이렇게 고용된 이주민들은 군집을 형성하였다. 1990년대 아이오와주의 스톰 레이크^{Storm Lake}

에서는 초기 정착한 한 라오스인이 영향력 있는 위치에 있었는데 그 지역에 살던 라오스 난민의 149명 중 125명을 같은 정육 공장으로 끌어들였다(Gray & Mark, 2001).

이주민집단들은 처음에는 분리되었더라도 종국에는 합쳐지는 경향이 있다. 이러한 현상은 처음에는 분산되었던 난민집단이 민족기업이나 공동체 연합이 있는 대도시에 모이는 것과 유사하다. 네트워크는 이주민들을 지리적으로 모을 뿐만 아니라 특정 고용시장에 배치하기도 한다. 1990년대 중반 미국 저가 모텔의 절반 정도는 인도인의 소유였으며, 과일이나 채소상의 경우 한국인이 가장 높은 비율을 차지하였다. 캘리포니아 도넛가게에서는 십중팔구 캄보디아 난민 종업원을 만나게 될 것이다(피터 스토커, 2004: 63~65).

(5) 초국적 이주의 특성

지구촌의 지역과 사람들을 연계시켜주는 교통수단과 커뮤니케이션 기술의 선진화는 '초국적 이주 공간' transnational migration space 의 출현과 맞물렸다. 이러한 기술의 발전은 이주자들이 고향과 이주지역을 자유롭게 왕래하도록 하였다. 또한 신체적 움직임과는 별도로 정보, 기술, 송금의 유동은 '초국적 이주 공간' 의 또 다른 요인이 되고 있다. 이제 국제 이주에 있어서 '지리학적 공간' 과 '이주 공간' 의 차이의 중요성은 줄어들었다. 이러한 현상의 가장 즉각적 성과는 이주자에 대한 이중 국적, 복합적 자산, 그리고 투표권의 수용의 증가적 추세로 인한 것이다. 국가들은 이제 국적을 더 이상 영토에 기반하여 인정하지 않는다. '개인 · 국가' 관계의 새로운 방식은 이제 국제정책에 빠르게 뿌리내리고 있으며 향후 개인의 이동 과정에 영향을 주는 경향이 있다(Emergence of transnational migration: www.iom.int, 2008).

(6) 이주의 세계적 추세에 관한 통계

21세기의 시작인 2000년을 중심으로 전세계인구의 약 1억 7천6백만 명
이 자신이 태어난 나라를 떠나 살고 있으며, 이러한 추세는 2005년에 이
르러 약 1억 9천1백만 명에 이르게 되었다. 이는 세계인구의 35명 중
약 1명은 이주자임을 의미한다. 이들 이주자의 숫자는 전세계인구의
3%에 해당하며, 이는 세계인구 5위에 해당하는 국가를 구성할 만큼
큰 규모라 할 수 있다. 나아가 이주자의 남녀 성비율을 검토해보면
2005년 전세계 이주자의 약 49.6%가 여성으로 나타났다(IOM-Global
estimates and trends, 2007).

이주자들의 전세계적 분포 정도를 알아보면 아래의 〈표 1-1〉와 같
이 유럽, 아시아, 북미, 아프리카, 라틴 아메리카, 오세아니아의 순서
로 나타났다(IOM-regional and country figures, 2007).

또한 국제이주자들이 숫자적으로 가장 많이 있는 국가들을 살펴
보면 미국, 러시아 연방, 독일 등을 순위로 꼽을 수 있다.

국제이주기구인 'International Organization for Migration(IOM)' 에
의하면 2000년 인구의 60% 이상이 국제이주자로 구성된 나라들이
있는데 그 대표적인 국가는 다음과 같다.

〈표 1-1〉 이주자 인구분포(2005)

지역	이주자(백만 단위)	지역 인구의 백분율(%)
유럽	64.1	8.8
아시아	53.3	1.4
북미	44.5	13.5
아프리카	17.1	1.9
라틴아메리카	6.7	1.2
오세아니아	5.0	15.2

<표 1-2> 국제이주자가 가장 많은 국가별 순위(2005)

국가	국제이주자(백만 단위)
미국	38.4
러시아 연방	12.1
독일	10.1
우크라이나	6.8
프랑스	6.5
사우디아라비아	6.4
캐나다	6.1
인도	5.7
영국	5.4
스페인	4.8
호주	4.1

- 앤도라 Andorra
- 괌 Guam
- 모나코 Monaco
- 아랍연맹에미레이트 The United Arab Emirates
- 마카오 Macao
- 홀리시 The Holy See
- 카타르 Qatar

　전통적인 이주국가로는 호주, 캐나다, 뉴질랜드, 미국으로 나타났다(IOM-regional and country figures, 2007).

　이주자들 중 일부는 해외에 영구 정착하지만, 어떤 이들은 이주한 국가에서 일정 기간 근로하며 돈을 모아 고국의 가족들에게 돌아가기도 한다. 2006년 이주자들이 자국에 송금한 액수는 미화 276조를 초과하는 것으로 추정되며 이중 미화 206조가 개발도상국으로 송금되었다(World Bank's Global Economic Prospects, 2006). 또한 모든 이주자들이 합법적 절차를 통해 이주국에 입국하지는 않는다. 전세계 이주자 구성의 약 15~20%에 해당하는 약 3~4천만 명 정도는 당국의 허가를 받지 않은 이주자라고 할 수 있다(IOM-Global Estimates and Trends, 2008).

2006년에는 전세계적으로 약 9천9백만 명 정도로 추정되는 난민이 있었으며(http://www.unhcr.org/statisics, 2006), 국내 강제이주자 internally displaced persons: IDPs는 전쟁과 갈등을 겪고 있는, 적어도 52개국에서 2억 3천7백만 명 정도에 이른다(http://www.internal-displacement.org, 2005).

난민, 망명자, 국내 강제이주자, 귀환자 및 무국적자, 망명에 의해 UNHCR에 관여된 개인들에 대한 전세계 추세는 통계자료 〈붙임〉(이책의 끝에 있음 p.376)을 살펴보면 알 수 있다.

〈붙임〉에서 제시된 바에 따르면, 한국은 2006년 한 해 동안 96명의 난민이 있고, 82명이 UNHCR에 의해 보호되고 있으며, 614명이 한국 망명을 신청하여 진행하였음을 알 수 있다. 그러나 국내 보고에 의하면 2006년 말까지 난민 신청자는 총 1,087명으로 집계되었다. 난민 인정 52명, 인도적 지위 44명, 불허 250명 등 346명에 대한 심사를 마친 상태였다. 난민 신청 이후 철회, 출국, 소재 불명 등 128명을 제외하면, 불인정자 중 이의신청한 49명을 포함해 최소 662명이 난민 인정을 기다리는 것이다. 신청자는 2002년 34명, 2003년 84명에 그쳤던 신청자 수가 2004년 148명, 2005년 410명 등으로 급증하고 있다(국민일보, 2007).

(7) 세계 속의 한국 이주민

외교부의 2007년도 『재외동포현황통계』를 보면, 전세계 178개국 재외동포수가 공식적으로 700만 명을 넘어선 것으로 나타난다(외교부, 2007). 이는 외교통상부가 공식적으로 재외동포 현황을 파악한

1971년 이래 36년 만에 10배 정도 증가한 수치다. 지난 2001년부터 6년 만에 약 100만 명이 늘어난 수치이다.

국외의 재외동포수는 2003년 565만 명, 2005년 633만 명, 2007년 704만 명으로 꾸준히 늘어나는 것으로 나타났다. 이를 국가별로 살펴보면, 중국 등 아시아 국가로의 인구이동이 꾸준히 진행되었는데, 특히 중국의 경우 한·중 간 경제협력 및 한국유학생의 증가 등으로 2003년 214만 명, 2005년 243만 명, 2007년 276만 명으로 매년 꾸준한 증가세를 보이고 있다. 한국 이주민의 증가추세는 필리핀이 4만 명, 베트남이 3만 명 증가하는 등 인도네시아, 싱가포르, 말레이시아, 태국 등 동남아시아 국가들에서의 동포 수 증가세가 가장 두드러진 것으로 조사됐다. 이에 따라 중국과 이들 동아시아 국가로의 재외동포 이주 규모는 전체 증가인원 약 100만 명 중 42만 8천 682명으로 전체 재외동포 수 증가에 결정적 영향을 미친 것으로 분석됐다.

하지만 한국 이주민의 증가추세와는 별도로 여전히 전세계에서 가장 많은 한국 동포가 사는 국가는 중국으로 나타났고(중국조선족을 재중 한국교포로 고려함), 뒤를 이어 미국, 일본이 재외동포 거주 규모가 큰 것으로 조사됐다. 그러나 일본의 경우 재일교포들이 한국 국적을 포기하고 일본으로 귀화하는 숫자가 점차 증가함으로써 2005년에 90만 명이었던 재일교포가 2007년 89만 명으로 1만 명 가까이 줄어든 것으로 집계되었다. 일본으로 귀화하는 교포들의 규모는 꾸준히 증가하여 2004년 1만 1천 명, 2005년 9천700명, 2006년 8천500명에 이르는 추세이다.

(8) 국제인구 이동통계-한국

인구변동 요인 중 상주常住개념에 따라 체류기간이 90일을 초과하는 장기 이주자를 대상으로 국제인구 이동통계를 작성하여 현재인구 작성과 장래인구를 추계하고 인력수급정책을 마련하는 것은 중요한 일이다. 2006년 한 해 동안 내국인 및 외국인의 출입국 현황을 법무부 출입국 · 외국인정책본부에서 집계한 자료를 기초로 체류기간이 90일을 초과한 국제 이주자를 대상으로 관련 항목을 종합 집계하여 분석한 결과를 제시하면 다음과 같다.

국제순이동(입국 · 출국)은 2005년까지 출국초과를 유지하였으나, 2006년에는 4만 4천 명 입국초과로 전환되었다. 또한 내국인은 지속적인 출국초과 현상을 보였으나, 외국인은 2005년을 제외하고 지속적인 입국초과 현상을 나타냈다. 성별로는 국제순이동에 있어서 남성 3만 2천 명, 여성 1만 2천 명이 각각 입국초과를 나타내었다. 연령별 국제순이동은 내국인의 경우 흥미롭게도 20대 이하 연령층이 전체 출국초과의 86.1%를 차지하였으며, 특히 10대 이하에서 출국초과가 9천 명 정도 증가하였다. 외국인은 전 연령층에서 입국초과를 보였다.

2006년 외국인 입국자를 체류자격별로 보면, '방문동거' 8만 4천 명(26.8%), '산업연수' 4만 4천 명(14.0%)의 순으로 나타났다. 이는 2003년 이후 체류자격별 입국자 구성비 추이에 비추어 보면, '방문동거'는 증가추세이고 '산업연수'는 감소추세임을 알 수 있다. 실제로 방문동거는 2003년 6.5%에서 2006년 26.8%로 지속적으로 높아지고 있으나, 산업연수는 2003년 27.5%에서 2006년 14.0%로 낮아지는 추세였는데 이는 산업연수제도가 2007년 1월을 기하여 폐지된 것을 반영한 것으로 보인다.

2006년 국적별 외국인 입국자를 보면, 중국이 한국계 중국인 4만 명을 포함한 16만 3천 명(51.9%)으로 가장 많다. 다음으로 베트남 2만 명(6.4%), 미국 1만 9천 명(6.2%), 필리핀 1만 8천 명(5.7%), 타이

1만 6천 명(5.0%)의 순으로 제시되었다. 2004년 이후 국적별 외국인 입국자 추이를 보면 중국, 미국, 베트남, 필리핀, 타이가 상위 5위 이내를 차지하였다(통계청 국제인구이동통계, 2007).

(9) 한국 입국 북한이주민의 현황

2007년 10월 기준으로 이미 남한에 입국한 북한이주민은 1만 1천 명을 초과하였음을 알 수 있다. 북한이주민들의 남한입국 동기는 '2절 이주이론'에서 설명할 것이며 이 절에서는 수적 현황을 파악하는 데 중점을 둔다. 북한이주민 입국현황을 성별, 연령별, 거주지별로 제시하면 〈표 1-3〉〈표 1-4〉〈표 1-5〉와 같다(통일부, 2007). 덧붙여 각 표의 통계는 사망·이민자, 주소 미등록자 및 보호시설수용자는 제외한 것이다.

2. 이주이론

1) 국제이주의 역사적 배경

개인은 자신이 체류하고 있는 국가에서 여러 가지 요인에 따라 주거지를 이동하게 된다. 거주이전의 자유가 보장된 체제 하에서는 본인의 의사에 따라 최적의 생활환경을 찾아 이동한다. 개인의 거주지역이 정치적 요인에 의해 결정되는 경우에도 좀 더 나은 거주지역으로 이동하기 위한 개인의 노력들이 지속적으로 이루어져 왔다(이금순, 2005: 9~10).

15세기 강력한 유럽국가의 등장으로 시작된 유럽인의 신대륙 정

〈표 1-3〉 성별 입국 현황

단위: 명

구 분	~'89	~'93	~'98	~'01	'02	'03	'04	'05	'06	'07.10	합계
남	564	32	235	564	514	468	625	422	510	435	4,369
여	43	2	71	479	625	813	1,269	961	1,509	1,555	7,327
합계	607	34	306	1,043	1,139	1,281	1,894	1,383	2,019	1,990	11,696
비고 (여성 비율)	7%	6%	23%	46%	55%	63%	67%	69%	75%	78%	62%

※성별 입국 현황을 보면 2002년을 기점으로 여성입국자 수가 남성입국자 수를 초과하여 꾸준히 증가하고 있다. 2007년 여성입국자 수는 남성의 78%에 이른다.

〈표 1-4〉 연령별 입국자 현황

단위: 명

구 분	10세	11-19세	20-29세	30-39세	40-49세	50-59세	60세	계
'04까지	260	844	1,842	2,024	750	304	280	6,304
'05	40	184	374	475	187	53	70	1,383
'06	84	259	527	688	258	73	130	2,019
'07.10	60	224	514	707	327	73	85	1,990
누계	444	1,511	3,257 (27%)	3,894 (33%)	1,522	503	565	11,696

※북한이주민의 연령별 입국 현황을 볼 때 20~30대가 전체 연령의 60%를 차지한다.

〈표 1-5〉 거주지별 입국 현황

단위: 명

지 역	서울	경기	인천	대구	광주	대전	울산	부산	강원
인 원	3,933 (36%)	2,543 (23%)	962 (8%)	335	234	359	142	550	208

지 역	충북	충남	경북	경남	전북	전남	제주	계
인 원	280	306	278	293	166	184	55	10,828명

※거주지별 입국 현황을 보면 북한이주민의 서울, 경기 및 인천과 같은 대도시에 60% 이상 집중되었다.

복은 인간 이주사에서 중요한 시점이 되었다. 소위 신대륙으로의 국제 이주를 희망하지 않는 경우에도 유럽 내의 체류가 허용되었기 때문에 20세기 전까지는 '난민' 의 개념은 크게 부각되지 못하였다. 그 이유는 20세기 초부터 서방국가들이 도구주의적 이민정책^{Instrumentalist Immigration Policy}을 채택하면서부터 대개 '난민' 으로 규정되는 개인들의 국제적 이동의 자유가 크게 훼손되었기 때문이다. 이는 경제, 기술, 군사적인 면에서 강대국과 다수의 빈곤국들 간의 차이가 크게 발생되었기 때문인데, 이러한 배경에는 통신수단의 발달로 정보 확산이 급속하게 이루어졌으며 다양한 운송수단의 발달로 인해 개인의 기동성도 크게 증대되었기 때문이었다. 이에 따라 강대국들은 다수의 가난한 이주민들이 밀려드는 것에 매우 배타적인 태도를 갖게 되었으며, 엄격한 국경통제를 실시하여 국가 간 국경의 의미는 매우 중요한 요소가 되었다.

2차대전 이후 유럽의 이주민을 보호하기 위해 '난민협약' 과 '의정서' 가 채택되었으며, 유엔난민고등판무관실의 설립과 함께 난민보호활동을 개별국가를 넘어선 국제적 의무사항으로 규정하였으나, 탈냉전과 동시에 국제적 보호대상이 급증함에 따라 서방국의 난민보호 역할은 점차 축소되기 시작하였다. 또한 사회주의권의 붕괴로 더 나은 삶의 기회를 찾기 위한 이주의 폭도 크게 증가하였다(IOM · ICMPD, 2004; 이금순, 2005: 10).

국경의 이동은 이동의 동기와 환경에 따라 강제적 이동과 자발적 이동으로 구분하며, 국경이동의 법적 절차 준수 여부에 따라서는 합법적 이동과 비합법적 이동으로 나눈다. 또한 시간적으로는 영구적 이동과 일시적 이동으로 분류할 수 있다. 그러나 현실적으로 이동자의 의지에 따른 분류로 강제이동과 자발적 이동 간의 구분을 명확히 규정하기 어려운 측면이 있는 것이 사실이다. 특정 지역 및 자국의 환경이 체류주민들의 생존환경을 위협하여 이주하게 되는 경우 이들의 이동을 강제하는 무력수단이 개입하지 않더라도 떠나지 않을 수 없는 절박한 상황인 경우에는 강제적 이동$^{impelled\ migration}$으로 규정하는 것이 일반적이다. 따라서 이러한 강제이동은 합법적인 절차에 의한 국경이동이 아닌 불법적 이동인 경우가 대부분이다.

2) 국경이동의 배출·유인이론

국경이동은 한 국가 내의 지역이동과는 달리 관련국들에게 미치는 사회경제적 영향이 국가 간의 주요한 정치적인 사안이 될 수 있다. 국경이동의 요인은 국적국 또는 영주 체류국의 거주 여건이 극빈한 경제조건, 기회의 박탈, 차별, 정치적 압력 및 전쟁과 같이 일반적으로 부정적이어서 발생하는 배출요인$^{push\ factor}$과 이동하려는 현지국의 거주 여건이 국적국 혹은 영주 체류국보다 나은 경제적 기회, 정치적 자유, 이주자에 대한 우호적인 수용 등의 유인요인$^{pull\ factor}$으로 구분하는 배출·유인이론$^{push-pull\ theory}$이 고전적인 이론이라 할 수 있다. 흔히 난민은 자국의 생존위협에 의해 밀려난 경우이며, 이민자는 더욱 나은 생활조건에 대한 전망이 있는 정착국에 의해 유인된 경우로 파악된다(Potocky-Tripodi, 2002: 13).

이 장에서는 불법 국경이동을 중심으로 배출·유인 요인들을 설명하고자 한다. 불법 국경이동의 배출 및 유인요인들은 매우 복합적으로 작용하는데 특정 요소와 다른 요소들이 상승작용을 일으키며, 개인의 불법 국경이동을 지속시키는 것이다. 주로 비합법적인 국경이동을 중심으로 이동의 배출요인과 유인요인을 살펴보면 다음과 같다(이금순, 2005: 12~15).

(1) 배출요인 push factor

개인을 불법적으로 자국에서 나가도록 하는 배출요인은 다섯 가지 정도로 정리할 수 있는데, 첫째가 분쟁 및 정치적 혼란, 둘째로는 처벌의 위험, 셋째는 구조적인 차별 및 박해, 넷째는 경제적 빈곤, 그리고 마지막으로 가족의 해체라 할 수 있다. 좀 더 구체적인 설명을 덧붙이자면 다음과 같다.

첫째, 분쟁 및 정치적 혼란으로 인한 요인이다. 이는 특정 국가에 내전 등 분쟁이 발생하는 경우 대규모의 인구이동이 발생하는데, 분쟁은 적대적 집단에 대한 대량 살상을 의미한다. 따라서 국외실향유민 externally displace persons 은 '난민'에 준하는 보호를 받아 분쟁발생 인접국 국경지역에 설치된 '난민수용시설' refugee camp 에서 보호받도록 되어 있다.

둘째, 처벌의 위험 요인이다. 이는 국적국 또는 체류국에서의 범죄로 인해 '형사소추'의 위험이 있는 경우 처벌을 피하기 위해 국경이동을 선택한다. 그러나 해당국의 법률이 인권 기준에 부합되는 것인지, 법적용이 신분에 따라 차별적으로 적용되는 경우는 없는지, 즉 '박해'로 규정될 수 있는지 여부를 면밀히 검토할 필요가 있다.

셋째, 구조적인 차별 및 박해 요인을 들 수 있다. 실제로 많은 사회에서 집단 내 대우상 차이는 존재하기 마련이나, 개인이 생계를 유지할 권리, 자신의 종교를 신봉할 권리, 유용한 교육시설을 이용할 권리에 중대한 제약을 초래할 경우, 차별이 피해자 자신의 장래 생존에 위기감과 불안을 준다면 '박해를 받을 우려가 있는 상당한 공포'로 인정된다. 따라서 이러한 경우에는 '난민'에 해당될 수 있다.

넷째, 국경이동의 주요 원인 중 하나는 경제적 빈곤이다. 개인의 절대적인 생존을 위협하는 빈곤상황 혹은 인접국과 비교하여 열악한 경제여건에 놓인 경우 새로운 생존방식으로 국경이동을 택하게 된다. 경제적 동기의 국경이동의 경우에는 가족 단위 이주보다는 가족 구성원 중 취업능력이 가장 뛰어난 개인이 단독으로 이동하는 것이 일반적이다. 따라서 농업 관련 계절노동의 경우 남성세대주가, 가정부 및 유흥업 등 비공식부문 노동의 경우는 여성, 특히 미혼여성이 이동한다.

끝으로, 가족의 해체 요인을 들 수 있다. 가족 단위의 불법 국경이동에는 다양한 실질적인 부담이 따르게 된다. 따라서 가족 단위의 안정적인 체류기반을 찾는 것은 현실적으로 용이치 않다. 또한 새로운 이주지역에서 가족을 부양할 경제력을 확보하는 것도 부담스러운 일이므로 가족 구성원 중 일부가 불법이동을 통해 생활기반을 마련한 후 남은 가족 구성원을 순차적으로 이동시키는 이주방식을 찾게 된다(이금순, 2005: 12~15).

(2) 유인요인^{pull factor}

개인의 불법 국경이동의 유인요인들로는 네 가지 정도를 설명할 수 있다. 첫째는 신변안전에 대한 확보이며, 둘째는 체류 기반 접근 가능성을 들 수 있다. 세 번째로 취업기회의 확보 요인을 들 수 있으며, 마지막으로 교육기회 확대 요인으로 정리될 수 있는데, 설명을 덧붙이면 다음과 같다.

첫째로는, 신변안전에 대한 확보 요인을 들 수 있다. 이는 이동국에서의 신변안전 확보 가능성과 영주권 취득의 가능성이 열려있는 경우 국경이동이 좀 더 증가된다. 따라서 현지국민과의 결혼을 통한 합법적 체류자격 취득이나 불법신분증 매입 등이 방편이 될 수 있다.

둘째로는, 체류 기반 접근 가능성이다. 이동국에서 체류 기반을 확

보하는 데 도움을 받을 수 있는 길이 열려있는 경우, 즉 불법 국경이
동 이후 도움을 받을 수 있는 친척 및 동일 민족 등 우호적인 사회집
단이 체류국에 존재하는지 여부가 결정적인 요인으로 작용한다. 그
러나 현실적인 안정적 체류 기반으로 사실혼 관계와 같이 성을 매개
로 한 관계를 확보한다.

셋째로는, 취업기회의 확보 요인이다. 특히 제3국에서의 취업은
관련 법규정에 따라 엄격히 규제되어 있다. 단속되면 추방됨에도 불
구하고, 노동시장에서는 값싼 노동력에 대한 수요가 지속되므로 노
동자들의 불법 국경이동도 지속된다. 이들은 주로 가정부, 간병인 같
은 단속이 불가능한 개인 가정에 속한 활동이나 매춘 등 불법적인 영
업활동에 연계된다.

넷째로는, 교육기회의 확대이다. 이는 본인이나 자녀들의 교육기
회를 확대하여 이를 기반으로 체류국에서의 안정적인 생활터전을
마련하기 위한 방안이 열려 있는 경우에 해당된다. 불법이주자의 경
우에는 불안정한 법적 신분으로 공립교육에 대한 접근 자체는 어려
울 수 있으나 고비용을 지불하고 사립교육에 의존하는 경우도 있다.
상당수의 국가에서는 본인의 불법 체류신분을 이유로 교육권을 박
탈하지 못하는 것이 일반적인 관례이다(이금순, 2005: 17~18).

3) 북한이주민의 배출·유인요인이론

이와 같은 배출요인과 유인요인은 북한이주민이 자국으로부터 탈
출하여 중국이나 한국사회에 입국하는 동기와 연결시켜 이해할 수
있다. 이들은 생존 자체의 위협에서 자신을 보호하고, 나아가서 고통
을 치유시켜 줄 수 있는 새로운 환경을 찾아 이동하는 것이다. 대부
분은 접근 가능성을 고려하여 인접국가인 중국을 거쳐서 한국에 입

국하는 것을 선택하게 된다. 북한주민이 탈북 이후 신변의 위협과 북한당국의 통제, 그리고 강제 송환에 따른 처벌의 위험에도 불구하고 탈북현상을 지속시키는 내부적 배출요인과 외부적 유인요인은 무엇인지 살펴보면 다음과 같다.

(1) 배출요인

첫째, 식량난으로 인한 생존위협이다. 1990년대 이후 지속된 북한의 마이너스 경제성장은 1994년 김일성 사망 이후 1995~1997년 수해와 가뭄으로 식량난을 초래했다. 사회주의 중앙배급체제가 일상화된 북한주민들은 기본적인 식생활체계가 깨어지자 서서히 접경국인 중국으로 국경이동을 시작하였다. 북한 당국은 사회혼란 속에서 민심을 규합하고자 영하의 추위와 굶주림 속에서도 100여 일간 일본군에 저항하면서 봄을 맞이했다는 김일성 혁명구호인 '고난의 행군'을 10여 년간 외쳤으나 북한주민의 민심을 통제하지 못했다(김현경, 2007: 87~88). 지속된 식량 및 생필품 배급과 의료혜택 부족은 생존을 위협하는 수준에 이르게 되어 국제적 관심이 고조되었고 UN 등을 통한 인도적 지원이 제공되었다. 그러나 북한 내 운송수단의 미비 및 분배의 투명성 부재로 대규모의 아사자가 발생하였다. 북한 내 일부 지역은 1992년 이전부터, 일반적으로 1994부터 정기적인 배급이 완전히 중단된 것으로 조사되었다(이금순, 2005: 19~20).

둘째, 상대적 박탈감의 심화이다. 1990년대 초 조선족 보따리장수와 해외교포들의 북한방문, 해외유학생 및 해외파견자들의 북한 귀환 등을 통해 북한주민들은 외부정보를 접하게 되었으나 소수의 주민들에게 한정되었다. 그런데 식량난의 악화로 중국을 왕래하는 주민들을 통해 외부정보의 유입이 증가하였고 동시에 상대적 박탈감이 심화되었다. 그리고 국경지역 및 평양이나 함흥 등 일부 지역의 고층아파트에서 KBS방송을 시청한 경험이 있는 주민들 및 2000년 남북정상회담 이후 남북한 교류가 활성화됨에 따라 한국정부의 대북 인도적 지원에 대한 내용들이 알려지면서 막연하게 남한의 발전상을 인식하게 되었다.[1] 또한 남한에 입국한 가족이 중국의 친척이나 브로커를 통해 북한 국경지역에 거주하는 가족에게 중국 및 남한의 상황을 무선전화로 알려주게 되면서 상대적 박탈감은 심화되고 이로 인해 탈북을 결심하는 것으로 나타났다.

셋째, 범죄에 대한 처벌 위험이다. 1990년 중반부터 식량난이 최고조에 달하게 되면서 생계유지를 위한 범죄가 극도에 이르렀다. 공관원들 역시 자금난과 궁핍한 생활을 하였으며 마약 밀매 및 성매매, 공공 작업장의 기계장비 밀매, 절도 등이 성행하였다. 그러나 식량난 자체에 대한 별다른 대안을 마련하지 못한 북한정부는 그로 인한 사회혼란의 여파를 수습하기 위해 자국민을 오히려 더욱 과도하게 진압하였다. 실탄을 든 사복경찰관이 재판도 없이 현장에서 생계유지형 범죄를 저지른 시민을 현장에서 사살하는 과도한 치안을 유지하였다. 이는 자국민을 대상으로 한 전쟁으로 인식되고 있었다.[2]

넷째, 탈북자에 대한 처벌과 편견이다. 북한당국은 송환된 탈북자들을 초기에는 정치범으로 간주하여 특별 관리하고 가족들을 통제

---

1 "식량난 이전에 북한 개성산에 간 적이 있었는데… 그 산에서 아래를 내려다보면…남한의 63빌딩이 보여요. 그리고 기구에서 삐라하고 양식들이 터져 나와서 그거 주어다가 먹고 그랬어요. 그때 라면이란 거 처음 봤거든요. 여기 와서 보니까…그게 사발면이에요. 그래서 남한에 대한 두려움과 환상이 생겼어요. 그런데 식량난이 겹치게 되니까…환상이 더 커지더라구요. 그리고 중국에서 한국으로 간 사람들이 한국에 가면 공부도 그냥 시켜준다고 그러는 거예요…그래 가지고 그때부터는 어떻게 하면 한국에 오겠는가 그 목적 하나를 이루려고 중국에 간 거예요"(김현경, 2007).
2 "대안이 없으니까 궁여지책으로 국가에서 1997년 6월 4일에 사회혼란수습방책을 냈어요. 치안유지를 위해서 특별 기동대를 조직했어요. 옥수수 하나를 훔친 사람이라도 재판 없이 현장에서 총을 쏠 수 있는 권한을 준 거예요…그래서 옥수수 밭에 들어간 애기 엄마를 정말 쐈어요. 동네사람들이 다들 불쌍하다고 했지…"(김현경, 2007).

구역으로 강제이주시켰다. 그러나 식량난이 극심해지면서 중국으로 탈북[도강]한 이후 체류기간과 동기에 따라 처벌강도를 달리하였다. 그러나 탈북기간 동안 남한사람이나 기독교인과의 접촉 여부, 남한입국 시도 여부, 인신매매 연루 등을 조사받으면서 이러한 사항에 해당되는 경우 정치범으로 처벌받게 된다. 또한 단순 도강자에 대한 처벌이 이전보다 완화되었다 해도 조사과정에서 성적 수치를 주는 몸수색과 가혹한 구타 등에서 재 탈북을 결심하게 된다. 중국 등지에서 생활하면서 상대적으로 나은 생활을 경험하였고 처벌과정에서 불결한 위생상태와 영양상태[3] 등으로 북한 내에서의 장래 생활에 희망이 없다고 판단하기 때문으로 평가된다.

다섯째, 더 나은 생활환경에 대한 기대이다. 1998년 이후 북한의 식량난이 고비를 넘긴 것으로 평가되면서 이전의 단순생존형 탈북보다는 더 나은 생활환경을 찾아 자발적으로 이주하는 성격으로 변화되고 있다. 즉, 돈을 벌기 위해 국경을 넘나드는 전문 보따리장수, 밀수, 이산가족을 찾아주는 사람 등 뚜렷한 목적으로 강을 넘는 비율이 높아졌다. 이는 국경을 넘는 사람을 매개로 하여, 넘겨주는 사람과 중국에서 받는 사람, 국경경비대 간에 물질적 거리가 이루어져 점차 전문화, 조직화, 체계화되고 있기 때문인 것으로 알려진다. 또한 사전에 치밀한 준비와 계획하에 가족들이 연차적으로 남한으로 입국하는 경우도 많아졌다.

---

3 "감방에 있을 때 무릎 꿇고 손을 무릎 위에 놓고 30분 동안 가만히 있는 거예요. 창살 문 바로 앞에 앉은 사람은 간수가 보니까 움직일 수가 없다구. 그렇게 30분 앉아 있다 보면 온 몸이 저리고 굳어요. 그 다음 10분 위생시간에 이를 잡는 거야. 좁은 공간에 공기는 희박하지요….먹는 거는 옥수수가루 한 덩어리씩 주니까…비타민도 부족해지고 사람들이 쇼크로 넘어지고…" (김현경, 2007).

(2) 유인요인

첫째, 조선족사회의 보호 및 지원이다. 중국 조선족사회는 남한이나 북한이나 모두 한 민족이라는 강한 민족의식과 전통을 유지하였고 북한에 친척을 둔 경우가 많았기 때문에 초기 탈북사태가 발생한 1990년대 중반에 북한이주민에 대해 매우 동정적인 것으로 평가된다. 이러한 배경에는 한국 및 조선족 교회를 중심으로 국경이동 북한이주민에 대한 보호활동이 있었기에 가능하기도 했다. 하지만 탈북현상이 장기화되면서 북한이주민 관련 절도, 강도, 살인, 사기, 인신매매 등 사회문제가 발생하였다. 나아가 북한이주민들의 지나친 유입이 사회문제화됨으로써 조선족들의 보호의지도 약화되었으며 중국 내 북한이주민을 도와주면 상당한 벌금형에 처하는 등 중국당국의 처벌압력이 강화되었다.

둘째, 민간단체의 구호활동이다. 국경을 넘는 북한이주민을 돕는 국내 민간단체(온한국기독교총연합회, 생명줄운동, 좋은벗들, 탈북난민보호유엔청원운동본부 등)의 활동은 중국 및 러시아 등지로 탈출한 북한이주민의 생존권 보장과 인권침해 실태를 국제사회에 알려 북한이주민에게 난민의 지위를 부여하는 방안을 모색하게 하였다. 예를 들어, 생명줄운동은 조선족 교회를 중심으로 '고아학교'를 운영하여 탈북어린이들을 보호하고 의식주를 제공하며, 중국어 및 성경 공부를 실시하였다. 덧붙여 국경지대 조선족 신자를 통해 국경이동 북한이주민들에게 식량 및 의약품을 지급하고 은신처를 제공하기 힘든 성인 북한이주민이 교회를 찾아올 경우 개인당 5일분의 여비를 지원하였다.

셋째, 취업기회이다. 북한이주민들이 국경이동을 생존의 수단으로 택하게 된 이유 중 하나가 일자리를 얻어 돈을 벌 수 있기 때문이

다. 인력이 부족한 중국 농촌지역에서는 북한이주민에게 저임금 노
동자 역할을 제공하였다. 동시에 불법체류자의 신분을 빌미로 이들
에 대한 노동착취가 가능하였다. 여성은 주로 식당, 유흥업소, 간병
인, 가정부로 취업 기회를 얻었으며, 남성은 과수원, 목장 등의 농촌
지역 및 도시지역 공장 노동자로서 취업기회를 얻고자 하였다.

넷째, 여성에 대한 수요 증대이다. 북한이주 여성들의 국경이동을
유인하는 요인 중 하나는 성적 관계를 매개로 중국 내에서 체류 기반
을 마련하기가 남성보다 용이하였기 때문이다. 중국남성들, 특히 농
촌지역 남성들의 동거상대로 수요가 매우 컸는데, 특히 조선족 남성
의 경우 북한여성과 의사소통이 가능하기에 북한여성이 신부감으로
적절하였다. 2004년부터 남한에 입국한 북한이주 여성의 수가 남성
의 2배로 증가하게 되고, 2006년에는 3배에 이르는 현상을 보인다(통
일부, 2007). 이렇게 북한여성의 입국이 증가한 이유는 남성보다는
여성이 시장 활동 및 중국인과의 동거 등으로 국경이동이 좀 더 수월
했던 점에서 찾을 수 있다(강차연, 2004: 59~60). 하지만 북한이주 여
성들은 탈북 과정에서 불법으로 중국 등 제3국에 체류하게 되면서
성폭력, 인신매매로 인한 성매매 강요에 노출된다. 또한 중국 내에서
법적 결혼이 인정되지 않기 때문에 혼인관계의 배우자가 될 수 없으
며, 자녀가 출생하더라도 사생아로 남는 문제를 겪게 된다. 이러한
요인들은 남한에 입국한 후에도 정신적 외상으로 인한 불안, 우울,
정체감 혼란으로 나타난다(이민영 · 김현경, 2007: 525~530).

다섯째, 가족결합이다. 중국이나 한국에 체류하고 있는 가족 구성
원들을 만나기 위함이다. 가족 구성원들 중 일부가 중국으로 이동하
여 각자의 생계 기반을 갖고 있거나, 탈북여성의 경우 중국서 동거하
던 남성 또는 동거기간에 출생한 자녀가 있는 경우, 중국에서 강제북
송 이후 출소하게 되면 다시 재 탈북을 시도하게 된다. 최근 상대적

으로 소수의 북한이주민이 입국했던 1993년까지는 주로 개인 단독
남한 입국의 형태가 많았으나, 1994년부터 가족동반 입국형태가 나
타나면서, 1996년 이후부터 현재까지 입국자 대비 평균 50%의 북한
이주민이 가족 단위로 남한에 입국한다(통일부, 2004). 그리고 단독
입국자라 하더라도 이미 남한에 먼저 들어와 정착하고 있는 북한이
주민가족들이 있는 경우들이 많다. 남한에 들어온 북한이주민은 자
신이 받은 정착금 등을 이용하여 북한 또는 중국 등의 제3국에 있는
가족들을 남한에 들여오도록 노력하고 있어 더 많은 북한이주민의
남한 입국이 이루어지는 중요한 요인이 된다(김영수, 2000:
102~105).

여섯째, 한국정부의 '북한이탈주민' 지원정책이다. 북한이주민의
국경이동을 유도하는 주요 요인으로 이들에 대한 한국지원정책이
주요한 기능을 해왔다. 한국정부는 1997년 제정된 「북한이탈주민의
보호 및 정착지원에 관한 법률」에 따라 북한이주민이 해외공관을 포
함한 정부에 보호를 요청하는 경우 반인도적 범죄자 등을 제외하고
적절한 보호를 제공함을 원칙으로 하고 있다. 나아가 한국정부는 이
들의 사회정착 지원을 위한 정착금, 임대주택지급, 교육보호, 국민기
초생활보장 특례 적용에 따르는 의료보호, 생계급여, 사회적응교육,
취업교육, 취업보호 등을 실시한다. 이러한 한국정부의 지원정책에
대한 정보가 조선족, 북한 및 중국 현지체류 남한 기업인 및 개인, 국
경방송 등의 언론매체를 통해 확산되면서 한국입국을 적극적으로
고려하게 되었다.

4) 신고전적 경제이론 neoclassical economic theory

국제이주에 대한 또다른 이론은 신고전적 경제이론(neoclassical

economic theory, Malmberg, 1997: 21~48)이다. 이 이론은 개인의 행동이란 언제나 합리적이며 실용적인 결정에 기반한다고 전제한다. 이는 국제이주를 심사숙고하는 개인들이 자국에 남게 될 경우와 이주하게 되는 경우에 대한 상대적인 경제적 이득과 손실을 계산해 본 후 최대의 경제적 혜택을 줄 수 있는 쪽으로 선택할 것이라는 의미이다. 따라서 빈곤한 나라의 국민들 대다수가 부유한 나라로 이주할 것이라는 행동모델을 함축한다. 그러나 국제이주민은 전 세계인구의 약 3% 정도에 해당한다는 사실에서 볼 때 이 이론은 이주에 대한 충분한 설명력을 갖추지 못한 것으로 보인다.

최근 국제이주를 결정하는 데 영향을 미치는 요인들을 3가지 수준에서 살펴볼 수 있다. 첫째, 거시적[macro] 또는 구조적[structural] 수준인데 이는 국제적 활동 장소, 출생국 그리고 이주하려는 국가의 정치적·경제적·문화적·지리적 힘을 함축한다. 이는 배출·요인이론에 의해 설명된다.

둘째, 중간[meso] 또는 관계적[relational] 수준으로 이는 출생국과 이주하려는 국가 내에서의 가족, 그리고 친인척 집단, 친구, 이웃, 동료, 지인과의 연계를 포함한 사회적 연계망, 민족적·종교적, 그리고 정치적 연합에 관여하게 된다(Faist, 1997: 187~218). 일반적으로 출생국에서 실질적인 사회적 접촉과 애착의 측면 모두가 강하면 강할수록 개인은 이주할 가능성이 더욱 낮아진다. 예를 들면, 출생국 자녀가 있는 개인보다는 미혼이 이주할 가능성이 상대적으로 높아질 것이다. 반면 가끔은 가족연계가 이주를 촉진시키는 자극제가 되기도 한다. 예를 들면, 난민가족들의 경우 자녀에게 더 나은 생활을 제공해주기 위해 다른 나라로 떠나게 된다.

셋째, 미시적[micro] 또는 개인적[individual] 수준인데 이는 개인의 특성, 즉 연령, 민족, 종교, 교육, 재정적 자산과 같은 개인적 특성을 포함한다. 예를 들면, 노인은 젊은 사람에 비해 상대적으로 덜 이주하고자 할 것이며, 어떤 국가 내에서 민족적·종교적으로 소수자인 경우 덜 박해받는 나라로 이주하고자 할 것이다. 또한 본국에서 고학력의 난민인 경우 새로운 이주국의 취업시장에서 자신의 교육과 기술을 전환시킬 수 없기 때문에 낮은 임금을 받게 되는 직업을 얻어야 할 것이다. 재정은 이주에 상당히 중요한 요인이 된다. 극빈자의 경우 만일 이주하려는 국가에 있는 가족 구성원의 협조를 얻지 못한다면 이주가 거의 불가능하다. 이와 같이 이주를 결정하는 데 고려할 3가지 수준을 검토하였다.

4. 이주의 개념

1) 이주 및 이주자의 개념

'이주'를 설명함에 앞서 '이주자'라는 용어를 먼저 정의하고자 한다. 이주자는 다음의 사항들을 모두 포함하여야 한다. 첫째, 이주를 결정함에 있어서 이주하도록 밀어내는 외적 요인의 개입이 없으며, 둘째, 개인적 편의를 위해 자유롭게 선택한 결정으로 이해된다. 이러한 정의는 '이주자'란 난민이거나 또는 자국을 떠나야 했던 사람이 아니라는 사실을 함축한다. 이주자는 언제 떠날지, 그리고 어디로 갈지에 대해 결정할 수 있는 개인이라 볼 수 있다. 다만 이러한 선택은 때때로 극단적으로 제한되는 경우가 있을 수 있다.

하지만 이주자에 대한 포괄적 정의에 있어서는 자국의 정치적 박해, 전쟁으로 인한 충돌, 경제적 문제, 환경적 갈등 또는 이러한 이유들의 복합으로 인해 자국을 떠나는 이주자들과, 자국에 존재하지 않

는 복지 또는 생존의 조건을 찾아 떠나는 이주자들을 구분한다는 것
이 현실적으로 어렵다.

그렇다면 이제 이주의 개념을 살펴보고자 한다. '이주' 란 일정한
기간 동안 정치적 또는 행정적 구성단위^{unit}의 국경을 넘는 것을 의미
한다. 이는 난민, 강제이주자^{실향민}, 이주노동자, 이민자를 포함한다. 국
내이주^{internal migration}는 한 국가 안에서 다른 지방, 다른 지역 또는 다른 행
정구역으로 옮기는 것을 말한다. 국제이주^{international migration}는 국가를 옮겨
영토를 재배치받는 것이다.

그런데 국내이주 및 국제이주와 같이 영토를 재배치받는 형식은
다음의 두 가지 개념을 제외시킨다. 첫째, 영토를 옮기는 것이 그 개
인의 사회적 소속에 아무 변화도 초래하지 않는다는 것을 함축한다.
즉, 그 개인 자신과 그 개인이 속했던 국가와 사회 모두가 그대로 남
는 것이다. 예를 들면, 관광의 경우가 이에 속한다. 둘째, 개인 또는
집단의 재배치가 적극적 주체자의 이주가 아닌 완전히 수동적 객체
로서의 이주인 경우이다. 예를 들면 난민이 이에 속한다.

2) 이주민의 범주

이주의 우세한 형태는 동기(경제적 이유, 가족의 재결합, 난민), 또
는 법적 상태(불법이주, 합법적 이주)에 따라 구분될 수 있다. 이동하
게 된 동기와 방식은 다양하나 다음과 같이 국제 이주자를 범주화할
수 있겠다.

(1) 정착민^{settler}

새로운 나라에 영구히 거주하고자 하는 사람을 의미한다. 매년 약

50~100만 명의 사람들이 대부분 미국, 캐나다, 호주, 뉴질랜드와 같은 선진국을 주된 '정착국'으로 지향한다. 정착민으로 인정되려면 일정한 자격이 필요하다. 숙련노동자이거나 이미 친지가 해당 국가에 정착한 경우가 대표적이다. 투자이주의 길도 있는데 캐나다의 경우 최소 50만 달러의 자산을 갖고 있다면 이민허가를 받을 수 있다.

(2) 계약노동자^{temporary labour migrants, guest workers, overseas contract workers}

단기간 체류한다는 전제하에 입국 허가를 받는 사람들이다. 예를 들면, 쿠웨이트에는 스리랑카나 인도 등지에서 온 약 30만 명의 외국인 가정부가 있다. 또한 태국 북부 치앙마이 인근에서 오렌지를 따거나 과수원을 가꾸는 사람은 태국인이 아니다. 본국보다 두세 배 임금을 더 벌 수 있다는 이유로 국경을 넘어 온 미얀마인들이 대부분이다.

(3) 전문직 종사자^{professional}

다른 나라에서 근무하는 초국적 기업의 종사자가 포함된다. 초국적 기업 종사자 중 약 1%는 외국인이다. 전문직 이주자를 고용하기 위해서는 미국의 경우 해당 업무에 적합한 미국인이 없다는 증명과 함께 노동허가를 신청한다. 2000년에는 42만 명의 전문직 이주노동자가 H-1B 비자를 발급받아 입국했는데 이중 절반은 컴퓨터 관련 산업 종사자이다(Migraion New,2000. Vol. 7(12), Dec.). 1990년대 초반 마닐라의 간호사는 본국에서 월 146달러를 받았으나, 걸프지역에서는 약 500달러, 미국에서는 3천 달러를 받았다. 따라서 필리핀은 매년 약 3천 명 이상의 간호사를 해외에 보내고 있다.

(4) 난민과 망명 신청자^{refugees and asylum seeker}

UN 정의에 의하면 난민이란 '자국의 정치상황, 민족박해, 기아, 전쟁, 고문, 투옥, 감금, 테러 등 생존 자체가 문제가 되어서 죽음을 피해 자국을 떠날 수밖에 없는 사람들'을 의미한다. 전세계적으로 약 1,300만 명의 난민이 있으나, UNHCR 내부 보고에 의하면 실제로 약 35만~38만 명에 이른다고 한다. 망명신청자란 난민상태 또는 피난상태에서 특정국에 이주를 신청한 사람으로 이주국의 최종결정을 받지 못한 상태에 있는 사람이다. 독일 정부는 세계에서 가장 유연한 망명권을 헌법으로 보장하고 있기 때문에 독일이 1991~2000년 동안 망명신청 접수에서 세계 1위를 기록하였다.

(5) 불법이주자^{irregular migrants, undocumented/illegal migrants}

대체로 일자리를 찾아 이주국가에서 요구하는 서류와 허가 없이 입국한 사람들이다.

(6) 강제이주^{forced migration}

폭넓은 의미에서 난민과 망명자를 포함하며 환경적 재난이나 개발 프로젝트로 인해 강제로 이주된 사람들이다.

(7) 가족 재결합을 위한 이주자^{family reunion/family reunification migrants}

이주국에 이미 거주하고 있는 가족연계를 찾아 이주를 인정받은 사람들이다. 많은 국가에서 합법적인 이주자의 경우 가족의 재결합

권리를 인정하나, 다른 국가에서는 노동계약 이주자의 경우를 제외하고 가족 재결합의 권리를 인정하지 않고 있다. 세계인권선언 제16조에서 가족은 '사회의 기초단위'이므로 국가의 보호를 받을 권리가 있다고 규정되어 있으며, 유럽 인권협약에도 모든 사람은 자신의 가족과 함께 있을 권리가 있음을 규정하였다. 유럽사회헌장 제19조는 이주노동자들이 합법적으로 정착하여 가족과 재결합할 수 있도록 각국이 최선을 다해야 한다고 규정하고 있다. 또한 국제노동기구 이주노동자 권고문(1975)에서도 각 국은 이주노동자가족의 재결합을 지원해야 한다고 촉구했다.

(8) 귀환 이주자^{return migrants}

다른 나라에서 일정 기간 이주한 이후 본국으로 되돌아가는 사람들을 말한다.

2장 이주민 특성

1. 이주민과 난민의 개념

다양한 이주민의 범주에 대한 개괄적 소개는 1장에서 다루었다. 따라서 이 장에서는 난민에 초점을 두고 난민의 사전적 개념nominal definition, 국제법 및 국제조약적 개념, 한국에 살러온 이주민과 난민, 그리고 북한이주민에 관련된 정의와 개념을 정리하고자 한다.

난민이란 자국의 정치상황, 민족박해, 기아, 전쟁, 고문, 투옥, 감금, 테러 등 생존 자체가 문제가 되어서 죽음을 피해 자국을 떠날 수밖에 없는 이주자의 한 형태라 할 수 있다. 현재 전 세계적으로 약 1,300만 명의 난민이 있으나, UNHCR 내부 보고에 의하면 실제로 약 35만 명에서 38만 명에 이른다고 한다(UNHCR 홈페이지, 2006).

난민이주자는 자국의 상황에 의해 밀려나왔으며pushed out, 새로운 나

라에 입국하는 과정에서 미래에 대한 준비와 통제가 거의 전무한 상
태에서 시작하며, 다시 자국으로 돌아가는 것이 거의 불가능한 입장
이라는 점에서 일반 이주자와는 상당히 다른 차이를 나타낸다(Hsu
et al., 2004: 194).

그렇다면 국제법에 의해 난민이 어떻게 정의되는지 살펴보자. 국
제연합(UN)이 1951에 체결한 〈난민의 지위에 관한 협약Convention-Relation to the
Status of Refugees〉, 이하 난민협약에 따르면, 난민refugee이란 "1951년 1월 1일
이전에 발생한 사건의 결과로서, 또한 인종, 종교, 국적, 특정 사회집
단의 구성원 신분 또는 정치적 의견을 이유로 박해를 받을 우려가 있
다는 충분한 근거가 있는 공포well-founded fear로 인하여, 자신의 국적국 밖
에 있는 자로서, 국적국의 보호를 받을 수 없거나, 또는 그러한 공포
로 인하여 국적국의 보호를 받는 것을 원하지 아니하는 자, 또는 그
러한 사건의 결과로 인하여 종전의 상주국 밖에 있는 무국적자로서,
상주국에 돌아갈 수 없거나, 또는 공포로 인하여 상주국으로 돌아가
는 것을 원하지 아니하는 자"로 자격기준을 정하고 있다.

그러나 난민의 지위는 난민임을 인정받았다고 얻게 되는 것이 아
니다. 그 개인이 난민이기 때문에 난민 지위가 인정된다고 할 수 있
다(UNHCR, 1999). 이러한 난민협약상 정의는 1951년 1월 1일 이전
에 난민이 된 자, 다시 말해 제2차 세계대전의 결과로서 난민이 된 자
에 적용되었다. 그러나 유럽에서는 세계대전과 전혀 관련이 없는 새
로운 난민이주민이 발생하였다. 따라서 1967년 〈난민의정서Protocol on
Refugees〉는 공식적으로 시간적 제한 또는 지역적 제한을 없애고, 난민
협약규정을 현재까지 보편적으로 적용하였다(UNHCR, 1997). 이와
같이 난민협약에 의한 협약상 난민Convention refugees으로 인정받기 위해서
는 충분한 근거의 공포가 있어야 하며, 그 공포는 박해와 연계가 있
어야 하고, 박해의 이유로는 인종, 종교, 국적, 특정 사회집단의 구성

원 신분 또는 정치적 의견의 이유에 근거해야 하며, 자신의 출신국의 국경을 넘어야 하는 등 이러한 4가지 요소를 충족해야 한다(UNHCR, 1999; UNHCR http:// www.unhcr.or.kr, 2006).

북한이탈주민들의 경우에는 북한에서 주로 식량난으로 인한 경제적 이유를 계기로 중국으로 이주하는 경우가 많아 난민으로 규정될 수 없다는 주장도 제기되었으나, UNHCR은 난민협약을 좀 더 넓게 해석하여 이들도 협약난민으로 규정하는 실정이며, 협약난민으로 규정하기 어렵다 하더라도, 사실상 난민 또는 위임난민, 궤도난민, 경제적 난민으로 규정할 수 있다고 보고 있다(조용완, 2006: 193~219). 또한, 현재 러시아와 동남아지역 및 몽골에서는 부분적으로 탈북자를 난민으로 인정하여 우호적인 입장을 취하고 있으나, 중국은 외교적 이유로 난민 인정이 불가하여(KBS 한국방송 남북교류협력기획단, 2003), 북한과 중국 사이에 체결된 〈중국 · 북한 범죄인 상호인도협정[일명 밀입국자 송환협정]〉에 따라 북한으로 강제송환하는 실정이다(윤인진, 2000, http://www.korea.edu/~yoonin/achieve).

난민을 유형별로 파악해 볼 때 8가지 정도로 정리해 볼 수 있겠다. 첫째로, 난민협약에 의해 규정된 '협약상 난민'이 있다. 둘째, '인도적 지위[humanitarian status, B급 지위, 임시체류를 허가하는 예외적 경우]'는 정부에 의해 협약상 난민으로 인정되지는 않으나, 일반화된 폭력, 외부침략, 국내소요, 대량의 인권침해 또는 공공질서를 심각하게 해치는 기타 상황으로 인해 국적국으로 돌아가는 것이 위험한 자에게 적용된다. 셋째, 난민협약의 4가지 요소를 모두 충족하지는 못하나, 해당 대상자를 방치할 경우 생명을 상실하거나 심각한 인권유린을 당할 우려가 있는 사람들은 '위임난민[mandate refugees]'으로 간주하여 유엔 난민고등판무관실[United Nations High Commissioner for Refugees, 이하 UNHCR]에서 그들이 강제 송환되지 않도록 기본적인 인도적 원칙에 따른 처우를 보장해준다. 넷째, '좀 더 광범위한 정의' 는 난민으로 인정받기 위한 자가 '박해를 받을 우려가 있는 충분한 근거가 있는 공포' 를 주장할 수는 없으나 출신국으로 돌아가는 경우 여전히 위험에 놓일 수 있다는 근거가 인정되면 UNHCR에 의하여 난민으로 인정된다. 다섯째, '사실상 난민·반증이 없는 한 난민' Prima facie refugee-Refugee in absence of evidence to the contrar 은 집단 내 모든 개인을 난민으로 인정할 수 있을 정도의 심각한 상황에 의해 집단 전체가 난민 지위를 인정받는 것이다. 이는 UNHCR이 특히 아프리카에서 일반적인 대규모의 난민이주가 있음을 처음으로 알게 된 1960년대 이후부터 일반적인 관행이 되었다(UNHCR, 1999). 여섯째, 경제적 궁핍을 벗어나고자 자국을 떠나 경제적 삶이 좀 더 나은 국가로 이주하는 '경제적 난민' 이 있다. 여기서 경제적 이주민과 난민의 차이를 설명하자면, 개인이 전적으로 경제적 상황을 개선할 목적으로 자발적으로 본국을 떠나 박해의 공포를 가지지 않는 경우에는 경제적 이주민이지 난민이라 하지 않는다(UNHCR, 1997). 일곱째, 박해받는 국가로 돌아갈 수 없고, 접수국에서 비호신청이 거부되어 접수국과 인접국을 떠돌면서 비호신청을 계속하는 궤도난민 refugee in orbit 이 있다. 여덟째, 조국을 떠났다는 이유만으로 본국에 송환되면 정치적 처벌을 받는 'Republikflucht' 가 있는데, 이 의미는 동유럽공산국에서 그 체제에 적응하지 못하고 자신이 거주하던 공화국을 탈출한 자라고 직역된다(조용완, 2006: 193~219).

2. 이주민과 난민의 삶

이 절에서는 이주민과 난민의 건강, 발달, 취업 및 생계 등을 중심으로 선행연구에서 보고된 전형적 특성을 간략하게 소개하고자 한다.

1) 정신 및 신체건강

난민이주자의 이주 이전에 따른 일반적인 경험으로는 고문, 강제
노동, 굶주림, 감시와 잔혹한 폭력행위, 그리고 가족과의 이별 및 죽
음 목격, 전쟁, 성폭행, 집단수용소 생활, 생명을 위해하는 질병에 걸
림, 수용소에서의 영양실조, 신체적 상해 및 대량학살, 인질, 군사전
쟁, 세뇌, 고문, 기근 및 불법이주 생활로 인한 희생의 위험 등
(Khamphakdy-Brown et al., 2006: 38~39; Nicholl & Thompson, 2004:
351; Schweitzer et al., 2006: 179~180)을 포함한다. 따라서 이주 이후
에는 이주 이전에 경험하던 심리적 외상경험의 후유증과 더불어 새
로운 사회문화에 적응하는 과정에서 경험하는 심리적 고통이 연합
되어 우울이나 불안, 무기력감, 외상 후 스트레스 반응, 약물남용 및
자살생각 등을 노출시켜 정신건강을 위태롭게 한다는 사실은 이미
많은 문헌을 통해 밝혀졌다(이기영, 1999: 161~176; 전우택, 2006:
7~13; Keys et al., 2004: 809~831; Watters, 2001: 1709~1718). 난민들
이 경험한 충격적인 외상경험의 증상적 결과는 신체적 각성 및 행동
영역, 정신적 영역, 정서적 영역에서 심층적이며 지속적인 변화를 생
산한다.

이주자들의 신체건강의 경우 건강의료체계에 접근함에 있어 영향
을 주는 주된 개인적 · 문화적 요인들을 고려해야 한다. 첫째, 소수민
족의 환자들은 건강의료제공자들을 과거 불공정한 의료적 처우로
인하여 신뢰하지 않을 수 있다. 둘째, 질병 해석에 대한 문화적 차이
가 있다. 민족문화에 따라서 질병을 영적인 것이며 질병 자체를 조상
이 내린 축복으로 해석하기도 한다. 셋째, 이주국 건강의료제공자들
이 각 민족에 고유한 질병에 대한 이해부족이다. 이를 문화 간 양립
할 수 없는 설명모델이라 한다. 예를 들어, 한국 문화의 화병, 베트남

문화의 영혼상실^{soul loss: 야위어가고 피로한 증상은 심한 충격, 공포로 인한 것이라 해석}의 경우이다.
또한 바이러스로 인한 눈병을 악마의 눈, 저주 등으로 해석하는 문화
의 이주민은 서구적 치료에 합의하기 어려울 수 있다. 넷째, 현상적
으로 보이지 않는 질병에 대한 이해이다. 예를 들면, 높은 콜레스테
롤, 과도한 긴장, HIV 감염과 같은 눈에 보이지 않는 고위험 질병의
경우 다른 문화권 이주자들 중 증상이 없는 것으로 간주하고 치료개
입을 원하지 않을 수 있다.

2) 정체성 발달

문화적응 연구의 경향성은 접촉에 있어서 두 집단이 연계되면서
상호변화^{mutual change}되는 과정에 초점을 둔다(Berry & Dona, 1994:
57~70; Berry & Kim, 1988: 207~236; Seth, Marilyn, & Ervin, 2006:
1~30). 즉, 두 문화집단이 접촉하게 되면 문화변화가 두 집단 모두에
영향을 준다고는 한다. 하지만, 현실적으로 우세한 집단은 영향을 받
지 않은 채로 남아있으면서, 우세하지 않은 집단이 변화되는 경우가
흔하다(Bhugra, Bhui, Mallett, Desai, Sin, & Leff, 1999: 244~249). 일
반적으로 주류사회는 자국에 유입된 이주자들을 어떻게 다루기를
원하는지, 그리고 그 이주자들이 어떻게 행동하기를 원하는지에 대
한 구체적인 사상이 있다는 것이다. 이를 문화적응 기대^{acculturation expectations}
라고 하는데 이것은 쌍방의 문화적응 발생에 있어서 우세한 집단에
의한 방식이 강력한 영향을 준다는 것이다(Berry, 2001: 615~631;
Zagefka & Brown, 2002: 171~188). 이는 대부분의 난민 이주의 근원
을 배경으로 할 때, 이주를 받는 국가의 다수는 개인주의를 선호하는
선진국이며, 이주를 떠나는 국가는 집단주의가 우세한 개발도상국
이라는 점에서도 영향을 받을 것이다.

정체성을 개념화시키는 가장 현실적인 방식으로서 상황적 접근 situation by situation이라는 주장이 제기되었는데, 이것은 개인이 처한 상황에 따라서 자신의 정체성을 변화시키는 것이나, 실제로 그러한 방식의 접근을 하는 개인들은 심리사회적 적응이 낮다고 보고되는 경향이 있다(Berzonsky, 1990: 155~186; Schwartz, 2001: 270~288).

이주자 또는 우세하지 않은 문화의 개인들은 문화적응 태도acculturation attitudes로 알려진 두 가지 차원 간 특성을 이해할 필요가 있다. 첫째 다른 집단과 어느 정도의 접촉 또는 회피를 원하는지, 둘째 원문화적 특성을 어느 정도 유지하거나 또는 포기하기를 원하는지에 관련된다.[1] 한국사회에 들어온 새터민의 경우 과거 시점부터 현재에 이르기까지 자기 연속성이 수반된 정체성 변화가 어떠한 요인들로 인하여 구성되는 것인지 이해하는 것은 새터민을 이해하는 핵심이 될 것이라 판단된다. 새터민의 정체성 변화에 대한 국내 문헌에서는 새터민 청소년을 대상으로 하나원 시절을 포함한 보호기간 4개월은 '동화' 유형, 4개월 이후 1년 동안은 '분리' 유형, 1년에서 2년 동안에는 '주변화' 유형, 그리고 3년 이후에는 '통합' 유형으로 나타나 U자형의 적응 정체감의 변화 과정을 겪는다고 제시한다(금명자 외, 2004: 295~308). 덧붙여 새터민 성인의 정체성 발달 역시 이주 시간이 경과하면서 북한과 남한의 정신문화적 체험을 바탕으로 개인의 정체성을 통합해가는 것을 실증적으로 보여주었다(김현경, 2007: 184~186).

---

1 첫 번째는 좀 더 크고 우세한 사회와 함께 하는 정체성, 두 번째는 개인적 유산(heritage), 또는 민족집단에 따르는 정체성이다. 따라서 문화적 정체성은 후자의 경우에는 민족 정체성, 전자는 시민 정체성으로 언급되기도 한다(Kalin & Berry, 1995).

3) 취업 및 생계

한국정부로부터 난민 인정을 기다리는 신청자들은 2006년 말까지 총 1,087명으로 집계되었다(국제연합난민고등판무관한국사무소, 2006). 콩고, 방글라데시 등지로부터 난민 신청을 기다리는 개인은 신청이 수용될 때까지 불안한 생활을 이어간다. 심사를 마칠 때까지 체류할 수는 있지만, 취업은 불가능한 G1비자를 받는다. G1비자는 3개월, 6개월마다 갱신하는데, 심사 기간이 길어지게 되면 그만큼 경제적 어려움을 겪게 된다. 일반적으로 생계를 위해 불법 취업을 할 수밖에 없는 상황에 직면하는 것이다. 인도적 지위자로 인정된 경우에도 난민신청자와 마찬가지로 G1비자를 받기 때문에 취업은 금지되어 있다. 그러나 북한이주민의 경우 국내에서 1997년 제정된 「북한이탈주민의 보호 및 정착지원에 관한 법률」에 따라 이들에 대한 생계급여, 정착금 지원, 주택제공, 교육보호, 기초생활보장 등 사회 정착 지원이 이루어지고 있다.

□ II부 참고문헌 □

〈국내문헌〉

강차연(2004),「재중탈북여성들의 생활실태」,『여성연구』19, pp.59~60.
국제연합난민고등판무관 서울사무소(2007),『국내난민통계자료』.
금명자 · 권혜수 · 이희우(2004),「탈북 청소년의 문화 적응 과정 이해」,『한국심리학회지: 상담 및 심리치료』16(2), pp.295~308.
김영수(2000),「북한이탈주민의 가족문제」,『사회과학연구』9, pp.102~105.
김현경(2007),『난민으로서의 새터민의 외상(trauma) 회복 경험에 대한 현상학 연구』, 이화여자대학교 사회복지학과 박사학위논문.
외교부(2007),『재외동포현황통계』.
윤인진(2000),「북한이탈주민의 이해와 자원봉사」, http://www.korea.edu/~yoonin/achieve.
이금순(2005),『북한주민의 국경이동 실태: 변화와 전망』, 통일연구원.
이기영(1999),「탈북자의 정신건강을 위한 사회복지서비스의 모색」,『정신보건과 사회사업』8, pp.161~176.
이민영, 김현경(2007),「새터민 여성의 이주로 인한 상실의 극복 체험—남한 남성과 결혼한 여성을 중심으로」,『한국사회복지연구회』35, pp.525~530.
전우택(2006),「새터민의 정신적 외상(trauma)과 그 회복」, 국경없는 의사회 연세의대 의학행동과학연구소 공동 심포지엄 자료집.
조용완(2006),「문헌정보학 분야의 난민연구 문헌고찰」,『한국도서관 정보학회지』37(1), pp.193~219.
통계청(2007),『국제인구이동통계』
피터 스토커 저(2002), 김보영 역(2004),『국제이주』, 이소출판사.
한건수(2007),「한국사회의 다민족 다문화 사회이행과 사회문화적 통합의 과제와 현실」,『다문화와 가족상담』, 2006년 한국가족상담학회 & 한국가족치료학회 공동학술대회. 서울대 교수회관 회의실.

〈외국문헌〉

Berry. J. W., & G. Dona(1994), "Acculturation attitudes and acculturative stress of Central American refugees", *International Journal of Psychology, 29*, pp.57~70.
Berry, J. W. & U. Kim(1988), "Acculturation and mental health", in P. Dasen, J. W. Berry & N. Sartorius(Eds.), *Cross-Cultural Psychology and Health: Towards Applications*. London: Sage, pp.207~236.
Berry, J. W.(2001), "A psychology of immigration", *Journal of Social Issues, 57*, pp.615~631.
Berzonsky, M. D.(1990), "Self-construction over the lifespan: A process perspective on identity formation", in G. J. Neimeyer & R. A. Neimeyer(Eds.), *Advances in personal construct theory*. Vol.1, Greenwich, CT: JAI Press, pp.155~186.
Bhugra D., K. Bhui, Mallett Rosemarie, M. Sin gh J, Desai & J. Leff(1999), "Cultural identity and its measurement: a questionnaire for Asians", in *International Review of Psychiatry, 11*, pp.244~249.
Brunson McKinley(2008), *International Organization for Migration-Facts & Figures* http://www.iom.int.
Faist, T.(1997), "The crucial meso-level", in T. Haamar, G. Brochmann, K. Tamas, and T. Faist, eds., *International migration, immobility and development: Multidisciplinary perspectives*, New York: Berg.
Gray, M.(2001), "Meatpacking and the migration of immigrant and refugee labor to Storm

Lake", Iowa.

Glover, S., C. Gott, A. Loizillon, Portes, R. Price, S. Spencer, V. Srinivasan & C. Willis(2001), "Migration: An Economic and Social Analysis", in *RDS Occasional Paper* No.67. London: Home Office.

Hsu, E., C. A. Davies, & D. J. Hansen(2004), "Understanding mental health needs of Southeast Asian refugees: Historical, cultural, and contextural challenges", *Clinical Psychology Review*. 24, p.194.

IOM · ICMPD, *New Challenges for Migration Policy in Central and Eastern Europe*(2004), (Vienna: ICMPD Press), 이금순 역(2005), 『북한주민의 국경이동 실태: 변화와 전망』, 통일연구원.

IOM-Emergence of transnational migration(2008), www.iom.int.

IOM-Global Estimate & Trends(2007). http://www.iom.int.

IOM-Regional and Country Figures(2007). www.iom.int.

Khamphakdy-Brown, S., L. N. Jones, J. E. Nilsson, E. B. Russell, & C. L. Klevens(2006), "The empowerment program: An application of an outreach program for refugee and immigrant women", in *Journal of Mental Health Counseling*. 28(1), pp.38~39.

Keyes, E. F., & C. F. Kane(2004), "Belonging and adapting: Mental health of Bosnian refugees living in the United States", in *Issues in Mental Health Nursing*, 25, pp.809~831.

Lo. C.(2000), "Illegal workers paid three times less at local markets", in *South China Morning Post*, March 22.

Malmberg, G.(1997), "Time and space in international migration". in T.. Hammar,, G. Braochmann, K. Tamas, and T. Faist(eds), *International migration, immobility and development: Multidisciplinary perspectives*. New York: Berg, pp.21~48.

Migration News(2000), Vol.4(4) April.

Migration News(1999), Vol.6(2) Feb.

Migration News(2000), Vol.7(6), June.

Migration News(2000), Vol.7(8), August.

Migraion News(2000), Vol. 7(12), Dec.

NIDI/Eurostat(2001), "Why do people emigrate?" *in Statistics in Focus*.

Nicholl, C., & A. Thompson(2004), "The psychological treatment of Post Traumatic Stress Disorder in adults refugees: A review of the Current state of psychological therapies" 13(4), pp.351.

"Norwegian Refugee Council-Internal Displacement Monitoring Center's Internal Displacement: Global Overview of Trends and Developments in 2005", http://www.internal-displacement.org.

Potocky-Tripodi, Miriam(2002), *Best Practices for Social Work With Refugees & Immigrants*, New York: Columbia University Press.

Pumariega A. J., E. Rothe, & J. B. Pumariega(2005), "Mental health of immigrants and refugees", *in Community Mental Health Journal* Vol. 41 No.5, Oct.

Schwartzberg, S. S., & R. Janoff-Bulman(1991), "Grief and the search for meaning: Exploring the assumptive worlds of bereaved college students", in *Journal of Social and Clinical Psychology*, 10, pp.270~288.

Schweitzer R. F. Melville, Z. Steel, & P. Lacherez(2006), "Trauma, post-migration living difficulties, and social support as predictors of psychological adjustment in resettled Sudanese refugees", *in Australian and New Zealand Journal of Psychiatry*, 40, pp.179~180.

Seth J. S., J. M. Marilyn, & B. Ervin(2006), "The Role of identity in acculturation among immigrant people: Theoretical propositions, empirical questions, and applied recommendations", *Human Development*, 49, pp.1~30.

UNHCR 홈페이지(1997; 1999; 2006), http://www.unhcr.or.kr.

Watters, Chalres(2001), "Emerging paradigms in the mental health care of refugees", *Social Science & Medicine*, 52, pp.1709~1718.

World Bank's Global Economic Prospects(2006), http://www.worldbank.org.

Zagefka H. & R. Brown(2002), "The relationship between acculturation strategies, relative fit and intergroup relations: immigrant-majority relations in Germany", in *European Journal of Social Psychology*, 32, pp.171~188.

Castles, Stephen(1997), "Multicultural Citizenship: A Response to the Globalization and National Identity", *Journal of Intercultural Studies*, 18(1). pp.5~22.

Castle, S. & M. Miller(1998), *The Age of Migration: International Population Movements in the Modern World*. New York: The Guildford Press.

Deutsches Pisa-Konsortium(eds.)(2001), *PISA 2000: Basiskompetenzen von Schulerinnen und Schulern im internationalen Vergleich*. Opladen: Leske and Budrich.

Green, S.(2004), *The Politics of Exclusion: Institutions and Immigration Policy in Contemporary Germany, Manchester*: Manchester University Press.

Green, S.(2005), "Germany" in Gibney, M. J and Hansen, R.(eds.), *Immigration and Asylum From 1900 to the Present, Volume I*, ABC-CLIO, Inc. pp.265~272.

Hargreaves, Alec.(2005), "France" in Gibney, M. J and Hansen, R.(eds.), *Immigration and Asylum From 1900 to the Present, Volume I*, ABC-CLIO, Inc. pp.248~253.

Husband, C. T.(1998), "The Dynamics of Racial Exclusion and Expulsion: Racist Politics in Western Europe,", in *European Journal of Political Research* 16(6). pp.701~720.

Martin, P.(2005), "U.S. Immigration" in Gibney, M.J and Hansen, R.(eds.), *Immigration and Asylum From 1900 to the Present, Volume II*. ABC-CLIO, Inc. pp.634~645.

Meyers, Eytan(2004). *International Immigration Policy: A Theoretical and Comparative Analysis*. New York: Palgrave.

Munz, R. and R. Ulich(1999), "Immigration and citizenship in Germany", in *German Politics and Society 17(4)*. pp.1~33.

Tsuda, Takeyuki(2005), "Japan" in Gibney, M. J. and Hansen, R.(eds.) *Immigration and Asylum from 1900 to the Present. Volume II*, ABC-CLIO, Inc. pp.347~352.

Turner, F.J.(1920), *The Frontier in American History*. New York: Henry Holt.

Vasta, E.(2005), "Australia" in Gibney, M.J and Hansen, R.(eds.), *Immigration and Asylum From 1900 to the Present, Volume I*, ABC-CLIO, Inc. pp.35~40.

〈기타자료〉

통일부(2007.10월 기준), 통계자료.

「한국 속 난민: 기다리다 지쳐 불법 취업하고 국내 체류 목적 아무나 난민 신청도…」, 『국민일보』(2007. 3. 7)

III

이주민 정책의 역사와 현황

3장 외국의 이주민 정책 : 역사와 현황__이기영
4장 외국의 이주민 정책: 정착지원__이기영
5장 한국의 이주민 정책__박은숙

3장 외국의 이주민 정책: 역사와 현황

1. 이민정책의 이론적 맥락

이론적으로 외국의 이주정책의 역사와 변천은 몇 가지 맥락에서 고려될 수 있다(Meyers, 2004: 5~10). 첫째는 경제적 경쟁론인데, 각 국의 이민정책의 형성과 변화는 원래 먼저 이주한 주류사회^{mainstream}와 이주민 사이의 경제적 경쟁에 기반하여 이루어졌다는 것이다. 즉, 사회 내의 희소자원, 대표적으로 일자리, 주거공간 및 시설, 사적 그리고 공적인 사회복지혜택을 두고 벌이는 집단 간의 경쟁으로 이주민 정책의 배경을 설명하고 있다(Husbands, 1988). 마르크스주의자들 또한 사회 내의 경제적 요소와 계급에 기반한 정치적 과정이 국가의 이주민정책을 형성한다고 한다. 특히 마르크시즘에 의하면, 자본가 들이 노동시장 내에서 저임금을 유지시켜 이윤을 확대하며 노동계급을 분할하기 위하여 이주노동자들을 수입한다고 주장한다. 또한 자본주의자들의 노동계급 분할방법은 그들 사이에서 인종주의를 부추기는 것이라고 한다.

두 번째 이론적 맥락은 문화기반론으로서 토착민과 이주민 사이의 문화적 갈등에 기반하여 이주정책이 형성된다는 것이다. 이러한 맥락에서는 한 국가의 이주민정책 결정의 주요인자로서 사회 내의 문화적 가치cultural values 혹은 국가정체성national identity이 강조된다. 즉, 문화적 가치 측면에서는 사회 내에서 서로 다른 집단들 사이의 문화적 가치관에서의 차이가 존재하는데, 특히 선 이주한 토착민과 이주민 사이의 문화 차이가 정책집행자들에게 어떻게 인식되고 반응되는가에 따라 이민통제정책의 변화가 이루어진다는 것이다. 한편 국가정체성 접근에서는 한 국가의 역사적 배경, 시민권과 국적에 관한 개념화, 그리고 국가정체성에 대한 논란과 심지어 인종문제를 배경으로 한 사회적 갈등이 이민정책을 형성한다고 한다. 그러므로 이민정책에서의 국가간 차이는 국가의 여러 가지 특징들에 따라 달라진다. 예를 들어, 이민정책은 일반적으로 대규모 이민을 허용하는 전통적 이민사회settler societies와 대규모 이민을 반대하는 민족국가ethnic states 사이에는 차이점이 있을 것이고, 비교적 동질성을 유지한 사회와 그렇지 않은 사회 간에도 차이가 있을 것이며, 국적법의 근거가 속지주의냐 속인주의냐 하는 차이에 따라서도 달라질 수 있을 것이다. 즉, 각국의 이주정책을 설명하는 문화기반론적 접근은 국가 혹은 사회의 외부적 요소와 상황적 요인을 중요하게 보지 않으며 국가정체성에 대한 사회적 갈등과 논쟁을 중요시하는 것이다. 세 번째 이론적 접근은 국제관계론적 설명으로서 국제관계와 국가 간의 협력적 동의가 자국의 이민통제정책에 영향을 미친다고 보는 것이다. 이러한 이론적 접근은 현실주의적 접근realist approach으로 불리는데, 국가 간의 실제적이고 잠재적인 갈등은 심지어 군사적인 갈등까지 포함하여 이민정책에 영향을 미친다고 본다. 또한 다른 측면에서는 신자유적 제도주의자들의 접근을 표방하며, 국제적 조직 혹은 국제연합적 정권은 이민조절정책에 대하여 국가 간의 협력을 촉진하다고 주장한다.

이러한 세 가지 관점의 이론들은 장단점을 가지고 있으나 경제적 경쟁론은 경기순환과 이민정책 사이의 단기적 관계 예측에 주효했고 특히 이주노동자 그리고 불법이민자의 일부에 대한 정책설정에 큰 영향을 미쳤다. 문화기반론은 이민자와 유입국 주민 사이의 문화적 차이의 중요성을 부각하는데 주효했으며, 국제관계와 다면적제도론은 유럽연합(EU) 내에서의 이민정책과 난민정책을 이해하는 데 지대한 공헌을 했다(Meyers, 2004).

2. 이민정책의 유형별 분류: 다양성

앞서 살펴본 이민정책에 관한 이론적 접근은 무엇이 각국의 정책에 영향을 미치는지 혹은 결정요소가 되는지를 설명해주고 있는데, 이제는 각국의 이민정책 혹은 이민자정책이 어떻게 유형화될 수 있는지에 대하여 살펴보기로 하자. 이민정책 유형화로 널리 알려진 캐슬과 밀러(Castles and Miller, 1998)에 따르면, 이주민 유입국이 이주민을 수용하고 정착 지원하는 유형은 이주민 수용의 방법, 국적 부여의 원칙, 이민자에 대한 사회적 분위기 등을 토대로 크게 네 가지로 나누어진다. 첫 번째 유형은 다문화주의 모형^{multicultural model}의 국가들로서 캐나다, 뉴질랜드, 호주, 스웨덴이 여기에 속하며, 미국은 공식적으로는 다문화주의를 표방하지 않지만 실제로 사회상황은 다문화주의 유형에 가까운 것으로 따로 분류하여 두 번째 유형이 된다. 셋째 유형은 동화주의 유형^{assimilationist model}으로서 영국, 아일랜드, 프랑스, 네덜란드, 이태리 등의 나라들이 포함된다. 끝으로 네 번째 유형은 차별배제모형으로서 독일, 벨기에, 중동 각국 등을 차별배제 유형으로 분류한다. 이제 이러한 유형화를 한 가지씩 살펴보고 여기에 해당하는 국가들은 어떻게 분류하지를 살펴보기로 한다(조옥라 외, 2006: 92~95; 한건수, 2006: 21~23; 설동훈, 2000: 136).

첫째는 다문화모형^{multicultural model}으로서 유입국 내 이주자들에게 자신들의 문화와 특성을 유지하면서 살아가게 하는 것으로서 배제나 동화가 아니라 공존^{symbiosis}을 정책목표로 한다. 1970년대 이후 미국, 캐나다 등은 동화모형을 포기하고 다문화모형을 지향한다. 이 정책모형은 이주민집단의 문화와 관습을 인정하고 이를 유지하도록 하는 것을 장려/지원하고 다양한 민족의 문화를 유입국 내에 공존하게 함으로써 갈등을 예방하거나 사회통합을 유지해 나가려는 정책을 말한다. 이 모형은 동화주의를 의미하는 용광로^{melting pot} 모형에 대비하여 샐러드볼^{salad bowl} 혹은 민족모자이크^{ethnic mosaic}에 비유한다.

여기에는 이민사회 내의 문화의 다원성 혹은 다양성을 인정하면서도 주류사회의 주류문화의 존재를 전제로 하는 경우가 있는가 하면, 조금 다르게 구분하여 주류문화, 소수집단사회 문화 혹은 이민자집단의 문화를 모두 동등하게 중요시하는 경우도 있다. 다양성을 표방하고 있는 이민국가 내에서도 미국의 경우는 전자인, 문화적 다원주의에 해당하고 캐나다와 호주의 경우는 후자인, 다문화주의에 가깝다. 이것은 소수민족과 이주민집단의 문화보호 및 장려에 있어서 국가의 개입 정도에 의한 구분과 일치하는데, 미국의 경우 국가의 역할이 거의 없는 방임적 형태이지만 캐나다와 호주의 경우는 그들의 고유문화를 유지 발전시키는 데 적극적으로 개입하는 형태로 볼 수 있다(조옥라 외, 2006: 95).

둘째는 동화모형^{assimilationist model}으로서 이민자 입장에서는 자신의 고유한 문화적 정체성을 버리고 이주한 지역의 주류문화에 합류되는 것을 의미한다. 즉, 유입국 사회의 입장에서는 이민자를 일방적으로 자국의 문화에 통합시킨다. 이러한 동화를 기반으로 국적취득을 허용하거나 국민의 자격을 얻게 하는 정책모형이다. 동화의 모형은 과거 제국주의 식민지시대의 식민지 주민들을 대상으로 하는 착취적이고 악명 높은 동화정책_{예를 들어, 과거의 프랑스}부터 시작하여 최근의 변화된 모습의 동화정책모형 등 다양하게 존재한다. 예를 들어, 미국이 1960년대까지 표방하였던 용광로^{Melting Pot}모형, 프랑스가 최근까지 유지해오는 '공화주의 정책모형' 등이 이에 해당한다고 볼 수 있다. 독일의 이민정책 이데올로기는 혈통에 기반을 둔 민족, 국적모형의 동화주의를 지향한다.

셋째는 차별적 배제모형^{Differential Exclusionary Model}으로서 일반적인 형태의 이민을 허용하지 않고 외국인을 노동시장의 일부 영역_{예를 들어, 3D 업종}에만 개방하는 정책으로서, 임시체류 외국인들에게는 국적획득, 참정권 불허, 복지혜택 배제 등과 같이 사회, 정치영역에는 참여하지 못하게 하는 정책유형을 의미한다. 한국, 일본, 대만 등의 국가가 여기에 해당한다. 그리고 특정한 제도와 그 제도가 시행된 시기에 근거해 보면, 1960년대 독일의 임시이주노동자제도, 한국의 2006년까지 유지되었던 산업연수생제도, 그리고 현재의 외국인 고용허가제도, 일본의 산업연수생 및 인턴제도 등이 해당한다. 이러한 제도들이 시행된 시기의 국가들에서는 외국인노동자를 교체순환원칙^{rotation principle}으로 고용하지만 한편에서는 정주가 가능한 전문기술자의 이민이 이루어지고, 영구정착과 시민권을 목적으로 한 결혼이민자의 입국이 진행되고 있다. 한편, 미국, 프랑스, 캐나다 등 다른 유형의 이민정책으로 분류되는 국가에서도 이주하는 일부집단_{주로 단순노동이주자 등}에는 차별배제모형을 적용하고 있다.

앞에서 각국의 이민정책에 관한 유형을 분류한 학자들과 이를 설명한 선행연구들을 살펴보았지만, 사실상 특정 국가의 이민정책을 획일적으로 판정하기 어렵다. 한 국가의 이민정책에는 다양한 정책모형들이 혼재하기도 하고 시대에 따라서 조금씩 변화하기도 하기 때문이다. 그러므로 국가적 이민정책은 개별국가별 상황을 세부적으로 탐색해야 할 것이다.

3. 이민정책의 세계성

이민정책에서의 국가별 다양성에도 불구하고 세계의 이민정책의 추세를 연구한 메이어스(Meyers, 2004)에 의하면, 주요 이민국가들의 정책은 지난 백년 동안 매우 비슷한 측면이 있다고 한다. 이러한 특징을 구체적으로 살펴보면 다음과 같다.

먼저, 1차 세계대전 때와 마찬가지로 2차 세계대전은 주요국들의 이민통제정책에 대하여 양면적으로 영향을 미쳤다. 이민수용국들은 외국인 노동자의 고용을 확대하였으나 한편으로 영구적 이민에 대한 통제를 한층 강화하였다. 심지어 몇몇 국가들은 적대국으로부터 온 외국인들을 격리구금하기도 하였다.

둘째, 1945년^{2차대전 후}부터 1972년 사이에 서유럽국가들은 처음으로 영구이민자와 난민을 수용하였고 대개 그 당시까지 식민지역이었거나 혹은 과거의 식민지였던 국가들로부터 온 대규모의 이주노동자를 받아들였다. 영구이민자를 수용한 국가들 중 영국을 제외한 국가들, 예를 들어, 호주, 캐나다, 미국, 뉴질랜드 등은 아시아, 아프리카, 동부 및 남부유럽으로부터 온 이민자들에 대한 차별정책을 완화하기 시작했다. 단 예외적인 기간은 1966~1968년 사이의 기간으로서 이 시기 동안 서유럽국가들은 이주노동자의 채용규모를 제한하였고 이에 관한 통제정책을 강화하였다. 그러나 그 후 1969~1972년 사이에 이러한 수단들은 무색해졌고 이주노동의 규모는 최대점에 도달하였다.

셋째, 1970년대 초반에 서유럽국가들은 이주노동자의 채용을 정지시키거나 그 숫자를 줄였다. 그리고 1970년대 후반부 동안 같은 지역 국가들은 이미 들어와 있던 외국인 근로자들에게 장려금을 지급하면서 자국으로 돌아갈 것을 종용하였으나 큰 효과를 거두지 못하였다. 호주 역시 1971~1975년 사이에 이민수효를 줄였으나 그 반대로 1975년과 1980년 사이에는 호주, 미국, 캐나다 등은 인도차이나반도의 전쟁난민을 대규모로 수용했다. 같은 시기 미국은 쿠바난민들을, 네덜란드의 경우에는 수리남과 서인도제도의 네덜란드 영 식민지인 앤틸리스로부터 온 이민자들을 수용했다. 또한 1970년대를 통하여 미국, 캐나다, 프랑스, 네덜란드, 스웨덴 등은 불법이민을 줄이려 시도하였다.

넷째, 1970년대 말부터 시작하여 특히 1980년대 중반 이후에는 이민자 수용국들은 대부분 불법이민 경향에 제동을 걸려는 노력을 시도했고 망명난민으로 이민하는 숫자를 줄이려 했다. 국경에서의 더욱 엄격한 통제, 불법이민자를 고용하는 경우에 벌금 부과, 불법이민자의 투옥 혹은 추방, 망명신청 행정과정에서의 개혁 등이 주요한 수단으로 동원되었다.

다섯째, 지난 과거 30년간 호주, 영국, 캐나다, 독일, 미국 등의 주요국가들은 포인트 시스템 혹은 이민투자자, 기업가, 그리고 고급기술을 지닌 기술자들에게 우선권을 주는 새로운 이민자 범주를 만들었다. 그리고 1990년대에 들어서면서 이주노동자들을 허용하는 경향이 다시금 재현되었으나 최근의 허용은 과거보다 훨씬 제한적이고 한정된 산업에 국한되었다. 예를 들어, 농업 부문과 하이테크 산업 부분에 종사할 외국인 인력에만 허용되었다.

4장 외국의 이주민 정책: 정착지원

지금까지 세계 각국의 이민정책에 관하여 포괄적인 논의로서 이민정책을 결정하는 이론적 접근, 각국의 이민정책 유형, 주요 이민국의 정책적 유사성 등에 관하여 논의하였는 바, 이제는 개별국가들의 이민역사와 정책에 관하여 살펴보기로 하겠다.

1. 미국의 이민역사와 정책

1) 이민정책의 역사적 전개

미국이민의 역사는 다음 세 가지 국면으로 나눌 수 있는데 자유방임단계^{laissez-faire}, 질적 제한단계, 그리고 양적 제한단계가 있다(Martin,

2005: 639).

첫 번째 자유방임의 단계는, 미국역사의 첫 백년간이라 볼 수 있는 1780년에서 1875년 사이 각 주정부, 사기업의 고용주, 선박 및 철도산업, 교회 등이 미국으로의 이민을 적극 초청하던 시기를 말한다. 두 번째 단계인 이민의 질적 제한^{qualitative restriction}은 1870년대부터 시작되었는데, 미국사회에 이민 오기에 부적합하다고 고려되는 유형을 출신국과 자격 등에 명시하고 법제화하여 이를 근거로 제한하였다. 예를 들어, 범죄인, 성매매 여성, 정신질환자 등의 사람들이나, 한때 이민이 금지되었던 중국인 등을 이러한 근거에 의해서 제한하였고, 또한 남유럽이나 동유럽으로부터의 이민을 조절하기 위하여 문맹자들을 제한한 것도 이러한 맥락에서였다. 세 번째 단계인 양적 제한^{quantitative restriction}의 시기는, 1924년 이민법이 한 해의 이민자수를 15만 명으로 제한한 시기부터라고 할 수 있다. 그리고 이러한 제한된 수의 이민자는 세계 지역별로 할당분량제도에 의하여 적절한 비율이 책정되었는데, 예를 들어 북유럽과 서유럽의 이민자에게는 1930년대부터 1950년대에 이르기까지 80%의 분량이 할당되었다. 1965년에 미국의 이민과 귀화법은 이민수용에서의 출신국별 선별선호제를 폐지하고 시민권자의 친족과 특별기술자에게 우선권을 두는 이민정책을 시작했다.

1980년대를 시작으로 한 20세기 후반의 미국의 이민정책과 관련법은 세계적인 사건과 상황의 영향으로 더욱 다양하고 복잡한 체계로 형성되었다. 예를 들어, 1980년의 난민법^{Refugee Act}은 국제연합이 정한 난민의 정의^{definition}를 기반으로 하여 제정되었으며 한해 5만 명의 난민정착을 목표로 하였다. 1986년의 이민개정과 조정법^{Immigration Reform and Control Act}은 불법이민자와 관련 고용주를 처벌하고 한편으로는 일부 불법이민자를 양성화하기 위한 법이었다. 1996년의 개인책임과 고용기회조정법^{The Personal Responsibility and Work Opportunity Reconciliation Act, PRWORA}은 1996년 8월 22일 이후에 입국한 모든 합법적 이민자에게는 주정부가 제공하는 자산조사 기반의 복지급여를 수급할 수 없게 하였다. 난민, 미국재향군인, 기 입국하여 10년간 근로한 사람들은 이 법의 적용에서 제외시켰다. 이 법이 제정되었을 때 경제학자들은 이러한 복지급여의 축소로 해당 분야 재정의 44%를 감소시킬 수 있을 것으로 전망했다. 1996년의 불법이민법과 이민자 책임법^{The Illegal Immigration Reform and Immigrant Responsibility Act}은 국경수비대의 수를 배가시키는 한편, 일자리를 구하기 위해 불법 입국하는 것을 방지하는 시스템은 제외시켰다.

PRWORA는 20세기에 있어서 미국 이민정책에서의 주요변화의 셋째 단계로 불린다. 첫째 변화는 1920년대의 이민자의 출신국별 할당을 지정한 것이었고, 두 번째 단계의 주요변화는 1965년에 기존 할당제를 줄인 것이며, 세 번째는 바로 사회보장제도를 둘러싼 시민권자와 이민자 사이의 첨예한 갈등이 표현된 것이라고 볼 수 있다. 이들 주요 변화단계들은 당시의 미국사회의 주요한 정치적 분위기의 반영으로 보인다. 즉, 1차 세계대전 후의 미국의 고립, 1960년대의 시민권운동 시기, 그리고 1990년대의 균형예산^{예산긴축}의 요구 등이 반영된 결과로 보는 것이다.

2001년 9.11 테러사건 이후 미국의회는 새로운 이민법률을 더 많이 제정하게 되는데 여기에는 비자발급 심사와 미국 내 외국인 감찰을 강화하는 2001년의 국경수비강화와 사증입국개정법^{Enhanced Border Security and Visa Entry Reform Act, EBSVERA}이 주요하게 포함된다. 테러사건 이후로 시민권자와 외국인의 권리가 제한된 것은 사실이지만 이민은 여전히 지속되고 있고, 오히려 어떤 측면에서는 불법체류자 양성화프로그램이 계속 지지되고 있으며, 푸드스탬프제도와 같은 자산조사 기반의 급여프로그램은 합법적 이민자에게 다시 제공되는 법률을 의회가 통과시켰다.

2) 이민자 통합정책

이러한 역사적 경험이 있는 미국은 이미 미국에 들어와 정착한 이민자들의 통합정책을 어떠한 맥락에서 추진하여 왔을까? 이미 인구에 회자되어 왔듯이, 19세기와 20세기 초반까지의 미국의 이민자 통합정책은 '용광로' smelting pot, '가마솥' cauldron 혹은 '도가니' crucible 정책으로 불렸다. 이것의 의미는 모든 이민자들은 미국화되고, 출신국과 출신 문화에 상관없이 하나의 혼합된 인종으로 바뀌는 것을 말하는 것으로 미국식 동화주의를 뜻하는 것이었다(Turner, 1920: 20~23; Martin, 2005: 643에서 재인용). 즉, 다양한 이주민집단이 장기적으로 백인앵글로색슨 개신교도 White-Anglo-Saxon Protestant 의 주류문화가 지향하는 것에 동화하기를 목표하는 정책이 동화주의의 핵심이라고 볼 수 있다.

그러나 미국은 단기적으로는 이민자집단의 언어와 문화적 요소를 유지하는 것을 용인하고 있다(조옥라 외, 2006: 96). 그러므로 미국은 지난 한 세기 동안 이러한 동화주의와 다원주의 다문화주의 사이에서 통합 이데올로기의 딜레마를 가져왔다.

이민사회에서의 적응과 통합에서의 이러한 현실적 복잡성 가운데서도 세 가지 통합의 원칙이 있다(Martin, 2005). 첫째, 미국은 모든 유형의 이민자들에게 일반적으로 개방되어 있다는 것, 즉 어떤 민족집단도 미국에서 공식적으로 자신들의 정치적 정체성을 형성할 수 없다는 것이다. 둘째, 미국시민은 개인자격으로서 정치활동을 할 뿐이라는 것, 셋째, 문화에 대하여 자유방임이 원칙이고 어떤 집단도 그 문화적 고유성을 포기할 것을 강요당하지 않으며 자신들의 문화적 제도를 간직할 수 있다는 것이다.

2. 호주의 이민역사와 정책

1) 이민역사

호주의 이민역사는 2차 세계대전 후 1947년경의 영국과 다른 유럽 국가들로부터의 이민을 수용하면서 시작되었다. 오늘날은 세계 각 국으로부터 이민자들이 유입되고 있으며 영주권자들은 시민권자로 전환되고 있다. 호주에 정주하려는 이민자 이외에 호주는 많은 외국인 이주노동자^{임시적 노동자}들이 들어와 있다.

호주의 이민자들은 두 가지 범주로 나눌 수 있다. 첫째는 이주프로그램^{Migration Program}에 의해서 이민오는 경우로서 가족관계 이민과 기술이민의 경우가 있다. 두 번째는 인도적 프로그램^{Humanitarian Program}에 의해서 유입되는 경우로서 난민과 다른 인도적 차원의 이유로 들어오는 이민자가 포함된다. 1996년부터 호주정부는 기술이민에 비하여 가족이민으로 입국하는 이민자의 수를 줄이기 시작했는데 그 결과 1995~1996년 사이의 가족이민 대 기술이민의 비율은 69% 대 29%이던 것이 2000~2001년 사이의 비율은 45% 대 53%로 변화되었다. 가족이민의 호주시민권자와 거주자의 배우자, 약혼자, 자녀, 부모에 해당하는 경우들이다.

인도적 프로그램에 의해서는 1990년대 초 이후로 매년 약 1만 2천 명 정도로 일정한 난민 등의 숫자가 입국하고 있다. 호주는 세계 10대의 난민정착지원국 중의 하나이다. 인도적 프로그램은 역외권 정착프로그램^{off Shore Resettlement Program}과 역내권 보호프로그램^{on Shore Protection Program}으로 나누어지는데, 전자는 다시 난민 인정자에 대한 난민프로그램과 인권적 박해자에 대한 특별인도주의 프로그램으로 나누어진다. 후자인 역내권 프로그램은 호주 도착 후 망명신청을 하는 사람들을 위한 프로그램으로서 보트피플도 이 범주에 해당한다.

2) 이민정책: 동화에서 다문화주의로

세계대전 이후의 호주의 이민정책은 문화적으로 동질적이고 응집력이 높은 앵글로색슨족이 중심이 되는 백인 위주의 사회를 건설하는 것이었다. 이것이 소위 백호주의^{white Australia Policy}로 천명되었다. 영국이민자로 출발하던 것이 유럽의 다른 국가들에 확장되어 이탈리아, 그리스, 스페인 등으로부터의 이민자들이 유입되었고 이들은 여전히 기존의 앵글로-호주인 중심사회에 문화적으로, 사회적으로 흡수되고 동화되어야 하는 존재들이었다.

동화주의에서 다문화주의^{multiculturalism}로의 전환은 호주정부가 1972년부터 1975년 사이에 추진한 민족적 다원성의 통제를 위한 새로운 모형으로서의 다문화주의정책에서부터 비롯되었다(Vasta, 2005). 백호주의는 1950년대와 1960년대에 걸쳐서 이민자의 정착과 고용, 국적취득 등의 정책기조로서 문제가 없었으나 점차적으로 증대되는 노동시장에서의 분리, 주거지역의 분리, 인종주의문제 증가, 부적절한 제도교육 등이 새로운 지역사회의 형성과 문화보존을 위한 토대를 형성하게 되었고 이러한 상황이 다문화주의정책으로의 전환에 핵심적 요소로 작용하였다. 그 후 후속된 정부에서도 정책적 현안에 따라서 조금씩 다른 모습을 지니기는 하였지만 다문화주의정책을 지속적으로 이어갔다.

호주의 이민정책의 흐름은 역사적으로 네 시기로 구분해 살펴볼 수 있다(Vasta, 2005: 38~39). 첫째 시기는 정책형성 초기인 1972년에서 1975년 사이로서 정부가 이민자의 권리와 참여에 관심을 가지고 계층 및 소수민족집단의 배경으로 이루어지는 불이익을 감소시키려하였다. 이 시기의 두 가지 중요한 사회 정책적 요소는 문화적 차이를 인정하는 것과 민족집단별 공동체를 위한 지원정책을 추진하는 것이었다.

두 번째 시기는 1975년부터 1980년대 중반까지를 말하는데, 이 시기에 호주는 '민족집단모형' ethnic group model 을 발달시킨다. 이전 시기의 다문화주의가 사회적 결집과 국가의 정체성을 형성하기 위한 정책수단으로 인식되었다면 여기서는 문화적 다원성이 더욱 강조되고 복지서비스 제공자로서의 민족공동체조직의 역할을 강조하였다.

세 번째 시기는 1980년대 중반 이후부터 1996년까지의 시기로서, 다문화주의정책은 '시민권모형' citizenship model 으로 옮겨간다. 호주정부는 이 시기 동안 '생산적 다양성' productive diversity 의 개념을 사용하고 다문화적 사회의 구성원들은 증가하는 국제교류와 무역, 그리고 통신의 시대에 더욱 잘 대응하는 집단이 될 수 있다고 강조했다. 이 시기에 호주는 아시아인들에게도 문화를 개방했다. 그리고 중요한 것은 이 시기 동안 이주민에 대한 정부서비스를 재구조화하는 데 있어서의 주요원칙으로 '주류화' mainstreaming 를 천명하고 이주민에 특화되었던 사회적 서비스를 일반주민을 위한 서비스와 통합하게 하였다(Castles, 1997).

마지막 시기는 다문화주의에 대한 회의적 시각의 시기로서, 1996년 3월 선거 이후 자유연합당 정부가 "보통 호주인의 욕구가 소수집단의 욕구보다 우선되어야 한다"라는 정책적 기조를 공표한 이후부터 현재에 이르는 시기이다. 여기서 보통 호주인은 앵글로색슨족의 백인 주류층을 의미한다. 이는 호주의 다문화주의를 포기하고 1950년대의 동화주의로의 회귀를 의미하는 것으로 보일 수 있으나 현재 호주의 사회적 상황으로 보아 가능할 것 같지는 않다(Vasta, 2005: 39). 그러나 현재의 호주는 다문화주의의 개념을 다시 정립하려는 노력을 하는 것으로 보인다. 일례로 1999년 12월에 New Agenda를 발표하고 호주의 다문화주의의 보전을 지지하고 1989년의 국가아젠다의 정책적 천명을 재확인하였으나, 이전보다는 호주인의 국가관과 정체성에 기반한 다문화주의를 선호한다는 점과, 다문화주의와 시민으로서의 의무가 동시에 고려되어야 한다는 점을 강조하였다.

3. 프랑스의 이민역사와 정책

1) 이민역사

1960년대 말경까지 프랑스의 외국인의 대부분은 인근 유럽국가들로부터 온 사람들이었다. 1920년 전에는 벨기에와 이탈리아인들이 거주 외국인의 반수를 차지하였는데 이들은 주로 프랑스의 북동부 국경과 남부국경지대에 밀집되어 석탄, 철광, 직조노동자로^{벨기에인}, 혹은 단순노동직 노동자로^{이탈리아인} 일하였다. 그 후 스페인 이민자들의 숫자가 증가하였고 이들 또한 프랑스 서부 국경 인근지대에서의 농장노동자로 일하였다. 양차 세계대전 사이에는 폴란드 출신 이민자들이 급증하였고 이들 역시 농장과 광산노동자로 일하였다. 이로써 20세기 중반까지의 주요 이민자 행렬은 이들 네 나라 출신들이었다.

앞서 언급한 네 나라 출신의, 주로 일자리 때문에 이동한 이민자들 외에, 2차대전 시기까지 정치적 박해나 전쟁으로 인하여 이주한 다양한 이민자집단이 프랑스에 존재한다. 1920년대 터키의 인종학살 정책을 피해 프랑스로 이주한 아르메니아인, 볼셰비키 혁명 당시 파리로 이주한 10만의 러시아인, 1차대전 전에 프랑스로 이주한 4만여 명의 유태인, 1930년대 파시즘을 피해 독일과 동유럽에서 프랑스로 온 10만의 유태인 등이다.

　이러한 시기 후의 이민자들은 주로 제3세계 출신자들로서 아프리카, 아시아 등지의 구 프랑스 식민국가에서 온 사람들이었다. 이 중, 1975년 베트남전쟁 후 '보트피플'은 프랑스에 난민자격으로 가장 먼저 들어온 이민자들이다. 이들은 베트남인, 캄보디아인, 라오스인들로서 전쟁 후 박해를 피해 탈출한 경우인데 대다수가 미국으로 정착했고 약 10만 명이 프랑스로 들어왔다. 또 다른 부류는 과거 프랑스의 식민지였던 북부아프리카 출신 이민자들의 유입인데, 이들은 주로 알제리, 모로코, 튀니지 등에서 경제적인 이유로 건너온 사람들이다. 이들은 대다수가 무슬림교도인데, 프랑스사회 내 가장 큰 이민자집단을 형성하여 1982년 통계로 80만 명에 이르렀다. 한편 알제리 출신 이민자 가운데는 과거 식민지시절 알제리 군인[Harkis]으로서 알제리독립전쟁 때 프랑스를 위해 싸웠던 사람들로 정치적 박해를 피해 온 사람들도 포함되어 있었다.

2) 이민자정책

　프랑스의 이민자 통합정책은 동화주의의 공화주의 전통[republican tradition]을 지향하고 있는데, 이 모형은 '이민자가 프랑스 시민으로서 정치공동체에 통합됨으로써 문화적 통합을 이룰 수 있다는 신념'에 기반한다(조옥라 외, 2006). 프랑스는 다민족 · 다문화 사회이지만 정책적으로 다문화주의를 추구하지 않는다. 그러므로 소수민족의 문화장려지원은 특별히 존재하지 않으며 프랑스식 문화에 동화되기를 추구한다.

　그러나 최근 들어, 프랑스의 이민자정책 지향점으로서 '동화'[assimilation]와 '독립적 공존'[insertion]의 중간 위치인 '통합'[integration]이 바람직한 것으로 대두되고 있다(Hargreaves, 2005). 아직도 정치적 우파를 비롯한 많은 프랑스인들은 동화정책을 선호하여 왔지만 최근에 와서 그 용어의 사용은 부분적으로 식민정책적 의미로 인하여 상대적으로 축소되었다. 많은 이민자들을 포함하는 사회구성원들, 즉 식민지의 '열등한' 주민들은 '월등한' 문명을 지닌 식민 지배국가의 문화에 동화되어야 한다는 신념에 근거한 동화주의가 잊혀지기를 바라는 것이다. 그러나 이러한 통합의 개념에는 모호성이 존재하므로 정치적 우파 입장에서는 통합을 동화와 같은 코드로 이해하고, 좌파 입장에서는 독립적 공존의 새로운 버전으로 인식한다. 독립적 공존은 사회당이 풍미하던 1980년대에 제시된 이민자 정책기조로서 온건한 유형의 다문화주의로 이해할 수 있다. 여하튼 통합의 개념은 극우파를 제외한 주요 정당의 슬로건으로 자리잡았다.

프랑스에서 통합을 이루기 위한 주요한 정책적 요소들로는 이민 소수자집단의 사회적·경제적 주변화를 막기 위한 투자의 증대, 이민자집단의 민족분리주의에 빠지지 않게 하는 것, 사적 영역에서 문화적 다양성을 유지할 권리를 보장하는 것 등이 제기되고 있다. 그러나 한편으로 사회 내의 식민지 출신 이민자, 특히 무슬림 이민자들의 융화를 더디게 한, 오랜 뿌리를 지닌 편견을 극복하는 차별방지제도들이 빠르게 발전되지는 못한 상황이다.

4. 독일의 이민역사와 정책

1) 이민역사

2차 세계대전 종료 시점인 1945년 이래로 2002년까지 3천만 명이 넘는 인구가 독일에 이주했는데, 이 중에 반은 독일인이거나 독일계 동포였고 나머지 반 정도는 1973년까지 입국한 이주노동자이거나 1973년 이후의 난민 신청자들asylum seekers이었다(Munz & Ulich, 1999: Green, 2005에서 재인용). 그러나 독일은 1998년까지 이민국가로 인식되는 것을 거부해왔다. 그리고 독일의 이민정책은 유럽연합국가들 중 가장 제한적이었지만, 2002년 현재 독일 내에 730만 명의 외국인이 거주하는데 이는 전국민의 8.9%에 해당한다. 이 가운데 2백만 명은 터키국민이고 190만 명은 유럽연합국가 출신이고 약 1백만 명은 이전의 유고슬라비아지역 출신이다. 1998년 이후 독일은 이민 자유화를 위한 임시적 진전이 진행되었고 부족한 기술 인력과 저출산 문제를 해결하기 위한 좀 더 적극적인 이주노동정책을 추진하고 있다.

　이민국가로의 정체성 부정에도 불구하고 실제적으로 독일은 역사적으로 크게 보아 5가지 부류의 이민자 집단을 수용해왔다. 그 집단들은 2차대전 난민집단, 1960년대와 1970년대에 주로 입국한 이주노동자집단, 가족재결합에 근거한 이주자, 난민신청자, 독일계 동포 등인데 이들은 독일이 통일되기 전에는 서독으로, 통일 후에는 독일 전역으로 이주해왔다. 여기에 최근의 소련붕괴 이후 동유럽난민들과 유태인이민자들이 새로운 작은 이민자집단으로 꼽힌다.

　전후 1950년대를 통한 연 평균 10%의 성장률을 지속한 서독은 전쟁난민과 동독으로부터 온 이주자에 의한 노동력으로 부족분을 충당했지만 노동력부족은 여전했다. 결과적으로 서독은 이탈리아, 스페인, 그리스, 터키, 모로코, 포르투갈, 튀니지 등 지중해연안 국가들로부터 임시노동자Gastarbeiter, guest workers를 수입하기 시작하였고 이러한 외국 이주노동자의 고용은 1973년 오일쇼크 시기 전까지 4백만 명에 이를 정도로 이주노동자 고용의 범위가 전세계적으로 확대되었다.

그러나 서독의 1950년대와 1960년대에 걸친 외국인노동자의 수입은 정주의 가능성을 배제하는 순환원칙의 차별배제모형이었다. 그러나 이들의 정주경향은 높아졌고, 정부는 외국인노동자 귀국촉진정책과 사회통합정책을 동시에 추진하였으나 귀국촉진정책은 결국 실패하였다(조옥라 외, 2006).

그 결과 1970년대 초반까지 입국한 외국인노동자들은 영구적 혹은 장기고용허가권을 취득하였고 독일동포가 아닌 집단으로서 하나의 큰 이민인구를 형성하였다. 이러한 경향은 지속되어 2000년의 통계를 보면 43%의 터키인, 53%의 이탈리아인, 68%의 스페인인이 독일에 20년 혹은 그 이상 살아온 사람들로 집계되었고 모든 국적 출신을 평균하면 약 33퍼센트가 그러하였다(Green, 2005: 266). 동독의 경우는 1980년대에도 이주노동자의 단기취업 프로그램을 운용하였으나 이전보다는 훨씬 적은 수의 인원과 주로 베트남과 모잠비크 등의 다른 사회주의 국가를 상대로 한 것이었다.

서독의 외국인노동자 프로그램이 사실상 종료된 1973년 이후의 이민자 흐름은, ① 이미 입국해 있던 노동자 가족들의 입국, ② 동유럽, 중동 및 아프가니스탄 등의 서아시아 국가들로부터 오는 난민신청자의 쇄도, ③ 독일계 동포들의 귀국행렬이었다. 먼저, 가족들을 포함한 외국인노동자 집단의 규모는 1973년의 400만에서 1980년에는 450만으로 증가하였고, 이주노동자들의 2세들은 독일에서 성장하였지만 부모의 나라에서 배우자를 찾아 독일로 데려왔기 때문에 1980년대와 1990년대, 그리고 21세기 현재에도 가족을 매개로 한 이주는 계속된다.

난민신청자와 독일계 동포들은 1970년대 후반부터 증가하기 시작하여 1980년대 후반과 1990년대 초반에 피크를 이루어 한해 20만 명에서 40만 명 사이의 입국수를 기록하였고 1990년대 중반 이후 점차 감소하기 시작하여 2002년도의 입국수는 5만에서 10만 명 구간으로 기록되었다.

2) 이민정책

독일은 오랫동안 이민자유의 역사적 배경이 있으면서도 이에 대한 이민정책의 발달은 매우 더디었다. 1960년대와 1970년대를 거치면서 형성된 비이민국가의 표방^{Deutschland ist Kein Einwanderungsland}은 하나의 불가침의 정책적 기조로 1980년대와 1990년대까지 지속되어왔다. 이러한 정책의 배경으로 독일은 이론적으로 애초부터 미국과 같은 전통이민국가의 방식처럼 급격한 인구의 증가를 원하지 않았다는 것과 그 결과로 이민관리정책, 시민권, 통합 등에 관한 포괄적인 논의가 배제되어 왔었다(Green, 2004).

독일 이민정책의 또 다른 배경은 과거 나치정부의 영향으로 인한 극우주의자들의 이민 반대의 경향을 들 수 있다. 이들의 정치적 성향이 공식적으로 정책에 수용되거나 개입된 적은 없지만 독일 내 이민자들을 향한 폭동과 테러리즘과 같은 사회적 행동을 통하여 독일사회에 전반적으로 영향을 미친다는 점은 부인할 수 없는 현실이다.

1998년 슈뢰더^{Schöder}의 사민당정부가 집권한 후 독일의 이민정책은 큰 변화를 겪게 된다. 비록 이중 국적의 거부와 같이 이전에 지속되어온 정책적 기조를 완전히 탈피하는 것은 아니었지만 독일의 이민국가로서의 자기부정은 종식되었다(Green, 2005). 새로운 세기로 접어들 즈음 기업적 관심에서 비롯되는 전문기술직 분야의 노동수입에 대한 압박은 독일정부로 하여금 새로운 분야, 특히 IT 분야의 고급기술직^{high-skilled labor}의 이주노동을 적극적으로 고려하게 했다. 한편 현재 8,200만 명의 인구가 2050년까지 6~7천만 명으로 줄어든다는 추계하에 새로운 이민자수용이 없이는 독일의 사회복지시스템, 특히 공적연금제도는 한 세대를 넘기지 못하고 붕괴할 것이라는 연구결과가 속출하였다. 이에 새정부는 2002년에 극히 제한된 규모이지만 고급기술직 이주노동제도를 소개하고 이를 적극적으로 심의하게 된다.

2000년까지 독일 내 외국인은 사회경제적으로 어려운 상황 속에 있었는데 그 예로 이들의 실업률과 교육수준은 평균보다 각각 훨씬 높고 낮은 상황이었다(Deutsches Pisa-Konsortium, 2001). 2002년의 이민법안에서는 정부가 언어와 시민권 관련 독일식 강좌를 중심으로 한 공식적인 통합과정을 소개하였으나 입법화되는 데는 성공하지 못하였다. 그러나 독일은 이미 1999년에 국적법 개정을 개정하여 노동자와 그 가족을 동화시키기 위한 정책을 시작하였고 마침내 2004년 이민법 개정으로 이민수용 개방사회를 표방하기에 이르렀다(조옥라 외, 2006).

5. 일본의 이민역사와 정책

1) 이민역사

1980년대 말까지 일본은 단순노동 부문을 외국인 노동자들에게 의존하지 않은 유일한 선진국이었다. 경제성장에 필요한 인력은 여성과 농촌으로부터 온 노동력, 그리고 높은 생산성과 기계화에 의지하여 해결해왔었다. 그러나 1990년대 초반에 일본은 마침내 단순노동의 공급을 위하여 대규모의 이주노동자를 수입하기에 이른다. 빠르게 이루어지는 고령화와 인구감소, 교육된 인력의 3D업종 기피,

여성·고령자·농촌노동인력 확장의 한계, 기계화와 해외생산화의 한계 등은 한 해에 약 13만 명에서 약 56만 명에 이르는 노동력 부족에 직면하게 만들었다(Tsuda, 2005). 또한 외적 요인으로는 경제적으로 발전한 일본의 임금과 외부 아시아 국가 및 제3세계국가들의 임금의 엄청난 격차가 국제이주자들에게 대단히 매력적인 것이었다.

2000년대 초에 일본에는 약 95만 명의 외국인 노동자들이 동아시아, 동남아시아, 라틴아메리카, 중동 등지에서 들어왔다. 이들은 127백만 명의 일본인구의 0.75%에 해당하는 적은 숫자이지만 1980년대부터 급격하게 증가했다. 오랜 일본의 경기침체기 동안에도 체류외국인의 숫자는 줄지 않았고 대부분 중소제조업 산업체의 단순 혹은 반숙련 노동자로 고용되어 일했다. 일본에서의 최대 이민자집단은 '니케이진'으로 불리는 라틴아메리카로부터 온 일본인 2세, 3세 등의 교포들이며, 다른 한편으로 많은 수의 불법체류 이민자들이 존재한다. 대부분의 외국인 밀집지역은 동경, 요코하마, 오사카, 나고야 등의 대도시지역이지만 최근에는 일본 전역의 소규모 제조업 산업지역으로 확대되고 있다.

2) 이민정책

일본의 이민정책은 사실상 존재하지 않는다고 볼 수 있다. 왜냐하면 일본은 이민에 관한 한 폐쇄정책^{closed-door policy, 숙련 및 전문직 근로자의 경우는 제외}을 시행하며 다른 전통적 이민국이나 선진국의 이민정책을 표방하지 않기 때문이다. 오랫동안 이주노동자에 대한 경제적 필요성에도 불구하고 일본의 이민정책은 선진국들 중에서 가장 제한적인 것 중의 하나로 꼽히는데 그 정책의 기본골격은 다음 세 가지로 요약된다. ① 단순노동자의 수용금지, ② 고숙련 노동자와 전문직 노동자의 적극 수용, ③ 모든 외국인의 단기체류 원칙의 수용이다. 그러므로 기술의 고하와 직업의 전문성을 막론하고 체류하는 외국인 노동자의 사증^{visa}은 모두 단기체류를 허용하는 것이며, 그들의 가족입국 및 동반입국은 일본교포를 제외하고 엄격히 금지된다. 이들이 영주권자격을 획득하는 것은 매우 어렵다.

일본은 난민수용에 있어서의 정책 또한 매우 제한적이다. 국제연합의 난민 관련 조약을 비준하고 그 이행사항에 대하여 비준하였지만 실제로 일본에는 난민지원프로그램이 없다. 예외적으로 인도차이나반도 출신의 난민이 10,500명이 1979년에서 1999년 사이 단기비자로 입국하였으나, 이 중 약 3,400명이 정착하였다. 1989년부터 2000년까지 1,365명의 난민 신청을 받았으나 이 중에 68명만이 입국되었다. 이러한 이유로 일본은 국제인권조직들과 NGO 들로부터 제한적 난민정책에 대한 비난을 받고 있다. 더욱이 최근 탈북자들의 중국 내 일본대사관 난입사건을 처리한 방법이 공개됨으로써 일본의 난민정책의 부적절성이 노출되었다.

이민조정법^{Immigration Control Act}이 개정되던 1980년대 말경의 일본의 이민정책은 행정부에서 장악하고 있었고 의회의 적극적인 관여가 없었기 때문에 노동력 부족의 현실에 기반한 개방적 이민정책을 위한 일본 산업계의 로비는 제대로 효과성을 발휘하지 못했다. 더욱이 외국인 노동력 부족에 허덕이는 대부분의 중소기업들은 외국으로부터의 노동력 수입 증가에 그다지 찬성하지 않는 대기업에 비하여 정치적 영향력이 미미했다. 그리고 경제상황에 좀 더 민감한 정부부처들이 좀 더 자유로운 이민정책을 제안해도 이민에 대하여 지속적으로 폐쇄적 입장을 고수하는 법무성^{Ministry of Justice}의 제동으로 인해 이민정책은 결국 제한되는 것이다. 부분적이지만, 일본사회의 민족적 동질성과 사회적 안정을 유지하려는 국가적 관심이 이민정책의 더 큰 명분으로 작용하고 있음을 말해주는 대목이다. 개정된 이민조정법이 1990년대를 시작으로 지금까지 시행되는 동안 이민에 관한 일본정부의 입장은 아무런 변화의 조짐도 보이지 않았다(Tsuda, 2005).

일본정부의 굳건한 폐쇄정책closed-door policy은 일본사회의 외국인 유입과 활용에 있어서 옆문 메커니즘side-door mechanism을 활용하거나 혹은 뒷문backdoor을 사용하는 현실을 초래하였다. 옆문 메커니즘이란 단순노동인력을 노동자 신분을 허락하지 않으면서도 외국으로부터 합법적으로 수입하는 것인데, 다름 아닌 산업연수생trainee 프로그램을 말한다. 여기에는 라틴아메리카의 일본교포니케이진들을 그 일환으로 초청하는 것도 포함된다수적인 면에서는 니케이진이 다수를 차지함. 한국은 이러한 일본의 산업연수생제도와 비슷한 연수생제도를 시행하였고 조선족동포를 비롯한 해외동포의 인력활용을 도모하였다. 1990년 초반부터 일본은 매해 4만에서 5만 5천 명 정도의 연수생을 초청했고 최근까지 이 '옆문'을 통하여 약 85만 명의 해외 단순노동인력이 들어왔다(Tsuda, 2005).

일본에는 연수생제도와는 별개로 단순노동인력이 들어와 있는데 이들은 입국을 위한 공식적 문을 통하지 않은 불법이민자들로서, 주로 동아시아, 동남아시아로부터 온 약 40만 명의 '뒷문' 출입자들이다. 이들을 양성화하는 정책은 불법이민의 쇄도를 우려하여 결코 고려된 적이 없고 다만 극히 소수에 한하여 가족적인 문제로 인한 경우에 비자 연장을 해주는 상황이다. 이러한 옆문정책과 뒷문의 현실은 장기체류 연수생과 불법입국 외국인노동자들의 인권을 심각히 위태롭게 하여 여성의 경우 성산업에 종사하게 하거나 남성의 경우 싼 임금으로 착취될 가능성을 높인다.

현실적 상황에도 불구하고 일본사회에 영구정착은 아니더라도 장기적으로 정주하는 일부의 외국인들이 존재한다. 이들 외국인들이 모여서 거주하는 지역들은 동경과 산업단지 인근의 도시들에 형성되기 시작하였는데, 이러한 공동체 내에는 동포가 운영하는 기업, 교회, 회사, 미디어 등이 자리잡고 있어 이들의 삶의 지지기반이 된다. 일본정부는 이러한 지역에 대한 사회적 서비스와 통합지원을 고려한 적이 지금까지 거의 없었고, 결과적으로 지방정부가 이들과 이들의 부양가족에 대한 문제를 다룬다.

외국인 밀집지역에 해당하여 비교적 수용적 태도를 보이는 시정부에서는 이들에 대한 외국인등록지원과 함께 의료보험, 상담, 공공주택서비스, 안내책자 제공의 서비스를 행하며 문화적 적응 및 통합을 위하여 민족축제, 언어교실, 그리고 제한적인 수준에서 정치적 대변까지 수행한다. 일본에 가족을 둔 경우에는 이러한 문화적 통합서비스가 더욱 특별하게 고려되며, 또 다차원적으로 제공된다. 이렇게 볼 때 일본은 중앙정부가 오로지 이민정책^{immigration policy: 출입국자의 흐름과 통제, 이민자격의 규정, 국경통제 등}에만 관심을 기울이고 있는 동안, 지방정부는 이민자정책^{immigrant policy: 기본적 생활서비스와 권리문제에 대한 지원으로 사회통합을 촉진하는 것}을 담당하는 상황이라고 할 수 있다.

5장 한국의 이주민 정책

1. 이주민정책의 발달

1) 이주민의 역사적 배경

우리나라 이주민정책의 과정을 살펴보면, 과거 우리 민족은 많은 역사적인 아픔이 있었다. 1860년대부터 1910년까지의 시기는 조선에서 대한제국으로 바뀌어가는 시기이며 당시, 이민이라기보다 정처 없이 떠돌던 유민에 가깝던 우리 민족은 경제적인 궁핍을 면하기 위한 농업이민 혹은 노동이민이 압도적으로 주류를 이루었다. 이들은 주로 만주나 연해주로 이민하였는데 국가 간에 이민협정을 맺은 상태의 이민이 아니라, 일단 자발적으로 이민한 후 해당국에서 사후 거주승인을 하는 형식으로 이루어졌다. 이 시기에 공식적으로 이루어진 이민은 하와이로의 이민인데 1899년부터 이곳으로 한국의 인 삼상인들이 소수이지만 이주하기 시작하였다. 이들 한인들의 이민 은 1903년 호놀룰루항에 도착하여 공식이민의 첫발을 내디뎠다. 이후 1905년부터 1907년 사이 캘리포니아와 같은 본토에 이주 하였다.

이후 멕시코로의 공식이민이 이루어졌다. 우리나라의 유이민의 여명기라고 할 수 있는 이 시기에 한민족 유이민의 수는 대략 10만 명 내외가 되었으리라고 본다. 이 시기에 이루어진 이민은 중국과 러 시아로의 대량 이민이었으나 거의 유민적 성격이었고, 현지에 도착 해서는 거의 막노동 혹은 농업에 종사하였다. 이민적 성격을 띤 미국 과 멕시코로의 이주는 농업노동을 위한 것이었다.

1910년부터 1945년까지의 일제강점기에는 일본으로부터의 침탈 을 벗어나기 위한 유이민이 대부분이었다. 당시의 유이민은 국가가 체계적으로 정책적인 배려를 전혀 하지 못한 상태의 이민이라고 할 수 있다. 오로지 상대국의 의사에 따라 그 처지가 일방적으로 결정되 었다(최협·박찬웅, 1996).

한국전쟁 이후 또 다른 이민의 형태는 미군과 한국여성들의 국제 결혼을 통해 이루어졌다. 국제결혼은 대개 기지촌을 중심으로 이루 어져 대부분 결혼 후 미국으로 건너가는 형태였다. 이러한 결혼의 형 태는 1980년대 후반에 이르러 외국과의 교류가 확대되면서 유학이 나 해외 주둔 등을 이유로 중상류층 여성들의 국제결혼을 통한 이민 으로 형태를 달리 하여 이루어졌다.

이와 같이 주로 우리나라 국민들이 어쩔 수 없이 해외로 나가 이루 어지던 이민의 형태는 1990년대에 이르러서는 상황이 많이 달라져 역으로 해외에서 우리나라로 들어오는 방식의 이주민 형태로 크게 바뀌어졌다. 이러한 형태는 크게 결혼을 통해 들어오는 결혼이주민과 해외노동자 신분으로 들어와 정착하는 이주노동자 형태로 나누어진다.

　먼저, 결혼이주민 형태를 살펴보면 한국에서 주변화된 남성들과 경제적으로 빈곤한 국가 여성들과의 결혼이 주를 이룬다. 이는 결혼 문제로 어려움을 겪는 농촌총각과 중국의 조선족 처녀들과의 결혼이 그 시초가 되었다. 조선족과의 결혼은 1992년 한·중 수교 이후 급증하여 오늘에 이른다. 조선족 여성들과의 결혼은 농촌총각들을 구제해주는 방안으로 크게 환영을 받았다. 조선족 여성들은 언어와 문화, 혈연적 배경이 같은 '민족'이기 때문에 한국생활에 적응하는 데에 별 문제가 없을 것이라는 기대가 있었다. 그러나 이는 한국과 중국 조선족 사회의 문화적인 차이를 지나치게 간과한 것으로 나타났으며 적지 않은 부부갈등을 낳았다. 또한 조선족 여성들의 사기·위장결혼으로 인한 피해 사례가 보고되면서 국제결혼 과정에 큰 변화가 일어난다. 하나는 국적법의 개정이다. 1998년 이전에는 한국남성이 국제결혼을 할 경우 외국인 신부는 혼인신고를 통해 자동으로 국적을 취득하게 되었다. 그러나 개정된 국적법에 의하면 한국인과 결혼한 외국인 남녀는 2년 이상 한국에 거주하여 혼인을 유지한 후에 귀화를 통해 국적을 취득할 수 있다는 것이다. 국적법 개정과 함께 정부는 결혼과정의 심사를 더 엄격하게 하였다. 다른 하나는 조선족 여성의 대안으로 1990년대 말부터 동남아시아, 중앙아시아, 러시아 등 다른 지역 여성들과의 결혼이 등장한 것이다(보건복지부·한국문화인류학회, 2004).

　오늘날 농촌 지역 결혼 4쌍 중 한 쌍이 아시아계 여성들과 결혼할 정도로 국제결혼으로 인한 '이주의 여성화' 현상은 커다란 사회의 한 흐름으로 자리잡았다. 그러나 아직 가부장문화가 뿌리 깊은 농촌 지역사회에서 국제결혼 이주여성과 가족에 대한 편견이나 선입관은 여전히 내재되어 있어(정순희, 2006) 최근 가정폭력과 이혼이 또 다른 사회문제를 발생시키고 있다.

또 다른 이주의 한 형태인 이주노동자에 대해 살표보면, 우리나라에서 취업한 외국인노동자를 부르는 호칭은 다양하다. 대다수의 매스컴이나 국민들은 외국인노동자라는 용어를 사용하고 있으며, 정부에서는 외국인근로자라는 용어를 사용하고 있다. 또한 일부 매스컴이나 이주노동자 지원단체에서는 '이주노동자'라는 용어를 사용하고 있다. 그리고 출입국관리법상 허가된 체류기간을 초과하여 체류 중인 이주노동자에 대해서는 불법체류자라고 호칭하지만 체류초과자 또는 미등록노동자라는 호칭을 사용하기도 한다. 국제노동기구(ILO)는 외국인노동자를 'Migrant Worker'라고 하고 있으며, 'Migrant Worker'는 '이주노동자'로 번역되고 있다(권장수, 2005).

이주노동자의 배경을 살펴보면 우리나라는 1960년대 이후 1980년대 중반까지는 전통적인 산업인력 송출국가였다. 우리나라의 해외노동이민은 1963년 247명이 서독에 광부로 노동이민을 간 것을 들 수 있다. 그 후 1965년 간호사들이 대거 서독으로 가게 되었고 선원들이 외국항선에 고용되기 시작하였다.

우리나라에 이주노동자들이 유입되기 시작한 것은 1987년 이후부터이다. 아시안게임 이후 국내 이주노동자 수는 급증하였고 출신국도 다양해졌다.

노태우 정부는 북방정책을 추진하며 중국과의 교류에 물꼬를 텄고, 그 과정에서 재중 동포의 고국 방문을 적극적으로 유치하였다. 그러면서 '중국 국적을 가진 한민족', 즉 조선족이라 불리는 우리 동포들이 대거 한국에 몰려왔다. 재외동포든 이민족이든 중국과 동남아시아의 가난한 나라 출신의 외국인들은 형식적으로는 관광객이나 친지 방문자였지만, 한국에 들어온 지 얼마 지나지 않아 노동자로 자리잡았다. 그들의 수가 늘어나면서 우리나라는 '노동자 유입국'의 하나가 되었다.

또한 외국노동자들이 유입된 주요 이유 중 하나는 1987년 '경제 민주화' 이후 노동자들의 임금투쟁을 계기로 임금 수준이 선진국 수 준에는 못 미치지만 대기업을 선두로 빠르게 상승하였고, 이후 분출 된 노동쟁의의 결과 국내 중소기업들이 인력난에 시달리게 되었기 때문이다. 거의 모든 중소기업들이 극심한 단순기능직 인력난을 겪 게 되었다(홍주형, 2007). 이러한 상황이 중국과 동남아시아의 이주 노동자를 유인하게 된 것이다.

2. 이주민 입국 관련 법적 절차 및 지위

외국인이 우리나라에 들어와 얻을 수 있는 법적인 지위는 난민과 외국인, 귀화한 이주민으로 나누어진다. 외국인이 우리나라에 들어 와 정착할 수 있는 법적 절차는 난민인정 절차, 외국인등록 절차와 이를 통한 영주권 취득 및 국적취득 절차가 있다.

1) 난민인정 절차

우리나라는 난민수속이 까다롭고 시일이 오래 걸리며, 정치적 난 민의 사실을 분명하게 증명할 수 있는 난민들도 대부분 외국적 문제 와 결부되어 쉽게 인정받지 못하는 것으로 되어 있다. 우리나라의 난 민 정책을 살펴보면, 1951년 난민협약과 난민의정서에 가입하였고, 1993년 12월 10일 출입국관리법과 1994년 6월 30일 출입국관리시행 령에 난민인정 조항을 신설함으로써 난민인정제도를 도입하였으나

2000년까지 한 명의 난민도 인정하지 아니하고 2001년과 2002년에 각각 1명의 난민을 인정함으로써 난민인정에 지나치게 인색하다는 비판을 받아왔다. 2005년까지 한국정부에 난민지위를 신청한 외국인은 494명이며, 이 중 철회자 58명을 제외한 심사 결과 인정률이 28.7%로 30%인 선진국에 비해서는 다소 떨어지지만, 최근 개선되는 추세이다.

우리나라의 난민인정제도와 관련하여 「출입국관리법」 제76조의 2에 따른 난민인정을 위한 신청인의 자격은 다음과 같다. ① 법무부장관은 대한민국 안에 있는 외국인으로부터 대통령령이 정하는 바에 따라 난민의 인정에 관한 신청이 있는 때에는 그 외국인이 난민임을 인정할 수 있다. ② 제1항의 규정에 의한 신청은 그 외국인이 대한민국에 상륙 또는 입국한 날(대한민국에 있는 동안에 난민의 사유가 발생한 때에는 그 사실을 안 날)부터 1년 이내에 하여야 한다. 다만, 질병 기타 부득이한 사유가 있는 때에는 그러하지 아니한다[개정 2001.12.29]. ③ 법무부장관은 제1항의 규정에 의하여 난민의 인정을 한 때에는 그 외국인에게 난민인정증명서를 교부하고, 난민의 인정을 하지 아니한 때에는 서면으로 그 사유를 통지하여야 한다. ④ 제1항의 규정에 의한 난민의 인정에 관한 심사절차 기타 필요한 사항은 대통령령으로 정한다[본조신설 1993.12.10](「출입국관리법」 참조).

그러나 오직 북한이주민의 경우에만 대한민국 밖의 재외공관에서 보호 신청될 수 있는 바 이는 외국인이 아니라 국민으로서 보호하는 점에서 난민 신청과 다르다. 난민으로 인정된 외국인은 난민인정증명서를 교부하고, 거주 및 취업(F-2)자격을 부여한다. 신청에 따라 난민여행증명서(유효기간 1년)를 발급한다. 한편 난민인정이 불허된 외국인은 난민인정 불허 사유와 이의 신청을 할 수 있다는 뜻을 기재하여 서면통보하고 출국권고서를 발부(발부일로부터 5일 이내 출국)한다.

여권 미소지, 여권기간 만료, 질병, 기타 부득이한 사유로 출국할 수 없을 때는 최장 1년의 범위 내에서 매회 3개월씩 출국기간을 연기할 수 있다. 그 후 강제퇴거 되는데 국적국 이외의 장소로 출국조치(본인이 원하는 경우를 제외하고는 국적국으로 강제송환은 금지)를 한다(이호택, 2005).

2) 외국인등록과 국적취득 과정

외국인등록은 한국에 살게 된 날로부터 90일 이상 체류하는 외국인에게 필요하다. 특히 90일을 거주하는 자격으로 들어온 여성 결혼이민자는 90일이 되기 전에 반드시 체류연장 신청과 함께 외국인등록을 신청해야 한다. 만약 90일 이내에 체류연장을 신청하지 않으면 불법체류가 된다.

외국인등록은 거주지에서 가까운 출입국관리사무소 또는 출장소에 가서 신청한다. 외국인등록을 한 상태에서 주소가 변경될 때는 14일 이내에 새로 이사한 곳의 출입국관리사무소, 출장소, 시·군·구청에서 변경신고를 해야 한다 변경신고를 하지 않으면 범칙금이 부과된다. 변경신고 시 필요한 서류는 체류지 변경신고서, 여권, 외국인등록증이 있다.

입국에서 국적취득까지의 절차는 〈그림 5-1〉과 같다(보건복지부 자료: 행복한 한국생활도우미, 2006).

외국인등록증을 반납해야 하는 경우는 다음과 같다. 첫째, 완전히 출국할 때, 둘째 외국국적을 포기하고 한국국적을 취득한 때이다. 한국 국민이 된 날부터는 14일 이내 반납해야 한다. 이 경우 대한민국 국적취득 증명서류, 외국국적 상실 증명서류를 함께 제출하여야 한다. 셋째, 사망한 때로 사망을 안 날로부터 14일 이내, 또는 사망한

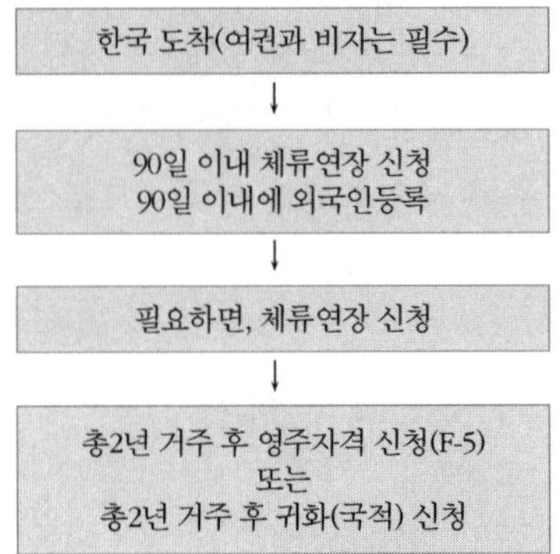

날로부터 30일 이내 반납한다. 넷째, 외국인등록이 면제될 수 있는 경우가 해당된다.

3) 여성 결혼이주민의 한국국적 취득 절차

결혼이주민의 한국국적 취득은 1948부터 1997년까지는 혼인사실이 확인될 때 바로 이루어졌다. 이 경우 한국남자와 혼인한 외국여성만 해당된다. 그러나 국적 취득과 동시에 집을 나가거나 이혼하고 떠나는 등 여러 가지 사회문제가 생겨 1998년부터는 혼인신고 2년 경과 후 귀화시험에 합격해야 국적 취득이 가능하였고, 2003년부터 현재는 혼인신고 2년 경과 후 법무부의 심사를 통과해야 국적 취득이 가능하다(법무부 자료). 여성 결혼이주민의 한국국적을 취득하는 절차는 다음과 같다.

① 귀화허가신청서는 국적업무를 담당하는 출입국관리사무소에 제출한다. 신청서류를 낼 때, 남편과 함께 출석해야 한다.
② 신청서를 제출하고 면접심사를 받기까지 약 1년 이상 걸린다.

귀화허가심사를 위해 원칙적으로 필기시험과 면접시험에 응해
야 한다. 그러나 예외적으로 필기시험이나 면접시험이 면제될
수 있다.

③ 법무부 장관으로부터 귀화허가통지서를 받은 후, 반드시 다음
의 절차를 밟아야 한다.

④ 귀화허가통지서를 받으면 1개월 이내에 호적신고를 해야 한다.
귀화허가통지서에 표시된 호적관서(구청·읍·면사무소)에 가
서 귀화신고를 하고 호적을 만든다. 이 경우 귀화허가통지서를
반드시 가져가야 한다.

⑤ 귀화허가통지서를 받은 날로부터 6개월 이내에 외국국적을 포
기해야 한다. 국적표기 신고는 외국국적에 해당하는 대사관에
서 한다. 만약 국적을 포기하지 않으면 한국국적은 자동적으로
상실된다.

⑥ 귀화허가통지서와 호적등본 및 외국국적포기확인서(출입국관
리사무소 발급)를 가지고 주민등록신고를 하여야 한다. 이 경우
주민등록증이 발급된다. 주민등록신고는 거주지의 읍·면·동
사무소에서 한다.

⑦ 최종적으로 거주지의 출입국관리사무소에 가서 외국인등록증
을 반납한다. 한국국민이 된 날로부터 14일 이내에 반납한다.
반납할 때, 귀화허가통지서, 호적등본, 주민등록증, 외국인등
록증이 필요하다.

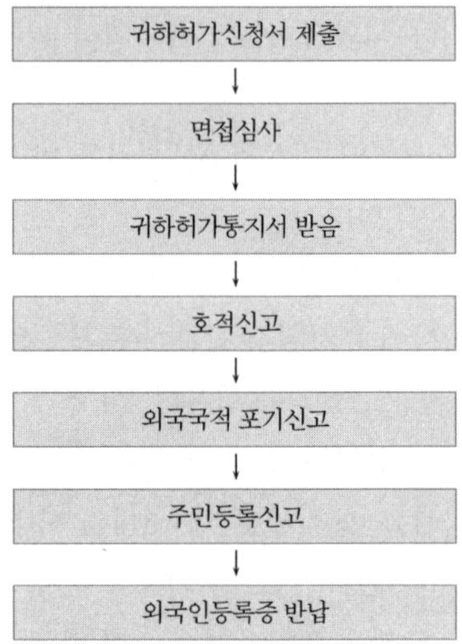

한국국적 취득 절차를 그림으로 살펴보면 〈그림 5-2〉와 같다.

3. 우리나라의 이주민 실태

세계화로 인한 자본과 노동의 세계적인 인구이동이 이루어짐에 따라 새로운 인종과 문화, 종교가 유입되고, 따라서 개별 국가의 문턱을 자유롭게 다닐 수 있게 되고 수많은 사람들이 더 나은 삶을 위해 이주노동이나 결혼 등을 통해 모국을 넘어 또 다른 '모국'을 찾고 있다. 글로벌 미디어의 확산, 통신 및 교통혁명은 이주를 더욱 촉진하며 국민국가의 새로운 경계에 새로운 변화를 요구하고 있다(강현주, 2007).

북한이주민 또한 분단된 어려운 상황 속에서 정치적인 이유와 경

단위: 명

유형		인 원	비 고
결혼이민자	국적취득자	44,291	
	등록외국인	102,217	
근로자	전문인력	2,7517	
	단순노무인력	376,940	
유학생		37,440	
재외동포 자격		32,625	
투자자		7,244	
기 타		125,107	
총 계		753,381	등록외국인 691,093
			국적취득자 62,288
제외자	불법체류자	223,464	
	단기체류자	151,716	

※참고: 국무총리실 외국인정책위원회, 2007.

제적인 어려움을 벗어나고자 북한을 탈출하여 죽음을 무릅쓰고 중국과 제3세계를 거쳐 우리나라로 들어오고 있는 실정이다. 이와 같이 다양한 형태의 결혼이주민, 이주노동자, 기타 외국인, 북한이주민들의 이주실태와 현황에 대해 살펴보고자 한다. 이주민을 유형별로 살펴보면 〈표 5-1〉과 같다.

2007년 기준 우리나라에 거주하는 외국인은 총 107만 명으로 외국인의 국적은 195개국에 이른다(국무총리실 외국인 정책위원회, 2007).

<표 5-2> 국제결혼 추세 및 인구구성 전망(1997~2007)

단위: 건, %

연도	총 결혼 건수	국제결혼		외국인 아내		외국인 남편	
		결혼 건수	구성 비율	결혼 건수	구성 비율	결혼 건수	구성 비율
1997	388,591	12,448	3.2	9,266	2.4	3,182	0.8
1998	375,616	12,188	3.2	8,054	2.1	4,134	1.1
1999	362,673	10,570	2.9	5,775	1.6	4,795	1.3
2000	334,030	12,319	3.7	7,304	2.2	5,015	1.5
2001	320,063	15,234	4.8	10,006	3.1	5,228	1.6
2002	306,573	15,913	5.2	11,017	3.6	4,896	1.6
2003	304,932	25,658	8.4	19,214	6.3	6,444	2.1
2004	310,944	35,447	11.4	25,594	8.2	9,853	3.2
2005	316,375	43,121	13.6	31,180	9.9	11,941	3.8
2006	332,752	39,690	11.9	30,208	9.1	9,482	2.8
2007	345,592	38,491	11.1	29,140	8.4	9,351	2.7
1997 ~2007	3,698,141	261,079	7.1	186,758	5.1	74,321	2.0

※참고: 통계청(2007), 『인구동태(혼인)』.

1) 결혼이주민 실태 및 현황

농촌지역은 외국인 여성이 아니고서는 가정을 이룰 수 없을 정도가 되었다. 거스를 수 없는 세계화의 인구이동 흐름에 따라 결혼을 통한 여성의 이주 역시 현저하게 증가하고 있다. 우리나라의 여성이주민의 비율은 1990년 이후 증가하는데 이는 국제결혼의 증가가 그 주요 원인이다. 1990년에 외국인 여성과 한국인 남성과의 결혼이 619건을 나타낸 이래 1997년 9,266건, 2002년 11,017건, 2007년 29,140건으로 여성들의 혼인을 통한 유입이 급격히 늘어나고 있다.

<표 5-3> 외국인 처의 국적별 혼인(2001년~2007년)

단위: 건

연도 국가	2001	2002	2003	2004	2005	2006	2007
일본	976	959	1,242	1,224	1,255	1,484	1,665
중국	7,001	7,041	13,373	18,527	20,635	14,608	14,526
미국	265	267	323	344	285	334	377
필리핀	510	850	944	964	997	1,157	1,531
베트남	134	476	1,403	2,462	5,822	10,131	6,611
태국	185	330	346	326	270	273	531
러시아	157	241	297	318	236	206	156
몽고	118	195	318	504	561	594	745
기타	660	658	968	925	1,119	1,421	2,998
계	10,006	11,017	19,214	25,594	31,180	30,208	29,140

※참고: 통계청(2007), 『인구동태(혼인)』.

또한 외국인 남편과의 결혼도 점차 늘어나 1997년 3,182건이던 외국인 남편 숫자도 2007년 9,351건으로 3배가 증가하는 등 1997년 전체 결혼 건수 중 3.25%로 한 자리 숫자에 머물던 국제결혼이 2004년 11.4%로 처음 두 자리 숫자로 진입한 이래 2005년에는 13.6%로 정점에 올랐다가 2006년에는 11.93%, 2007년 11.14%로 전체 총 결혼 건수의 10%를 넘어서게 되었다(〈표 5-2〉 참조).

오늘날 10쌍 중 1쌍이 외국인과 혼인하는 사회현상을 맞이하여 현실을 인정하고 이에 대해 정책적으로 접근하여 여러 가지 발생하는 문제들을 해결해야 하는 우리 사회의 중대한 전환점에 이르렀다고 하겠다.

또한 최근 몇 년 사이에 국제결혼이 빠른 속도로 증가하는 경향과 함께 우리나라에 결혼을 통해 이주하는 여성들을 국적별로 살펴볼 때 2007년 기준 우리나라에 입국, 거주하고 있는 여성들은 중국 출신이 49.9%로 가장 많고 2006년부터 베트남 여성들이 중국 뒤를 이어 급속히 늘어나는 추세이다(〈표 5-3〉 참조).

특히, 최근 베트남이나 필리핀 여성들의 동아시아(일본, 한국, 대만)와 싱가포르 등 자국의 남성보다 상대적으로 더 부유한 남성과 결혼한다는 생각으로 아시아인들과의 결혼이 증가하는 현상이 나타나고 있다.

외국인 아내들을 경제적 이주 논의에 포함시키는 것이 이상하게 보일지도 모르지만, 파이퍼(2003)와 파이버 · 로체스(2003)가 주장하듯 이 두 가지 흐름은 상호 연결되어 있다. 많은 여성들은 부분적으로는 비자와 노동허가의 일시적인 계약 속성 때문에 법적으로 안전한 방법으로 유입국에 머물 수 있는 전략으로서 그 지역 남자와 결혼을 시도한다. 또는 여성들은 외국인 배우자로서 이주한 다음 노동시장에 들어가기를 시도한다. 국제결혼을 통해 이주하는 여성들은 한국에서 누구의 부인이나 어머니라는 지위뿐만 아니라 노동자와 국적을 취득한 시민이라는 범주와 복잡한 관계를 맺고 있다. 이들은 국가가 설정해 놓은 '다문화가족'이라는 범주 틀 속에 단순하게 복종하는 것이 아니라 자신의 존재를 모색하고 새롭게 유지하기 위한 행위자이다. 한국사회의 결혼이주자 지원정책은 이주여성들을 한국남성의 배우자라는 편협한 범주에서만 사고한 채 이뤄지지만, 이주여성들은 이주를 감행하고, 정착하고, 새로운 미래를 기획하는 전과정에서 중층적이고 다중적 지위를 열망하는 적극적 행위자로서 이를 이해하는 정책과제가 절실히 요구된다. 현재 국제결혼 중 중개 과정에 내재되어 있는 반인권적이고 여성인권 침해적인 속성은 이주결혼을 파탄으로 이르게 하는 주요 원인이며, 왜곡된 국제결혼 광고와 대리모 문제들이 이기적이고 가부장적인 인식을 조장, 확산시키고 있다(여성가족부, 2007).

또한 결혼한 여성이주자들이 결혼으로 인해 발생한 다양한 경험과 임신, 출산, 양육과정에서의 어려움, 자녀를 돌보는 모성으로서의 어려움, 남편과 시집식구와의 관계형성에 대한 여러 가지 문제점에 대해 개인적 주체로서 지역사회 구성원으로서 자기 삶의 주인으로 살아갈 수 있도록 사회적 지지와 지역사회의 구조적인 지원이 필요하다 하겠다.

이와 같이 여러 가지 측면에서 결혼이주민에 대한 종합적인 접근과 이에 대한 대책이 절실히 필요하다.

2) 이주노동자 실태 및 현황

우리나라의 이주노동자는 1980년대 중·후반부터 유입되기 시작하였고 1991년 도입된 외국인 산업기술연수생제도를 통해 한국인 노동자들이 기피하는 3D(Dirty, Dangerous, Difficult)업종에 종사하면서 만성적인 인력부족 현상을 해소해 왔다(홍주형, 2007).

외국인의 국내취업에 관한 정책 변천을 보면 해당 직종의 전문성과 특수성으로 인해 국내에서 인력을 구하기 어려운 특정 직종의 전문기술인력에 한하여 국내취업이 허용되었다. 예를 들면, 출입국관리법에 의거 교수(E-10), 회화지도(E-2), 연구(E-3), 기술지도(E-4), 전문직업(E-5), 예술흥행(E-5), 특정활동(E-7) 등 전문기술인력에 대해서 고용계약 체결 등 일정한 체류자격 요건을 갖춘 경우에만 취업이 허용되었다.

이주 흐름의 성별화된 특성을 결정하는 데 일본과 우리나라는 모두 저숙련 이주자의 합법적인 유입을 허용하지 않으며, 대신 이러한 이주자집단의 합법적인 진입을 허용하기 위해서 소위 ‘산업연수생제도'를 제정하였다(여성가족부, 2007). 이러한 산업연수생은 대부분 남성이다.

1991년 도입된 산업연수제도는 이주노동자가 아닌 학생신분으로 규정함으로써 노동자로서의 권리를 인정하지 않았다. 외국인 산업기술연수생은 해외투자, 기술제공, 설비수출 관련 해외 투자기업에만 집중되었다. 따라서 실제 극심한 생산적 인력난을 겪고 있는 중소기업이 외국인 산업기술연수생을 도입할 수 있는 방법은 거의 없었다. 정부는 중소업체의 인력난을 해소하기 위해 외국인력 도입을 확대하기로 결정하고 1994년 산업기술연수생 도입 기준을 대폭 완화하기로 하였다.

그러나 산업기술연수생으로 들어와 불법체류자로 남은 이들은 열악한 삶의 조건에서 자살이라는 극단적인 방법을 택하거나 개인적으로 살아갈 방법을 모색했으며, 출신국 공동체를 조직하여 서로를 돕기 시작하는 등 여러 가지 방법으로 살아갈 길을 모색하지만 많은 문제가 발생하였다.

1995년 네팔 연수생 13명의 명동성당 농성은 이주노동자 문제를 현실로 드러나게 하였다. 이 사건을 계기로 '외국인 연수생 인권실태개선을 위한 공동대책위원회'가 꾸려져 연수생들의 처우개선을 요구하였고 정부는 최저임금제, 산재보험 및 의료혜택을 받을 수 있도록 하였다.

또한 이주노동자의 개인적 저항은 지원단체를 중심으로 하는 '이주노동자운동'으로 성장했다. 이주노동자들은 적극적으로 자신의 문제를 해결하기 위하여 수차례 파업과 농성을 했고, 1995년 외국인노동자협의회를 결성했다(홍주형, 2007).

한편 산업기술연수제도의 보안으로도 치유할 수 없는 제도의 한계가 드러나자 정부는 1997년 외국인력관리 개선방안으로 연수취업

제도를 확정하였다. 정부의 「출입국관리법 개정안」이 1997년 통과됨으로써 시행령을 근거로 "2년간 산업연수를 거친 후 소정의 시험에 합격한 '연수생'에게 '근로자'로 체류자격을 바꾸어 1년간 연수취업을 허용"하는 '체류자격 변경허가제도'(연수취업제도)로 탈바꿈하면서 외국인력정책은 법령에 기반을 두고 제도로서 오늘날 외국인노동자의 근거로 자리잡게 되었다.

단순기능 위주 인력의 국내취업은 원칙적으로 금지되어 있으나 이들은 산업연수생과 불법취업자 등의 신분으로 국내에서 노동에 종사하였다. 단순기능 인력에 대해서는 원칙적으로 도입을 금지하되 1992년부터 개발도상국과의 경제협력 도모를 위해 외국인 산업연구생제도를 도입·운영해왔으나 외국인력 도입 활용에 대한 분명한 원칙과 기준이 없이 제도를 운영함에 따라 저임금을 목적으로 한 무분별한 외국인력 도입 요구가 급증하고 불법취업자를 양산하는 결과를 가져오게 되었다.

따라서 외국인력 문제를 해결하기 위해서는 기존의 정책과 제도로는 한계가 있으므로 근원적인 대책 강구가 필요하게 되었다. 산업연수생제도는 산업연수생으로 일정 기간 연수 후 취업제로 전환하는 체제이다. 종전에는 연수 취업기간은 연수 2년 후 취업 1년이었으나, 「출입국관리법 시행령」(2002. 4.18) 등 개정으로 연수 1년 후 취업 2년으로 조정되었다(노동부 자료, 2006).

이주노동자도 「근로기준법」상 '노동자' 대우를 해주는 '고용허가제' 도입 시도는 1995년부터 여러 차례 시도되었으나 산업연수제의 운영 주체로 기득권을 가진 중소기업협동조합중앙회의 반대로 여러 차례 좌절되었다(홍주형, 2007).

그러나 이주노동자의 문제가 지속적으로 사회문제가 되자 2003년 8월 16일 「외국인근로의 고용 등에 관한 법률」의 제정·공포로 고용

〈표 5-4〉 국가별 외국인 근로자 현황

2007. 12. 31. 기준

구 분	총 체류자	합법체류자	불법체류자 16~60세	전체
총 계	476,179	411,272	63,229	64,907
필리핀	34,765	26,986	7,772	7,779
몽 골	14,766	10,581	4,178	4,185
중 국*	241,617	232,515	7,769	9,102
한국계 중국인	28,469	18,157	10,055	10,312
스리랑카	11,324	9,731	1,591	1,593
베트남	40,657	31,760	8,893	8,897
태 국	29,328	24,463	4,857	4,865
인도네시아	21,387	17,880	3,505	3,507
우즈베키스탄	7,410	4,762	2,638	2,648
파키스탄	5,731	3,403	2,324	2,328
캄보디아	2,466	2,044	422	422
방글라데시	4,754	1,121	3,624	3,633
키르기스스탄	183	87	95	96
네 팔	3,072	1,062	2,010	2,010
미얀마	2,465	1,706	759	759
동티모르	17	17	0	0
일 본	1,297	1,283	10	14
미 국	8,370	8,212	146	158
캐나다	5,645	5,552	90	93
러시아*	1,033	684	346	349
한국계 러시아인	1,112	1,108	4	4
영 국	1,936	1,914	22	22
프랑스	226	216	10	10
호주	841	830	11	11
뉴질랜드	761	757	4	4
기 타	6,547	4,441	2,094	2,106

* 중국, 러시아: 한국계를 포함하지 않은 숫자임(한국계 별도).

이주민 정책과 서비스

허가제가 도입되었고 1년간 준비기간을 거쳐 2004년 8월 17일부터 합법적인 단순기능 인력 도입제도인 고용허가제가 시행되었다.

고용허가제 실시 이후 정부는 고용허가를 받은 외국인 근로자와 허가를 받지 않은 외국인 근로자를 합법과 불법으로 나누어 이주노동자를 분류하고 있다. 국적별 외국인 근로자의 현황은 〈표 5-4〉와 같다(노동부 자료, 2007). 산업연수생으로 왔다가 고용허가를 받지 않고 장기적으로 일하는 이주노동자의 문제는 정부의 자국민 근로 기회 감소로 단속해야 하는 명분을 주며, 더불어 장기 체류로써 고용 허가 없이 일하는 외국인 이주노동자의 인권 문제 등 해결되어야 할 과제를 낳는다.

3) 북한이주민 실태 및 현황

'북한이탈주민'이라 함은 북한에 주소·직계가족·배우자·직장 등을 두고 있는 자로서 북한을 벗어난 후 외국의 국적을 취득하지 아니한 자를 말한다. '보호대상자'라 함은 이 법에 의하여 보호 및 지원을 받는 북한이탈주민을 말한다(「북한이탈주민의 보호 및 정착지원에 관한 법률」 제2조 제1항).

북한이주민은 공식적으로 위의 제2조에 해당하는 모든 북한주민을 의미하며, 실제적 의미에서는 이들 중 남한으로 입국하여 정부에 의해 보호대상자로 지정된 자를 대상으로 한다. 최근 북한이주민들의 성격이 정치적인 측면이 아닌 경제적인 측면으로 이주하는 경우가 늘어남에 따라 넓은 의미의 '이주난민'으로 보아야 한다는 주장도 제기되는 실정이다.

2007년 12월 말 기준, 북한이주민은 누적 인원 11,521명이 남한에 거주하고 있다. 북한이주민의 탈북은 과거 정치적으로 핍박을 받거나 사상적 지향점의 차이로 이루어지던 소수의 탈북과는 달리 1990년대 이후, 식량난과 경제적인 이유로 일반 주민들의 생존 차원의 탈북 숫자가 증가하였다. 이후 2000년대에 와서는 경제적인 여건이 상대적으로 나은 계층에서조차 억압적이고 제한적인 삶보다 자신의 능력을 발휘하고 주도적인 삶을 살고자 하는 인식이 확산되면서 가족 단위의 탈북이 증가하는 등 탈북의 성격은 점차 변화하고 있다.

북한이주민들의 숫자가 점차 크게 늘어나고 가족 단위의 탈북이 증가하면서 이제는 경제적인 정착 지원과 함께 그들이 삶의 목표를 가지고 적극적이고 능동적으로 참여하여 남한사회에 적응하여 독립적으로 생활할 수 있도록 도와주는 것이 무엇보다도 필요하다.

북한이주민들이 남한사회에서 겪는 어려움은 여러 가지가 있으나 자본주의 경제체제에 대한 적응과 취업을 통한 자립, 목숨을 걸고 탈출하는 과정에서 입은 심리·정서적 측면의 외상, 가족과 떨어져 홀로 탈북한 경우의 가족에 대한 그리움과 죄책감, 건강상의 문제, 가족이 탈북한 경우 자녀교육 문제 등 올바른 정착을 위해 해결해야 할 과제가 산적해 있다. 또한 중국이나 다른 나라에 머물러 있으면서 남한으로 입국을 준비하는 이주대기자들과 대량탈북에 대비한 정책도 다각도로 마련되어야 할 시기이다(통일백서, 2007).

4. 한국의 이주민정책

1) 결혼이주민 관련 정책

국제결혼의 증가로 다문화가족은 우리 사회의 주요한 가족형태로 등장하고 있다. 2007년 통계에 의하면 국제결혼은 전체 결혼의

11.1%를 차지하며 농림어업 종사자 남성의 경우 40%가 외국여성과 결혼하고 있다(통계청 자료, 2007).

결혼이민자의 특성을 보면 전체 결혼이민자(126,955명) 중 여성(111,843명)이 88.1%를 차지하고, 국적 미취득자가 69.3%에 이른다(행정자치부 자료, 2007. 5. 기준).

또한 국제결혼이 늘어남에 따라 결혼이민자 및 다문화가족의 한국사회 조기 정착 및 안정적 가족생활을 위한 정책적 요구가 증가하고 있다. 국제결혼은 당사자 간 정보 부족과 상호이해의 결여로 인해 가정폭력이 빈발하고, 이혼율 증가, 사망사고로 비화되는 등 많은 문제가 발생하고 있다.

국제결혼의 이혼의 추이를 살펴보면 2004년 3,315건, 2005년 4,208건, 2005년 6,187건, 2007년 8,828건으로 급속히 증가하고 있다(통계청 자료, 2007).

대다수 다문화가족은 언어·문화 갈등, 경제적 어려움, 사회적 편견 등으로 가족 간 갈등과 사회적 소외를 경험하고 있다. 특히 자녀들은 외모, 말씨 등의 차이로 인한 심리적 소외감과 부모의 양육능력 부족으로 어려운 여건 속에서 성장하고 있다.

정부에서는 「다문화가족법」을 제정하고 입국전단계에서부터 정착기에 이르기까지 다문화가족의 생애주기에 따라 수요에 부응하는 맞춤형 서비스제공의 강화의 필요성을 인식하고 보건복지가족부 내에 다문화가족과를 신설하는 등 여러 가지 방안을 마련하고 있다. 향후 여러 가지 정책이 제도적으로 마련될 것으로 예상되나 현 시점에서 추진되는 결혼 여성이주민에게 지원되는 정책을 중점적으로 살펴보면 다음과 같다.

(1) 사회보장

① 소득보장

국민기초생활보장제도는 소득이 최저생계비보다 적은 저소득층에게 기본적인 보장을 받도록 하는 제도이다. 국민기초생활보장을 받기 위해서는 수급권자 신청을 해야 한다. 수급권자 신청을 하기 위해서는 여성 결혼이민자가 국적이 있거나 외국인등록을 하여야 한다.

여성 결혼이민자의 경우 국민인 경우에 신청 가능한 경우는 여성 결혼이민자를 부양해줄 가족(남편, 아들, 딸 또는 부양해 줄 가족)이 있어도 부양받을 수 없을 때 신청할 수 있다. 그리고 소득인정액이 최저생계비 이하여야 한다.

여성 결혼이민자가 국민이 아닌 경우에는 한국남성과 결혼하여 한국국적의 자녀를 키우고 있어야 한다. 또한 외국인등록증이 있어야 한다.

신청은 거주지와 가까운 읍·면·동사무소나 시·군·구청 기초생활보장업무 담당부서에 가서 신청하면 된다. 급여종류는 생계급여, 주거급여, 교육급여, 해산급여, 장제급여가 있다.

2008년 기준 최저생계비 및 현금급여 기준은 〈표 5-5〉와 같다. 최저생계비는 가족구성원 수와 경제상황에 따라 해마다 달라진다(보건복지가족부 자료, 2008).

〈표 5-5〉 2008년도 최저생계비 및 현금급여 기준

단위: 원, 1개월 당

구분	1인가구	2인가구	3인가구	4인가구	5인가구	6인가구
최저생계비	463,047	784,319	1,026,603	1,265,848	1,487,878	1,712,186
현금급여 기준	387,611	656,544	859,357	1,059,626	1,245,484	1,433,250

※참고: 7인 이상 가구의 경우 1인 추가 시 224,308원씩 증가(7인 최저생계비 1,936,494원).

② 긴급지원

긴급지원은 여성 결혼이민자가 위기상황에 처해 있을 때 이용할수 있다. 위기상황이란 남편이 죽거나 가출하거나 감옥에 가서 돈을벌어오는 사람이 없을 때, 큰 병에 걸렸거나 다쳤을 때, 가족으로부터 유기되었거나 학대를 받았을 때, 가족에게 맞아서 원만하게 생활할 수 없거나 가족에게 성폭행을 당했을 때, 불이 나서 집에서 살 수없을 때 등이다.

신청자격은 한국남성과 결혼하여(한국인 남편과 이혼 또는 사별의 경우도 포함) 한국국적의 자녀를 양육하고 있을 때 이용할 수 있다. 지원내용은 생계지원, 의료지원, 주거지원, 사회복지시설 이용지원이 있다.

생계지원은 위기상황으로 생계를 유지하지 못할 때 현금으로 지원한다. 지원기간은 1개월이고 추가로 1개월을 연장할 수 있다.

의료지원은 심각한 질병이나 부상으로 인해 의료비를 감당하기어려울 때 지원한다. 의료비지원은 300만 원 이내에서 이루어진다.주거지원과 사회복지시설 이용지원은 집에 불이 나거나 위기상황으로 인해 집에서 살 수 없을 때 지원받을 수 있다. 보호시설이나 임시거처를 제공받을 수 있다.

그 밖의 지원으로 출산비용과 장제비용이 있고, 겨울(10월~3월)에는 연료비를 지원해준다. 지원 금액을 보면 연료비 6만 원, 해산비50만 원, 전기요금 50만 원이다.

〈표 5-6〉 긴급지원

단위: 원, 1개월 당

가구 규모	1인가구	2인가구	3인가구	4인가구	5인가구	6인가구
지원 금액	418,309	700,849	939,849	1,170,422	1,353,242	1,542,382

※참고: 7인 이상 가구에 대한 지원액은 1인 증가 시마다 189,140원씩 증가.

③ 한부모가정지원

여성 결혼이민자가 남편 없이 혼자 자녀를 양육할 경우 한부모가
정 복지사업을 신청할 수 있다. 대상자로 선정되면 양육비, 생활비
등을 지원받을 수 있다. 이 경우 18세 미만의 자녀가 있거나 저소득
층이어야 한다.

신청사유는 혼자 자녀를 양육하게 된 다음과 같은 경우에만 가능
하다. 남편이 죽었거나 이혼했거나 남편으로부터 버림받은 경우, 남
편이 정신 또는 신체장애가 있어 일을 못하는 경우, 남편이 죽었는지
살았는지 모르는 경우, 남편과 남편의 가족 때문에 가출한 경우, 남
편이 오래 외국에 나가 있거나, 감옥에 있어 부양받을 수 없는 경우
에 해당된다.

④ 의료보장

· 국민건강보험 및 의료급여

결혼이민자는 한국국적을 가지고 있지 않더라도 외국인등록을 하
면 국민건강보험에 가입하여 혜택을 받을 수 있다. 단 의료급여를 받
은 사람은 이를 신청할 수 없다. 저소득층은 의료급여를 받을 수 있
다. 이 경우 의료비는 무료 또는 저렴하게 이용할 수 있다.

· 저소득층 무료진료

국민건강보험과 의료급여 등의 혜택을 받지 못하는 여성 결혼이
민자의 경우 입원에서 퇴원까지 발생하는 진료비와 당일 외래에서
받는 수술비를 지원한다. 무료진료를 받을 수 있는 사람은 한국남성
과 결혼하여 한국에 거주하지만 국적을 취득하지 못한 결혼이민자
와 그 자녀의 경우 신청할 수 있다. 여성 결혼이민자가 건강보험에

가입하거나 의료급여 수급자인 경우 원칙적으로 무료진료를 받을 수 없지만, 피신이나 가출 등으로 인해 건강보험 등을 적용받기 곤란한 상태임을 관련 단체에서 확인한 경우 이용 가능하다.

지원의 범위는 입원에서 퇴원까지 발생한 진료비에 해당한다. 단 1회당 진료비가 1,000만 원을 넘는 경우 1,000만 원을 넘는 금액의 80%를 지원한다.

· 저소득층 방문진료

저소득층 결혼이민자와 가족은 방문진료를 무료로 받을 수 있다. 만성질환이나 장애, 사고, 재해, 뇌졸중, 고혈압, 암, 관절염, 치매, 정신질환 등 건강에 문제가 있을 때, 보건소 직원이 집을 방문하여 진료해준다. 보건소 직원은 직접 진료를 하거나, 적절한 기관에 연결을 해준다. 신청 가능한 자는 저소득층인 국민기초생활수급가구 또는 차상위계층일 경우 신청할 수 있다.

· 정신건강 상담

결혼이민자와 가족들은 문화의 차이로 스트레스를 받을 수도 있다. 이러한 스트레스와 어려움이 발생할 때 정신보건센터에서 무료로 정신건강 상담을 받을 수 있다.

⑤ 취업지원 및 직업훈련

결혼이민자 취업을 위해 정부는 전국 112개 고용지원센터와 워크넷을 통해 취업정보와 구직신청을 할 수 있도록 하였다.

직업훈련은 고용지원센터에서 구직신청과 함께 이에 대한 상담이 가능하다. 고용지원센터에서는 직업훈련 지급수당을 지원한다. 이 경우 결혼이민자는 대한민국 국적이 있어야 신청할 수 있다. 국적이 없는 결혼이민자의 경우는 이전에 고용보험에 가입한 적이 있으면 '전직 실업자훈련' 만 이용 가능하다.

직업훈련은 무료로 3회까지 받을 수 있다. 취업이 되면 더 이상 받을 수 없다. 훈련 종류에 따라 식비, 교통비 등 수당을 받을 수 있다.

농촌 거주 결혼이민자의 농촌사회 정착을 돕고 농업인력으로서 육성하기 위해 영농기술교육을 2008년 6월부터 실시한다.

직장예절, 면접기술 및 구직등록, 기술교육 등 취업능력 향상 교육을 통한 경제적 자립 능력을 연중 지원한다.

결혼이민자 중 적합 직종 인력양성을 통해 취업을 연계시킨다. 다문화강사를 양성해 지역 내 보육시설 및 초등학교 등에서의 활동과 연계하여 지원한다.

원어민 외국어강사를 양성해 지역교육청과 연계하여 보조강사로 활동할 수 있도록 지원한다. 통 · 번역사 등 이민자 직종을 개발하고 인력양성과 연계시스템 구축을 검토하고 있다.

⑥ 실업급여

직장을 가진 결혼이민자는 고용보험 가입이 가능하다. 단, 월 근로시간이 60시간(주 15시간)미만인 경우는 신청할 수 없다.

고용보험에 가입한 경우 직장에서 해고당했을 때 실업급여를 받을 수 있다. 고용보험료는 사업주와 근로자가 함께 부담한다. 직장에서 해고당하였을 경우, 6개월 이상 보험료를 납부한 사람은 실업급여를 받을 수 있다. 단, 개인적인 이유로 일을 그만두거나 자신의 실수로 해고된 경우에는 실업급여를 받을 수 없다.

실업급여의 신청은 신분증(외국인등록증)을 가지고 거주지와 가까운 고용지원센터에서 신청가능하다. 고용지원센터에서 구직등록필증을 받고 수급자격인정신청서를 제출한다.

신청 후 2주 이내에 수급자격 인정 여부를 통지받게 된다. 실업신고일로부터 매 2주마다 고용지원센터에 가서 실업인정을 받는다.

⑦ 출산휴가 및 육아휴직

취업한 여성결혼이민자가 임신한 경우, 출산 전 또는 출산 후 휴가를 받을 수 있다. 휴가는 90일까지 가능한데 출산 후에는 45일 이상 쉬게 되어 있다. 휴가기간 동안 휴가급여를 받을 수 있다.

육아휴직은 태어난 지 3년 미만의 영아를 가진 근로자가 영아의 양육을 위하여 신청할 수 있다. 남성도 신청할 수 있지만 부부가 같은 때에 동시에 신청할 수는 없다. 육아휴직은 1년 동안 할 수 있다. 육아휴직 기간 동안 월 50만 원씩 지원받을 수 있다.

⑧ 산모와 신생아를 위한 도우미지원

여성 결혼이민자는 출산 전과 출산 후 도우미의 도움을 받을 수 있다. 중산층 이하의 가정에서 이용할 수 있고 비용은 무료이다. 여성 결혼이민자는 혼인신고를 하고 건강보험에 가입된 경우에 이용할 수 있다. 신청할 수 있는 사람은 도시근로자 평균소득 60% 이하 출산가정, 단 건강보험 직장가입자 중 배기량 2500cc 이상이고 평가액이 3천만 원 이상 되는 자동차를 가진 사람, 종합부동산세를 납부하는 사람은 제외된다. 신청은 거주지 보건소에 신청서와 서류를 제출하면 된다. 이는 바우처제도로도 이용할 수 있다(보건복지가족부 자료).

(2) 사회문화 적응을 위한 정책

① 한국어 교육

여성 결혼이민자를 위해 한국어교실을 운영한다. 한국어교실은 전국 지역별로 운영되고 있다. 한국어교실 운영센터와 결혼이민자 가족지원센터 방문교육 도우미를 통해 실시된다. 온라인 교육도 실시되고 있다. 2008년 1월부터 한국디지털대학교와 협약을 체결하여 9개 시도에서 한국어를 수강할 수 있도록 하였다.

② 한국문화 배우기

결혼이민자가족지원센터를 중심으로 한국생활 방식을 익힐 수 있는 서비스를 제공한다. 교육·문화프로그램을 통해 한국문화를 배울 수 있도록 한다. 한국문화예술교육진흥원은 민간단체를 통해 한국문화를 이해할 수 있는 프로그램을 제공하는데 무용, 연극, 미술프로그램을 통해 다양한 문화의 상황을 이해하고 결혼이민자들의 정체성을 만들어가는 데 도움을 준다.

③ 정보화교육

정보화교육은 컴퓨터를 잘 사용할 수 있는 능력을 키우는 것이다. 또한 한국어를 잘 읽고 이해할 수 있는 능력을 기르도록 도움을 준다. 교육은 무료이다. 각 지역 체신청과 지역 결혼이민자 정보화교육기관, 각 시·도별 결혼이민자가족지원센터에서 실시한다.

(3) 사회통합정책

① 「다문화가족지원법」 제정 및 시행

2008년 9월부터 「다문화가족지원법」 시행을 통해 다문화가족 구성원들이 안정적인 가족생활을 영위할 수 있도록 함으로써 이들의 삶의 질 향상과 사회통합이 가능하도록 한다.

다문화가족은 다음에 해당하는 가족을 말한다. 「재한외국인처우

기본법」 제2조 제3호의 결혼이민자와 「국적법」 제2조에 따라 출생 시부터 대한민국 국적을 취득한 자로 이루어진 가족과 「국적법」 제4조에 따라 귀화허가를 받은 자와 같은 법 제2조에 따라 출생 시부터 대한민국 국적을 취득한 자로 이루어진 가족이다.

「다문화가족지원법」에 따르면 국가와 지방자치단체는 다문화가족 구성원이 안정적인 가족생활을 영위할 수 있도록 필요한 제도와 여건을 조성하고 이를 위한 시책을 수립·시행하여야 한다. 보건복지가족부장관은 정책수립을 위해 3년마다 실태조사를 하고 그 결과를 공표한다.

주요내용은 다음과 같다. 다문화가족에 대한 이해 증진, 생활정보 제공 및 교육지원, 평등한 가족관계의 유지를 위한 조치, 가정폭력 피해자에 대한 보호·지원, 산전·산후 건강관리 지원, 아동보육·교육, 다국어에 대한 서비스제공, 다문화가족센터의 지정, 다문화가족지원업무 관련 공무원 교육, 사실혼 배우자 및 자녀의 처우, 민간단체의 지원 등이 그것이다.

「다문화가족지원법」의 시행에 대비하여 중앙정부와 지방자치단체는 법 집행에 필요한 여러 가지 부수적인 제도와 행정체계를 정비하고 있다. 또한 다문화가정이 많은 지방자치단체에서는 조례를 제정하여 이들의 인권과 복지 및 친화적인 사업에 많은 관심을 기울이고 있다.

② 결혼이민자가족지원센터를 통한 종합적 지원

결혼이민자가족지원센터를 중심으로 결혼이민자가족이 한국에서 지역사회에 안정적으로 잘 정착할 수 있도록 도와준다. 다양한 문화 안에서 함께 어울려 살 수 있도록 지원한다. 이를 위해 교육, 상담, 자녀교육지원, 가족프로그램, 이민자 네트워크 구성 등 종합적인 가족지원 서비스를 제공한다. 결혼이민자가족지원센터 내에 출신국별 결혼이민자 자조모임을 결성하여 출신국별 초기 이민자 사회통합 지원 멘토 역할을 수행하도록 육성한다.

센터를 지속적으로 확대하여 사각지대를 줄이고자 한다. 2008년 80개소 → 2009년 110개소 → 2010년 140개소로 확대할 예정이다.

③ 지역사회 협력네트워크 강화

중앙과 지방, NGO의 유기적인 연계 및 체계적 추진체계 기반 구축을 통해 상호 협력 및 네트워크가 이루어지도록 서로 긴밀히 협조하고 조직화하는 과정을 만들어가고 있다.

④ 다문화 인식개선을 위한 교육 · 홍보 강화

공공기관 및 직장교육, 각급 교육훈련기관 등에 다문화과정을 포함하여 연중 교육이 이루어지도록 함으로써 다문화에 대한 인식 개선이 매우 필요하다.

다문화사회에 대한 국민인식 향상을 위한 교육 · 홍보를 위하여 다문화 콘텐츠 개발 및 보급, 다문화 강사 양성 · 활용 등 전문적인 교육 · 홍보체계를 통해 일반 국민의 인식 개선이 이루어지도록 지속적인 노력을 하고 있다.

⑤ 다문화가족 생애주기별 맞춤형 서비스지원 강화 계획

보건복지가족부는 다문화가족을 지원하기 위한 맞춤형 서비스를 강화할 계획을 가지고 있다. 최근 국제결혼의 증가와 함께 다문화가족의 한국사회 조기 정착 및 안정적 가족생활을 위한 정책적 요구가 높아지는 현실을 반영한 것이다.

이 계획은 결혼이민자의 입국 전 결혼준비기부터 중개과정의 인권침해나 사전정보 부족 등으로 인해 발생하는 문제를 예방하기 위한 조치들까지 강조한다.

2008년 6월 15일 결혼중개업의 관리에 관한 법률이 시행되면서 국제결혼 중개업에 대한 등록·관리제도가 도입되어, 결혼중개 과정에서 이용자를 보호할 수 있는 조치들이 취해진다.

국제결혼 중개업자들은 등록 전에 윤리의식 교육을 받고 손해배상책임을 보장하기 위한 보증보험 등에 가입해야 하며, 허위·과장 광고, 외국 현지법령 준수, 해외이주 알선업 등과의 겸업 금지 등의 의무가 주어지고, 이를 위반할 경우 등록취소, 과태료 처분 등 제재를 받게 된다.

결혼 전 여성들이 한국생활에 대한 정확한 정보를 습득할 수 있도록, 2007년 12월부터 필리핀, 베트남 등 2개국에 파견하는 국제결혼이민관의 상담·사전정보 제공활동을 강화하는 한편, 최근 국제결혼이 증가하는 캄보디아와 몽골 등 2개국 현지에서 콜센터 및 입국 전 교육프로그램을 운영할 계획이다.

또한, 결혼이민자가족지원센터에서 신부 입국 전의 한국인 배우자를 대상으로 가정폭력 예방교육 등을 포함한 결혼 준비교육을 실시하고, 교육 참여율을 높이기 위해 참가자에게 정부의 각종 정책에 우선순위 수혜 등 인센티브를 제공하는 방안을 검토해 부처 간 협의를 추진할 계획이다.

결혼이민자 입국 초 가족관계 형성기에는 가족의 안정적 정착을 위해 한국어교육 및 가족교육, 그리고 각종 정보제공사업 등을 체계화할 계획이다. 결혼이민자를 위한 한국어교육의 접근성을 높이기 위해 한국어교육의 매체를 다각화할 방침이다.

전국 80개 결혼이민자가족지원센터에서 언어별·수준별로 세분화된 집합교육을 진행하고, 한국어 방문교육지도사가 방문교육을 실시하는 한편, 한국디지털대학교 및 방송사 등과 협력체계를 구축해 온라인교육 및 방송교육(IP-TV)을 활성화할 계획이다.

결혼이민자들이 각종 생활 및 정책정보에 쉽게 접근할 수 있도록 2008년 창간된 매거진, 「rainbow+」(계간)를 영어, 중국어, 베트남어, 캄보디아어, 타갈로그어 등 5개 국어 혼용판으로 발간하고, 2009년부터는 전국적인 통·번역 핫라인 시스템을 구축할 계획이다.

이와 함께, 임신·출산 지원, 가족 위기개입, 가족통합교육 등 가족의 안정적 정착을 위한 다양한 사업을 추진하게 된다. 자녀양육기 및 역량강화기에는 결혼이민자의 양육능력 및 양육을 지원하고, 취업 등 자립을 지원하기 위해 아동양육 지원사업과 취업교육 사업을 강화할 방침이다. 다문화가족의 아동양육을 지원하기 위해 아동양육지도사가 방문교육을 통해 부모에게 자녀양육방법 등을 교육하고, 다문화가족 아동보육지원 프로그램을 개발하는 한편, 2009년부터는 다문화특성화 보육시설을 매년 5개소 지정하고 시설 미이용 아동에게 보육교사를 파견할 계획이다.

또한, 기업-지역사회 등이 함께하는 '다문화봉사대'를 결성해 다문화가족의 정착을 돕고, 다문화가족-활동가-지역사회가 함께하는 전국대회를 개최하는 등 대국민 다문화 인식개선을 위한 교육·홍보를 강화할 계획이다(보건복지가족부 자료, 2008).

이상으로 결혼이민자정책과 관련하여 사회보장, 사회문화 적응을 위한 정책 및 사회통합정책을 살펴보았다. 향후 지속적으로 결혼이주민에 관한 여러 가지 정책이 개발되어 결혼이주민이 우리나라에 정착하는 데 도움이 될 수 있도록 하여야 한다.

2) 외국인노동자 관련 정책

외국인노동자와 관련된 정책으로 다양한 정책이 있으나 그 중 가장 중요한 것은 고용허가제이다. 외국인노동자는 고용허가제에 의해 1차적으로 신분과 관련된 모든 일들이 규정되고 사회보장정책 등을 통해 기본적인 생활이 안정된다. 그밖에 외국인력 도입 규모 및 업종과 관련된 정부의 계획, 일반 외국인근로자 선정·도입절차 등 다양한 정부 방침이 있다. 외국인노동자들이 사회에 원만히 적응하도록 하는 다양한 지원정책들로 사회보장, 사회·문화적응정책, 사회통합정책들을 살펴보면 다음과 같다.

(1) 고용허가제

고용허가제는 국내인력을 구하지 못하는 우리 기업이 정부(노동부)로부터 고용허가서를 받아 합법적으로 외국인력을 근로자로 고용할 수 있는 제도이다. 이 제도는 2003년 8월 16일 그간 합법적인 외국인력제도가 마련되어 있지 않아 연수생을 근로자로 편법 활용하거나 불법체류자를 고용하는 문제를 해소할 계기로 마련되었다. 이후 2005년 7월 27일 외국인력정책위원회에서 노동부, 법무부 등 16개 관련 부처 합의를 통해 산업연수제를 폐지하고 2007년 1월 1일부터 고용허가제로 일원화하여 시행할 것을 확정하였다.

주요내용으로는 첫째, 내국인 고용기회를 보장하면서 외국인력을 활용하는 방안이다. 이를 위해 300인 미만 중소기업과 3D업종을 중심으로 시행한다. 인력수급 동향과 연계해 적정 수준의 도입 규모를 결정하고 내국인 구인노력 의무(7일~3)를 부과한다. 둘째, 송출비리 방지 및 외국인력 선정·도입을 노동부 고용지원센터, 산업인력공단이 담당한다. 셋째, 사업자 수요에 맞는 적격자 선정 기능으로 기능 수준과 한국어 능력 등을 충족하는 적격자를 선정하고자 하는 데 있다.

한편, 외국인근로자의 고용관리 차원에서 정주화 방지를 위해 취업기간을 3년으로 설정하고 1년마다 근로를 갱신하도록 하였다. 단순기능 외국인력의 체류기간을 3년으로 한 것은 외국인근로자들의 경제적 목적을 달성할 수 있는 충분한 기간을 부여하되, 장기체류로 인한 정주화 문제가 발생하지 않도록 하는 데 취지가 있다. 또한 외국인력의 교체순환이 이루어지지 않으면 국내 노동시장이 교란되고 내국인근로자의 고용기회가 침해될 우려가 있기 때문이다. 독일의 경우 외국인근로자의 장기간 활용을 요구하는 사용자의 의견을 수렴함으로써 정주화 문제가 발생하여 문제가 되고 있다(노동부 자료, 2006).

고용허가제에 의하여 외국인근로자를 고용할 수 있는 업종 및 송출국가의 지정은 관계부처의 협의를 거쳐 국내 인력수급 상황 및 내국인의 고용기회 보호 등을 고려하여 국무총리 소속하의 '외국인력정책위원회' 에서 심의 · 의결하여 결정하고 있으며, 고용허가제로 입국하여 국내에서 취업할 수 있는 체류자격은 비전문취업(E-9) 자격이다(홍주형, 2007).

2004년 고용허가제 시행 시 송출국가 8개국을 선정하여 6개국 필리핀, 베트남, 몽골, 태국, 스리랑카, 인도네시아와 MOU를 체결하였다. 송출국가는 원칙적으로 2년마다 선정하여 MOU를 체결한다. 2008년 기준 MOU가 체결된 나라는 필리핀, 베트남, 몽골, 태국, 스리랑카, 인도네시아, 우즈베키스탄, 파키스탄, 캄보디아, 중국, 방글라데시, 네팔, 미얀마, 키르기스스탄, 동티모르로 현재 15개국과 체결되어 있다(노동부 자료, 2008).

고용허가제는 산업연수제도와 병행 실시된 후 2007년 이후 산업연수생의 도입이 중단되고, 고용허가제로 일원화되어 이주노동자에 대한 정책이 시행되고 있으나 이미 외국인노동자가 40만을 넘어섰고 외국인 이주노동자에 대한 내국인의 편견 등으로 인해 임금체불, 산업재해, 폭행, 감금 등 심각한 인권침해의 상황이 있는 등 누적된 많은 문제점이 있는 실정이다(홍주형, 2007).

2007년 1월 1일부터 외국인력 도입이 고용허가제로 일원화됨에 따라 외국인력의 도입과 관리는 원칙적으로 공공부문에 의해 이루어지게 되었다. 다만 외국인근로자가 우리나라에 입국한 이후 취업교육, 사용자의 업무대행 분야에 제한적으로 민간기관의 참여를 허용하되, 민간기관이 외국인근로자에게 금품을 받거나 송출국가와 직접 관련된 업무를 하는 것을 금지함으로써 외국인력의 도입과 관리가 투명해지고 있다(노동부 자료, 2006).

(2) 외국인력 도입 규모 및 업종

외국인력 도입과 관련하여서는 노동부가 일원화해서 관리하고 있다. 노동부가 고시한 2008년 기준 외국인력 도입 규모를 보면 일반외국인 7만 2천 명, 특례외국인(동포) 6만 명, 도합 13만 3천 명의 외국인력을 도입할 계획이며 관련 업종은 크게 제조업, 건설업, 서비스업, 어업, 농축산업으로 구분된다.

(3) 일반 외국인 근로자 선정 · 도입 절차

일반 외국인근로자 선정과 도입과정은 다음과 같다. 첫째, 외국인력정책위원회에서 도입 규모 및 송출국가 등 주요정책을 심의 · 의

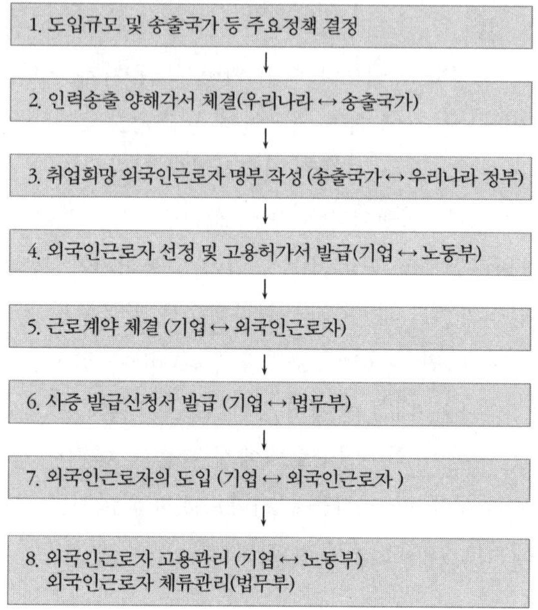

결한다. 둘째, 송출비리 방지 등을 위한 모집절차로 수용국가와 양해각서를 체결한다. 정기적으로 양해각서 이행 여부를 평가해 갱신 여부를 결정한다. 셋째, 송출국가의 정부(공공기관)는 한국어 시험, 경력 등 객관적인 기준을 통해 송출대상 인력(도입 정원의 일정 배수)을 선정한다. 작성된 송출대상 인력을 기초로 외국인 구직자명부를 작성한다(산업인력공단). 넷째, 내국인 고용기회 보호를 위해 사용자가 고용지원센터를 통해 내국인 구인노력(7일~3) 등을 하였음에도 채용하지 못한 경우 고용허가를 신청한다. 고용지원센터에서는 외국인 구직자명부 중 구인요건에 맞는 외국인을 복수 추천한다. 사업주가 추천된 외국인구직자 중에서 적격자를 직접 선정하는 경우 외국인근로자 고용허가서를 발급한다. 다섯째, 사업주는 선정한 외국인구직자와 표준근로계약서를 체결하고 임금, 근로시간, 휴일, 근무장소 등 근로조건 및 계약기간을 명시한다. 사업주는 직접 또는 산업인력공단 등에 체결을 대행시켜 근로계약을 체결한다. 여섯째, 사업주는 고용허가서, 표준근로계약서 등을 제출하고, 법무부에서 사증발급인정서를 발급한다(산업인력공단 등에서 대행 가능). 일곱 번째, 사업주는 외국인에게 사증발급인정서를 송부하고, 외국인은 재외공관으로부터 취업사증을 발급받아 입국한다(산업인력공단 등에 대행 가능). 국내에 입국한 외국인근로자는 일정 기간 내에 취업교육을 이수하게 한다(산업인력공단, 국제노동재단). 여덟 번째, 외국인근로자 고용사업장에 대한 근로감독은 노동부에서 실시한다. 노동부, 산업인력공단, 업종별단체 등에서 고충상담, 무료교육서비스를 제공한다. 출입국관리행정을 강화하고, 법무부와 노동부 간 업무 연계체제 구축 등을 통해 엄정한 체류관리를 실시한다(노동부자료, 2006). 일반 외국인근로자 선정·도입 절차를 그림으로 나타내면 〈그림 5-3〉과 같다.

(4) 사회보장

외국인근로자는 출입국관리법에 의하여 국내의 활동 범위를 정한 '체류자격'에 따라서, 또 한국과 사회보장협정을 체결한 나라인지 아닌지 등 '출신국' 요인에 따라서 그들의 사회보장의 범위는 제 각각 다르다. 국내법과 국제법의 원칙을 준수하는 '차등' 대우는 합리화되고 있다. 외국인 근로자의 사회보험과 공공부조 및 사회복지서비스 수혜 실태를 살펴보면 다음과 같다. 국내에서 일하는 외국인근로자 중 합법취업자는 국민연금, 국민건강보험, 고용보험, 산업재해보상보험을 당연 적용받고, 국민연금은 당연 적용을 하되 상대국에서 국민연금제도가 없을 경우 적용을 제외하였으나 2007년 4월 개정된 국민연금법에 의해 형편이 어려운 개도국 출신은 예외를 인정하여 반환일시금을 받을 수 있도록 하였다. 사회보장으로 4대보험 중 산업재해보상보험과 국민건강보험은 당연 적용을 받는 의무가입이다. 고용보험은 2006년 1월 1일부터 임의가입으로 변경되어 체류자격별로 적용방식이 다르다.

① 국민연금

국민연금은 국민연금 가입대상을 국내에 거주하는 18세 이상 60세 미만의 국민으로 규정(제6조)하고 있기 때문에 국내 거주 외국인은 원칙적으로 적용 대상에서 제외된다. 하지만 국민연금법 제102조에서는 외국인에 대한 적용범위를 규정하고 있다. 즉 대통령이 별도로 정하는 국민연금 제외자, 외국인의 본국법이 대한국민 국민에게 국민연금에 상응하는 제도를 적용하지 않을 경우(상호주의 원칙)를 제외한 국내 거주 외국인을 국민연금의 당연 적용 대상자로 규정하고 있다(설동훈, 2006).

현행 외국인에 대한 국민연금 반환일시금의 지급 여부는 상호주의 또는 양국 간 사회보장협정에 의해 결정된다. 즉, 외국이 국민연금 반환일시금제도를 가지고 한국인 근로자에게 반환일시금을 지급하는 경우에만 우리도 외국인에게 반환일시금을 지급한다. 이에 따라 상호주의를 채택한 인도네시아 등 30개국과 사회보장협정이 체결된 캐나다 등 3개국을 제외한 나머지 국가는 반환일시금을 받지 못한다. 그러나 국민연금만 내고 반환일시금을 지급 받지 못하는 국가가 대부분 약소국가인 점을 감안하여, 외국인노동자에 대한 반환일시금 지급문제는 상호주의만 적용할 것이 아니라 인도주의적 차원에서 접근하려는 목적으로 2007년 4월 19일 「국민연금법」이 일부

개정되었다(국회자료).

②국민건강보험 및 소외계층 의료서비스 지원

「국민건강보험법」은 "국내에 거주하는 국민으로서 의료급여법에 의해 의료급여를 받는 자 및 독립유공자 등 예우 및 지원에 관한 법률에 의하여 의료보호를 받는 자"를 제외한 자가 건강보험의 가입대상이 된다(제5조)고 하여 대한민국 국민이 아닌 국내 거주 외국인을 적용대상에서 제외시키고 있다. 그러나 외국인 등에 대한 특례규정을 두어 "외국정부가 사용자인 사업장 근로자로서 건강보험과 관련하여 외국정부와 합의를 이룬 경우"와 "대통령령이 정하는 외국인 및 재외국민의 경우에는 국내 거주 외국인을 건강보험의 임의 적용대상으로 한다."(제93조)고 규정하고 있다. 외국인근로자는 「국민건강보험법」, 「외국인근로자의 고용 등에 관한 법률」 등의 기준에 따라 국민건강보험의 당연적용자, 임의적용자, 적용배제자 등으로 제각각 달리 규정된다. 비전문취업자는 국민건강보험이 강제가입으로, 기타 외국인근로자는 「국민건강보험법」 제93조 제2항의 적용을 받아 신청주의로 이원화되어 있다. 그러므로 국민건강보험과 관련된 외국인근로자의 사회보장 문제는 임의적용방식 및 대통령령이 정하는 외국인 및 제외국민 범주로부터 벗어나는 노동자에서 발생한다(설동훈, 2006).

보건복지가족부는 2005년부터 외국인근로자 및 그 자녀로서 건강보험, 의료급여 등 각종 의료보장제도에 의해서 의료혜택을 받을 수 없는 소외계층에 입원 및 수술비 등 본인부담이 큰 항목을 위주로 의료비를 지원하는 사업을 시행하고 있다. 이는 국민건강보험, 의료급여 등 각종 보장제도에 의해서도 의료혜택을 받을 수 없는 사람들에게 의료서비스를 제공함으로써 인간으로서 누려야 할 최소한의 건강한 삶의 질을 보장하고자 지원하고 있다. 지원비용은 국비 70%, 지방비 30% 지원에 의해 이루어진다. 사업시행 주체는 지방의료원, 적십자병원, 국립의료원이다. 간접시행 주체는 각 지방자치단체와 보건(지)소, 기타 라파엘클리닉(이주노동자 무료진료소) 등 각종 무료진료사업 수행단체 및 출입국관리사무소 등은 외래진료 외의 의료행위가 필요한 자를 사업시행 의료기관에 의뢰한다. 간접시행 주체는 경우에 따라서 다른 시·도의 사업시행 의료기관에 의료행위를 의뢰할 수 있다. 연간 지원 횟수는 제한이 없다.

지원의 범위는 입원부터 퇴원까지 발행한 총 진료비를 지원하되, 1회당 총 진료비가 500만 원 초과 1,000만 원 이내인 경우에는 의료기관의 자체심의(의사 2인 이상 구성)를 거쳐 총 진료비 사유서를 작성하여 시·도에 제출하는 경우 1,000만 원 범위 내에서 지원한다. 1회당 총 진료비가 1,000만 원을 초과하는 경우에는 의료기관의 자체 심의(의사 2인 이상)를 거쳐 총 진료비 초과사유서를 작성하여 시·도에 제출하는 경우 1,000만 원까지는 전액 지원하고 1,000만 원을 초과한 금액은 80%만 지원한다.

지원대상자 선정은 여권, 외국인등록증, 여행자증으로 신원을 확인하고, 국내 체류기간이 90일 경과되고 질병이 국내에서 발병된 경우 지원한다. 전·현직 근로 여부를 확인하여 건강보험, 의료급여, 산재보험 적용 여부를 확인하여 적용대상자가 아닐 경우 지원한다(보건복지가족부 자료, 2008).

③ 고용보험

「고용보험법」 제7조(적용범위)는 "근로자를 사용하는 모든 사업 또는 사업장"에 적용한다고 하지만, 제8조(적용제외 근로자)는 "기타 대통령이 정하는 자"를 제외한다고 규정하고 있다. 「고용보험법 시행령」 제3조 제2항 제4호는 외국인근로자를 적용제외자로 규정하고 있다. 이 조항은 적용제외 예외자를 명시하여 당연 적용대상자를 국내 외국기업의 파견근로자(주재 D-7, 기업투자D-8, 무역경영 D-9, 사증 소지자) 중 상호주의원칙에 입각하여 외국인의 본국법이 대한민국 국민을 적용 배제하지 않는 경우, 비전문취업(E-9), 거주(F-2), 사증소지자, 영주권자(F-5) 등으로 명시하고 있다. 또한 동 조합은 비전문취업(E-9), 기타 취업 관련 체류자격을 가진 자와 방문동거자(F-1), 재외동포(F-3) 등에 대하여 "노동부령이 정하는 바에 따라 보험가입을 신청한 자에 한한다."라는 규정을 통해 '임의가입 가능자' 로 정하고 있다. 고용보험에 가입하여 6개월 이상 보험료를 납입한 외국인근로자는 실업 시 1개월 이내에 사업자변경 신청을 한 후 2개월 이내에 새로운 사업장을 구하는 등 최장 3개월까지 실업 상태로 있을 수 있어 실업 후 실업급여 신청 시 소요되는 최소 14일 처리기간을 제외하면 최소한 2달 반 동안 실업급여를 받을 수 있다. 그러나 미등록 노동자는 고용보험에서 배제되어 있다(설동훈, 2006).

④ 산업재해보상보험

「산업재해보상보험법」 제5조(적용범위)는 "이 법은 근로자를 사용하는 모든 사업에 적용한다."라고 규정하고 있으므로, 미등록노동자를 포함하여 국내 노동시장에 참여하는 모든 외국인근로자들이 산업재해보상보험의 당연적용 대상자가 된다. 「산업재해보상보험법 시행령」 제31조 제6항은 "외국인 수급자가 국내를 떠나게 되는 경우" 장해급여를 일시금 형태로 지급하도록 규정하고 있다.

원칙적으로 국내에서 일하는 모든 노동자는 출신국과 체류자격에 관계없이 산업재해보상보험의 가입 대상이 되지만, 실제 산업재해보상보험 가입률은 100%와는 거리가 멀다. 외국인근로자의 산업재해보상보험 적용 배제 이유로는 사업주가 미등록 외국인근로자 고용 사실 적발을 우려해 산업재해 처리 신청을 기피하고, 공상(公傷)이나 비합리적 쌍방 합의를 통해 산업재해를 처리하는 관행, 그리고 외국인근로자들이 산업재해보상보험 자체를 모르기 때문이다. 산업재해보상보험에 가입한 외국인근로자들 중에서도 상당수 산업재해 피해자들은 치료만 마친 채 휴업급여, 장해급여를 받지 못하는 경우가 많다. 경제적인 문제와 해고의 두려움 등을 이유로 산업재해 치료 도중에 중단하고 업무에 복귀하는 경우도 있으며, 신청방법 및 절차 등에 대한 지식 부족으로 산업재해인 줄 알면서 그냥 넘어가는 경우 등도 많다(설동훈, 2006).

(5) 사회문화 적응

외국인근로자들이 우리나라에서 원만히 적응하기 위해서는 먼저 문화를 이해하여야 한다. 외국인근로자들에 대한 문화생활 지원은 민간 외국인근로자 지원단체와 외국인 밀집지역의 일부 지방자치단체의 활동이 대부분이었다. 민간 외국인근로자 지원단체는 종교단체의 후원, 민간인의 후원회비 등을 재원으로 한글교육, 외국인근로자 공동체지원, 각종 행사 등을 수행하였고, 서울 및 경기도의 일부 지방자치단체에서 외국인지원단체 지원과 각종 이벤트 행사를 지원하고 있다. 정부 차원에서의 지원은 2004년 노동부가 문화적 차이와 언어소통의 한계로 국내생활에 어려움을 겪고 있는 외국인근로자에 대해 체계적이고 종합적인 고충상담, 생활적응 서비스 등을 제공하기 위해 외국인근로자 지원센터를 설립하여 위탁하여 운영하고 있으며 현재는 전국 규모로 설립되어 지원하고 있다. 사회문화 적응을 위해 필요한 지원으로 교육지원, 생활적응지원 등 다양한 지원정책이 있다.

① 교육지원

교육지원은 여러 기관에서 이루어지나 외국인근로자 지원센터를 중심으로 다양하게 이루어진다. 교육내용을 세부적으로 보면 외국어, 컴퓨터, 태권도, 특별교육으로 법률교육, 안전교육, 기타 비정기 교육으로 다양한 주제들이 특강 형식으로 진행된다. 예를 들면, 산업현장에서 일하면서 부당하다고 생각했던 점, 법률교육으로 노동법 교육을 통해 임금, 산재, 근로계약, 구제절차 등에 대해 설명하고, 안전교육으로 산업안전 교육, 가스안전 교육 등을 실시한다. 또한 국악교육으로 한국 전통음악인 사물놀이를 통해 한국문화를 알리고 이해를 돕는다. 각기 다른 한국 전통악기로 조화롭고 흥겨운 놀이문화를 체험함으로써 한국문화를 이해하는데 도움을 주기 위해 교육한다.

또한 금융교육을 실시한다. 외국인근로자의 금융이용을 돕고 국내정착을 지원하고자 금융감독원과 함께 금융교육 및 민원상담을 실시한다. 교육내용은 금융기관 이용 및 환전·송금 시 유의사항, 외국인근로자의 국내 보험가입 및 보상사례, 민원상담으로 은행, 보험, 유사금융피해 상담을 실시한다. 그 외 일반법률 상담도 병행해서 실시한다.

한국식생활의 적응을 돕고자 영양교육을 실시한다. 한국식 문화와 올바른 식습관에 대한 이해를 돕기 위해 한국의 식문화 및 대표음식을 소개하는 등 한국생활의 적응을 위해 다양한 교육이 실시된다. 이러한 교육을 통해 한국생활을 이해하고 원만하게 생활할 수 있다.

② 생활적응 지원

외국인근로자 생활적응을 위한 지원은 민간기관들에서 다양하게 이루어지나 대표적으로 한국외국인근로자지원센터를 중심으로 살펴보면 생활적응 지원으로 크게, ① 고충상담, 국내적응교육, 무료진료, 각종문화행사 지원, ② 외국인근로자를 위한 인터넷방송 운영, 언어권별 신문제작 보급, 나라별 언어 인터넷 홈페이지 운영 등 각종 정보제공, ③ 체력단련실, 노래방, 나라별 모임방, 공판장 등 복지시설을 제공하고 있다(한국외국인근로자지원센터 http://www.migrantok.org/). 이러한 다양한 지원을 통해 우리 사회에 적응하게 됨으로써 자신들의 어려움을 함께 해결할 수 있다.

(6) 사회통합정책

사회통합정책은 외국인노동자들이 우리 사회에서 안정적으로 생활하며 직장생활을 원만히 함으로써 우리나라 기업들과 외국인노동자 모두에게 도움이 될 수 있도록 하기 위해 마련된 정책으로 다음과 같이 다양한 정책들이 있다.

① 고용허가제 제도 보완

정부는 그동안 고용허가제를 시행하면서 제기된 여러 가지 문제들을 보완하기 위해 다음과 같이 제도개선 방안을 마련하여 고용주와 외국인근로자의 어려움을 들어주고자 한다. 현재 외국인근로자를 3년까지 고용할 수 있고, 사용자가 다시 고용을 원하는 경우에도 1개월 이상 출국한 후 재입국해야 하는 제도를 출국 후 재입국하는 절차 없이 5년 이내의 기간 동안 계속 고용할 수 있도록 제도를 개선할 계획이다.

국무총리실은 노동부, 법무부 등 관계부처 협의를 통해 이 같은 계획을 확정함으로써 중소기업들이 업무의 공백 없이 장기간 숙련된 외국인근로자를 고용할 수 있을 뿐 아니라, 외국인근로자가 재고용 계약을 체결하고 출국하더라도 본국의 사정으로 다시 입국하지 않아 발생하는 문제 등이 해소될 것을 기대하고 있다.

또한, 기업이 원하는 수준의 외국인근로자를 조속하고 안정적으로 고용할 수 있도록 현행 1년 단위의 근로계약을 좀 더 자율적으로 정할 수 있게 하는 등 각종 제약요건을 완화하는 한편, 산재 질병 등에 대해서는 외국인근로자의 사업장 변경 기간(2개월)의 유예를 두는 등 외국인근로자의 인권보호 측면도 포함한 '외국인근로자 고용허가제' 개선계획을 마련하였다. 정부는 제도개선(안)을 국무총리실장이 위원장인 '외국인력정책위원회'를 거쳐 최종 확정하고,「외국인근로자의 고용 등에 관한 법률」 개정안을 제출할 예정이다(국무총리 규제개혁실, 2008).

② 국민연금 개정을 통한 반환일시금 제공

국민연금만 내고 반환일시금을 지급받지 못하는 국가가 대부분 약소국가인 점을 감안하면, 외국인노동자에 대한 반환일시금 지급문제는 상호주의만 적용할 것이 아니라 인도주의적 차원에서 접근하려는 목적으로 2007년 4월 19일 국민연금법이 일부 개정되었다(국회자료). 이로써 국민연금 가입 후 상호주의에 입각하여 지급되던 국민연금 반환일시금이 상호주의 체결과 관계없이 지급받을 수 있어 그간 국민연금에 가입하고도 상호주의에 입각하여 받지 못하던 외국인근로자들에게 혜택이 돌아가게 되었다.

③ 사용자와 외국인근로자에 대한 지원

외국인근로자의 사회통합을 위해서는 외국인근로자를 고용하는 사용자와 외국인근로자가 어려움에 직면하여 겪는 부분이 함께 지

원되어야 한다. 고용허가제 이후 사용자와 외국인근로자 간의 애로
와 갈등의 조정 및 불법체류 예방을 위한 외국인근로자 지원 기능이
필요하다. 외국인근로자가 필요로 하는 부분은 고충처리로 재해 ·
사고처리지원, 사업장 변경지원, 쉼터 제공, 생활고충, 법률상담, 조
기 귀국 외국인 출국지원이 있다. 이와 함께 사용자 · 외국인근로자
의 편의를 위한 행정 서비스 기능수행이 있다. 이를 위해 민간단체와
한국산업인력공단 등 관계 기관에서의 지원이 절실히 요청된다.

④ 정부기관을 통한 지원

외국인근로자를 위해서는 정부기관인 노동부, 법무부, 지방자치
단체, 기타 정부부처를 통해 다양한 역할아 필요하다. 노동부는 고용
허가제와 관련된 내용, 송출과정 투명성 확보, 외국인 고용업체에 대
한 근로감독 강화, 고용지원센터 취업 알선 업무 광역화, 지원업무
강화, 귀환 예정 노동자에 대한 기능 교육 · 훈련기회 제공, 송출과정
등 전분야에 대한 민간단체 모니터링 허용, 한국사회 적응 프로그램
등이 요청된다.

지방자치단체는 거주외국인 자녀의 보육 및 취학지원, 거주외국
인과 지역 내 자원단체 연계, 언어교육 및 문화지원, 거주외국인을
위한 생활정보제공 등이 있다. 기타 외국어 등 교육지원과 문화활동
지원, 국제결혼 가족지원, 건강보험 등 의료지원, 외국인자녀의 보육
지원, 외국인근로자 인권향상을 위한 노력 등이 필요하다(설동훈,
2006).

⑤ 정부와 민간단체의 네트워크를 통한 지원

정부와 민간단체가 상호 협력적인 네트워크를 구축하여 민간단체
가 여태까지 열심히 활동해온 부분을 살리고 운영상의 어려움으로

재정부족과 공간부족, 인력부족 등을 보완해줄 필요가 있다. 정부부처는 개별적인 사업으로 일을 추진하여 중복되는 일을 막고 외국인 근로자가 골고루 혜택을 받을 수 있도록 하는 방안을 마련하여야 한다(설동훈, 2006).

⑥ 이주노동자를 위한 사회적 시스템을 통한 지원

이주노동자를 위한 사회적 시스템을 통한 권리옹호가 실제적인 사회통합을 이룰 수 있다. 노동자로서 산업현장에서 겪는 각종 권리침해를 구제하는 임무를 맡은 노동부, 근로복지공단, 법원 등의 기관에서 이주노동자들도 쉽게 권리를 보장받을 수 있도록 접근성을 높여야 한다.

경찰, 검찰 등에서의 수사과정, 법원에서의 재판과정 및 수용시설에서의 수용과정 등에서 문화와 언어가 다른 이주노동자들이 쉽게 권리를 보장받을 수 있도록 하여야 한다. 자녀의 양육과 교육 등과 관련한 여러 가지 사항이나 기타 정상적인 가정생활을 영위하는 데 따른 제반 애로사항을 쉽게 해결할 수 있게 해주어야 한다.

소수민족으로서 고유의 종교나 문화생활을 쉽게 향유할 수 있도록 해주어야 한다. 또한 이주자로서 우리 사회의 구성원들과 쉽게 의사소통을 할 수 있는 구조를 만들어주어야 하며 우리 생활에 쉽게 적응할 수 있도록 도와주어야 한다. 또한 이주노동자에 대한 인식이 개선될 수 있도록 도와주어야 한다. 거주민이나 생활인으로서의 이주노동자들을 이웃으로 받아들이는 노력 역시 의식적으로 진행되어야 한다(권장수, 2005).

⑦ 축제 및 다양한 행사를 통한 사회통합

정부나 사회단체가 주축이 되어 이주노동자가 참여하는 축제를 통해 서로를 이해하고 즐거운 마음으로 하나 되는 계기를 마련하는 것이 필요하다. 예를 들어, 문화관광부 주최로 진행되는 국제적 문화 교류의 장으로 매년 개최되는 'Migrant's Arirang'은 커다란 호응을 받고 있다. 인도네시아를 비롯하여 중국, 몽골, 베트남, 필리핀, 네팔 등 세계 100여 개 나라에서 이주해온 많은 이주노동자들이 참여한다.

뿐만 아니라, 전국 60여 개 이주노동자 자원단체와 이주민공동체, 학생, 일반인 등의 사람들로 이루어진 자원활동조직이 행사의 준비와 진행을 맡는 등 이러한 행사를 통해 서로를 이해하고 그동안의 스트레스를 해소하며 사회통합이 이루어지는 계기가 된다.

3) 북한이주민 관련 정책

정부는 외국에 체류하고 있는 북한이주민이 한국을 희망하는 경우 인도주의와 동포애 차원에서 전원 입국시킨다는 원칙하에, 국내법과 UN난민협약 등 국제법에 부합되도록 이들을 보호하고 국내에 수용하고 있다. 또한 체류국가에서의 체류 여건이 개선되고, 본인의 의사에 반한 강제북송이 이루어지지 않도록 최대한의 외교적 노력을 기울이고 있다.

국내에 입국한 북한이주민은 북한이주민정착지원사무소(하나원)에 입소하여 10주간 사회적응교육을 받고 취적^{就籍}, 주거알선 등 우리 사회 편입에 필요한 지원을 받게 된다. 하나원을 수료한 이후에는 정착지원을 위해 다양한 지원을 받는다. 대표적으로 정착지원금을 받고 그 외 사회보장 차원에서 기초생활지원을 받고 그 외 취업지원, 교육지원, 의료지원 등 자립·자활을 위해 필요한 다양한 지원을 받게 된다.

(1) 사회보장

① 기초생활지원

「국민기초생활 보장법」은 생활이 어려운 자에게 필요한 급여를 행하여 이들의 최저 생활을 보장하고 자활을 조성하는 것을 목적으로 한다(동법 제1조). 「국민기초생활 보장법」은 IMF 이후 1999년 9월 제정되었다. 저소득 국민, 영세도시민, 실업자, 북한이주민 등을 지원하며 사회안전망으로 제정되어 2000년 10월 1일부터 시행되었다.

법안의 주요내용은 부양의무자가 없거나 부양의무자가 있어도 부양능력이 없거나 부양을 받을 수 없는 자로서, 소득인정액이 최저생계비 이하인 국민은 누구나 국가로부터 지원을 받을 수 있다. 근로능력이 있는 수급자에 대해서는 자활에 필요한 사업에 참가하는 것을 조건으로 하여 생계급여를 지급할 수 있다(김기원, 2007).

「국민기초생활 보장법」에 의한 급여의 종류는 생계급여, 주거급여, 의료급여, 교육급여, 해산급여, 장제급여, 자활급여가 있다. 급여의 수준은 생계급여, 주거급여, 의료급여, 교육급여와 수급자의 소득인정액을 포함하여 최저생계비 이상이 되도록 하여야 한다(동법 제7조 제2항).

북한이주민들은 일반 국민들과 달리 그들의 특성에 따라 타 법률에 의한 수급권자 범위의 특례를 적용 받는다. 북한이주민은 거주지 전입 이후 5년의 범위 내에서 수급권자 대상이 된다.

북한이주민의 기초생활보장과 관련하여 수급권자의 범위는 다음과 같다. 수급권자 대상은 「북한이주민의 보호 및 정착지원에 관한 법률」에 의해 생활이 어려운 북한이주민으로, 소득인정액 기준은 근로능력이 있는 자가 포함된 가구는 일반수급자 선정기준과 동일하게 적용하고, 근로능력이 없는 자로만 구성된 가구는 가구원 수에

1인을 추가한 소득인정액 기준을 적용한다.

소득인정액 적용의 특례로 정착기본금 및 장려금, 주거지원금은 재산가액 산정에서 제외된다. 정착금과 주거지원금의 이자소득은 소득 산정에서 제외된다. 자동차에 대하여는 일반수급자와 동일하게 적용되고 부양의무자 기준은 미적용된다.

급여방법은 최초 거주지 전입 후 생계급여의 조건부과를 면제하고 조건부과 면제기간 종료 후(2~5년) 자활사업 참여의무를 부과한다(통일부자료, 2007). 급여방식에 있어서 북한이주민이 일반 대상자와 다른 특성은 다음과 같다. 북한이주민정착지원사무소(하나원)로부터 최초 거주지 전입 후 1년간 생계급여의 조건부과를 면제하고(조건유예자로 관리), 해당기간 만료 후(2~5년) 자활사업 참여 의무를 부과한다(정지은, 2007).

② 의료급여

「의료급여법」은 생활이 어려운 자에게 의료급여를 실시함으로써 국민보건의 향상과 사회복지의 증진에 이바지함을 목적으로 하는 법이다(의료급여법 제1조). 「의료급여법」은 「국민기초생활 보장법」과 함께 공공부조를 구성하는 양대 지주 중의 하나이다.

국내에 거주하는 「북한이탈주민의 보호 및 정착지원에 관한 법률」의 적용을 받는 자와 그 가족으로서 보건복지가족부장관이 의료급여가 필요하다고 인정하는 자는 의료급여의 수급대상자가 된다(박차성 외, 2004). 국내에 거주하는 북한이주민(가족 포함)은 입국시기와 무관하게 의료급여법이 정하는 바에 따라 지정 진료기관에서 진찰, 치료(특수진료 제외) 등 의료혜택을 받을 수 있다.

(2) 사회문화 적응 교육

① 하나원의 사회 적응 교육

하나원은 1997년 제정된 「북한이탈주민의 보호 및 정착지원에 관한 법률」에 의거하여 설치된 북한이주민 정착 지원시설로서, 국내에 입국한 북한이주민들이 우리 사회 일원으로 조기에 안정적으로 정착할 수 있도록 도와주는 종합교육·지원센터 역할을 하고 있다. 북한이주민들은 하나원에서 우리 사회에 적응하는 데 필요한 기초적인 소양교육과 초기 정착을 위한 여러 가지 지원을 받게 된다.

사회 적응 교육은 우리 사회 구성원으로서 필요한 기본적인 지식과 태도, 능력을 갖추도록 돕는 체계적인 교육과정으로 이루어진다. 교육과정을 통해 민주주의와 시장경제 등 우리 사회의 제도와 질서에 대한 이해를 키우고 언어와 사고방식·생활습관 등의 차이로 인한 문화적 이질감을 해소해 나간다(통일백서, 2007).

② 교육지원

교육지원과 관련하여 중·고등학교 및 국·공립대학교에 편·입학한 사람에게는 학비 전액을 면제해주고, 사립대학인 경우 정부와 학교가 각각 학비의 반액을 지원해주고 있다. 또한 북한에서 취득하였던 학력이나 자격을 인정해줌으로써 이들의 자립·자활기반을 강화하는 기회를 제공하고 있다. 2006년 3월에는 북한이주민 청소년들의 사회 및 학교 적응 능력을 높이기 위해 특성화학교인 '한겨레 중·고등학교'를 개교하였으며, 정부에서는 이 학교의 운영을 지원하고 있다.

단, 고등학교 이하의 학교에 편입학한 경우 만25세 미만인 자, 전문대 이상의 학교에 편입할 경우는 만35세 미만인 자에 한하여 교육

지원을 받을 수 있고 대학 편입학 시 국내 입국 후 결정일을 기준으로 5년 이내 또는 진학자격을 획득(검정고시 합격 등)한 지 5년 이내에 진학하여야 지원을 받을 수 있다. 지원기간은 전문대 2년 또는 3년, 일반대 4년이며, 단, 의학, 치의학, 한의학 계통은 6년인데, 다른 학교로 편입학하거나 재입학하는 경우 이전 학교에서 지원된 기간은 제외하고 잔여기간만 지원이 된다(통일백서, 2007).

(3) 사회통합정책

① 정착기반 지원

북한이탈주민들은 중국이나 태국 등을 통해 죽음을 무릅쓰고 탈출하는 경우가 대부분으로 국내 입국 당시 생계수단이 전무한 형편이다. 북한이주민에 대한 정부의 지원정책은 시기별로 차이가 있으나 공통적으로 정착금, 주택, 교육, 의료, 직업훈련, 취업지원 혜택이 주어진다. 그러나 조사 결과 여러 가지 측면에서 미흡하고 특히 자활에 있어서는 상당 부분 부족한 것으로 나타나 정부는 북한이주민의 자립과 자활에 역점을 두고 개선방안을 마련하였다. 북한이주민 정착지원 내용은 〈표5-7〉과 같다.

② 민간기관의 사회적응 프로그램 지원

북한이주민이 지역사회에 잘 정착할 수 있도록 전국 13개 지역에 북한이주민지원지역협의회가 구성되어 있다. 북한이주민지원민간단체협의회의 지역복지 분과는 대부분 지역사회복지관으로 구성되어 있으며, 이들 사회복지관은 북한이주민들이 거주하는 임대주택에 소재하고 있기 때문에 초기 사례관리에서부터 특성화된 가족, 여성, 청소년 지원 등 북한이주민 정착지원 사업을 추진하고 있다. 북

이주민 정책과 서비스

〈표 5-7〉 북한이탈주민의 현행 정착지원 내용

구분	항목	내용
정착금	기본금	1인 세대 기준 600만 원
	장려금	직업훈련, 자격증 취득, 장기 취업자의 경우 최대 2,040만 원 지원
	가산금	노령, 장애, 장기 질병 등의 사유가 있는 경우 최대 1,540만 원 지원
주거	주택 알선금	임대아파트 특별알선(영세민보다 우선 알선)
	주거 지원금	1,300만 원(1인 세대), 1,700만 원 (2인 세대)
취업	직업 훈련	무료 직업훈련을 실시하며, 훈련생에게 훈련수당 지급(노동부)
	고용 지원금	고용주에게 급여의 반액을 24개월간 지원 1~12월: 50만 원 한도/ 13~24개월: 70만 원 한도
	취업 보호 담당관	전국 46개 종합고용지원센터에 취업보호담당관을 지정, 취업상담 알선
사회복지	생계급여	소득이 최저생계비 미달 가구에 대해 지원 463,047원(1인 세대)~1,487,878(5인 세대) 6인 이상 가구: 가구원 수 1인 증가 시마다 224,308원씩 가산 근로능력가구는 사회배출 2년차부터 근로조건 부과
	의료보호	의료보호 1종 수급권자로서 의료 혜택
교육	대학 특례입학	대학진학 희망자의 경우 특례로 대학 입학
	등록금 지원	고교 및 국공립대학은 무상교육 사립대학은 등록금 반액 국고지원, 반액은 학교 측이 자율적으로 면제 조치
정착 도우미	-	북한이탈주민 1세대 당 2명의 민간 정착도우미를 지정, 초기 정착생활지원(전국 약 1,200명)
자격인정	-	북한에서 취득한 자격증의 전부 또는 일부 인정

※참고: 통일부 자료(2008).

한이주민과 관련한 정책은 뒷장에서 자세하게 설명된다.

□ Ⅲ부 참고문헌 □

〈국내문헌〉

강상년(2004), 『탈북자의 한국사회 적응에 관한 연구』, 대전대학교 대학원 석사학위논문.
강현주(2007), 『국제결혼 이주여성의 모국문화 표출·유지 욕구와 정체성에 과한 연구』, 숙명여자대학교 대학원 석사학위논문, p. 1.
곽해룡(2002), 『북한이탈주민 현황과 문제에 관한 연구』, 명지대학교 박사학위논문.
권장수(2005), 『이주노동자의 실태파악 및 개선방안에 대한 연구』, 경운대학교 산업정보대학원 석사학위논문, p. 6.
김기원(2007), 『사회복지법제론』, 도서출판 나눔의집, p. 499.
김윤하(2004), 『지역복지관의 북한이탈주민 지원프로그램 실태와 개선방안』, 동국대학교 대학원 석사학위논문.
김정인(2002), 『북한이탈주민 정착지원 사무소(하나원)의 프로그램 만족도 분석·평가』, 서울대학교 대학원 석사학위논문.
김태성·김진수(2007), 『사회보장론』, 청목출판사.
김태진(2005), 「새터민의 지역사회 정착을 위한 지원방안」, 『동의법전』 제22집.
국가인권위원회(2004), 『외국인 관련 국가인권정책기본계획』.
국회인권포럼(2005), 『정책연구보고서』.
백재희(2000), 『외국여성의 한국 성산업 유입에 관한 연구』, 이화여자대학교 대학원 석사학위논문.
박차상·정상양·전용득·김옥희 공저(2004), 『한국사회복지법강의』, 학지사, pp. 377~379.
법무부(2004), 『주요국가 이민정책 비교연구』.
법무부(2005), 『출입국관리국 정책연구 보고서』.
보건복지부·한국문화인류학회(2004), 『한국의 소수자집단의 사회경제적 실태와 복지증진방안연구』, pp. 11~12.
여성가족부(2007), 『아시아 여성이주정책에 대한 여성주의적 접근』.
윤여상(2001), 『북한이탈주민의 적응과 부적응』, 세명출판사.
이영선·전우택(1996), 『탈북자의 삶·문제와 대책』, 오름출판사.
설동훈·이란주(2006), 『외국인근로자지원사업(기관) 제도개선 및 중장기계획수립을 위한 연구』, 근로복지공단 정책연구보고서, pp. 21~67.
유길상·이규용·박성재(2005), 『외국인 고용허가제 시행 1년의 평가 및 향후 발전방향』, 한국노동연구원.
이금순(2006), 「여성이주자의 사회적응과정 연구」, 『아시아여성연구』 제45집 제1호, pp. 195~197.
이호택(2005), 「한국난민인정제고의 문제점과 개선방안」, 『국회인권포럼 2005정책연구보고서』, pp. 13~16.
정세진(2006), 『외국인이주자 지원단체의 활성화 방안에 관한 연구』, 광주가톨릭대학교 대학원 석사학위논문.
정순희(2006), 『국제결혼 이주여성의 삶에 관한 탐색적 연구』, 순천향대학교 행정정보대학원 석사학위논문, p. 1.
정지은(2007), 『북한이탈주민의 국민기초생활보장 수급탈피 요인에 관한 요구』, 숭실대학교 대학원 석사학위논문, p. 30.
최정주(2006), 『국내이주노동자 가족에 관한 연구』, 경성대학교 교육대학원.
최협·박찬웅(1996), 『세계의 한민족: 미국·캐나다』, 통일원, pp. 42~44.
통일부(2007), 『북한이탈주민 정착지원업무 실무편람』, pp. 55~60.
통일연구원(2005), 『북한이탈주민의 사회적응 프로그램 연구』.
홍주형(2007), 『한국 이주노동자 정책변화에 관한 연구』, 성공회대학교 NGO대학원 석사학위논문, pp. 1~125.

〈외국문헌〉

Bane, Mary jo & David T.(1994), *Ellwood, Welfare Realities to Reform*, Cambridge, Massachusetts, Havard University Press.
_______(1983), *The Dynamics of Dependence, The Route to self-sufficiency*, Cambridge, MA. Urban. Systems Research and Engineering. Inc.
Barton, Thomas R. & Vijayan K. Pillai(1994), "Differences in Spell Lengths Between the AFDC-Basic and AFDC-Unemployed Parents programs". *Journal of Social Service Research* Vol.19. No.2.

〈기타자료〉

국무총리 규제개혁실 자료(2008)
국무총리실 외국인정책위원회 자료(2008)
국외국인근로자지원센터 http://www.migrantok.org
노동부자료(2006)
보건복지부(2006),『행복한 한국생활 도우미』, pp. 8~15.
보건복지가족부 자료(2008).
보건복지가족부 http://www.mw.go.kr/user.tdf
북한이탈주민후원회 자료실.
북한이탈주민후원회 http://www.dongposarang.or.kr
성가족부 가족정책국 가족정책팀자료(2006).
통일부 http://www.unikorea.go.kr
통일백서(2007).

IV

북한이주민 지원정책과 서비스 현황

6장 북한이탈주민 지원정책 및 공공서비스__박윤숙
7장 북한이주민 지원서비스 전달체계__안혜영

6장 북한이탈주민 지원정책 및 공공서비스

1. 정부의 북한이탈주민 수용정책

해외체류 북한이탈주민에 대해서는 동포애와 인도주의 차원에서 한국으로의 국내 입국을 희망하는 자는 중국 등 체류국의 협조가 있는 한 원칙적으로 전원을 수용한다는 것이 기본적인 우리 정부의 입장이다. 다만, 이 문제는 북한이탈주민의 안전과 신변보호를 위해 체류국 등의 협조가 필수적인 바, 해당국가와 국제기구, 그리고 NGO 등과의 긴밀한 협조를 통해 추진하고 있다. 특히, 중국에 체류하고 있는 탈북자 중 우리 정부의 보호를 받기 원하는 자에 대해서는 중국과 우리 정부의 북한에 대한 입장 차이가 있어 적절한 보호가 어려운 것이 현실이나, 이들의 입국을 지원하기 위한 공식·비공식적 노력을 꾸준히 추진하고 있다. 해외체류 북한이탈주민은 중국에 가장 많이 거주하고 있으며, 이 외에 러시아 · 몽골, 동남아 등 제3국에 산발적으로 체류하고 있는 실정이다.

북한이탈주민을 제3국에 체류하는 유형별로 분류한다면 단순월경자와 장기체류자, 그리고 장기체류 북한이탈주민으로 나눌 수 있다. 단순월경자는 가족들의 생계문제를 해결하기 위해 북한과 접경구역에 거주하는 중국의 조선족 친척으로부터 식량을 구하려고 수일 내지 수 주 동안 중국에 체류한 후에 다시 북한으로 귀환하는 자를 지칭한다. 단순월경자는 중국과 북한의 국경을 수시로 왕래하는 유동인구로서 중국 내 북한주민들의 대다수에 해당하며 계절과 북한 내 식량사정 등에 따라 높은 유동성을 보이므로 정확한 규모를 파악하기가 곤란하다. 국제기구의 자료로는 약 3만 명 정도가 중국에 있다고 하지만 민간단체에서는 20~30만 명이라고 추정하고 있다. 장기체류자는 조선족 친척을 방문할 목적으로 북한에서 중국으로 월경하였지만 상당 기간 중국 지역에 장기간 체류하는 자로서 농사일이나 가사, 기타 노동 등에 종사하며 안정적으로 수개월 이상을 제3국에 체류하는 경우이다. 1950~1960년대부터 중국이 경제적으로 어려운 대약진 운동 등이 있던 시기에 조선족을 중심으로 중국과 북한을 서로 방문해온 인원이 상당수에 달하였다. 장기체류 북한이탈주민은 일정한 거처 없이 장기간 은신하거나 도피하는 자로서 탈북 동기는 식량난과 생활고, 그리고 정치 · 경제적인 범죄 등인데 북한으로의 귀환 의사가 없거나 돌아가지 못할 사정에 있는 자를 가리킨다. 중국 체류 희망자나 제3국 거주 희망자, 그리고 한국에 입국하기를 희망하는 자 등이 모두 포함된다고 할 수 있다.

국내에 입국한 북한이탈주민에게는 우리 국민의 일원으로서 우리 사회에의 안정적인 조기 정착을 지원하기 위한 자립 · 자활기반 조성에 역점을 두고 있다. 하나원에서의 사회적응 교육, 초기 정착금

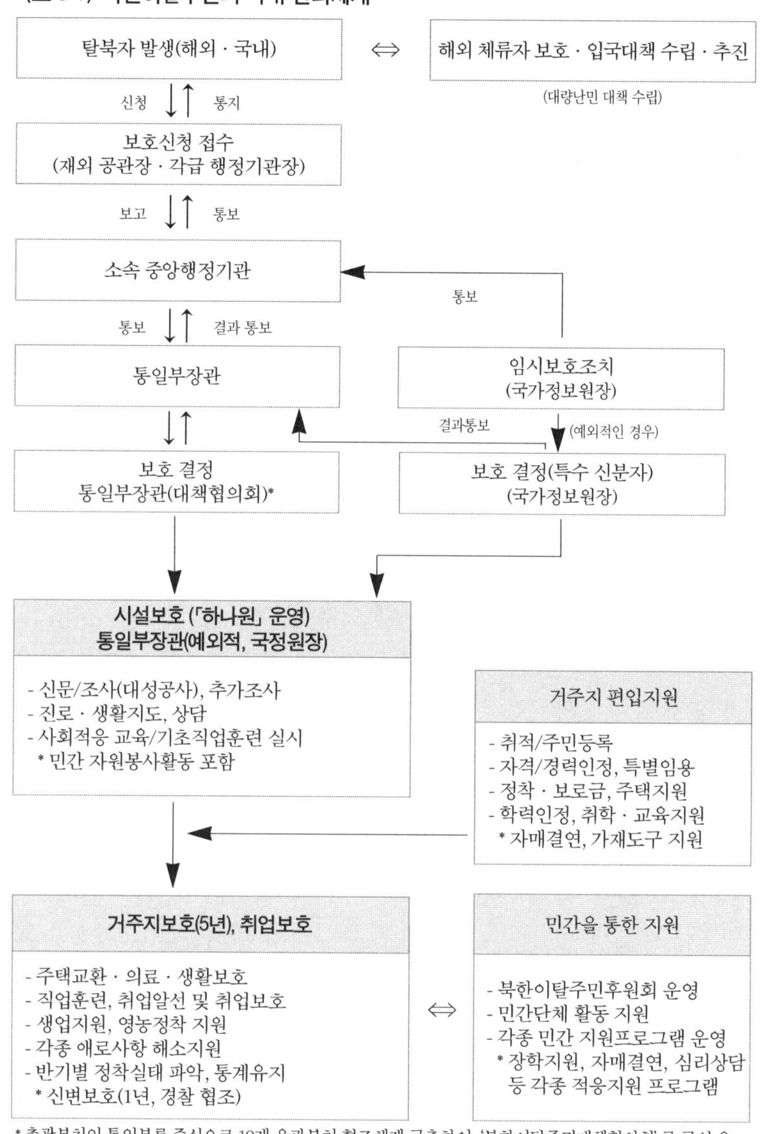

* 총괄부처인 통일부를 중심으로 19개 유관부처 협조체계 구축하여 '북한이탈주민대책협의회' 를 구성 운영하고 있다.

※ 자료: 통일부(2000)

지급, 주택알선, 직업훈련 등을 대폭 조정 및 강화하여 실시하고 있으며, 사회편입 후에는 지방자치단체 등을 통한 지원을 확대하고 취업보호, 의료보호, 생활보호, 교육보호 지원으로 자립·자활 지원도 강화하고 있다. 이와 함께 북한이탈주민후원회 및 민간단체협의회에서 진행하고 있는 북한이탈주민 지원서비스도 점차 확대하고 있다. 북한이탈주민이 한국에 입국하는 경우 구체적인 지원 절차와 지원내용은 〈표 6-1〉과 같다.

2. 북한이탈주민 관련 법령 및 변천과정

한국정부는 그동안 시대상황의 변화에 맞게 북한이탈주민의 입국 규모나 유형에 따라 이주민정책의 방향과 지원수준, 주관부처 등을 결정하여 시행하여 왔다. 한국전쟁 이후 남북한 간의 체제 대결구도가 심각했던 초기에는 북한이탈주민의 입국 규모도 두 자릿수를 넘지 못하였고 북한이탈주민들도 주로 군인출신들이 많았기 때문에 북한의 공산주의체제에 비해 우리의 민주주의체제의 우월성을 입증하기 위한 선전의 선봉장으로서 이들을 국가유공자나 귀순용사 수준에서 대우하게 되었고 정부의 관할부처도 국가보훈처와 국방부에서 담당하였다.

그러나 점차 북한이탈주민의 입국 규모가 증가하고 입국자의 출신도 군인보다는 일반 북한주민이 다수를 차지하게 되었고, 정치이념의 갈등으로 인한 불가피한 탈북뿐만 아니라 식량난 등의 경제적 곤경을 해결하기 위한 생계형 탈북이 늘어나게 되었다. 이러한 북한이탈주민의 입국 규모의 증가에 따라 정부의 정착지원도 여성과 청소년 북한이탈주민의 비중이 높아지는 상황을 고려하여 물질적인 지원액 수준과 교육프로그램을 다양하게 구성하고 주관부처도 보건복지가족부 또는 통일부에서 담당하게 되었다. 이러한 시대상황의 환경변화에 따른 정부의 이주민정책 방향과 법적 변천과정을 살펴보면 다음과 같다.

1) 국가유공자 차원의 지원시기

한국에 입국하는 북한이탈주민 입국자가 발생할 때마다 군당국 또는 공안기관이 임시적인 상황대처식으로 보호하고 지원되던 북한이탈주민에 대한 처리는 1962년 4월에 「국가유공자 및 월남귀순자 특별원호법」이 제정되면서 북한이탈주민에 대한 보호와 지원체계가 비로소 제도적으로 구축되었다고 볼 수 있다. 당시 시대상황은 남한과 북한 간에 이념과 체제경쟁이 치열한 냉전시기로서 북한에 대한 정보를 확보하기가 어려웠던 실정이었기 때문에 북한이탈주민은 중요한 북한 정보제공자이었으며 남한의 일반 주민에게 북한의 실상을 알리고 반공 이데올로기 교육에 활용할 수 있는 유용한 존재로 인식되었다. 따라서 정부는 북한이탈주민을 국가유공자 차원에서 특별한 예우를 하였다.

2) 귀순용사 차원의 지원시기

북한이탈주민이 자유민주주의의 우월성을 선전하는 데 중요한 역할을 함에 따라 1978년 12월 국가유공자와는 다른 북한이탈주민만을 대상으로 하는 「월남귀순용사특별보상법」을 제정하고 시행하면서 물질적 지원 부분도 이전에 비해 크게 강화하였다. 북한이탈주민은 남한주민에게 북한의 실상과 공산주의체제의 모순을 알리는 역할을 담당하였다. 또한, 정부에서는 비교적 소수였던 북한이탈주민에게 안정된 직장을 공공기관이나 대기업을 대상으로 직접 알선하였고 남한사회에서 정착할 수 있도록 각종 개별적인 편의를 지원하였다.

3) 국내 영세민과 같은 사회복지 차원의 지원시기

1990년 이후 동구 사회주의권의 붕괴 등으로 공산권과의 체제 경쟁에서 자유민주주의체제의 우월성이 입증되면서 더 이상 남북한 간의 체제 경쟁은 불필요하다고 판단되었다. 북한은 그동안 상품 및 자원의 가치를 계산하지 않고 서로 모자란 부분을 교환하는 구상무역 형태로 공산주의 국가인 소련과 중국 및 제3세계 국가들로부터 많은 경제적인 지원과 혜택을 받았다. 그러나 구소련의 붕괴를 시점으로 이러한 국가들이 북한에게 석유 등 자원을 수입하는 데 경화결재를 요구함에 따라 북한의 경제사정은 점차 악화되었다. 북한의 식량난이 심해지면서 탈북 후 국내에 입국하는 북한이탈주민이 증가하게 됨에 따라 이들에 대한 인식과 지원정책에도 상당한 변화가 있었다. 북한이탈주민을 국가유공자나 귀순용사가 아닌 단순히 국내 영세민과 같이 간주하여 이들에 대한 지원 수준도 낮게 조정하였고, 담당부처도 국가보훈처에서 보건사회부(현 보건복지가족부)로 이전하면서 1993년 12월에 「귀순북한동포보호법」을 제정하였다. 즉, 이들을 사회복지 차원에서 접근하였고 물질적 지원도 국내 영세민과의 형평성을 고려하여 하향 조정하였다.

4) 통일정책적 차원의 지원시기

1994년 김일성의 사망과 함께 북한의 경제·식량난이 심화되면서 북한이탈주민도 연간 50명을 상회하는 정도로 크게 증가하였다. 따라서 과거 국가유공자로 대우하던 시기와 달리 이들에 대한 지원이 국내 영세민 수준으로 낮아지면서 이들이 남한사회에 정착하는 데 많은 어려움을 겪게 되었고, 특히 IMF 시기를 겪으면서 북한이탈주민은 더욱 경제적으로 빈곤한 생활을 하게 되어 사회적으로 심각한 이슈로 부각되었다. 이에 따라 북한이탈주민의 남한사회 정착문제를 통일과정 및 통일 이후의 사회통합까지 고려하는 통일정책적 차원에서 접근하면서, 보건복지부에서 통일부로 주관부처가 이관되었고 1997년 7월, 「북한이탈주민의 보호 및 정착지원에 관한 법률」을 제정하여 시행하게 되었다. 북한이탈주민과 관련된 정책을 통일대비 차원으로 접근함으로써, 향후 남북한 사회통합을 위한 시험대로서 인식하고 이들을 동포애적 입장에서 우리 사회에서 건전한 시민으로 정착할 수 있도록 각종 자립과 자활이 가능한 방안들을 마련하게 되었다.

이러한 시대적 환경변화에 맞게 현행 북한이탈주민지원법의 주요 특징으로는 통일부가 북한이탈주민을 총괄하는 전담부서로 지정되었고, 범정부적 차원의 '북한이탈주민대책협의회'를 구성·운영하면서 북한이탈주민에 대한 종합적 지원체계를 구축하였다. 또한 여러 차례 북한이탈주민지원법을 개정함으로써 각종 정착지원제도와 교육지원, 직업훈련과 취업보호 등을 포함한 지원프로그램을 제도화하고 자립과 자활기반을 조성하는 데 중점을 두었다. 1999년 7월에는 정착지원시설인 하나원을 개원하여 북한이탈주민에게 체계적인 사회적응 교육과 기초 직업훈련 등을 실시함으로써 남한사회에

<표 6-2> 북한이탈주민 관련 법령 비교

구분	국가유공자 및 월남 귀순자 특별원호법	월남귀순용사 특별보상법	귀순북한동포보호법	북한이탈주민의 보호 및 정착지원에 관한 법
소관부처	국가보훈처 (국방부)	국가보훈처 (국방부)	보건복지부	통일부
시행기간	1962.4.16 ~ 1978.12.31	1979.1.1 ~ 1993.12.11	1993.12.12 ~ 1997.7.13	1997.7.14 ~ 현재
정착금 -기본 -가산	· 지급기준및 지급액 -1급: 100만 원 -2급: 70만 원 -3급: 50만 원	· 지급기준: 신분 및 정보가치 · 지급액: 황금 1,900g~14,500g · 1급에서 5급: 1천 9백만 원~1억4 천 5백만 원	· 지급기준: 가족수 - 기본금: 월 최저임금 40배 이내에서 1급에 서 3급 - 가산금: 월 최저임금 60배 이내에서 근로 능력, 연령, 자활능력 을 고려	· 지급기준: 가족수 -기본금: 월 최저 임금의 160배 이 내에서 1급에서 5급 -가산금: 월 최저 임금의 40배 이내 에서 연령, 근로 · 자활능력 고려
보로금	· 없음	· 지급기준: 휴대 장비가치 · 지급액: 금10g ~14,500g	· 지급기준: 정보가치+ 휴대장비가치 · 지급액: 황금10g~ 20,000g	· 지급기준: 좌동 · 지급액: 최고 2억 5천만 원
주거지원	· 국가융자 건립주 택 입주 우선권	· 건평 49.5평 이 상 무상제공	· 15평 이하 무상 · 임 대보증금(임대: 840 ~1,155만 원)	· 25.7평 이하 무상 또는 임대보증금 (임대 : 840~1,575 만 원)
교육보호	· 본인: 대학까지 공납금, 학자금 지급 · 자녀: 고등학교까 지 공납금, 학자 급 지급	· 좌동	· 본인에 한해 국립면 제, 사립 50%	· 본인에 한해 국립 면제, 사립 50% 고교: 20세(25세) 미만, 대학: 30세 (35세)미만
취업알선	· 국가 · 지자체 · 일정규모 이상의 기업체의 전 고용 인의 3%이내 고용	· 본인 · 자녀를 16인 이상 고용 업체에 3~8% 범위내 의무고용	· 본인에 한해 채용 알 선 '기능직 공무원 요청 시 우선 채용'	· 취업보호(임금의 1/2에 해당하는 고용지원금을 북 한이탈주민을 고 용한 사업주에게 2년간 지원)
특별임용	· 공무원, 국 · 공기 업에 특별임용	· 특별임용(해고 제한)	· 특별임용	· 특별임용

구분	국가유공자 및 월남 귀순자 특별원호법	월남귀순용사 특별보상법	귀순북한동포보호법	북한이탈주민의 보호 및 정착지원 에관한 법
사회적응교육	· 없음	· 없음	· 없음	· 없음
직업훈련	· 자활보호 차원에 서 실시	· 대상자 지정 훈련	· 희망자에 노동부 협 조 요청	· 국가비용으로 훈련
생활보호	· 상이자에게 수당 지급	· 생계곤란자 구 호수당 · (상이자 연금 지급)	· 생활보호법에 의한 생활보호	· 좌동
대부제도	· 없음	· 유공자법에 의 한 대부 실시	· 없음 (종전자 경과조치)	· 없음
의료보호	· 의료보호	· 의료보호법에 의한 의료보호	· 좌동	· 좌동
자격인정	· 없음	· 없음	· 없음	· 없음

서 적응할 수 있는 능력을 배양하도록 노력하고 있다.

특히 「북한이탈주민의 보호 및 정착지원에 관한 법률」 제14조에서는 북한 또는 외국에서 취득한 경력에 상응하는 자격 또는 그 자격의 일부를 인정받도록 하고 있는데 이를 실질적으로 적용하기 위하여 자격심사위원회를 두고 있다. 이와 같은 법개정으로 북한이탈주민들의 자립·자활 정책방향을 견고히 해 나가고 있다.

<표 6-3> 독일 지원사례와 비교

구분	월남귀순용사 특별보상법	북한이탈주민법	독일의 지원사례
소관부처	국가보훈처(국방부)	통일부	연방내무성
정착금(기본금)	·1,900만 원~1억 4,500만 원	·3,704만 원~7,391만 원	·3,000DM~10,000DM(한화 210만 원~700만 원) ·전쟁포로 혹은 정치범의 경우 일시금 형태 보상금 ·기타 이전 거주지에서의 재산압류 및 파괴 시「부담조정법」에 의한 손해배상
주거지원	·건평 49.5평 이상 무상제공	·25.7평 이하 무상 또는 임대보증금(임대: 840~1,575만 원)	·5년 동안 복지주택 우선입주권 제공
교육보호	·본인: 대학까지공납금,학자금지급 ·자녀: 고등학교까지 공납금,학자금 지급	·본인에 한해 국립면제, 사립 50% 고교: 20세(25세)미만, 대학: 30세(35세)미만	·초·중·대학교육을 위한 학자금, 생활비 보조
취업알선	·본인·자녀를 16인 이상 고용업체에 3~8% 범위 내 의무고용	·직업지도 및 직업훈련 - 직업훈련수당 지급 ·취업보호: 북한이탈주민을 고용한 사업주에게 임금의 1/2(월 최고 70만 원)을 2년간 지원	·취업상담 및 직업교육 - 직업교육 기간중 생계비보조, 여비, 장비구입 지원 ·취업알선 ·실업급여 지급 - 급여자격: 이주 1년 전 동독지역에서 최소 150일 이상 일한 사람 - 급여수준: 동독소득을 서독소득으로 재평가하여 5등급으로 분류한 후 해당등급의 60% 정도 지급
사회부조 및 사회보장	·생계곤란자 구호수당 ·상이자 연금지급 ·의료보호	·5년 이내 생활보호대상자 편입 ·의료보호	·생활보호: 연방사회보장법 - 생계비, 난방비, 의복비등 ·의료보호: 질병보험법 ·연금보험 - 동독지역 연금제도 가입기간을 그대로 인정하고, 군복무·전쟁포로나 정치범 구금기간 등 기간 산정에 포함 ·실업보험 - 동독에서의 실직기간, 정치범으로 인한 구속기간, 질병기간도 연금 가입기간으로 인정 ·산재보험 - 동독에서 발생했던 산재에 대해서도 보험혜택

이주민 정책과 서비스

구분	월남귀순용사 특별보상법	북한이탈주민법	독일의 지원사례
자영업융자	· 유공자법에 의한 대부실시	· 없음	· 자영업 희망자 - 장기저리 융자 - 공공사업발주시 처음 10년 우선 수주권 · 영농융자 - 10만~15만 DM 장기저리 융자
세금감면	· 없음	· 없음	· 3년간 소득세 면제

※자료: 통일부(2000), 「북한이탈주민정착 및 보호에 관한 법률」 법개정 시 참고자료.

3. 정부의 북한이탈주민 지원 및 보호정책

1) 중앙정부 각 부처별 지원정책

(1) 통일부

현재 북한이탈주민정책을 총괄하는 통일부에서 실시하고 있는 북한이탈주민의 정착 관련 정책, 그리고 북한이탈주민들에게 제공되는 공공서비스를 살펴보면 다음과 같다.

① 북한이탈주민대책협의회

통일부는 중앙부처에 정착지원팀을 두어, 중앙정부 19개 부처가 참여하여 북한이탈주민에 관한 정책을 협의하고 조정하는 등의 업무를 진행하는 '북한이탈주민대책협의회'를 운영하고 있다. 이 협의회에서는 북한이탈주민 정착지원정책 수립, 관계부처 및 지방자치단체 정착지원 사업기획 및 지원, 정착지원 민간단체 지원, 사회적응 교육, 북한이탈주민후원회 지원 등의 업무를 맡고 있다.

② 하나원[1]

북한이탈주민 정착지원사무소(이하 '하나원')는 1999년 7월에 개원하여 북한이탈주민에 대한 적응 교육을 실시하고 있으며, 북한이탈주민들의 남한사회 정착을 위한 전반적인 업무를 수행하고 있다. 첫째, 사회 적응 교육업무를 수행하고 있다. 정서적 안정, 문화적 이질감 해소 및 사회경제적 자립의 동기부여를 교육목표로 교육내용은 정서안정 및 건강증진, 진로지도 및 직업 기초능력 훈련, 우리 사회 이해 증진, 초기 정착지원 등 8주 동안 총 280시간[2]으로 진행된다. 둘째, 취적 및 주거지원 업무로서 북한이탈주민의 본적 취득 및 주민등록증 발급, 주거지원으로 임대아파트 알선 및 임대보증금 지원, 정착금 지급, 국민기초생활보장수급권자 지정, 의료보호 1종 수급권자 지정 등의 업무를 수행한다. 청소년을 대상으로는 중·고·대학등록금 지원 및 대학교 특례입학 등 교육지원 업무와 직업훈련 및 고용지원 등 취업 지원업무를 한다. 셋째, 의료 지원업무를 수행한다. 하나원에는 하나의원[3]이 설립되어 개별 진료계획을 수립하고 내과, 한방과, 치과진료, 건강관리교육을 실시하며, 협력병원 및 자원봉사 의료진의 협조를 받아 산부인과, 정신과, 중환자 및 전염병 질환자 정밀검사, 방문진료 등을 의뢰하고 있다.

하나원에서는 지속적으로 북한이탈주민의 교육환경 개선을 위해

---

1 하나원의 정식 명칭은 '북한이탈주민 정착지원사무소'이다.
2 하나원에서의 교육기간과 교육시간은 북한이탈주민들의 입국 수에 따라 조정, 운영되어왔다.
3 하나원은 2003. 5. 보건복지부와 공중보건의 배치문제를 협의하였고, 이에 따라 한방과를 포함하여 5명의 공중보건의, 3명의 간호사, 1명의 치위생사 등 총 9명의 의료진을 구성하여 2004. 5. 31. 개원하였다.

노력해오고 있다. 1차 교육프로그램 개편('99. 9)을 통해 북한이탈주민 입국 시 하나원 오리엔테이션을 강화하고, 문화적 이질감 해소를 위한 교육과 일상생활에서의 정서순화 프로그램을 운영하였고, 실생활에 필요하고 활용 가능한 교육을 점차 확대하였다. 2차 교육프로그램 개편('00. 6)을 통해 입소 당시 교육생의 특성을 감안한 교육프로그램을 편성하고, 심리안정 및 정서순화 프로그램을 확대하였으며, 교육생들의 편향된 고정관념 및 부정적 의식을 타파하는 데 중점을 두었다. 특히, 우리 사회에 적응하는 데 가장 중요한 척도인 안정된 직업을 갖도록 취업여건 개선을 위한 기초직업훈련 및 직업지도 강화와 실생활 현장체험 위주의 교육을 지역 폴리텍 대학 등과 결연하여 실시하고 있다. 한편 북한이탈주민들이 적극적으로 교육에 참여하도록 유도하기 위해 다양한 인센티브제도를 실시[4]하는 등 계속적인 적응교육 프로그램을 개선하려고 노력하고 있다.

현재 하나원의 주요 교육프로그램은 북한이탈주민이 우리 사회에서 생활하는 데 필요한 기본적 소양을 함양하고 자립과 자활능력을 배양할 수 있도록 기수 당 2~3개월 단위로 교육시간을 편성하여 운영하고 있다. 심리안정 · 정서순화 교육을 위해 인성 · 적성검사를 통한 개별 심리상태의 파악 및 심리안정 · 정서순화 교육 프로그램을 계속 운영함으로써 정서적 · 심리적 불안정 상태를 해소하도록 노력하였다. 또한 남한사회에 대한 문화적 이질감을 해소시키기 위해 남한사회 이해 및 민주시민으로서 생활하는 데 필요한 기본적 소양을 갖출 수 있도록 다양한 주제에 대한 이론교육 및 현장학습 교육을 실시하고 있다. 또한, 기초직업훈련 및 직업지도 · 상담을 강화하며 남성에게는 운전, 여성에게는 요리 · 봉제 · 수예를 실시하고 있으며,

---

4 하나원 교육기간 중 성실하게 교육에 임하고 봉사활동에 적극 참여한 교육생에 대해 가산점을 주어 포상하였다.

남녀 모두에게 컴퓨터 실습을 진행한다. 취업여건 개선을 위한 기초 훈련 및 산업체 견학·실습, 직업소개·상담 프로그램, 하나의원 운영, 동물농장 설치, 탁아방 등을 운영하고 있다. 이외에 종교활동, 건강검진, 주말·공휴일 프로그램, 취학아동 학습지도, 유아보육 등 특별한 교육과 지도가 필요한 부분에서 자원봉사단체의 참여를 확대하고 있다.

하나원의 교육시설의 확충 및 교육환경 개선을 살펴보면, 남한사회 적응 교육을 효율적으로 실시하고 교육기간 중에 가능하면 불미스러운 문제가 발생하지 않게 하기 위해 북한이탈주민을 남성과 여성을 구분하여 별도의 다른 교육시설에서 적응 교육을 실시한다. 최초 건립된 안성 소재의 하나원에서는 탈북여성들에게 우리 사회에서 생활하는 데 필요한 프로그램을 중심으로 교육을 실시하고 있으며, 시흥에 있는 정착지원시설에서는 남성 북한이탈주민을 대상으로 적응 교육을 실시하고 있다. 북한이탈주민들이 증가하고 다양한 교육생이 하나원에 입소함에 따라 이에 효율적으로 대처하고 교육수요에 적합한 프로그램을 운영하기 위하여 교육시설을 확충하고 생활환경을 계속 개선하고 있다. 예를 들어, 여성 북한이탈주민이 현저히 증가하자 조리 실습실과 봉제 실습실을 설치하여 여성교육생이 생활기능 교육의 일환으로 기존시설 공간을 활용하도록 하는 등이다.

③ 북한이탈주민후원회

'북한이탈주민후원회'는 「북한이탈주민의 보호 및 정착지원에 관한 법률」 제30조에 의해 설립된 법정 법인으로 북한이탈주민 생활안정 및 사회 적응 지원사업, 취업 지원사업, 기타 통일부장관이 북한이탈주민의 보호 및 정착지원에 필요하다고 인정하여 후원회에 위탁하는 사업을 수행하는 기관이다. 이 기관에서 수행하는 지원서비스를 살펴보면 다음과 같다. 종합상담지원센터 운영, 정착도우미사업 진행, 취업박람회, 민간단체사업 공모지원, 북한이탈주민 정착지원센터 시범운영 지원, 북한이탈주민 정착수기 공모사업 및 사례집 발간, 학교진학 대학생 장학금 지원사업 등 다양한 공공서비스를 수행하고 있다.

④ 전문인력 양성 교육프로그램 운영

북한이탈주민 문제를 주관하는 부처가 보건복지부에서 통일부로 이전하면서 1997년에 「북한이탈주민의 보호 및 정착지원에 관한 법률」을 제정하고 미래의 한반도 통일이라는 장기적인 시각에서 해외에 있는 북한이탈주민의 인권 보호와 남한사회 정착문제를 다루게 되었다. 즉, 이전의 귀순북한동포법에서는 북한이탈주민을 국내에 거주하는 저소득의 생활보호 대상자로 취급하고 이에 맞게 정착금 지원의 수준과 방법이 낮게 책정되었다. 그러나 북한이탈주민이 우리 사회에 적응하는 과정에서 많은 이들이 실직하게 되고 저소득층으로 전락하여 커다란 사회문제로 부각됨에 따라 북한이탈주민의 자립과 자활 문제를 향후 남북한 주민의 사회통합문제라는 인식하에 중시하게 된 것이다.

통일부 산하기관인 통일교육원에서는 북한이탈주민을 보호하고 정착을 지원해주는 정부기관 소속의 공무원과 민간 차원에서 적응을 도와주는 민간단체를 대상으로 매년 북한이탈주민과 관련된 정기적인 교육을 실시하고 있다. 사회통일교육 과정에서는 새터민 자원봉사자반과 새터민 지원단체반을 운영하여 북한이탈주민에 대해 심층적으로 이해하고 이들을 상담하고 지원 할 때 효율적으로 우리 사회에 정착할 수 있도록 북한이탈주민 지원 경험담과 정착사례 등도 교육내용에 포함되어 있다. 이러한 교육을 통해 배출된 자원봉사자들은 NGO 단체 등 봉사단체에 소속되어 각 지역에 거주하는 북한이탈주민들이 필요로 하는 고충을 해결해 주고 있다. 특히 가까운 북한이탈주민들이 거주하는 곳에서 지역사회복지관 등을 통해 일반적인 복지서비스를 받을 수 있도록 네트워크 구축을 자원하기도 한다.

북한이탈주민을 지원하는 공식적인 보호담당관에는 신변보호담당관, 거주지보호담당관, 취업보호담당관이 있다. 이들 담당관들은 정부의 입장에서 북한이탈주민에게 정착에 필요한 신변보호와 거주지에서의 생계보호, 의료보호 등을 도와주고 안정된 직업을 가질 수 있도록 취업알선과 직업소개를 담당한다. 정부에서는 이들 담당관들이 효율적으로 북한이탈주민과 관련된 업무를 추진할 수 있도록 매년 통일교육원에서 새터민보호담당반, 새터민복지담당반, 새터민취업보호담당반으로 구분하여 정기적인 교육을 실시하고 있다. 이들 담당자 간에 그동안 경험과 노하우를 공유할 수 있도록 토론의 장을 마련하고 담당자 간의 네트워크를 구축할 수 있는 계기를 마련한다.

한편, 정부는 2006년부터 정부 및 공공단체의 4급 이상에 해당하는 중견간부를 대상으로 남북관계의 진전에 따라 미래의 한반도 통일에 대비하여 '통일미래지도자 과정'(1년)을 수립하여 운영하고 있다. 통일미래지도자 과정은 남북관계 진전과 더불어 범국가적 차원에서 남북관계에 관한 전문지식과 역량을 갖춘 중견 정책 결정자를 체계적으로 양성하는 것을 목적으로 한다. 이 과정에서 북한이탈주민의 탈북배경과 원인, 그리고 중국 등 제3세계에서의 체류 중에서 겪게 되는 북한이탈주민들의 생활상과 인권침해 실상 등을 이해할 수 있도록 새롭게 프로그램을 편성하여 운영하고 있다. 동시에 남한사회 정착과정에서 북한이탈주민이 겪게 되는 경험담과 지원 사례 등을 연구하여 각 부처에서 좀 더 명확하게 북한이탈주민정책을 구상할 수 있는 정책인력을 양성하고 있다. 살펴본 바와 같이 통일교육원의 신설 교육프로그램을 통해 해외에 있는 북한이탈주민의 인권상황을 개선하고 국내에 있는 북한이탈주민을 체계적으로 지원할수 있는 공식적인 지원체계망을 강화할 수 있을 것으로 생각한다.

(2) 행정안전부

행정안전부의 업무는 행정업무, 거주지보호담당자 지정, 지역협의회 운영 등 북한이탈주민들에 대한 직접지원 업무를 맡고 있다. 특히 거주자 보호담당자의 업무를 세부적으로 살펴보면, 첫째, 행정업무로 거주지보호업무 총괄, 생활실태조사 및 거주지보호대장 관리, 교육대상자 증명서 및 학력확인서 대장 송부 등을 수행한다. 둘째, 거주지보호담당자를 지정하여 북한이탈주민 200명 이상 거주지역은 50% 전담, 새터민 300명 이상 거주 지역은 100% 전담으로 두고 있다. 셋째, 지역협의회운영 기획, 참여단체 및 주민 발굴, 지역협의회 운영 총괄업무를 맡고 있다. 넷째, 북한이탈주민 직접지원 업무로서 기초생계수급자 및 의료보호수급자 지정 등 현금지원과 현물지원을 병행하고 있다. 그러나 지역협의회 운영은 각 지방자치단체마다 조직의 장이 북한이탈주민들에 대해 어떤 마인드를 갖고 있느냐에 따라 자율적으로 운영되고 있다.

(3) 노동부

노동부에서의 북한이탈주민 업무는 취업 지원체계 구축(취업지원센터), 일자리 창출, 새터민 산업단지 시범운영(기 단지와 연계), 취업보호담당자 역량강화 등이다. 이를 살펴보면 첫째, 취업지원체계 구축(취업지원센터) 업무로는 적성검사 및 직업능력 테스트, 개별취업계획 수립, 직업알선 및 직업유지 프로그램 지원이며, 둘째, 일자리 창출은 유형별, 연령별 일자리 마련과 자활후견인 기관과의 연계 속에서 진행한다. 셋째, 새터민 산업단지 시범운영(기 단지와 연계)은 경공업공단 시범운영, 특수작물 농업단지 시범운영, 화훼단지 시범운영 등의 업무를 계획하거나 수행한다. 넷째, 취업보호담당자 역량강화로는 북한이탈주민 이해 및 직업실태교육과 거주지 신변보호 담당자를 워크숍 등에 참여하도록 한다. 특히 노동부는 전국 167개의 고용지원센터 중 46개의 고용지원센터에 취업보호담당자를 두고 북한이탈주민들의 취업과 직업알선, 직업동기 유발 및 직업유지 프로그램을 제공하고 있다.

(4) 보건복지가족부

보건복지가족부에서는 북한이탈주민에 대한 국민기초생계수급자 지정 및 지원, 자활후견인 기관연계, 공공근로 참여 업무와 장애인, 노인, 한부모가정 등의 요보호자 지원업무를 맡고 있다. 이러한 업무를 담당하는 사회복지전담공무원의 역량강화로는 새터민 이해교육, 새터민 일상생활모니터링, 자원봉사자를 활용한 기초생계비지원 적합여부 조사 등의 업무를 계획 및 진행하고 있다.

또한 산하단체인 질병관리본부에서는 북한이탈주민 건강관리사업을 실시하고 있다. 실례로 2006년에는 북한이탈주민 1,900명을 대상으로 설문조사 및 검강검진을 실시하였고, 전염병에 대한 면역도 검사를 실시하였다.

(5) 여성부

여성부에서는 탈북여성 지원프로그램을 간헐적으로 지원하고 있다. 기존 사업에서 탈북여성들이 활용할 수 있는 공공서비스로는 가정폭력 및 성폭력 상담전화, 위기여성 쉼터, 건강지원가정센터 내 탈북가정 지원프로그램 설치 등 가정지원서비스 업무, 자녀양육지원으로서 보육료면제, 국공립보육원 우선 입소, 여성능력개발원에 탈북여성 자립지원 과정 설치[5] 등이 있다.

(6) 교육과학기술부

교육과학기술부에서는 아동·청소년 입학, 편입, 학비 등 교육지원, 대학특례입학 및 수업료 지원 등 교육지원 업무를 담당한다. 탈북청소년들의 예비학습을 지원하고 일반학교 편입학을 준비할 수 있는 디딤돌 학습강화 지원을 담당하는 한겨레학교를 설립, 위탁 운영해오고 있다.

(7) 경찰청

경찰청에서는 북한이탈주민들에 대한 신변보호 담당기능 및 신상파악 업무를 담당한다. 즉 이들의 신변 위해요소의 제거 및 위해요소로부터 신변보호, 북한이탈주민의 애로사항 및 동향 파악 등의 업무를 수행한다.

---

[5] 서울시 신월동에 위치한 서부여성발전센터에는 탈북여성 취업프로그램을 시범적으로 설치 운영해왔다.

(8) 국토해양부

국토해양부에서는 북한이탈주민들에 대한 주택공급 및 지원사업을 맡고 있다. 영구 임대주택 및 국민주택을 건설하여 15% 범위 내에서 북한이탈주민들에게 지원하고 있다.

2) 분야별 지원정책 및 공공서비스

(1) 취업보호

취업보호 담당자들은 전국에 53개의 노동부 고용안정센터에 소속되어 있다. 취업보호 담당자들은 북한이탈주민들의 취업보호, 직업훈련, 취업알선, 직업지도, 정착장려금 등의 업무를 담당한다. 최근 정부의 정책이 보호 중심에서 자립자활 중심으로 변화하면서 북한이탈주민에게 있어서 취업은 필수적인 조건이 되었다. 취업은 경제적 수단 외에 심리적 · 사회적으로 큰 의미를 가지며 인간사회에 통합하기 위한 매우 중요한 요소로서, 경제적 자립과 함께 심리적 독립과 사회적 지위를 제공해주며 사회의 일원으로 소속감도 부여한다. 그러므로 북한이탈주민들에게 있어서 취업은 곧 안정적인 정착을 의미한다고 할 수 있으므로 이들의 직업능력 향상과 취업, 그리고 취업을 유지할 수 있는 지원을 위해 취업보호담당자 및 취업보호제도는 지속적으로 보완되고 강화될 필요가 있다.

(2) 거주지보호

거주지보호 담당자는 전국 199개의 구청이나 시청, 군청 등에 자치행정과장, 주민자치과장, 사회복지과장, 총무과장 등이 담당관으로 지정되어 있으며 그 아래 실무담당자가 있다. 거주지보호 담당자의 업무는 북한이탈주민에 대한 효과적인 지원정책을 수립하고 조기 정착 유도방안 마련 등을 목적으로 실태조사를 실시하며, 거주지보호대장 구성·관리, 실태조사 및 반기보고, 주거지원, 국민기초생활보장, 의료급여, 국민연금, 교육지원, 지역협의회 구성 및 운영과 최근 「북한이탈주민 보호 및 정착지원에 관한 법률」 제19조 2(이혼특례) 신설, 북한에 배우자를 두고 있는 북한이탈주민의 이혼청구 지원(2007. 2. 26. 부터 발효) 등 매우 복잡하고 다양하다.

거주지보호 담당자를 통해 제공되는 북한이탈주민들에 대한 직접적인 공공서비스를 상세히 살펴보면 다음과 같다. 첫째, 주거지원은 「북한이탈주민 보호 및 정착지원에 관한 법률 시행령」 제38조, 「임대주택법 시행령」 제10조에 따라 영구임대주택과 국민임대주택을 병행하여 지원하고 있다. 알선된 주택은 2년간 해지금지를 위한 특약제도를 도입하였는데 이는 북한이탈주민들이 사회진출 초기 주택계약 임의해지로 인한 주거 상실을 방지하기 위함이다. 둘째, 국민기초생활보장은 「북한이탈주민 보호 및 정착지원에 관한 법률」 제26조에 의해 생활이 어려운 북한이탈주민을 대상으로 근로능력이 있는 자가 포함된 가구는 일반수급자 선정 기준과 동일하게 적용하며, 근로능력이 없는 자로만 구성되어 있는 가구는 가구원 수에 1인을 추가한 소득인정액 기준을 적용한다. 셋째, 의료급여는 「북한이탈주민 보호 및 정착지원에 관한 법률」 제25조, 「의료급여법」 제3조 제6항에 의하여 선정하여 의료급여 1종보호로서 지원하고 있다.

(3) 신변보호

신변보호 담당자는 각 지역에서 북한이탈주민들의 신변보호를 목적으로 업무를 수행한다. 신변보호 담당자들은 일선에서 북한이탈주민들을 담당하기 때문에 때로는 신변보호 담당자를 감시하는 사람으로 여겨 마음을 열지 않을 수도 있고 제재조치 등에 반항심과 불성실한 태도를 보일 수도 있다. 신변보호 담당자들은 종종 북한이탈주민들의 불성실한 태도와 업무의 불명확성, 또는 업무의 난이도에 대해 부담을 갖고 있다. 업무가 부담으로 지적되는 이유는 북한이탈주민들이 우선 가깝게 보이는 신변보호 담당자들에게 사회적응에 필요한 취업알선, 남한사회 현장체험, 병원안내와 치료비 감액, 자녀 유치원 입학과 교육비 감면 등등 필요한 모든 욕구를 일차적으로 호소하는데, 신변보호 담당자들은 이를 본인의 업무가 아니라고 해서 모른 척 할 수 없고, 이를 해결해주기에는 역부족이기 때문이다. 따라서 담당자들이 우선 가까이 있다는 이유로 지원을 요구받을 수는 있으나 신변보호 업무 이외의 전문적인 도움이 필요한 경우에는 해당 기관을 연결해주거나 이용할 수 있도록 정보만을 제공하여 북한이탈주민 스스로 필요한 자원을 찾아 나서고 활용하는 과정에서 자립심이 형성될 수 있도록 유도해야 한다. 신변보호 담당자들이 많은 도움을 직접 챙겨주느라 소진되거나 북한이탈주민들로 하여금 의존심을 키우는 일은 지양되어야 할 것이다.

(4) 교육보호

북한이탈주민에 대한 교육보호는 「북한이탈주민 보호 및 정착지원에 관한 법률」 제24조, 동법 시행령 제24조, 제27조, 제44조, 제47

조에 근거하여 이루어진다. 교육보호 대상 기준은 북한이탈주민 본인인 경우, 고등학교 이하의 학교에 편입학한 경우 만 25세 미만인 자, 전문대 이상의 학교에 편입학한 경우는 만 35세 미만인 자(2005. 2. 28. 이전 보호 결정자), 만 35세 미만으로 거주지보호 기간 중이거나 고등학교 졸업 또는 이와 동등 이상의 학력이 있다고 인정된 후 5년

〈표 6-4〉 탈북청소년 교육 민간단체 현황

연번	단체명	소재지	운영형태	교육내용	인원(명)
서울	한빛종합사회복지관	서울 양천구	방과후 공부방	보충학습 현장학습	20
	자유터학교	서울 관악구	성인대상야학교육	중국어, 영어, 문화 등	30
	여명학교	서울 관악구	대안학교	중고 검정고시	30
	셋넷학교	서울 영등포구	대안학교	중고 검정고시	25
	꿈사리공동체 (구 마잘렐로센터)	서울 양천구	생활공동체	보충학습 검정고시	6
	좋은씨앗	서울 송파구	그룹홈 공부방	대입준비 대학생반	20
	돈보스꼬청소년센터	서울 영등포구	직업훈련시설	교과과정 직업훈련	2
	공릉종합사회복지관	서울 노원구	방과후 공부방	보충학습 현장학습	20
	남북문화통합교육원 (한누리학교)	서울 양천구	지역아동센터	보충학습 현장학습	17
	가양7종합사회복지관	서울 강서구	방과후 공부방	보충학습 현장학습	20
경기	한꿈학교	경기 양주	생활공동체 대안학교	중고 검정고시	18
	아힘나평화학교	경기 안성	생활공동체 대안학교	중고 검정고시	4
	다리공동체	경기 안산	생활공동체	방과 후 공부방	16
충남	하늘꿈학교	충남 천안	생활공동체 대안학교	초중고 검정고시	28
부산	지구촌고등학교	부산 연제	특성화고등학교	정규고교과정	5
계	15개 단체				261

※ 출처: 북한이탈주민후원회(2006. 7. 1. 현재).

이내에 입학 또는 편입학한 자(2005. 3. 1. 이후 보호결정자)로 규정하고 있다. 그러나 국내의 방송통신대학, 원격대학, 산업대학 및 기술대학(기능대학) 편입학자는 연령제한 규정에 적용되지 않는다. 또한 북한이탈주민 자녀의 경우는 부 또는 모가 1993년 12월 11일 이전에 보호 결정되고, 1993년 12월 11일 이전에 출생한 자를 교육보호 대상으로 한다.

교육지원 기간은 편입학 후 전문대학교는 2년(단, 3년제 과정은 3년), 대학교는 4년, 의학 · 치의학 · 한의학 계통은 6년으로 한다. 초중등교육법시행령 제96조 및 제98조에 의한 학력인정 조건을 보면 초등학교 졸업 인정은 총 6학년의 학교 교육과정을 이수한 자, 중학교 졸업 인정은 총 9년의 학교 교육과정을 이수한 자, 고등학교 졸업 인정은 총 12년의 학교 교육과정을 이수한 자로 정하고 있다.

2002년부터 국내에 입국하는 탈북청소년들이 급격히 증가하기 시작하였으나 북한에서 교육받았던 탈북청소년들이 남한 학교에 적응하기 어려운 점을 고려하여 2005년 5월부터 한겨레학교를 운영하고 있으며, 민간단체들이 운영하는 다양한 대안학교를 북한이탈주민후원회를 통하여 지원하고 있다.

4. 지방자치단체 및 민간단체를 통한 지원서비스

1) '북한이탈주민 지원 지역협의회' 구성 및 운영 지원

북한이탈주민 지원 지역협의회(이하 '지역협의회')는 정부와 지역 내 민간기관들과의 효과적인 연계체계를 구축하고 지방으로 분산 정착하는 북한이탈주민 지원을 강화하기 위한 조직이다. 이러한 지역협의회의 목적은, 첫째, 중앙정부 부처의 지방위임에 대한 지역사회의 협력 네트워크 구축, 둘째, 지역 정착을 위한 정부와 민간의 효율적인 지원체계 구축, 셋째, 북한이탈주민들의 정착 지원을 위한 지역별 특화프로그램 운영을 강구하는 것이다.[6] 현재 북한이탈주민 지원 지역협의회의 구성은 총17개 지역에서 구성하여 운영하고 있다.

이를 구체적으로 보면 서울지역협의회는 노원구, 양천구, 강서구, 강남구, 송파구 등 5개 지역에 구성되었으며, 광역시 지역협의회는 인천, 대전, 대구, 광주, 부산, 울산광역시 등 6개 광역시에 구성되었다. 이 외 충북, 강원도, 원주 등 3개 지역과 청주, 충주, 전주 등의 지역에서 실질적으로 지방자치단체 자율적으로 지역협의회가 구성되어 있다. 이 외에도 몇몇 지역에서 지역협의회와 유사한 조직을 운영하는 것으로 보인다.

특히 대전·대구·광주지역은 지역협의회 차원에서 시의원 발의[7]로 「북한이탈주민 지원 조례」를 제정하여 예산을 확보하고 있으며, 서울시에서도 북한이탈주민 지원 조례를 준비 중에 있다. 또한 노원구는 지역협의회 소속위원을 재정위원과 실무위원으로 구성하여 운영비 모금과 실제 프로그램을 기획·운영하는 위원을 이분화하여 운영하고 있으며, 구청 내 전 부서가 참여하여 부서의 특성을 살린 북한이탈주민 프로그램을 계획하여 진행하고 있다. 양천구지역협의회는 자원봉사센터와 밀접한 관계를 갖고 운영되고 있다.

---

6 1999. 5. 27. 제정되었으며 2001. 5. 18. 개정된 「북한이탈주민 거주지보호 지침」 제14조(북한이탈주민 지원 지역협의회 구성·운영) "거주지보호기관장 및 제15조에 의해 권한을 위임받은 기초자치단체장은 제4조와 관련하여 필요한 사항을 협의하기 위하여 관내 신변보호기관장, 사회복지관장, 주요 종교·민간단체의 장, 주요 기업체의 대표 등이 지정하는 자가 참여하는 북한이탈주민지원지역협의회를 구성·운영할 수 있다."는 규정에 근거한다.
7 지역사회에서 '북한이탈주민지원 조례의 제정'은 관공서에서 발의하여 제정하는 것보다 시의원들이 주체가 되어 의원발의로 제정하는 것이 용이하다고 한다(통일부 정착지원팀 관계자, 2007).

2) 정착도우미 지원

　정착도우미지원은 「북한이탈주민 보호 및 정착지원에 관한 법률」 제30조에 근거하여 북한이탈주민후원회를 통하여 해당 조직과 참여한 정착도우미를 대상으로 지원하는 것이다. 북한이탈주민들이 급격히 증가하자 서울·경기 수도권지역에 임대주택 부족, 집중 거주 지역의 남북한 주민갈등 등의 문제가 초래되었다. 이에 따라 정부에서는 북한이탈주민을 지방으로 분산 배치하면서 이러한 문제를 해결하고자 하였다.

　이러한 상황에서 정착도우미제도는 2005년 1월 1일부터 전국적으로 자원봉사자 및 행정체계를 구축한 대한적십자사를 선정·위탁하여 본격적으로 시행되었다. 현재는 북한이탈주민이 집중적으로 거주하는 지역사회복지관에서도 정착도우미 사업에 간헐적으로 참여하고 있다.

　정착도우미제도는 북한이탈주민들이 처음 지역사회에 배치되었을 때 일상생활을 안내해주고 북한이탈주민들이 남한사회 초기정착에서 갖는 여러 문제를 해결해주는 등 따뜻한 이웃으로서의 역할이 두드러졌고 남북한주민의 통합을 이루어가는 시금석으로 자리잡아가고 있다. 그러나 아직 자원봉사자들인 정착도우미들과 북한이탈주민들은 남북한의 이질적인 사회에서 습득된 특성으로 갈등이 있는 것도 사실이다. 따라서 정부는 정착도우미들이 상당 기간 안정화되기까지 교육 및 보상체계를 마련해야 할 것이다.

3) ‘북한이탈주민 정착지원센터’ 시범운영 지원

　북한이탈주민 후원회는 ‘북한이탈주민 정신건강지원’ 사업으로 지원받아 3가지 기관에서 '북한이탈주민 정착지원센터' 사업을 처음으로 시행하고 있다. 사업을 수행하고 있는 곳은 공릉새터민정착지원센터^{공릉종합사회복지관}, 북한이탈주민지원센터^{한빛복지관}, 북한이주민센터^{대구 사단법인 자원봉사능력개발원}이다. 각 센터는 고유한 특성을 살려 사업을 진행하고 있다.

이를 살펴보면, 공릉새터민정착지원센터는 신규새터민 정착지원사업과 새터민의 정신건강 지원사업을 진행하며, 북한이탈주민지원센터에서는 새터민의 초기정착민 지원사업과 아동. 청소년 학습지원, 가족을 대상으로 한 개별·집단프로그램을 수행하고 있다. 북한이주민센터에서는 정착가이드 프로그램, 남북통합모임, 학습 및 진학지도, 사례관리, 자원봉사자 교육 및 관리 등 각 조직에 따라 구체적인 사업은 조금씩 다르게 진행되고 있다. 이들 기관들은 많은 수의 북한이탈주민들이 집중 거주지로 2000년대부터 북한이탈주민지원사업에 뜻을 가지고 지금까지 수행해온 기관들이다. 향후 북한이탈주민들의 대량 유입 시기에 지역사회에서 정착지원센터의 역할은 막중하다 할 것이다.

4) 지역사회복지관의 지원

지역사회복지관은 지역주민의 복지욕구를 충족시키고 지역주민의 좀 더 나은 삶의 질을 위해 복지서비스를 제공하는 전문기관으로서 북한이탈주민들에게 필요한 서비스를 개발·제공할 수 있으며, 일반 주민프로그램 속에 그들을 참여시킴으로써 지역사회 주민들과의 통합도 시도할 수 있으므로 활용하기에 따라서 많은 욕구를 해소할 수 있는 지역사회 자원이다. 따라서 현재와 같은 수준으로 북한이탈주민들이 입국할 경우 하나원 퇴소 이후 연계하여 정착을 돕는 지원체계로는 지역사회복지관이 중심이 될 때 효과적일 수 있다.

현재 북한이탈주민 정착지원사업에 참여하는 지역사회복지관은 25개가 있다. 이들 복지관사업을 보면, 북한이탈주민들이 거주지에 전입했을 때 초기 프로그램으로는 주로 거주지 전입 환영 프로그램을 시작으로, 이들의 욕구를 파악하고 일상생활에 필요한 지역환경 및 생활편의 시설을 안내하는 프로그램을 수행하거나 아동, 청소년, 여성, 남성, 노인, 가족 등을 대상으로 다양한 프로그램을 개발하여 수행한다. 또한 지역사회에서 북한이탈주민 관련 조직과 단체, 그리고 관련자들을 대상으로 간담회나 워크숍 등을 개최하여 지역에서 북한이탈주민 정착지원사업을 좀 더 효과적으로 수행할 수 있는 네트워크를 형성하여 정보를 공유하고 상호 발전적인 도움을 주는 역할도 한다.

5) 민간단체 지원

북한이탈주민 정착지원사업에 참여하는 시민단체나 봉사단체는 지역복지관을 제외하고 약 38개에 이른다. 현재 민간단체들은 해외분과, 지역복지분과, 아동청소년분과, 정착지원분과로 나뉘어 활동하고 있다. 2000년도에 북한이탈주민 민간단체협의회가 탄생했던 시기부터 수많은 단체들이 생겼다가 사라지는 일이 반복되어 오늘에 이르고 있다.

민간단체에서 수행하는 프로그램들은 북한이탈주민들에게 밀착하여 이들의 욕구를 파악하고 발로 뛰면서 직접서비스를 지원하므로 심리적으로나 사회적으로 긍정적 영향을 크게 미친다. 또한 전국 조직을 갖고 있는 봉사단체의 경우에는 지역사회 곳곳에서 북한이탈주민들이 이웃으로서 정착을 돕고 있어 정책을 수립하는 정부로서는 해낼 수 없는 세심한 사업들을 담당하고 있다.

그러나 여전히 북한이탈주민들이 민간단체로부터 받은 지원서비스는 지역에 따라 정도의 편차가 심하고 같은 사람에게 서비스가 중복되거나 또는 누락되는 경우가 많았다. 또한 단체들의 협조가 부족하거나 정보를 공유하지 않는 등으로 인해 사업이 불필요하게 중복되는 경우도 있고, 단체들이 북한이탈주민사업의 예산확보가 여의치 않아 프로젝트별 사업기금 등을 확보하여 사업을 진행하므로 프로그램을 지속하기 어려운 점 등이 문제점으로 지적된다.

5. 향후 정착지원정책 과제

1) 중앙정부의 과제

(1) 중앙에서 지방자치단체로 직접관리 및 서비스 업무 이관

중앙정부에서 지방자치단체로 정착지원 업무가 이양되거나 위임되어야 하는 이유가 단지 북한이탈주민들의 입국 수가 증가하기 때문만은 아니다. 앞서도 언급하였듯이 무엇보다 북한이탈주민들이 거주하는 지역사회를 중심으로 정착지원서비스가 제공될 때 가장 효과적인 정착이 이루어지기 때문이다. 지역사회와 지역주민들의 참여를 이끌어내어 남북한주민들이 갈등을 넘어 서로를 이해하면서 통합에 이를 수 있는 과정에서 안정적인 정착이 이루어지고 이러한 과정은 통일시대를 준비하는 데 필요한 훈련이기도 하다. 따라서 북한이탈주민들의 정착지원에 대한 직접관리 및 서비스 업무는 과감히 지방자치단체로 이양 또는 위임해야 한다.

현재 중앙정부의 직접관리 및 서비스 업무는 북한이탈주민 사회적응 교육시설인 하나원을 들 수 있다. 하나원은 연인원 3,600명의 교육이 가능한 시설로 점차 확대해 가고 있다. 그러나 하나원의 교육기능이 북한이탈주민 정착에 얼마나 효과적인지 객관적으로 측정할 필요가 있다. 물론 장기적인 교육기간을 두어 이들에게 남한의 상식을 뛰어넘는 상당 수준의 지식까지 가르쳐서 나쁠 것은 없다. 그러나 북한이탈주민들은 가족과 고향을 떠나온 사람들로 불안한 심리정서를 지니고, 또한 이들은 90% 가까이 근로연령에 속해 있는 사람들로서 일자리를 얻어 경제력을 획득하는 일에 모든 관심이 집중되어 있다고 해도 과언이 아니다. 두고 온 가족에 대한 미안함을 보상하고 싶고, 또는 가족을 데려와야 하고, 본인들도 남한에 하루빨리 정착하여 경제적으로 여유있는 삶을 추구하고 싶기 때문이다. 사실 일자리를 얻고 노동을 하는 것만큼 최선의 정착은 없다고 생각한다. 특히 정부의 정착지원정책이 보호중심에서 자립자활정책으로 이행한 현재 시점에서 이들에게 단 하루의 시간도 아깝다. 따라서 편안한 마음으로 교육에 집중하기가 어려운 사람들로서 적응교육의 효과가 어떠한지 객관적인 측정이 필요하다고 보인다.

하나원이 적응교육기관으로서 좀 더 효과적으로 운영되기 위해 선행되어야 할 일은 대상에 따라 교육을 차별화하는 것이다. 그러기 위해서는 일반대상자와 특별대상자로 북한이탈주민들을 구분하여,[8] 일반대상자들은 약 일주일 정도 단기간 동안 머물면서 지역배치를 대기하며 심신의 안정을 찾고 남한사회의 안내, 유의할 점 등 몇 시간 정도의 기본교육을 마친 후 남한생활 매뉴얼을 지급하여 거주지

---

[8] 북한이탈주민의 일반대상자와 특별대상자의 구분은 정부합동신문·조사에서 확보된 자료를 참고하면 행정적 비용이 감소하고, 북한이탈주민들도 조사에 참여해야 하는 부담이 없을 뿐더러 교육현장이 서로 다른 것에 대해서도 불만이 없을 것으로 생각된다.

로 배치^{지역 중심 또는 직장 중심의 배치}하면 될 것이다. 특별대상자는 유형에 따라 필요한 교육내용을 구성하고 다양한 교육방법을 활용하여 적응교육을 실시해야 할 것이다. 특별대상자들에게 실시한 교육내용 및 교육방법 등을 면밀히 분석하여 효과적인 교육자료를 축적하는 것은 향후 통일시대에 북한사람들에 대한 유형별 교육자료를 확보하는 일로서 매우 중요하다고 본다.

장기적으로 볼 때 하나원은 특수한 북한이탈주민을 대상으로 하는 교육기관으로의 전환이 필요하다. 필자의 생각으로는 특수한 북한이탈주민이란 북한에서 핵심계층으로 있던 인사, 주체사상으로 무장된 정도가 심한 사람, 정치범수용소 등에서 심각한 정신적 외상을 입은 북한이탈주민, 범죄에 연루되었던 사회부적응자 등이다. 물론 이념을 중시한 냉전시대가 사라지는 지금 북한의 핵심계층이나 주체사상으로 무장된 정도가 심한 북한이탈주민은 소수일 수 있다. 그러나 향후 북한이탈주민이 증가하면 소수에 해당하는 사람들의 유형도 증가할 것이며, 통일시대를 대비하여 이러한 소수자에 대해서도 별도의 교육내용과 방법을 적용하여 유형별로 교육의 효과를 높일 수 있는 방안을 축적하는 일은 중요하다.

이러한 자료를 확보하기 위해서는 각 유형별 북한이탈주민들에 대한 전문가가 투입되어 교육내용을 구상하고 교육효과를 측정해야 한다. 예를 들면, 심각한 정신적 외상을 입은 북한이탈주민에 대해서는 정신과 의사나 심리학들은 교육에 관련시켜야 하며, 범죄에 연루되었던 사회부적응자 등은 교정 관련 학자나 교정시설의 교육내용 등을 활용할 수 있을 것이다. 이와 같이 하나원의 교육은 선택과 집중 방식으로 이루어져야 하고 일반 북한이탈주민들의 적응기간을 하나원에서 소모시키는 일은 없어야 한다고 생각한다.

물론 현재 북한이탈주민의 입국 수준으로는 당분간 하나원의 운영체제가 그대로 작동되겠지만 북한이탈주민들이 연 일만 명을 넘어서는 시점을 대비해서 선택과 집중 방식의 하나원 교육체제를 준비해야 할 것이다. 그리고 점차 북한이탈주민의 취적이나 정착지원금지원 등의 업무는 지방자치단체로 이양해야 하며, 취업은 노동부 고용센터에서, 직업능력은 직업훈련원에서, 의료지원은 지역의 병원이나 의원에서, 문화생활은 주민자치센터에서, 복지지원은 지역 복지관 등에서 기존에 존재하는 사회보장체제에서 제공되어야 하며, 이러한 정착에 필요한 모든 서비스를 포괄적으로 제공하는 역할은 점차 '지역정착지원센터'가 맡아야 할 것이다.

북한이탈주민들이 급격히 증가하는 시점에서 이들을 어느 부처에서 지원해야 하는가에 대해서는 국가의 안전을 위해 큰 틀에서 보고 결정해야 할 것이다. 첫째, 국가를 위해 어느 부처에서 지원해야 좋은가, 둘째, 북한이탈주민 개인은 어떤가, 셋째, 국가 통합에는 어떤가, 넷째, 효율적인가 등을 살펴야 한다. 북한이탈주민 관련 업무는 민간차원에서만 생각할 것이 아니라 국가와 사회의 안전을 위해 진행되어야 한다. 따라서 일반 북한이탈주민들에게는 지역사회에서 자유롭게 적응할 수 있는 기회를 부여하되, 부적응자 또는 국가 통합에 문제를 일으킬 수 있는 여지가 있는 사람들은 관련 부처에서 장기간에 걸쳐 관리하는 것이 옳다고 본다.

(2) 법과 제도, 정책수립 역량강화

북한이탈주민에 대한 통일부의 역할은 국가 전체에 미치는 법과 제도, 정책을 만드는 등 북한이탈주민 정착에 대한 큰 틀을 짜는 일을 맡아야 할 것이다. 따라서 북한이탈주민들의 입국 수, 이들에게서 발생하는 문제 등 환경변화에 따라 「북한이탈주민 보호 및 정착지원

에 관한 법률·시행령·시행규칙」 등 제도의 정비 업무에 집중해야
할 것이다. 북한이탈주민들을 대상으로 한 법률 정비는 북한사회와
협의되지 않는 것, 중국에서의 불법체류자 신분이나 인권유린 상황
을 개별적으로 확인할 수 없는 것 등 매우 까다로운 조건이 많아 신
중함이 요구된다.

한 예로 2007년 2월 개정된 「북한이탈주민의 보호 및 정착지원에
관한 법률」에서는 이전의 제9조 4항에 "체류국에서 상당 기간 동안
생활근거지를 두고 있는 자"의 '상당 기간'을 10년으로 규정하는 내
용으로 개정하였다. 이 경우 1996년 북한의 심각한 식량난 시기에 중
국으로 넘어와 살다가 10년을 넘긴 탈북동포들, 특히 인신매매를 통
해 중국내륙지방으로 팔려가 정보를 접할 수 없었던 탈북동포들이
갖은 고생을 하며 살다가 이제야 한국으로 올 수 있는 경우 입국은
허용되나 지원금을 받을 수 없다. 사실 탈북동포들의 중국 거주기간
을 확인하기 어렵고 법에서 규정한 기간을 약간 넘긴 대상자에게 정
부의 지원금을 못 받게 하는 사례와 관련하여 법을 만드는 담당자들
은 많은 고민이 있었다고 한다. 또한 상당 기간이라는 해석에서 어려
운 것은 한국전쟁 이후 중국에서 살아온 조선족들도 탈북자로 인정
해야 하는지 등의 문제를 수반하기 때문이다. 따라서 그동안 정부는
해외 장기 체류자에 대한 지원금지 연한을 10여 년으로 할 것을 내부
기준으로만 적용하다가 이제야 비로소 제도로서 규정하였다. 사실
일반적으로, 10년 이상 한 국가에 생활근거지를 두고 살아왔다면 그
나라 국민으로 보아야 한다는 데는 이의가 없다. 그러나 중국에서 불
법체류자의 신분으로 살아온 탈북동포들의 상황은 다르므로 구제할
여지를 남겨두어야 할 것이다. 현실적으로 요보호자가 정착지원금
을 받지 못할 경우 이러한 사례들을 축적하여 예외규정 등을 둘 수
있도록 노력하는 일이 대안이 될 것이다.

(3) 대량 입국, 부적응 북한이탈주민을 위한 대책 마련

일반적으로 북한이탈주민들은 지역사회에서 자신의 삶을 개척해 나간다. 그러나 심각한 부적응자들도 소수 있다. 따라서 정착산업(농업)단지 등과 같이, 심리적·정신적으로 어려움을 겪는 사람이나 직업능력이 현저히 떨어지는 사람들을 수용하고 일과 거주지를 제공하여 일정 기간(약 3년) 기술습득과 생산 활동에 종사하게 한 후 어느 정도 자신감이 생기고, 또 당사자가 희망한다면 이 과정 동안 저축한 돈을 가지고 지역사회로 나가서 취업을 하든 자영업을 하든 독립적인 생활근거를 마련토록 하는 '중간시설' 이 필요하다. 이스라엘의 키부츠와 모샤브와 같은 형태의 공동체를 구성, 운영하는 방식으로 지금의 개성공단과 같은 역할을 담당할 수 있는 정착산업(농업)단지를 시범으로 운영해 보는 것이 필요하다고 생각한다.

단지 내에서는 사회안내 교육, 직장생활, 숙식 등을 함으로써 대량탈북을 흡수할 수 있는 기반을 구성하는 효과도 있을 것이다. 그리고 사원아파트 건립, 또는 주택자금 장기대출 등 여러 가지 인센티브제도를 두어 참여를 유도하는 방안도 필요할 것이다. 이러한 중간시설은 지역경제가 낙후된 지방자치단체와의 교섭을 통해서 장소를 선정하면 용이할 것이다. 지방의 인구는 점차 감소하고 도시로 산업체가 이동되기 때문에 지방자치단체에서 적극 유치하고자 희망할 수 있기 때문이다. 이러한 사업의 기대효과는 클 것으로 보는데, 무엇보다 북한의 사회주의체제에서 일자리를 배정받고 집단생활에 익숙해진 탈북동포들에게 작업환경이 안정감을 느낄 것이며, 또한 농업단지에서는 북한이탈주민들만의 특화사업을 실시함으로써 우리 사회에 기여하는 방식으로 탈북동포를 흡수할 수 있어, 대량 탈북 시 무리 없이 인력을 흡수, 적응시킬 수 있는 취업구조를 마련할 수 있다.

장기적으로는 북한 인력의 활용 방안을 시범적으로 운영할 수 있는 시스템을 구축할 수 있다. 이러한 정착산업(농업)단지의 운영은 북한이탈주민들이 특정 생산 분야에서 우리 사회에 기여한다는 것이 홍보되어 북한이탈주민을 바라보는 남한주민의 인식을 새롭게 할 수 있어 남북한주민들이 통합을 이루어 가는 데도 긍정적인 영향을 미칠 것으로 본다.

정부의 북한이탈주민 지원정책이 보호 중심에서 생산적 복지를 지향하는 자립·자활 중심으로 변화하고 있고 '새터민 자립지원종합센터'를 설립하여 개인별 취업을 지원 및 계획하고 맞춤식 취업서비스를 제공한다고 한다. 이에 따라 일반 북한이탈주민들의 취업은 기존에 있는 직업훈련원이나 교육기관, 또는 자활훈련기관 등을 적극 활용해야 하고, 특별한 문제를 지닌 대상을 중심으로 취업 기반시설을 마련하는 것이 시급한 과제일 것으로 본다.

(4) 북한이탈주민에 대한 시민의식 변화사업 강화

현재 통일교육원에서 북한이탈주민 전문가 양성교육을 관련자들을 중심으로 일부 실시하고 있으나 전국민을 대상으로 확대 실시할 필요가 있다. 우리 사회에는 통일이라는 목표를 내세워 일하는 조직과 단체가 많고 여기에 참여하는 남한주민들의 수도 많다. 통일교육원, 민주평화통일자문회의 등 수많은 통일 관련 민간단체들과 여기에 참여하는 남한주민들이 진정 한반도의 통일을 위해 일한다면 우선 내 곁에 우리 이웃으로 와있는 북한이탈주민들부터 보살피고 껴안아야 하는 훈련이 필요하다.

대부분의 북한이탈주민들은 의리 있고, 정도 많고, 예의도 바르다. 그리고 열심히 살아간다. 물론 남한사회에서 무능하여 일을 하지 않거나, 범죄를 저지르거나 일탈행동을 하는 사람들도 소수 존재하기도 한다. 하지만 이보다는 북한이탈주민에 대한 편견이 더욱 많으며, 종종 언론은 이를 부추기는 측면도 있다. 최근에 북한이탈주민들이 미국, 캐나다를 비롯하여 영국 등지로 떠나는 사례가 많다. 여기에는 북한이탈주민 개인의 문제도 있겠지만, 남한사회에 정착하지 못한 데에는 일부 남한주민들의 책임도 있다고 본다. 따라서 이제 북한이탈주민의 정착지원정책과 함께 북한이탈주민들에 대한 남한주민들의 인식을 바르게 변화시키는 일이 동시에 진행되어야 할 것이다. 통일을 말하기 전에 행동으로 통일을 실천하는 일이 선행되어야 하기 때문이다.

따라서 통일교육과 관련된 프로그램에 북한이탈주민의 이해와 이들에 대한 상호작용의 내용 등이 적극 포함되도록 해야 할 것이며, 민간단체들에서 시행하는 북한이탈주민에 대한 인식변화사업도 관심을 가지고 지원해야 한다고 본다.[9] 또한 현재 북한이탈주민 지원 민간단체와 정착도우미로 참여하고 있는 시민들은 시간과 노력을 들여 어려운 상황에서 북한이탈주민들을 돕고 있다. 이들은 통일과 남북한주민의 통합에 선구자 역할을 하는 시민들로서 이러한 시민들이 점차 증가해야 한다는 차원에서 이들에 대해 명예로운 방법으로 인정과 격려를 해주어야 할 필요가 있다.

(5) 신변·거주·취업 보호정책 내실화

앞에서 살펴본 바와 같이 북한이탈주민 지원정책 및 공공서비스

---

[9] 북한이탈주민 지원 민간단체들의 사업은 '북한이탈주민후원회'가 주로 하고 있다. 따라서 북한이탈주민후원회는 민간단체의 프로그램 선정에 세심한 관심을 갖고 북한이탈주민들의 안정적인 정착에 파급효과가 크고 효율적인 프로그램을 우선 선정, 지원해야 할 것이다.

로 거주지보호담당자와 신변보호담당자, 취업보호담당자가 지정되어 있다. 북한이탈주민들이 거주지에서 주거지원, 의료급여, 국민연금, 교육지원 및 국민기초생활을 보장받고, 취업보호담당자로부터는 직업훈련 및 일자리를 제공받으며, 또 신변보호담당자를 통해 신변보호를 받는다면 최선의 정착이 가능할 것이다. 각 보호담당자들의 역할이 좀 더 내실 있게 운영되기 위해서는 다음과 같은 과제를 해결해야 할 것이다.

거주지보호담당자는 북한이탈주민 거주지에서의 방대한 지원업무로 소진되고, 지역협의회의 운영을 맡고 있어 업무의 효과성이 떨어질 수밖에 없다. 앞서도 지적했듯이 지역의 자원개발과 네트워크가 필요한 지역협의회 업무는 이 분야 전문가인 사회복지사에게 위임되어 거주지보호담당자의 고유 업무인 거주지보호 업무에 충실히 하도록 업무환경을 개선할 필요가 있다.

신변보호담당자는 초기 북한이탈주민이 소수 입국했을 때는 모든 사회적응에 필요한 서비스를 도맡아하였기 때문에 북한이탈주민의 신변보호 업무 외의 많은 일을 해왔으나 최근에 지역복지관 및 봉사기관의 정착도우미 등을 활용하기 때문에 일선에서 지원하는 업무는 대부분 지역주민들에게 위임되고 있다. 또한 노원경찰서와 송파경찰서의 경우 최근 북한이탈주민을 대상으로 안보교육을 실시하고 있는데 이와 같이 상황에 따라 지원프로그램을 적절하게 개발하여 진행하는 것은 매우 바람직하다. 특히 자원봉사자를 활용하여 북한이탈주민들의 사회적 관계망을 구축해주는 것은 최근 해외로 나가거나 북한을 그리워하는 북한이탈주민들에게 유효한 프로그램이 될 것이다. 정착도우미제도와 함께 경찰서에 소속된 자원봉사자, 안보교육 등의 프로그램은 더욱 확산되어야 할 것이다.

취업보호담당자 역할의 과제는 다음과 같다. 첫째, 전국 노동부 고용지원센터에 취업보호담당자를 확대 배치하여야 한다. 현재 노동부는 167개소의 고용안정센터를 갖고 있으나 이중 53개소만이 취업보호담당자가 배치되어 있다. 북한이탈주민들은 점점 증가하고 전국 지역으로 거주지가 확산되고 있다. 일정 지역에 거주하는 북한이탈주민들의 수가 일정 수준에 오르면 고용지원센터에 담당자를 배치해서 이들이 언제든지 손쉽게 지원받을 수 있는 환경을 제공해야 한다. 둘째, 북한이탈주민들이 취업하기까지는 많은 동기부여가 필요하다. 이들은 타율적인 체제에 익숙했던 사람들로서 이들이 직업을 갖게 되기까지 끊임없이 취업을 동기화시키는 노력이 필요할 것이다. 셋째, 취업보호담당자들의 교육 강화 및 소진예방 프로그램도 필요하다. 대부분 별정직으로 고용된 이들은 노동부 내에서 자신들의 위치가 보장되어 있지 않은 점[10], 직장 상사들이 북한이탈주민들에 대한 업무인지도가 낮은 점, 북한이탈주민들의 폐쇄되고 경직된 사고와 정체감의 혼란 상태, 자본주의사회에 대한 현실적인 이해 부족 등으로 많은 어려움을 겪는다. 이에 대한 해결책으로 필요한 취업보호담당자로서 권한이 주어지는 것, 인사이동이 적은 것, 계약직을 정규직으로 전환하는 것 등의 과제를 해결할 수 있어야 할 것이다.

2) 지방자치단체 및 민간단체 지원과제

(1) 지방자치단체의 북한이탈주민 지원업무 수용

북한이탈주민 정착업무를 지방자치제 고유 업무로 받아들이는 자세가 요구된다. 북한이탈주민들의 정착문제는 당사자들의 문제이기

---

10 취업보호담당자들은 계약직으로 채용되는데, 북한이탈주민들에게 이해와 효과적인 서비스를 주기 위하여 사회복지학, 심리학 등을 전공한 자들로 특별 채용된 인력이다(박윤숙, 2001).

도 하지만 북한이탈주민들이 거주하는 지역사회와 지역주민들의 문제이기도 하다. 즉, 지역사회와 지역주민들은 북한이탈주민들에게 필요한 자원이나 서비스를 지원하는 제공자인 동시에 이들을 이해하고 수용하고 통합시켜야 하는 이해당사자들이다. 이런 의미에서 지방자치단체들은 이제껏 관련 중앙부처인 통일부가 담당해 오던 북한이탈주민들의 정착지원 업무를 지역으로 전입되는 북한이탈주민의 수, 예산 확보가 가능한 시점, 북한이탈주민에게 문제발생 시 책임 등을 고려하여 이양할 수 있는 적절한 시점을 조절하고 부처협의를 거쳐 점차 지방자치단체의 고유 업무로 받아들이려는 노력이 필요하다.[11]

소수의 북한이탈주민들이 남한에 거주하던 과거 수십 년 동안에는 정부의 주도적인 관리와 통제가 가능할 정도의 적은 수였기에 남한사회 적응문제의 필요성은 논의되거나 가시화되지 않았다. 그러나 현재 북한이탈주민들의 수가 급증하면서 정부의 주도적인 개입만으로 이들의 문제나 욕구에 효과적으로 대처하기 어려운 상황에 와있다. 그러므로 장기적으로 볼 때 일반 북한이탈주민들은 지역사회의 지역주민 관리 차원에서 지원되는 것이 바람직하며, 개인마다 각자 추구하는 다양한 삶의 목표와 방식으로 살아갈 수 있도록 도와야 할 것이다. 정부가 주도적으로 이들을 관리하고 북한이탈주민들 모두가 경제적으로 성공한다는 똑같은 삶의 길을 선택하게 하는 것은 자연스럽지 않고 바람직하지도 않다.

---

11 「북한이탈주민의 보호 및 정착지원에 관한 법률」 제31조에는 "이 법에 의한 통일부 장관의 권한 중 일부를 대통령령이 정하는 바에 의하여 그 소속기관의 장이나 지방자치단체장에게 위임할 수 있다."(1999. 12. 28.개정)고 규정하고 있으며, 동법 시행령 제24조에는 "통일부 장관은 정착지원시설에서 보호 중인 보호대상자의 정착지원을 위하여 다른 행정기관의 장 또는 지방자치단체의 장에게 협조를 요청할 수 있으며, 협조요청을 받은 행정기관의 장 또는 지방자치단체의 장은 이에 협조한다."(1998. 12. 31)고 규정하고 있다.

증가 추세에 있는 북한이탈주민들이 남한사회에서 성공적으로 적응하지 못하면 이들은 우리 사회 취약계층으로 편입될 여지가 많으며 또 다른 형태의 적대적인 감정이나 집단행동을 불러일으킬 소지도 있다. 따라서 북한이탈주민들의 정착은 그들의 생존을 위해서 필수적인 작업일 뿐만 아니라 남한사회의 발전과 지역의 안정을 위해서도 반드시 성취되어야 할 과업이다.

이제 북한이탈주민들은 전국 각지에 배치되어 지역주민으로 편입되어 살아가고 있다. 한 해 수천여 명에 달하는 북한이탈주민들이 입국하고 있는 시점에서 중앙정부가 이들을 관리하고 일선에서 정착지원에 직접 개입하는 일은 더 이상 의미가 없을 뿐더러 북한이탈주민 개인이나 우리 사회에도 효과적이지 않다. 그러므로 이들이 거주하는 각 지역에서 그들의 욕구에 맞는 지역 특성에 기초한 맞춤형 정착지원은 이제 지방자치단체의 몫이라고 할 수 있다.

(2) 지역사회단체 및 주민들의 네트워크를 통한 지원체계 견고화

2001년도 노원구 북한이탈주민정책지원 지역협의회 구성을 시작으로 7년여가 지난 현재 많은 발전이 있었다고 볼 수 있다. 그러나 여전히 지역협의회의 발전적인 운영은 제자리에 머물러 있는 것 같다. 지역별 특성을 고려하여 북한이탈주민 지원을 위한 효과적인 네트워크를 구축하여 이를 확대해 나가야 할 본래의 목적에 적합하게 운영되지 못하고 있다고 평가된다.

북한이탈주민의 지역사회 적응은 그들이 거주하는 곳에 그들을 충분히 이해하고 더불어 살아가고자 하는 지역사회와 주민들이 존재할 때 가능할 것이다. 이에 따라 거주지역에 전입된 북한이탈주민을 환영하고 그들의 지역사회 적응을 돕는 지역 차원의 지원체계로서 지역협의회가 구성되어 운영되기 시작하였다. 지역협의회가 더욱 효과적이고 효율적으로 운영되기 위하여 풀어 나가야 할 과제는 다음과 같다.

지역협의회는 지역사회에서 북한이탈주민들의 지원뿐만 아니라 지역사회의 다양한 조직이나 단체, 지역주민이 함께 참여하여 남북한 주민들의 통합을 이뤄내는 주체가 되어야 한다. 북한이탈주민이 한 해 수천 명이 입국할 것으로 예측되는 이 시점에서 각 지역사회는 이들을 흡수하여 정착시킬 수 있는 능력을 배양시켜야 할 것이다. 그러나 역사가 일천한 지역협의회는 사실상 운영방향조차 아직 설정하지 못한 곳이 많다. 그러므로 지역협의회들은 상호 정보를 교류하면서 다양한 지역협의회의 운영과 사업방향 등의 논의를 통하여 운영방법을 구체화해 나가는 것이 필요하다. 워크숍은 각 지역협의회가 구성되어 있는 지역과 아직 구성하지 않았지만 북한이탈주민들이 대다수 거주하는 지역을 고루 순회하며 이루어지는 것이 바람직할 것이다.

지역협의회의 기능이 활발하지 못하게 된 배경에는 지역협의회의 기구는 존재하되 직접서비스를 담당할 실질적인 지역의 정착지원센터나 이와 유사한 기관과 연계되어 운영되지 못하고 있는 것이다. 특히 지역협의회를 이끌어갈 거주지보호담당자는 프로그램을 기획하고 진행할 여력이 없으며, 지역 내 자원을 동원하는 기술과 역량을 발휘하는 데는 한계가 있는 행정가이다. 따라서 지역협의회에는 직접서비스기관을 많이 참여시켜 민간단체들과의 체계적인 연계망을 구축하는 등 지역협의회 협력체계를 확대하고 역할을 분담·조정하는 것이 필요하다.

북한이탈주민들이 갖고 있는 문제나 욕구를 해소하기 위해서는 지역사회 내에서 인적·물적 자원을 개발하여 이를 네트워크화해야 하고, 북한이탈주민 개인의 역량강화를 위하여, 또 관련 조직들이 바람직한 방향으로 사업을 할 수 있도록 안내할 수 있어야 한다. 이러한 역할은 전문성을 갖춘 지역사회복지사가 지역협의회의 간사로 일할 때보다 훨씬 능률적일 것이다. 현재 간사는 거주지보호담당자가 맡고 있는데 이들은 일반 행정업무를 주로 하며 북한이탈주민 관련 업무는 전체 업무의 10~20%에 그친다. 특히 인사이동이 잦아 지역협의회의 일을 소신껏 기획하고 전개할 수 있는 기간이 충분하지 않다. 훌륭한 성과를 내고 떠나는 거주지보호담당자[12]도 있었지만 대부분은 지역협의회 회의를 분기별로 소집하는 등의 역할을 감당하기도 어려워하는 경우도 있다.

현재까지 지역협의회의 업무와 운영방향은 대부분 해당 지방자치단체 거주지보호담당관의 의지에 따라 달라지는 것을 보아왔다. 따라서 북한이탈주민의 정착지원에 남다른 관심이 있는 담당관들은 솔선하여 아이디어를 내고 운영해가지만 또 어떤 담당관들은 북한이탈주민에 대한 기초 이해를 강의하는 것으로 회의를 마감하기도 하는 등 지역협의회의 회의 진행방식이나 사업방향은 천차만별이다. 따라서 지역협의회의 회의나 사업 등 운영에 대한 내용을 섬세하게 구성한 업무 매뉴얼을 공급하고 이에 따라 기본업무를 공통적으로 수행해 나갈 수 있도록 하는 것이 필요하다. 물론 지역 특성과 북한이탈주민들의 욕구에 따라 각기 프로그램을 진행하고 단체들을 조직해야 하겠지만 어디까지나 사업의 미션이나 비전 등 지역협의회 운영 방향성을 제시하고 지원단체 간의 협력이나 조정 총괄, 지역

---

12 노원구 거주지보호담당자인 김재원씨는 북한이탈주민 업무를 담당하며 이들을 관리할 수 있는 프로그램을 밤낮없이 집중하여 개발하였고 이를 전국의 거주지보호담당자들에게 배포하는 훌륭한 업무를 수행하였다.

이주민 정책과 서비스

사회조직과 주민의 관심 및 참여제고 등 기본업무를 다져나가는 것
이 필요하다.

지역협의회의 활발한 운영은 예산확보가 중요하다. 노원구 지역
협의회의 경우를 보면 통일부에서 연 2,500만 원 지원, 구 자체예산
2,104만 원, 그리고 지역협의회 재정위원 회비 720만 원 등의 예산으
로 운영된다. 향후 중앙정부 지원에 의존하기보다는 지방자치단체
에서 조례 등을 통하여 예산을 적극 확보하거나 지역협의회 위원을
점차 증원시켜 예산을 확보해야만 필요한 북한이탈주민 지원사업을
활발히 그리고 지속적으로 해나갈 수 있을 것이다.

(3) 북한이탈주민 정착지원센터의 비전 및 모델 제시

정부는 이제 진행하기 시작한 북한이탈주민 정착지원센터가 좀
더 큰 성과를 거두기 위하여 다음과 같은 과제들이 해결될 수 있도록
지원해야 할 것이다.

첫째, 북한이탈주민 정착지원센터^{이하 '지원센터'}의 비전 설정이 우선되
어야 한다. 지원센터는 북한이탈주민들의 지역사회 정착을 위한 포
괄적인 서비스를 지원하는 곳이다. 따라서 지원센터가 북한이탈주
민들이 대량 입국하였을 때를 대비하여 구축하는 조직이라고 볼 때
조직의 목적을 분명히 하고 이에 따른 실질적인 역할을 수행하도록
해야 할 것이다.[13]

특히 북한이탈주민 정착지원센터는 남북한 주민이 두 세대에 걸
쳐 서로 다른 이질적인 문화를 통합하는 데 큰 목적을 두고 사업을
진행해야 함에도 불구하고 최근 진행되고 있는 새터민의 정신건강

---

[13] 현재 북한이탈주민후원회에서는 '새터민의 정신건강 사업'으로 지원센터의 사업비를 지원하
고 있는데 사실 사업의 명칭부터 바람직하지 않으며, 사업내용도 개선되어야 한다고 본다.

지원사업은 프로그램 명칭만으로도 남한주민들에게 북한이탈주민에 대한 좋지 않은 선입견을 갖게 할 수도 있기 때문이다. 또한 예산을 효율적으로 활용한다는 측면에서도 정신건강사업은 지원센터에서 진행할 필요가 없다. 소수의 심각한 문제가 있는 북한이탈주민들의 정신 관련 치료를 위해서는 전문적인 정신과 병원 또는 지역 정신보건센터 등에 의뢰해주는 역할만을 정착지원센터가 담당해야 할 것이다. 이와 같이 전문기관의 서비스를 이용하고 이에 대한 비용지불을 하는 편이 클라이언트가 질 높은 정신과 전문서비스를 받을 수 있고 비용 측면에서도 절감될 수 있을 것이다. 따라서 프로그램에 따라서는 지원센터가 직접 개입하는 것보다 의뢰기관과의 네트워크로 문제를 해결해 나가는 방향으로 전개하는 것이 효과적일 수 있다.

둘째, 남북지역의 통합 및 지역자원의 개발사업이 중요하다. 지원센터는 북한이탈주민들이 남한사회에 살아가는 데 필요한 복합적인 욕구해소를 위한 사업들을 기획하고 이를 실행하기 위한 자원을 개발하여 연계하는 역할을 해야 하기 때문에 복지에 대한 지식과 함께 뛰어난 행정력을 갖추어야 한다. 그리고 북한이탈주민들이 남한사회에서 살아갈 때 필요한 서비스를 포괄적으로 줄 수 있는 능력이 배양되어야 한다. 특히 지원센터는 북한이탈주민들의 대량 유입 시 필요한 조직이므로 지금부터 능력 있는 지원센터로서 역량을 갖추어 나가도록 정부의 지원과 지원센터에 참여하고 있는 조직들의 노력이 요구된다.

(4) 지역사회복지관의 참여 확대

좀 더 효과적이며 효율적인 북한이탈주민들의 지역사회 정착을 위한 지역사회복지관 사업의 과제는 다음과 같다.

첫째, 지역사회복지관은 북한이탈주민들의 지역사회 정착을 위해서 좀 더 많은 참여가 필요하다. 따라서 현재 북한이탈주민 정착지원 사업을 진행하는 지역사회복지관들은 지역사회에 위치한 타 지역복지관의 참여를 유도하여 연합, 협력사업을 수행하도록 유도하고 지원해야 한다. 북한이탈주민들이 걸어서 갈 수 있는 가까운 거리에서 복지관을 이용하고 때로는 특별한 행사 프로그램에도 참여하는 등 주민으로서 복지관의 혜택을 누리려면 가까운 곳에 복지관이 위치해야 하며 특히 지역 내에 있는 복지관들의 행사성 프로그램은 상호 연계하여 이루어질 때 효과적일 수 있기 때문이다. 그러나 현재 지역사회복지관들은 대부분 개별적으로 사업을 수행하며, 타 지역사회복지관과의 연계가 안 되는 점을 문제로 지적할 수 있다. 이제 북한이탈주민들의 수는 증가하여 각 지역에 배치되어 있으므로 지역복지관에서 북한이탈주민을 위한 프로그램을 마련하고 이러한 사업에 참여하는 것은 우리 지역사회의 요보호자로 편입된 북한이탈주민들에 대한 사회복지사들의 의무이자 책임으로 받아들여야 한다.

둘째, 지역협의회를 주도적으로 이끌어가도록 지원을 해야 한다. 앞에서 북한이탈주민 지원 지역협의회에 대해 살펴보았듯이 북한이탈주민들의 정착지원 시 갖는 문제나 욕구를 파악하고 이를 해결하기 위해서 자원을 개발하고 확보하는 일은 지역사회복지관의 사회복지사의 전문영역이다. 그러나 현재처럼 행정담당자들이 지역협의회의 간사 일을 맡는 것보다는 사회복지사가 지역협의회의 실무간사 역할을 맡는 것이 효과적일 것이다. 다양한 지역사회의 자원을 개발하고 참여시키면서 북한이탈주민 지원체계 구축을 위해 지역의 자원을 네트워크화하여 전문자원봉사자 풀을 구축하고, 또한 일반 자원봉사자들을 모집하고 교육과 훈련을 통해 북한이탈주민정착 지원에 대한 지역주민의 참여를 이끌어내는 등 지역협의회의 활성화를 기대해도 좋을 것이다. 따라서 정부는 지방자치단체에 북한이탈주민의 정착 업무를 이양함에 있어 사회복지사들을 적극 활용하는 제도적 장치를 마련해야 할 것이다.

(5) 민간단체의 전문성 및 특성화 프로그램 강화

첫째, 단체의 전문성에 맞는 프로그램을 실시하도록 독려해야 할 것이다. 민간단체들은 고유한 전문사업이 있다. 오랜 기간 동안 축적된 노하우를 북한이탈주민에게 맞는 프로그램 개발에 활용하고 제공할 때 효과성이 가장 높다. 예를 들면, 북한이탈주민들이 남한사회에 적응할 때 질병으로 인한 건강문제는 의사나 한의사 등으로 구성된 단체가, 이혼이나 재혼 등 법적 문제는 법률가단체가, 자녀교육문제는 학교사회사업가나 교사가, 가정폭력 등 가족문제, 빈곤 등의 문제는 사회복지사가 각각 서비스를 제공할 때 가장 성과가 높게 나타날 것이다. 그러므로 민간단체들 각각이 가장 잘 할 수 있는 사업을 중심으로 프로그램을 개발하고 노하우를 축적할 수 있도록 정부나 북한이탈주민후원회 등은 각 단체의 전문성에 맞는 사업을 중심으로 정착지원사업을 의뢰하고 예산을 지원해야 할 것이다.

둘째, 단체의 특성화 프로그램의 지속적인 수행을 지원해야 한다. 북한이탈주민 지원사업은 그 현장이 매우 빠르게 변화하고 늘 새로운 사안이 발생하므로 민감하게 대처해야 하고, 발생한 문제를 분석하고 이를 해결해 나가기 위해서 각 단체의 노하우가 축적된 프로그램의 지속적인 수행이 요구된다. 따라서 개척자의 의지를 가지고, 여러 사안들과 북한이탈주민들의 시급한 욕구에 대처하는 프로그램을 개발해야 하고, 프로그램의 성과가 높을 때는 그것을 정착시키거나 또는 사안에 따라서는 정책으로 받아들여 북한이탈주민지원정책을 견고히 해나가는 것이 필요하다. 현재 북한인권시민연합에서 시행하고 있는 방학을 이용한 아동청소년 학력 강화 프로그램이나, 우양복지재단에서 탈북대학생만을 대상으로 한 정착 및 교육현장에서 발생하는 다양한 사건들을 지속적으로 추적하는 탈북대학생 정책포럼 등은 매우 유익한 프로그램으로 추천할 수 있다.

북한이탈주민들의 성공적인 정착이란 이들이 남한주민들과 자연스럽게 통합되어 남한주민들이 누리는 권리와 삶의 질을 경험하는 동시에 자신이 거주하는 지역사회와 좀 더 큰 사회에 봉사하면서 살 수 있는 건전한 시민이 되는 것이다. 이러한 관점에서 볼 때 북한이탈주민의 정착지원은 그들에게 단지 물질적인 지원만을 제공하는 소극적인 차원의 지원이어서는 안 될 것이며, 그들을 진정한 지역사회의 일원으로 수용하고 그들이 각각 건전한 지역주민으로서 독립적인 삶을 영위할 수 있도록 지역사회에 통합시키는 적극적인 형태의 지원이어야 할 것이다.

따라서 이제껏 중앙부처에서 북한이탈주민들의 정착지원금을 지원하던 수준에서 진일보하여 북한이탈주민들이 거주하는 지역 차원에서 지방자치단체의 세심한 지원계획 아래 민간단체들이 참여하여야 한다. 즉, 민간단체들은 현장에서 직접서비스를 맡아 온 경험에 근거하여 북한이탈주민들의 욕구가 무엇이며, 이러한 욕구를 해소하고자 어떠한 방향으로 지원해야 하며, 욕구에 근거한 구체적인 프로그램은 어떠한 것인지에 대한 정보를 지방자치단체 또는 지역협의회에 제공하고, 협력을 요청해야 한다.

특히 정부의 예산을 집중 투입해서 운영되는 단체들은 사업성과나 결과물 등의 정보를 타 단체들과 적극 공유해야 할 것이다. 탈북청소년의 교육기관인 '한겨레학교'의 예를 들면, 교육인적자원부와 통일부가 방대한 예산을 투입하여 설립 운영해 오고 있다. 그동안 한겨레학교는 탈북청소년의 교육 경험을 통해 탈북청소년에 적용 가능한 교육교재를 만들기도 하는 등 다양한 결과물을 생산하고 있다. 이러한 결과물들은 열악한 재정 상황에서 단체를 운영하는 탈북청소년 지원의 타 단체들에 절실하게 필요한 자료이다. 따라서 어떤 민간단체라도 정부의 예산을 받아 사업을 수행하고 얻은 결과에 대해서 타 단체들과 적극 공유함으로써 국가 예산의 효율성을 최대화해야 할 책임이 있으므로 정부는 이에 대한 대책을 마련해야 한다.

향후 북한이탈주민들의 입국이 수천 명을 넘어 일만 명의 수준에 이르면 지금의 하나원 시스템으로는 한계에 부딪히게 되어 지역사회에 위치한 정착지원센터에서 북한이탈주민들의 지역정착을 위한 모든 사업을 담당해야 할 때가 올 것이다. 우리나라에서는 그동안 이주민 경험이 적었던 탓에 이주민센터 경험이 전무하다고 할 수 있으므로 민간단체들은 역량을 강화해야 할 필요가 있다. 즉, 이주민센터로서 행정이나 실제 서비스지원에 있어서 해외사례를 면밀히 검토하여 한국 상황에 적합한 센터로서의 틀을 갖추어야 하고, 정부는 북한이탈주민들의 정착지원에 대한 직접적인 서비스를 담당할 이주민센터사업에 참여하고 있는 단체들의 역량을 키워나가고 효과적인 프로그램을 개발하고 행정능력을 키워가도록 우수단체를 지정하는 등 적극적으로 지원하는 것이 필요하다. 북한이탈주민지원사업은 북한과의 관계라는 특수성이 있는 한반도의 상황으로 볼 때 상당 기간까지 관련 정부부처의 지원이 필요하다. 따라서 참여 민간단체들은 해당정부와 밀접한 관계를 갖고 협력해 나가야 할 것이다.

7장 북한이주민 지원서비스 전달체계

사회복지정책 정향을 규정하여 온 복지환경의 변화와 더불어 사회적 혼돈을 극복하기 위한 노력은 지속적으로 진행되어 왔고 북한이주민과 관련된 정책도 지속적으로 변화되었다. 전통적 복지국가의 보편적인 사회적 위험에 대한 적극적인 국가적 접근은 정치 경제적 변화와 더불어 더 이상 지탱되기 어려워졌으며, 정보화 및 지식기반 경제, 신자유주의에 기반한 축소지향적 국민국가의 기능 등의 특징으로 나타나게 된다. 이러한 경향은 복지정책에 대한 시장 구조적 영향을 강화시키고, 사회적 약자를 위한 공동체적 책임을 약화시키며 자활, 자조, 자립의 특성을 갖는 축소지향적 복지정책 방향을 추구하게 된다. 그러나 실제로 이러한 추세는 국가 내 빈부의 격차를 심화시키는 결과를 낳고 특히 국내적으로 복지 대상자의 증가와 복지 확대의 욕구가 지속되는 상반된 경향으로 나타난다. 따라서 가족

기능의 약화와 더불어 경제정책 위주의 신자유주의적 경향은 사회
정책의 한계를 갖게 되며, 증폭하는 복지욕구의 적절한 대안 제시에
실패한다. 이는 사회적 양극화 등의 사회적 문제를 심화시키고, 국가
적 과제로 부각하면서 경제사회구조를 고려한 새로운 대안을 찾게
한다. 이에 대응하여 한국정부는 경제와 복지의 동반적 구도, 즉 잡
아야 하는 두 마리의 토끼를 위하여 대외적으로는 '선진통상전략'을
기본으로 하는 국가발전전략을 채택하고, 대내적으로는 '사회투자
전략'을 중심으로 경제·사회의 균형을 유지하려는 노선을 선택한
다. 이는 경제성장 위주의 정책과 사회정책을 통한 생산성 증진이라
는 측면을 선 순환적 시스템으로 돌리고자 함이다. 이를 위한 구체적
인 방안으로 지방분권과 복지전달체계의 구조적 개편을 단행한다.

　지방분권화는 지방정부의 역량에 따라 사회복지서비스 영역의 확
대와 침체의 갈림길에 처하게 되고, 지방정부의 자립도나 중앙정부
의 지원으로 집약되는 재정 흐름의 조달과 전달체계의 전략방식에
따라 결정될 수 있다. 한편, 지방정부의 역량은 중앙정부의 지원형태
에 따라 다양하게 나타날 수 있으며, 중앙정부가 지방정부에 대해 지
역복지행정의 원활한 수행에 필요한 정보 및 자료를 제공하고 기술
적 조언, 관리 및 지원을 해나가는 형태이거나, 행정통제 혹은 재정
통제의 형태로 복지서비스 제공시스템을 구축해나가는 것이 지역의
사회복지서비스 확대에 필수적이다.

　사회복지의 지방화는 정부 조직의 과대화와 시민 소외를 방지하
면서, 한편으로는 증가일로에 있는 지역의 사회복지서비스 욕구에
효과적으로 대처하는 데 근본 목적이 있다. 사회복지서비스의 지방
분권화는 예산과 정책의 권한을 중앙정부에서 지방정부로 넘기는
단순한 정부 간 기능 이전을 결코 목적으로 삼지 않는다. 사회복지
분권화의 근본적인 목적과 취지는 지역의 실정에 적합한 지역사회

복지서비스를 계획하고 실행하자는 것과, 여기에 지역 주민이 긴밀하게 참여하는 과정을 통해 지역복지서비스의 질을 향상시키자는 것에 있다. 지역사회복지를 효과적으로 추진하기 위해서는 두 가지의 핵심축이 긴요하다. 첫째, 공공과 민간 사회복지서비스 주체들의 파트너십 형성을 통한 지역복지체계의 구축이며, 둘째, 관료제적 복지체계의 고착과 한계를 극복하기 위한 시민참여citizen participation의 기제를 확보하는 것이다. 이러한 맥락 하에 현재 정부는 사회복지전달체계를 개편하였으며, 이를 통해 지역의 다양한 욕구를 통합적 관점에서 수요자 중심으로 접근하여 복지 체감도를 높이고자 한다.

복지욕구와 관련된 전반적인 대응을 통해 사각지대 등을 관리하는 것은 중요한 과제이며 이러한 측면에서 북한이주민과 관련된 정책은 사회통합적 측면에서 적극적으로 고려되어야 할 영역이다. 사회환경 변화 속에서 증가일로에 있는 북한이주민과 관련된 사회적 응정책은 우리 사회의 중요한 과제이다. 이는 1만여 명이라는 절대적인 수의 증가뿐 아니라 북한이주민이 갖는 한국사회에서의 의미와 복합적 성격으로 나타나며, 따라서 북한이주민 관련 정책의 합리적인 방안 모색은 필수적인 과제이다. 북한이주민과 관련된 정책의 방향은 전체적인 사회복지정책과 맞물려 나갈 때 지속성과 합리성이 확보될 수 있다는 데 대체적으로 합의하고 있으며, 이를 위한 영역별 구체적 방안의 모색이 필요한 시점이다. 이러한 관점에서 본고는 현재의 전달체계 개편과정을 점검하고, 이를 북한이주민정책과 연결할 수 있는 방안에 관심을 두고 논의를 시작하고자 한다.

1. 사회복지서비스의 공급과 전달체계

증가하는 북한이주민의 복지서비스에 대응하기 위해서는 복지서비스의 공급 확충과 더불어 공급전달체계의 점검 및 기존 전달체계와의 연계 등을 고려할 필요성이 있다. 이 절에서는 현 주민생활 지원서비스와 관련한 현황을 살펴보고 공공과 민간에 의해서 이루어지는 우리나라의 복지서비스 전달체계와 북한이주민서비스와의 연계성을 점검해 보고자 한다.

북한이주민에게 전달되는 서비스 유형을 현재 수행되고 있는 전달체계와 연계하여 분류하면 〈표 7-1〉과 같다. 지역사회 내에서 북한이주민이 받을 수 있는 서비스의 전달구도를 보면 공공서비스 전달체계와 민간서비스 전달체계로 구분된다.

먼저 공공전달체계를 통한 서비스는 책무적 영역인 기초서비스와 시장적 성격을 혼합하고 있는 책임서비스로 분류된다. ① 기초서비스로는 국가가 책무적 성격을 갖고 국민에게 수행하여야 하는 기본적인 서비스를 가리키며 현재 북한이주민이 주로 받고 있는 기초생활보장 및 교육, 주거 등 관련 법정급여 등이 포함된다. ② 책임서비

〈표 7-1〉 복지서비스 전달체계와 서비스 유형

구분		주체		
		공공 전달	공공-민간	민간 전달
수단	책무	① 기초서비스 국가의 기본적인 서비스 (기초생활보장 등 법정급여 서비스)	⑤ 연계및조정서비스 (사회서비스, 사례관리 등 지역에서 공공 및 민간 간에 연계조정이 요구되는 서비스)	③ 민간위탁서비스 공공에서 위탁받은 민간사업(시설 법인서비스, 복지관 등, 재가위탁사업 등)
	시장	② 책임서비스 공적 책임이 강한 서비스 (사회보험 등의 연금, 의료보장, 산재, 고용보험 등)		④ 민영화서비스 민간 고유의 민영화사업 (시장의 욕구에 대응한 탄력성에 의해 도입되는 서비스)

스로 분류될 수 있는 공공서비스는 시장 안에서 활동하고 있는 계층을 중심으로 제공되는 서비스로 공적 책임이 강한 사회보험 유형이 포함된다. 즉 국민연금, 의료보장, 산재보험, 고용보험 등이 포함된다.

둘째, 민간전달체계를 통한 서비스로는 책무적 성격을 갖는 위탁서비스와 시장적 기능을 포함한 민영화서비스로 분류된다. ③ 민간위탁서비스로 공공의 책무로 되어 있는 서비스를 위탁받아 대행적으로 수행하는 민간서비스이다. 사회복지시설 및 법인에서 정부의 예산으로 시행하는 서비스들이 포함된다. ④ 민영화서비스는 자본주의 시장경제의 성격을 갖고 시장의 욕구에 대응한 탄력성에 의해 수행되는 사업들이 포함된다.

셋째, 공공과 민간의 연계적 전달체계는 ⑤ 연계 및 조정서비스이다. 이는 공공과 민간의 유기적 연계를 통해 수행되는 서비스로 대표적인 것이 사회서비스 및 사례관리 등 지역에서 영역 간 연계조정이 요구되는 서비스이다. 이러한 공공, 민간, 민·관협력 전달체계의 세부적 내용을 보면 다음과 같다.

1) 주민생활 지원서비스 중심 공공전달체계

주민생활 지원서비스란 보건·복지·고용·주거·교육·문화·관광·생활체육 등 국민의 삶의 질 향상과 관련된 각종 서비스를 포괄하는 광의의 복지개념으로서 이들 서비스가 필요한 사람들에게 중복이나 누락 없이 전달될 수 있도록 업무처리시스템과 메커니즘을 고객의 관점에서 전면적으로 재설계하는 것을 의미한다.

(1) 추진배경

지금까지의 사회복지전달체계는 중앙정부 내의 보건복지가족부, 노동부, 여성부, 문화체육관광부, 교육과학기술부, 농림수산식품부 등에서 기본적 복지정책을 수립하고 예산을 확보하여 중앙정부의 특별행정처를 비롯한 16개 시·도 및 230개 시·군·구(시 75개, 군 86개, 구 69개)를 거쳐, 3,571개 읍·면·동(읍 209개, 면 1,211개, 동 2,151개)을 통해 주민에게 서비스를 전달하는 체계였다.

한편, 정부의 복지정책 및 재정은 확대되고 있으나[1], 국민의 복지 체감도는 낮은 수준으로 파악되고, 주민의 복지수요는 다원화되고 있어[2], 통합서비스 제공체계로의 전환이 필요하게 되며, 특히 지방분권과 더불어 중앙권한의 지방이양 등 지방의 자율성과 책임성이 강화되고, 민간자원의 확대 및 역량 제고로 민·관협력의 참여복지 토대 마련이 요구되고 있다. 즉, 정부가 제공하는 지원서비스는 복잡하고 잘 알기 어렵기 때문에, 제공되는 서비스의 효율성 확보가 어렵고 주민의 사각지대와 서비스의 중복적인 지원의 문제를 현재의 비효율적인 전달체계 개편을 통해 극복할 필요가 있다.

(2) 추진 과정

전달체계개편의 추진과정을 간략히 살펴보면 다음과 같다. '05년 빈부격차차별시정위원회에서 관계부처 합동으로 사회복지전달체계 개선방안을 수립하여 정부 차원의 본격적인 연구를 개시('05.2)하였

---

1 ·사회복지재정: 21.0조 원('97) → 41.7조 원('03) → 61.4조 원('07)
　·기초생활보장제도 등 만족도: 평균 15.3%('03년 한국보건사회연구원)
2 행정안전부가 자체 조사한 결과를 보면('06. 4. 12, 1천 명 전화조사), 주민의 서비스 관심분야: 복지·보건 39%, 문화생활체육 25%, 취업 15%, 보육·육아 12%, 교육 8% 등으로 나타남.

으며, 前고령화및미래사회위원회에서 지역주민통합서비스제공체계 구축 방안을 수립('05.3~9)하고, 국무조정실을 주관으로 하여 관계부처 합동으로 수립한 '희망한국 21' 에서 '사회안전망 추진체계 개편' 을 발표('05.9)하였다. 이는 수차례에 걸친 국무조정실장 주재 관계부처 회의를 통해 공공부문 개편은 행정안전부에서, 민관협력 부문은 복지부에서 추진키로 합의('05.10~12)하고, 대통령 주재 수석보좌관 회의에서('06.4.4) 참여정부 핵심과제로 행정안전부에서 총괄하여 추진키로 결정하게 된다.

2) 서비스 전달체계 개편방향

서비스 전달체계 개편의 목적은 서비스 소비자 측면에서 민·관의 협력하에 맞춤형 통합서비스의 전달체계를 구축하는 데 있다. 이를 위한 방향으로는, ① 지역주민에게 필요한 다양한 서비스를 통합적으로 제공하며, ② 주민이 원하는 서비스를 접근이 쉽고 편리하게 제공하고, ③ 기관별 서비스를 연계하여 중복과 누락을 방지하며, ④ 지역사회의 공공-민간 간 협력 네트워크를 구축하는 데 있다. 즉, 통합성, 접근성, 효율성, 협력성을 최대화 하는 방향으로 구성되었다. 이를 위한 과제로는 ① 지방행정조직을 개편하고, ② 통합정보시스템을 구축하며, ③ 민·관협력 네트워크를 구축하고, ④ 중앙부처의 서비스를 조정하는 데 있다. 각 과제별로 주요내용 및 추진현황을 보면 다음과 같다.[3]

---

3 한국보건복지인력개발원(2007), 『행자부 주민생활 지원서비스 3단계 심화교육』

(1) 공공조직 개편의 주요 내용

공공영역의 지방행정조직 개편의 내용을 요약하면 다음과 같다. 첫째, 시군구청의 주민생활 지원조직을 통합하여 '주민생활 지원국' 또는 '주민생활 지원과'를 설치하고, 관련 기능을 강화하며, 둘째, 읍·면·동사무소에 주민생활 지원팀을 설치하고 인력을 확대 배치하여 '주민복지·문화센터'로 전환하는데, 인력 순증 없이 기존인력의 전환배치(약 6천 명)를 통해 확보하되, 향후 인력진단 등을 통해 주민생활 지원 담당 인력을 확대하는 것으로 되어 있다.

추진상황을 세부적으로 보면, 1단계 시범지역 조직개편 및 상담실 설치(856개소), 행정인력 전환배치(1,250명)가 완료되었으며, 2단계 지역 129개 시·군·구 중 114개가 완료(추진 중 15개)하였다. 읍·면·동의 경우는 2,126개 중 727개 상담실을 설치하였으며, 인력 전환배치를 2,256명 하였다.[4] 나머지 지역도 3단계 개편을 하였으며, 이를 통해 공공전달체계를 완성하게 된다.

(2) 통합정보시스템 구축의 추진내용

주민생활 행정지원시스템으로 '새올행정시스템'을 구축하고 외부 공공기관 전산망을 연결하여 민간-공공의 서비스를 체계적으로 연계·종합 관리할 수 있는 통합적 업무처리 환경을 제공하고자 하며, 복지·고용·주거·평생고용 등 주민생활 지원 8대서비스에 대한 종합적 정보제공, on-line 서비스 신청·자격조회 등이 가능한 주

---

4 조직개편에 따른 시군구 특별교육 및 보충교육 등을 실시함(약 16천 명): 주민생활 지원국·과장, 읍면동장, 신설팀, 주민생활 지원팀장, 복지직, 행정직 등에 대한 특별교육, 보충교육, 핵심인력 양성교육 등이 실시됨.

민생활 지원 포털을 구축하여 주민편의를 증진하는 데 주요 방향을 두고 있다. 이와 관련한 추진상황[5]을 요약하면 다음과 같다.

- 통합서비스제공 기반이 되는 지역자원 조사 실시(182개 시·군·구)
- 통합정보시스템 구축사업자 선정('07. 4)
- 통합정보시스템 착수보고회('07. 4)
- 통합정보시스템 새올행정시스템의 가동('08. 1)

(3) 민·관협력 네트워크 구축

지역사회 내에서 실제적인 복지서비스의 실행을 위하여서는 민·관 협력구도가 필요하고, 이를 위한 구조적 시스템으로서 지역사회복지협의체가 구성되었다. 이 시스템구도 내에서 주요 목적으로 삼고 있는 방향을 보면 다음과 같다. 첫째, 지역사회 내의 민과 관의 민주적 의사소통 구조의 확립이다. 이는 지역 내 문제를 해결하기 위한 민·관과의 협의적 참여기반을 마련하고, 지역사회 현장실무자들의 문제해결 의지 반영이 가능한 민주적 의사소통 구조를 확립하는 것이 요구된다. 둘째, 수요자 중심의 통합적 복지서비스 마련으로 지역사회 자원 정보망의 구축과 서비스 수요자 정보 공유로 서비스 중복 및 누락 방지와 자원 총량의 확충을 도모한다. 셋째, 지역사회 내 잠재적 복지자원 발굴 및 자원 간 연계 협력을 해나간다. 이는 서비스제공자 간의 연계망과 서비스 수요자의 복합적 욕구에 대한 적절한 대

---

5 향후 통합정보시스템 구축일정에 따라 대국민 포털(2007.7) 및 행정지원시스템(2007.11)을 개통할 예정에 있음.

응이 가능한 기반을 마련하고 통합적 서비스를 제공하도록 하는 데 있다.[6] 이에 관한 세부적인 사항을 보면 다음과 같다.

먼저 지역사회복지협의체 구성을 보면 〈그림 7-1〉과 같다. 전체적으로 대표협의체와 실무협의체로 구성되며 지역특성에 따라 실무협의체 내 분과를 둘 수 있다. 대표협의체의 경우 지역대표성을 갖는 것이 중요하며 주요 기능은 지역현안 해결과정에서 민·관 간의 협치governance 역할을 한다. 실무협의체의 경우는 지역 공급자원의 네트워크를 갖는 것이 중요하며 주요 기능은 자원간의 연계metwork를 한다. 민·관 협력 네트워크 구축은 다음과 같이 추진되고 있다.

- '지역사회복지협의체' 구성(2003년 개정된 사회복지사업법에 근거하여 2005년도에 구성)
- 지역사회복지협의체 매뉴얼 개발을 위한 연구용역 발주('06.9 ~'07.4)
- 지역사회복지협의체를 통한 민·관협력 통합적 서비스제공 시스템 활성화
- 지역별 통합자원 조사를 토대로 지역 실정과 여건을 고려하여 단계별 네트워크 조직화 추진
- 서비스 연계팀을 중심으로 지역 내 공공 및 민간자원 간의 서비스 협력관계 형성
- 지역여건에 따라 수혜대상별, 서비스 분야별 소그룹 형태의 민·관 연계 모임 활성화
- 지역별로 여건 성숙 정도에 따라 실질적인 민·관 협치체계 구축으로 발전 추진

---

6 안혜영(2007), 『지역사회복지협의체 운영 매뉴얼』(보건복지부, p.9)

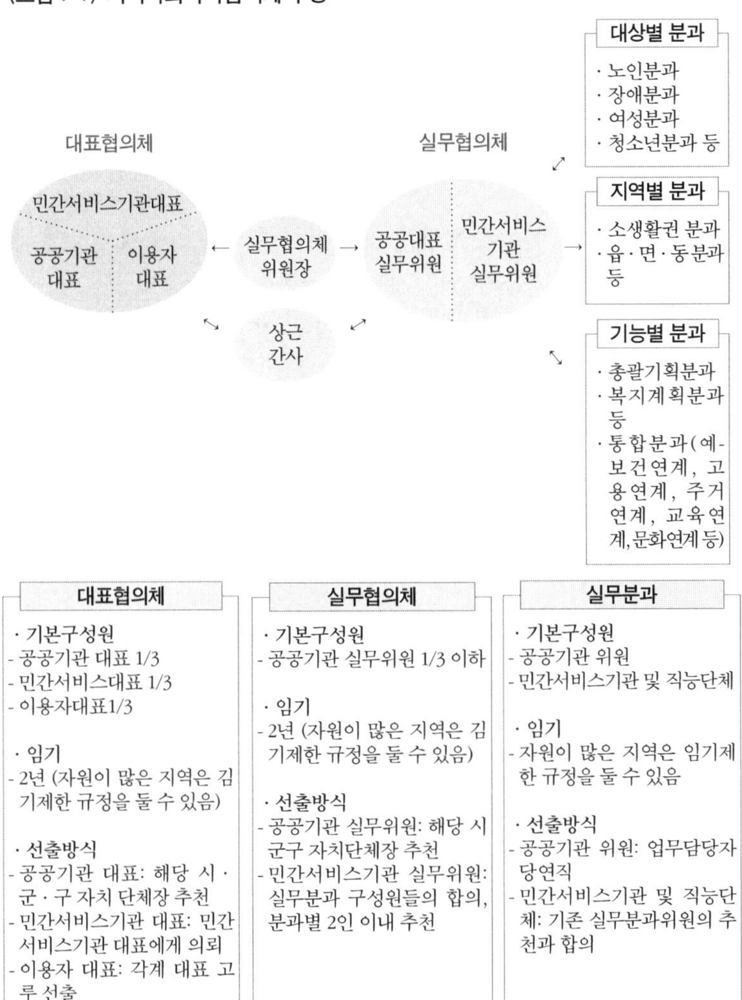

<그림 7-1> 지역사회복지협의체 구성

※ 자료: 보건복지부(2007), 『지역사회복지협의체 운영 메뉴얼』, p.71.

(4) 중앙부처 서비스조정 관련 추진내용 및 계획

2005년말 현재 우리나라 국민들은 평균 368개(중앙 249개, 광역 91개, 기초 28개)의 서비스를 자치단체, 특별행정기관 등 5개 유형의 전달체계를 통해 제공받고 있다.

이와 관련하여 서비스에 대한 종합적인 정보창구 부재로 어떤 지원혜택을 어디서 받을 수 있는지 알기 곤란하고, 공급자 중심의 서비스제공체계로 수요자는 대상 서비스별로 일일이 다른 기관과 부서를 방문해야 하는 불편(1방문 1서비스)이 있으며, 부처 간, 민간-공공 간 협력체계가 미흡하여 서비스의 중복이나 누락이 발생하고, 자원이 비효율적으로 활용되는 측면이 지적된다. 이를 위해서 유사ㆍ중복 서비스는 통ㆍ폐합하여 효율성과 통합성을 높이고, 주민밀착서비스는 지방에 이양하여 신속성과 현장성을 강화하며, 복잡한 전달체계를 효율적으로 개선하여 능률성을 확보하고자 한다.

주민생활 지원서비스가 통합적으로 제공되고 상담실에서 심층 상담이 이루어지는 등 서비스의 질은 향상되었으나, 서비스제공의 범위가 복지 분야에 치중되어 8대 서비스 통합제공에는 아직 많은 한계가 있고, 1단계 1,250여 명과 2단계 1,710여 명의 행정직 인력이 주민생활 지원부서로 배치되었지만 전문성이 아직 부족한 상태이며, 서비스 담당 전문공무원이 부족하여 내실 있는 통합서비스 수행이 어려운 실정은 개선되어야 한다. 또한, 지방행정조직 개편, 인력 배치

〈표 7-2〉 서비스전달체계 현황

단위: 건

합 계	중앙-지방			분야별							
	중앙	광역	기초	복지	보건	문화	체육	교육	고용	관광	주거
368	249	91	28	209	50	30	5	14	48	5	7
100 %	67.7	24.7	7.6	56.8	13.6	8.2	1.4	3.8	13.0	1.4	1.9

등 오프라인의 혁신은 이뤄졌으나, 온라인과 연계되지 않아 아직 미완성 상태이며, 지역의 복지자원을 아우르는 민·관협력체계 구축이 진행 중이어 서비스의 연계 및 통합제공에 한계를 보이고 있어 이를 고려한 전달체계 개편 점검이 요구된다.[7]

3) 통합서비스 제공방안

(1) 조직 기관별 역할

통합서비스는 복지, 보건, 고용, 주거, 평생교육, 생활체육, 문화, 관광 등 주민 삶의 질에 직접 관련된 공공·민간의 서비스를 종합 제공하는 것으로 공급자 또는 업무 중심이 아닌 수요자 중심의 서비스로 주민의 복합적인 욕구를 충족시키기 위해 통합적으로 제공하는 것이다. 이는 신청에 따른 소극적 서비스에서 탈피하여 주민의 욕구를 적극적으로 발굴한다는 개념을 갖고 있다.[8] 이를 위한 조직 기관

---

7 그러나 한편에서는 행정자치부 점검보고서를 보면 → 향후 업무시스템이 정착되고 통합정보시스템이 구축되면 다음과 같은 가시적인 효과가 구체적으로 도출될 것으로 기대되며, → 취약계층 서비스가 눈에 띄게 달라진 것으로 나타나고, → 찾아가는 적극적인 서비스가 가능해지는 것으로 파악하는 측면도 있다. 즉, - 1단계 지역에 대한 4회에 걸친 지도·점검 및 운영성과에 대한 평가 결과, 상담실 이용 주민들로부터 초기상담 등에서 서비스가 개선되고 있다는 좋은 반응이 나오고 있음, - 민원처리가 신속해지고 공무원들이 친절하게 심층 상담하여 연계서비스를 제공하는 등 서비스의 질이 크게 개선되고 있음 - 그러나 일선 지역을 취재한 언론보도에서 아직 불완전한 시스템의 문제점을 지적하는 사례도 나타나고 있어 이를 위한 보완·개선 대책도 필요한 실정임, - 시·군·구청의 주민생활 지원 전담부서 설치, 읍·면·동사무소의 주민생활 지원기능 강화로 신속한 조사, 현장방문 등 찾아가는 적극적인 서비스가 강화되고 있음. - 통합조사 기능이 시·군·구 본청으로 이관됨에 따라 읍·면·동 사회복지직 공무원들의 업무배분이 바뀌고, 1, 2단계를 통해 2,960여 명('07.1)의 행정직이 주민생활 지원부서로 전환배치(3단계 완료시 약 6천 명 예정)되어 상담, 현장방문, 사례관리 등 사회복지 분야 본연의 업무에 충실할 수 있는 계기가 됨. → 민원처리 시간이 크게 단축되어 - 시·군·구 본청의 주민생활 지원 관련 부서들이 통합되고 통합조사팀이 신설되어 전문적인 조사를 실시함에 따라 행정의 효율성이 크게 향상됨. - 기초생활수급대상자를 결정하는 데 종래에는 2주일 이상 걸리던 것이 지금은 평균 10일 정도 소요되어 3~4일 정도 단축된 것으로 보고됨. - 금년 7월 통합정보시스템이 구축되면 온라인으로 신청 및 접수가 가능해지고 행정정보 공유를 통해 구비서류가 최소화되어 민원처리 기간이 획기적으로 단축될 수 있을 것이라 한다(행정자치부, 『주민생활 지원서비스 업무운영 매뉴얼』, 2007)

8 행정안전부는 통합서비스 실현을 위한 목표로 - 주민편의 증진이 최우선 과제로 한번 방문으로

별 역할과 통합서비스의 제공방안을 보면 다음과 같다.

첫째, 읍·면·동 주민생활 지원담당 공무원은 주민생활 지원 서비스의 최일선 창구로서 8대서비스에 대한 종합서비스 신청접수를 받으며, 중심 서비스분야인 복지서비스를 넘어 고용, 문화, 생활체육 등 8대서비스를 모두 포괄하는 서비스창구 역할을 한다. 또한 민간과의 서비스 연계를 통해 법정급여 외에도 필요한 서비스 안내, 알선 및 종합제공하고, 보호대상자에 대한 초기상담을 통해 주요문제를 파악하고 서비스 실시계획을 수립한다. 특히, 경제적 위기에 처해있는 가구 등 취약계층에 대해서는 중점 사례관리를 실시하도록 구조화되어 있다. 즉, 읍·면·동은 서비스 대상 선정 → 서비스 연계/조정 → 서비스 제공 → 사후관리라는 주민서비스제공 과정에서 핵심 역할을 수행한다. 이러한 서비스를 시·군·구(통합조사팀·서비스연계팀 등), 고용안정센터, 민간복지자원 등 필요한 서비스기관에 의뢰하여 통합적인 서비스제공이 가능하도록 한다.

둘째, 시·군·구는 주로 주민생활 지원서비스 계획 수립 및 민간 분야의 자원관리 업무 수행을 하는데, 4년마다 지역사회복지계획 수립(「사회복지사업법」 제15조의3)시 주민생활 지원서비스 종합계획을 포함하여 수립(총괄기획 담당)한다. 또한 민간 복지기관에 대한 재정지원과 더불어 서비스의 질을 정기·수시평가하며, 지역사회복지 자원의 발굴·관리 및 각종 민간협의체 등 민간체계를 가동 운영하고, 법·지침의 통일적 해석과 적용이 필요한 수급자 선정 조사는 시·군·구에서 수행하여 조사와 결정의 전문성을 높여 나가도록 한다.

필요한 서비스를 모두 제공하는 것 - 최대한 신속하게, 최대한 주민생활에 밀착된 행정 서비스 제공 - 공공기관 간, 민간-공공 간 서비스연계를 통해 자원의 효율적 배분 등을 둔다.

(2) 법정 복지급여 통합 제공

국민기초생활보장급여 등 취약계층에 지원하는 각종 법정 복지급여는 전문적 자산조사를 통해 통합적으로 지원하도록 구성되어 있다. 이와 더불어 직접 신청한 급여 외에 법적으로 제공할 수 있는 모든 급여에 대해 종합적으로 검토하고 시·군·구의 자체 시책사업 대상 여부도 판단하도록 한다. 현재 읍·면·동에서 수행 중인 복지대상자 조사·결정업무를 시·군·구(통합조사팀)에서 수행하여 형평성을 높여나가게 하고 있다.

통합 제공 법정 복지급여로는 기초생활 생계·주거·교육 등 급여, 교통수당, 한부모가족 자녀 학비·양육비, 장애수당, 소년소녀가정 부가급여, 보육료 지원, 긴급복지 지원 등 총 19종의 급여[9]가 있으며 이를 시·군·구 중심으로 통합 조사하고 연계하는 것으로 수행하도록 되어 있다.

이러한 방향에서 기대되는 효과는 다음과 같다.[10] 첫째, 서비스 간 연계·통합을 통한 적극적 행정으로 서비스 대상자 누락 방지 및 복지사각지대 해소를 기대한다. 시범 사회복지사무소 운영결과를 보면, 기초수급자가 약 10~30% 증가하고 자활사업 참여자도 대폭 증가한 것으로 나타나며, 이는 시·군·구의 통합조사팀에 신청자 증가, 서비스 대상 여부의 종합적 파악 및 재상담 실시에 따른 결과인 것으로 평가한다. 둘째, 조사업무의 전문화를 통해 기초수급 결정의 신속성이 증가하였다. 즉, 민원 처리기간이 14일에서 11일로 평균 3일 단축되었으며, 생계급여 지급액의 동별 편차도 감소하여 급여의

---

[9] 이 중에서 보육료 지원을 위한 조사는 읍·면·동이 수행하도록 되어 있다.
[10] 이는 2005부터 2년간 시행된 시범사회복지사무소 운영결과를 기준으로 파악한 것이다(한국보건사회연구원, 『시범사회복지사무소운영평가 보고서』, 2006).

공정성이 높아진 것으로 나타났다.

(3) 주민생활 지원 8대서비스[11] 통합 제공

복지영역을 넘어 고용, 주거, 교육, 문화, 체육, 관광 등 다원화되는 주민욕구를 종합적으로 충족하자는 데 관심을 갖고, 주민서비스 신청에 대해 8대서비스 관련 기관을 연계한 통합서비스 네트워크를 구축하여 종합서비스를 제공하고자 한다.

통합서비스 네트워크 구축방안을 보면, 지역 내 취약계층에 대한 실태조사를 통해 지역사회복지욕구를 파악하고 관련 DB를 구축하며, 8대서비스 관련 기관의 연계를 위한 지역사회 자원의 기초조사를 실시하는데, 시·군·구는 지역 내에서 각 분야별로 제공되는 서비스를 파악하여 종합서비스 안내서 등을 작성하여 관할 읍면동에 배포하도록 하며, 지역별·서비스별 네트워크를 구성하기 위해 민관합동 워크숍 및 관련기관 간 통합서비스 제공협약 등을 추진하도록 한다. 이 과정에서 지역사회복지협의체, 주민자치위원회, 자원봉사센터 등 민간네트워크 역량이 있는 기관과 단체를 활용하도록 한다. 읍면동은 8대 주민생활 지원서비스 통합 제공의 창구역할을 담당하여 지역 내 취약계층을 발굴하고 서비스계획을 수립하며, 사례관리를 추진하는데 이 과정에서 관내 서비스 자원을 연계하고 사례회의를 통해 종합·조정하며 문화, 생활체육 등 일반민원에 대해서는 정보제공, 안내 및 의뢰하도록 한다.

---

11 앞에서 언급한 바와 같이 8대서비스에는 중앙부처의 보건복지가족부, 여성부, 노동부, 교육과학기술부, 국토해양부, 문화체육관광부 등과 연계된 보건, 복지, 고용, 주거, 교육, 문화, 체육, 관광 등이 포함된다.

이주민 정책과 서비스

(4) 심층적인 초기상담

서비스를 필요로 하는 주민에 대한 심층적 초기상담을 통해 주요 문제를 파악하고 종합적 서비스를 제공하도록 한다. 이를 위해 읍·면·동을 방문한 주민에 대해 초기상담지를 이용하여 상담하고 서비스 실시계획을 수립한다. 초기상담 필요 여부는 일선 담당자가 판단하되, 단순민원 사항도 가급적 심층상담을 실시하여 잠재욕구를 파악하도록 한다. 이를 통해 유형별로 집중 관리해 나가는 사례관리 방식으로 보호가 필요한 지역주민[12]에게 개별적으로 요구되는 서비스를 제공한다.

이를 통해 기대할 수 있는 효과는 주민에 대한 초기 심층상담으로 종합적으로 욕구를 파악하여 최적의 맞춤형 서비스를 제공할 수 있으며, 요청하지 않은 경우에도 상담을 실시하여 잠재적 서비스 욕구를 발굴할 수 있는 구도의 역할을 한다는 데 있다.

(5) 찾아가는 서비스제공

찾아가는 서비스는 읍·면·동 공무원의 보호·관리가 필요한 주민에 대해 정기적인 가정방문을 통해 적극적으로 서비스를 제공하는 것이다. 이를 위해서 첫째, 읍·면·동의 정기 가정방문을 강화한다. 즉, 사례관리 대상으로 선정된 기초수급자 및 차상위주민들을 대상으로 하여 가정방문을 통해 자활, 보건서비스 등을 제공하며 특히, 단전·단수 가구, 건강보험료 체납가구 등에 대한 체계적 관리를 통

---

[12] 다음 요건의 보호대상자를 식별하여 사례관리를 추진한다. [경제적 위기에 처해있는 가구 - 질병 및 외적 요인에 의해 가족 구성원의 역할 상실이 진행되는 가구 - 자녀 양육이 방치된 가구 - 문제해결을 위해 적극적으로 노력하고 참여하는 가구 - 기타 외부기관에서 의뢰된 자로 급여 등의 서비스를 원하는 가구 등]

해 위기가정의 발굴 및 긴급지원을 해나가도록 한다. 둘째, 다원화된 가정방문계획을 수립하여 정기 가정방문을 실시한다. 이는 다음의 4가지 군으로 나누어진다. ▷ 집중관리: 독거노인, 장애인, 아동가구, 소득불투명자 등 ▷ 연계관리: 복지위원, 통리반장 활용 ▷ 안부관리: 공익요원 등 활용 ▷ 민간관리: 장애인복지관, 지역아동센터 등 민간기관의 정기관리 대상 여부 확인·공유 등이다. 이를 기준으로 고위험군 2주 1회, 중위험군 월 1회, 저위험군 3월 1회 등으로 가정방문을 실시하도록 되어 있다.

이는 읍·면·동사무소의 찾아가는 서비스로 위기가정 발굴 등 경제·의료 문제에 처한 주민에 대한 적극적 행정으로 복지사각지대를 해소하고 사회복지 전담공무원이 본연의 업무로 돌아가 전문성을 높이리라 기대된다.

(6) 추진과정의 고려점

행정 전달체계의 개편은 시·군·구의 기획기능 및 읍·면·동의 지원기능과 현장기능을 강화하는 것을 주요내용으로 하고 있으며, 주민과 직접적인 관계를 맺으면서 서비스 행정을 수행하게 되는 읍·면·동의 개편에 더 큰 중요성을 부여하고 있다. 이러한 개편취지에 맞춰 복지 관련 업무를 주로 복지직이 전담하여 처리해 왔던 것을, 복지직과 행정직이 협업하여 업무를 수행하는 구조를 정착하는 것이 중요하며, 공공과 민간이 적절한 역할 분담을 통해 협치해 나가는 것이 중요하다. 보건, 복지, 주거, 고용, 청소년, 문화, 생활체육 등 주민생활 지원서비스에 대한 정보를 종합적으로 제공하여 지역주민이 관련 서비스를 쉽게 활용할 수 있도록 하고, 초기상담을 거쳐 주민생활 지원서비스 관련 민원을 접수하고 시·군·구 주민생활 지원부서를 통해 통합적으로 처리될 수 있도록 함으로써 여러 관련 기관에 대한 방문을 최소화하고 필요한 서비스를 통합적으로 제공받을 수 있도록 한다. 특히, 주민생활 지원서비스를 제공받는 지역주민에 대한 가구방문을 충실하게 함으로써 제공되는 서비스가 만족스러운지, 더 필요한 서비스가 없는지를 점검하여 주민의 복지만족도를 높일 수 있는 방안을 지속적으로 고려하는 것이 필요하다. 지역 내 활용 가능한 인적·물적 자원에 대한 정보를 토대로 주민생활 지원서비스를 필요로 하는 지역주민의 욕구를 최대한 해결해 나감으로써 지역자원을 효율적으로 활용하고, 지역주민의 복지만족도를 실제적으로 높여나가는 것이 과제이다. 읍·면·동에 주민생활 지원팀을 신설하거나 확대 운영하는 것은 앞으로 읍·면·동이 넓은 의미의 복지업무인 주민생활 지원서비스 중심으로 변화해 나가는 것을 의미하는데, 주민생활 지원팀은 시·군·구 주민생활 지원부서와 유기적 관계를 형성함으로써 지역주민 입장에서 보면 주민생활 지원서비스 일선 통합창구로 기능하도록 하여야 하고, 주민생활 지원서비스에 대해 종합적인 정보나 상담 관련 서비스를 받고자 하면 읍·면·동 주민생활 지원팀을 통해 편리하게 해결할 수 있도록 처리하며, 또한 읍·면·동이 지역주민과의 접근성이 높은 점을 감안하여 가구방문 등 현장성을 강화함으로써 각종 주민생활 지원서비스의 주민만족도가 높아지는 방향으로 업무를 수행해 나가야 할 것이다.

2. 북한이주민 관련 서비스전달체계 개편 방향

북한이주민의 꾸준한 증가와 입국환경 변화에 따라 이들의 특성과 욕구의 범주가 다양해지고 있어 정책과 관련한 개선방안이 다양한 방식으로 제기될 필요가 있으며, 최근의 제도보완 내용과 실제효과를 다각도로 검증하는 것이 필요하다. 이와 관련하여 북한이주민에 대한 적절한 보호 및 국내입국 이후 정착지원정책에 관한 보완과 개선은 중단기적으로 지속되어 왔다. 효과적인 제도개선을 위해서는 전체적 조망의 전달체계 개편 방향과 더불어, 각론적인 측면에서의 영역별로, 즉 해외거주기간 단계, 입국 후 하나원 거주단계, 거주지 편입단계 등의 단계별에 따른 세부적인 정착방안의 연구가 요구되는 때이다.

본고에서는 거주지 편입 이후 북한이주민이 지역사회 내에서 적응하기 위한 지원체계를 모색해 보고자 한다. 이는 기존 남한의 사회복지 안전망에 편입하는 방안을 기본으로 하는 것이며, 특히 앞서 언급된 사회복지전달체계 개편과정에서의 관련부처 간 협력체계 및 지역 단위에서의 구체적인 협력방안과 북한이탈주민정책과의 연계방안을 중심으로 보고자 한다.

1) 북한이주민 입국 규모 및 전망

북한이탈주민의 지원정책의 방향은 전체적인 입국 규모에 의해서 크게 영향을 받게 된다는 측면에서 북한이주민의 입국 규모와 전망의 파악이 필요하며, 정착지원제도의 지속적인 보완에도 불구하고, 향후 입국 규모 증가를 감안하여 좀 더 효율적인 제도개선을 추진하는 것이 바람직하다고 본다.

연도별 입국 규모는 〈표 7-3〉에서와 같이 지속적으로 증가하여 왔다. 전체적인 특징[13]을 정리하면 다음과 같다. 2004년 베트남 체류자

---

13 이금순(2007), 『북한이주민 보호 및 정착지원제도의 개선방안』(기획예산처, 미간행본)

구분	'89 이전	'90- '98	'99	'00	'01	'02	'03	'04	'05	'06	'07.2	총계
인원	607	304	148	312	583	1,139	1,281	1,894	1,383	2,019	382	10,088

의 집단입국이 이루어졌으며, 2006년에는 태국을 통한 입국자가 크게 증가하였고 중국, 동남아, 몽골 등 관련국 협조를 통한 입국과 개별적인 여권위조 입국 등 다양한 방식으로 국내로 이동하였다. 또한 여성 및 가족동반 입국자가 꾸준히 증가(여성 73%, 남성 27%)하고, 주로 노동자, 농민, 벌목공 등 북한사회 내 취약계층이 주를 이루며, 탈북과 은둔 생활을 견딜 수 있는 20~30대가 다수를 차지(60%)한다. 기 입국자의 가족 추가 입국 비율이 30% 이상으로 나타나며, 입국 이탈주민의 수는 지속적으로 증가하여 2007년 2월 중순 국내정착 북한이주민은 1만 명을 기록하였다. 특히 '07년 1~2월에 총 382명이 입국하였는데 이는 '06년 대비 37% 증가한 것이고 '05년 대비 133% 증가한 수치이다.

국내입국자 수는 관련국의 체류 여건 및 국내 입국환경 관련 복합적인 변수에 의해 영향을 받게 될 것이나 북한이주민 대부분이 국내입국을 희망하고 있으며 입국 대기자가 꾸준히 증가할 것으로 예상된다. 정착 지원금 관련사항은 〈표 7-4〉로 지원금 지원현황은 다음과 같다.

정착 지원금의 성격은 자립·자활의지를 높이기 위해 지원제도를 지속적으로 조정하고, 취업지원 기능을 강화하여 왔다. 따라서 '정착기본금'은 감액되어 1인세대 기준 1,000만 원 → 600만 원 정도이며, '주거지원금'의 현실화로 1인세대 기준 1,000만 원 → 1,300만 원이며, '취업 장려금'은 증액되어 장기취업 장려금이 최대 900만 원 → 1,500만 원 등으로 정착금 지원제도를 개선하였다.

취업 장려금은 연간 생계급여 상당액 이상으로 상향 조정하여 취

〈표 7-4〉 지원금 지원현황

단위: 만 원

구　분		변경	현행	비고
정착기본금[14] (1인 기준)	초기지급금	300	300	
	분할지급금	300	700	
	주거지원금	1,300	1,000	
	총계	1,900	2,000	

구　분		지급기준	지급수준	비고
정착가산금	연령가산금	만 60세 이상	720	
	장애가산금	장애등급	1,540(1등급) 1,080(2-3급) 360(4-5급)	
	장기치료 가산금	중증질병으로 3월 이상 입원	개월 × 80	
	결손가정아동보호 가산금	한부모 아동	360(세대당)	

구　분		기준	금액	비고
정착장려금	직업훈련 장려금	5개월 이하	-	미지급
		6개월~12개월	개월 × 20	
		1년과정, 기능대학, 우선선정 직종	200	추가
	자격취득 장려금	1년과정, 기능대학, 우선선정 직종	200	
	취업 장려금	1년차	450	(종전) 200
		2년차	500	(종전) 300
		3년차	550	(종전) 400
총액(최고액) 2,140				

---

14 정착지원금 지급의 가족수별 지원내용을 보면 다음과 같다.

단위: 만 원

가족수	초기 지급금	분할 지급금	주거지원금	합계
1인	300	300(700)	1,300(1,000)	1,900(2,000)
2인	400	700(1,000)	1,700(1,500)	2,800(2,900)
3인	500	1,000(1,300)	1,700(1,500)	3,200(3,300)
4인	600	1,300(1,600)	1,700(1,500)	3,600(3,700)
5인	700	1,600(1,900)	2,000(1,500)	4,300(4,100)
6인	800(700)	1,900(2,200)	2,000(1,500)	4,700(4,400)
7인 이상	900(700)	2,200(2,500)	2,000(1,500)	5,100(4,700)

이주민 정책과 서비스

업을 유도하고자 하였다.[15] 즉, 현행 1년차에 200만 원 → 450만 원으로 하였으며, 2년차는 300만 원 → 500만 원으로, 3년차는 400만 원 → 550만 원으로 상향 조정하였다.

근로능력세대(근로능력자가 있는 세대)와 근로무능력세대(세대 구성원 중 근로능력자가 없는 세대)를 분리하고 근로능력세대의 특례기간을 축소하는 방식으로 생계급여제도를 합리적으로 조정하였다. 즉, 생계급여 조건부과(자활사업) 면제기간을 1년 → 6월로, 특례기간을 5년 → 3년으로 조정하였다.

북한이주민 채용을 활성화하기 위하여 장기근속자와 노령·장애인 등 취약계층 채용사업장에 대해 고용지원금 지원기간을 확대하여 2년 → 3년으로 하였다.[16]

2) 거주지 정착단계의 정착지원 전달체계 개편방안

(1) 기본방향

북한이주민 정착지원과 관련하여서 입국자 수의 지속적 증가추세를 감안하고, 북한이주민의 국내정착 지원의 상징성 등을 고려하면서, 국내 영세민과의 형평성 등을 평가하여 객관성 있고 합리적인 방

---

15 취업유도를 위한 제도로 검토되는 방안의 하나로 통일부·노동부가 공동운영하는 북한이주민 자립지원 종합센터 설립, 개인별 취업지원계획(IJP: Individual Job Plan)제도를 통한 One-Stop Job Service를 제공하고자 추진하고 있다. ▷ IJP 제도: 학력, 경력, 성격 등에 대한 개인별 진단을 통해 맞춤형 취업 설계를 하고, 이에 따라 맞춤형 지원서비스를 제공하고자 함.
16 · 북한이주민을 고용한 사업장에 지불임금의 1/2를 지원함.
  · 북한이주민 모범 고용사업장에 인정되는 정부 우선구매의 신청요건을 완화함.
  · 북한이주민의 취업능력 향상을 위해 좀 더 다양하고 현실성 있는 직업훈련 강화 방안을 마련함.
  · 성별 특화교육 및 실습교육 중심으로 하나원 직업교육을 개선함.
  · 북한이주민의 취업능력 향상을 위하여 직업훈련 대상기간을 거주지보호 기간(5년) 내에서 거주지보호 기간 이후까지 확대

안이 모색되어야 한다. 이는 현재 정부가 설정한 정책목표 구현 수단을 보완하고 좀 더 강화하는 것이 바람직하며, 자립·자활유도, 지역단위 사회적 지원체계 강화, 여성 및 청소년 등 취약계층에 대한 특별 프로그램 강화 등으로 요약될 수 있다. 특히 통일부는 정부 내 유관부처와 지방자치단체 및 민간단체 간의 정책협력 및 총괄조정 기능을 강화해야 하며, 정책사안의 실행에 있어서는 지방과 민간에 과감히 이양하는 것이 요구된다. 이를 위해서는 적절한 예산 및 인력 확보에 공동의 역할이 필요하고, 관련부처 및 기관이 북한이주민 문제에 지속적인 관심과 의지를 갖도록 협의기능을 좀 더 강화하는 것이 전제되어야 한다.

이와 더불어 현 사회복지전달체계가 중앙정부 중심의 기획-집행-평가의 형태에서 지방정부 중심의 역할모델로 전환되고, 지역사회 중심의 기획, 수요자 욕구 반영, 서비스전달의 효율성 등을 중요시하는 방향으로 나가고 있다. 이에 상응하여 북한이주민의 지원정책도 지역 중심으로 민과 관이 수평적인 관계로 협력해 나가는 시스템구도로 정착하는 것이 바람직할 뿐 아니라, 중장기적으로는 이렇게 갈 수밖에 없는 상황이라고 할 수 있다.

(2) 현행 전달체계와의 구조적 연계방안

① 지역네트워크를 통한 통합서비스제공 모형

정착지원정책의 지방화 및 지역화가 요구되는 상황에서 지역형 시스템의 세부적 구축이 중요하게 부각된다. 현재 정부가 개편 중인 전달체계 방안을 기본으로 북한이탈주민의 지원정책의 구조화는 〈그림 7-2〉를 통해 개략적으로 볼 수 있다.

즉, 읍·면·동의 기능을 중심으로 하여 현재 거주지보호 담당관

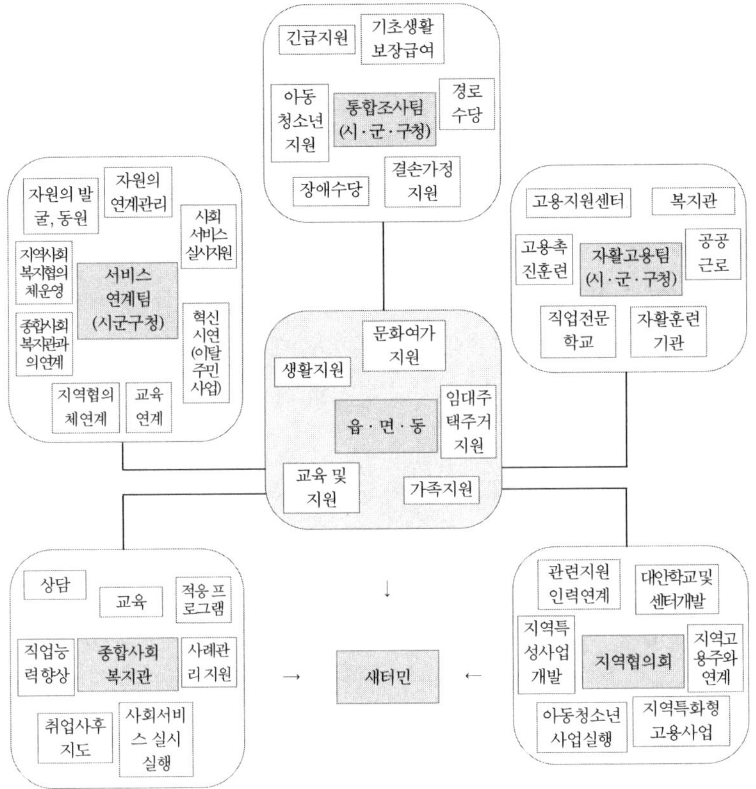

역할을 하고 있는 읍·면·동의 사회복지 전담공무원과 고용안정센
터의 취업보호 담당관의 역할을 현재 개편되고 있는 전달체계 방안
에 업무조정을 통해 편입해나가도록 명시할 필요가 있다. 북한이탈
주민만의 독립적 전달구조체계를 갖는 것이 아니라 현행의 전체적
전달구조 안에서 이탈주민의 보호와 정착이 가능할 수 있는 업무조
정을 협의해나가는 것이다.

<그림 7-2>는 북한이주민의 거주지보호 과정에서 지역 네트워크를 통한 서비스제공 모형을 도식화한 것이다.[17]

이와 관련한 세부방안을 점검해 보면, 시·군·구 통합조사팀에서 하는 사회보장제도에 입각한 거주지 생활보호는 현행 북한이주민으로서의 특수성을 감안한 특별대우에서 일반 영세민과 동일한 생활보호로의 점진적 전환을 추진할 필요가 있다. 이와 연결하여 현재의 생계보호수급자 조건부과를 효율적으로 집행하기 위한 방안이 검토되어야 할 것이다. 또한, 주거지원 대책은 지역의 실정에 맞게 영구 및 국민임대 외 다세대 주택, 연립주택 등 알선주택 다양화 및 임대보증금 방식 외 대출 등 지원 방식의 다변화 모색이 불가피하다고 볼 수 있다.

시·군·구청의 자활고용팀과 연계를 통해 북한이탈주민정책의 가장 큰 비중을 차지하는 취업정책의 지역화를 모색한다. 취업지원을 위한 관련 제도의 활성화방안 마련을 위하여 직업훈련제도의 효율화(훈련과 취업사업장 연계), 고용지원센터의 취업지도 강화, 고용지원제도 활용 사업장에 대한 지원 강화 등이 지역별로 개발되도록 할 필요가 있다.

시·군·구청의 서비스 연계팀은 북한이주민의 지역사회 적응의 실제적 역할을 할 수 있는 새로운 조직이며, 현 전달체계 개편의 핵심적 변화조직이라 볼 수 있다. 서비스 연계팀의 주요 업무는 북한이탈주민과 관련된 자원의 개발과 동원, 연계 및 관리를 총체적으로 하는 것이며, 북한이주민 중심의 통합적 서비스제공이 가능할 수 있는 민과 관의 협력구도를 주관하는 역할을 맡게 된다. 이를 위해 지역사회복지협의체 운영업무를 활용할 수 있다. 구체적인 예로는 협의체

---

17 행정안전부, 『주민생활 지원서비스 업무운영 매뉴얼』, p.43 참조.

안에 이주자 분과(혹은 북한이주민 분과)를 두어 밀접한 사안을 주체별로 논의할 수 있는 구도를 마련할 수 있다. 이는 현재 경기도 안산시에서 이주자 분과를 둔 사례가 있으며 여기서 관련 사업 등을 긴밀히 추진하는 초기단계에 있다. 이를 통해 여성, 노인 등 취약계층에 대한 특화 프로그램 강화가 세부적으로 이루어질 수 있다. 또한 현재 민간의 중추적 역할을 하는 지역종합사회복지관과 연계구도를 통한 북한이탈주민의 지역복지사업[18]을 좀 더 체계화할 수 있다. 또한 민간의 조직적 노력을 공공의 시스템구도와 연계하여 활동의 범주를 넓히는 것이 중요하다. 즉 현재 실제적으로 북한이주민의 사회적응을 위한 서비스는 민간의 적응성을 중심으로 실행하고, 공공은 이를 지원하는 구조적 정책을 시행하는 것이 바람직하다.

② 실행방안 구축안

실제적인 사업의 실행과정에서 진행되는 방안을 북한이주민 중심으로 추진과정을 도식화하면 〈그림 7-3〉과 같다.[19]

실행단계에서는 읍·면·동 중심으로 북한이주민의 지원정책이 수행되며, 이는 사례관리[20]를 통해 전개된다. 즉, 북한이주민이 서비스를 신청하면 관련된 초기상담을 통해 지원범주가 결정되고 우선 시·군·구의 통합조사팀의 조사결과에 따라 공공부조 지원이 결정

---

[18] 관련 단체 특화 프로그램 개발 유도 및 지원, 가족강화프로그램 참여 확대, 여성취업 확대방안 마련, 노인. 여성 등 취약계층 지원방안 등이 가능할 수 있다.

[19] 행정안전부, 『주민생활 지원서비스 업무운영 매뉴얼』, p.27 참조. 여기의 주민생활 지원서비스 제공과정을 기본으로 하여 북한이주민 지원과 관련하여 재도형화하였다.

[20] 사례관리란 복합적인 문제가 있는 클라이언트를 대상으로 필요한 서비스를 체계적으로 연계하여 사회생활의 어려움을 극복할 수 있도록 돕는 사회복지실천의 한 방법을 말하며, 여기서의 사례관리 과정은 '초기상담 → 서비스계획 수립 → 의뢰 및 의뢰 후 사후점검 → 평가 및 종결'의 과정으로 실시하도록 되어 있으며, 이는 민간의 전문적 개입 위주의 사례관리 방식과는 차별적이다. 즉, 공공에서의 사례관리는 보호대상자의 전체적 관리와 서비스 연계 및 의뢰 중심의 역할을 담당하도록 하며, 중요한 것은 민간과의 연계이며, 특히 전문적 서비스의 실제적 제공은 민간이 맡는 것이 바람직하다고 볼 수 있다.

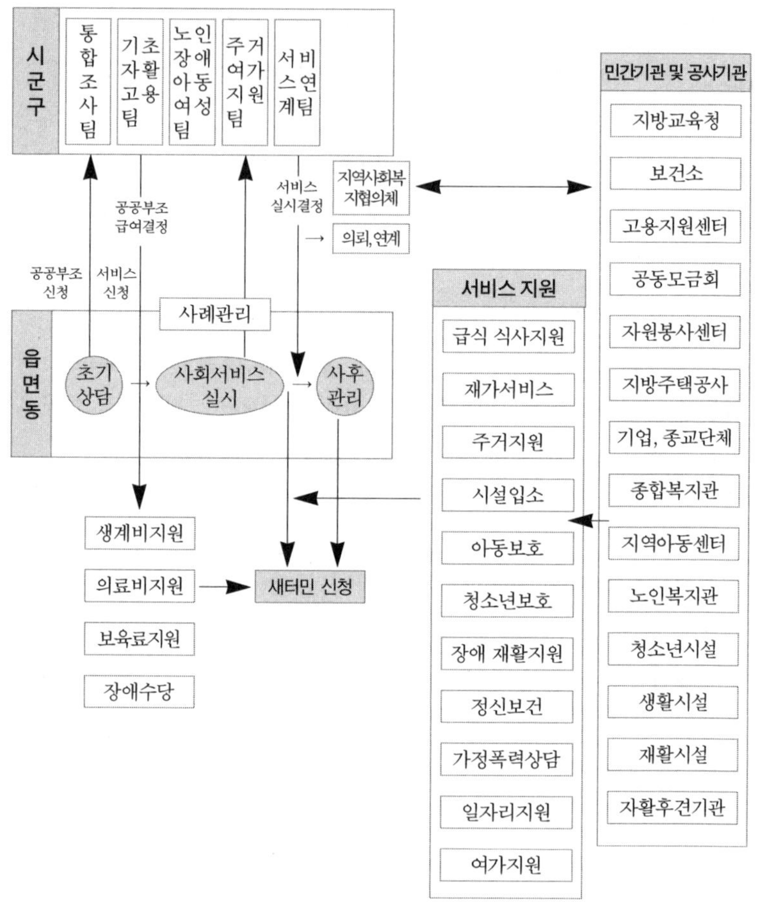

되고 이에 따라 생계비, 의료비, 주거지원 및 관련서비스가 지원된
다. 기초생활 지원과는 별도로 개별적으로 필요한 사회서비스가 제
공될 수 있다. 이는 서비스 연계팀과 연계하여 지역사회 내의 민간과
공공의 자원을 활용하여 북한이탈주민에게 필요한 개별적 지원을
결정하고 통합적으로 지원하는 것이 가능하다. 이러한 사례관리 과

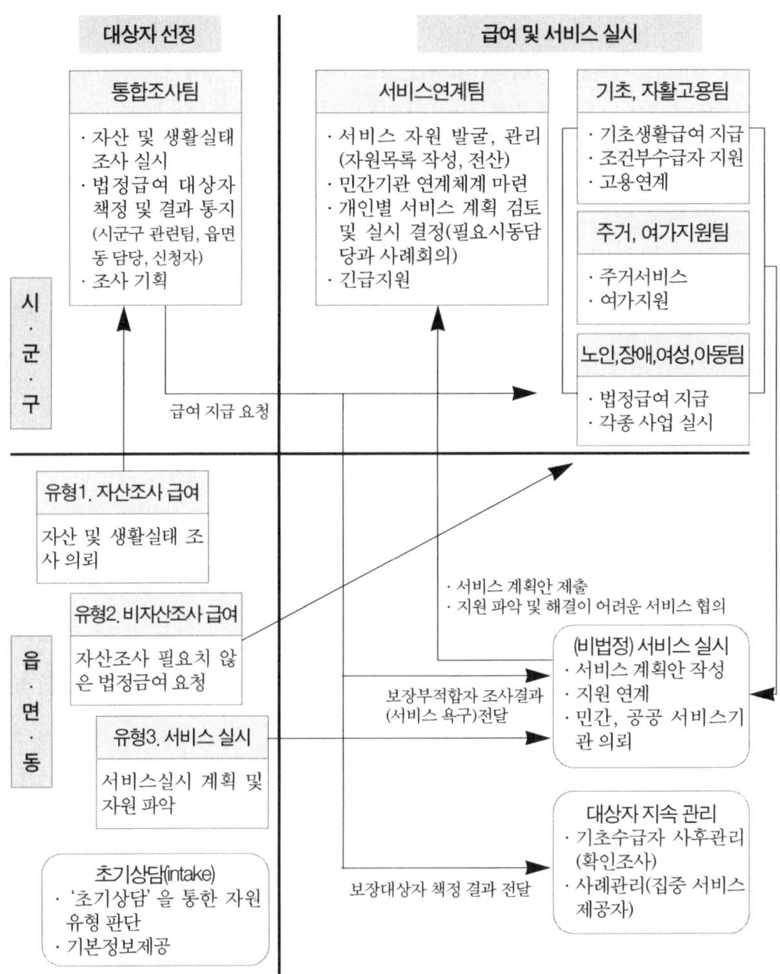

정에서 공공은 서비스에 필요한 자원을 조정·연계, 관리하는 역할
을 주로 담당하며, 실제적인 서비스의 전문적 실시는 사회복지관 등
관련 민간기관에서 실행할 수 있는 구도가 바람직하다. 공공은 전체

적인 북한이주민의 욕구의 사각지대를 관리해 나갈 수 있는 시스템 구도를 확보하며, 이를 통해 자원의 중복지원도 관리한다. 민간의 전문적 서비스 기술은 이러한 시스템구도에서 더욱 잘 발휘될 수 있다.

한편 북한이탈주민의 지원정책의 실시에 각 조직간 실제적 업무를 통한 지원과정을 보면 〈그림 7-4〉와 같다.[21]

각 읍·면·동의 초기상담을 기초로 하여 북한이주민 서비스제공 유형이 구분될 수 있다. 즉, 자산조사가 필요한 대상군으로 생계보호 제공이 필요한 영역과, 자산조사가 필요하지 않은 법정 급여지급 대상자와 지역의 사회서비스가 필요한 대상자로 분류하여 접근할 수 있다. 이들 유형별로 시군구의 통합조사팀과 서비스 연계팀과의 긴밀한 관계, 즉 사례회의 등을 통해 필요한 서비스를 결정하여 지급해 나간다.

③ 사회서비스 실시와의 연계

사회서비스의 실시는 「사회복지사업법」 제33조의 2 등에 근거하여 현 정부가 사회투자정책의 개념을 갖고 진행하는 복지영역의 중요한 영역이며, 서비스전달체계 개편 취지와 직결되는 성격의 정책이다. 사회서비스 실시의 개념은 국가 지방단체 및 민간부문의 도움이 필요한 모든 국민에게 상담, 재활, 직업소개 및 지도, 복지시설 이용 등을 제공하여 정상적인 사회생활이 가능하도록 제도적으로 지원하는 것이다. 이는 비법정급여에 한하여 적용하도록 되어 있으며, 신청주의에 입각하여 기초생활보장수급자, 차상위계층 등 경제적인 취약계층과 노인, 장애인 등 복합적인 복지욕구를 가지고 있는지, 기타 시급한 서비스를 필요로 하는지에 대하여 서비스 우선제공을 두

---

21 행정안전부, 『주민생활 지원서비스 업무운영 매뉴얼』, p. 29참조. 여기에서의 주민생활 지원서비스제공절차를 북한이주민 거주지 지원 관련 서비스 제공의 절차로 재편집하였다.

단위: 백만원, 명

사업 명	'06년도		'07년도	
	예산	인원	예산	인원
합 계	290,793(678,209)	28,368(111,897)	501,493(1,294,519)	57,992(201,059)
보건복지가족부	65,900(113,499)	10,833(14,608)	127,033(352,933)	29,033(63,765)
독거노인도우미 파견사업	0	0	23,556	7,200
중증장애인 활동보조인 지원	0	0	29,577	11,000
가사간병도우미	65,900	10,833	73,900	10,833
농림수산식품부	0	0	1,923(1,923)	300(300)
농촌여성 결혼이민자 지원	0	0	1,923	300
행정안전부	0	0	1,737(3,749)	496(801)
자원봉사 도우미	0	0	1,737	496
문화체육관광부	13,200(28,200)	1,250(3,842)	14,306(49,486)	1,400(5,465)
생활체육지도자 지원	13,200	1,250	14,306	1,400
환 경 부	205(7,326)	7(490)	4,000(12,119)	167(695)
5대강 환경지킴이	205	7	4,000	167
노 동 부	51,713(51,713)	6,000(6,000)	121,541(121,541)	12,000(12,000)
사회적 일자리 제공	51,713	6,000	121,541	12,000
산 림 청	159,775(162,223)	10,278(10,484)	230,953(242,308)	14,596(15,363)
숲가꾸기	158,423	10,175	198,142	11,333
산림보호강화	1,352	103	32,811	3,263

※ 자료: 위의 예산 중 ( ) 안에 있는 수치는 총괄예산이며, 위의 각 항목은 기획예산처에서 잠정적으로 사회서비스 실시와 관련하여 북한이주민정책과 연계 가능한 항목을 선정한 부분이다.

고 단계적으로 확대해 나가는 것으로 되어 있다. 이는 북한이주민의 지역사회 적응을 지원하는 방향과 일치하는 것이며 이를 제도적으로 맞물려 활용해 나갈 경우 현재의 지원정책보다 더 풍부한 서비스

제공이 가능해지며 궁극적으로 활용 가능한 자원의 확대로 지역사회 적응을 좀 더 원활히 진행시킬 수 있다고 본다. 참고적으로 현행 사회서비스 실시정책의 예산규모를 보면 〈표 7-5〉와 같다.

총괄적으로 보면 2007년 기준의 사회서비스 관련 예산은 약 1조 2,945억 정도이며, 이 중 북한이주민과 연계 가능한 예산은 약 5,014억 정도인 것으로 나타났다. 특히 보건복지가족부 사업과 관련하여서는 가사간병도우미, 독거노인도우미, 중증장애인활동보조인 등으로 활동 가능하며, 그밖에 각 부처별로 노동부의 사회적일자리 제공, 농림수산식품부의 농촌여성결혼이민자 지원, 행정안전부의 자원봉사도우미, 문화체육관광부의 생활체육지도자 지원, 환경부의 5대강 환경지킴이, 산림청의 숲가꾸기, 산림보호강화 등의 사업이 예시되고 있다. 이러한 예산과 서비스의 활용 방안을 영역별로 개발하고 신청하여 북한이주민의 지원정책과 연계시켜 나갈 때, 우리들이 머리 모아 논의하는 북한이주민의 지역사회 적응 방안이 조금은 빠른 시일에 현실적으로 가능해질 수 있을 것으로 본다.

3. 북한이주민의 서비스 확충을 위한 전달체계의 고려사항

앞서 현재 전달체계의 개편방안을 살펴보았고 이 방안과 북한이탈주민의 거주지 정착지원과의 연계성을 중심으로 검토하였다. 현재 정부가 추진하는 전달체계는 지역의 다양한 욕구를 통합적으로 수요자 중심에서 접근하여 복지 체감도를 높여나간다는 데 있다. 이를 위한 전제로 공공과 민간의 파트너십 형성을 통한 지역복지체계의 구축과 다양한 주체들의 참여의 기제를 확보해 나가는 것이 중요하다.

이를 위해서 지역사회 내 주민생활 지원서비스 제공기관, 잠재적 자원제공자들과의 상시적인 협력체계를 마련하여, 민간·공공부문의 상호협조체계를 확고히 구축하고 모든 지역사회구성원을 한가족으로 묶는 건강한 사회안전망 확보를 목표로 한다. 사회복지 등 주민생활 지원서비스의 급증하는 수요에 대응하여 주민생활 지원서비스 욕구를 가진 주민에게 신속하고 적절한 맞춤형 서비스를 제공하기 위하여 주민복지 수요에 적극적으로 대응하고자 하며, 주민에 대한 통합서비스를 제공하기 위한 지역자원의 발굴 및 관리, 지역주민에 대한 서비스네트워크 구축 및 연계를 주요하게 실시하고자 한다.

이를 추진하기 위한 실제적인 내용으로 전달체계의 개편과 더불어 사회서비스 실시를 법적으로 규정하여 추진하고 있으며 이는 국가 및 지방자치단체 및 민간부문의 도움을 필요로 하는 모든 국민에게 상담, 재활, 직업소개 및 지도, 사회복지시설의 이용 등을 제공하여 정상적인 사회생활이 가능하도록 제도적으로 지원하는 것이다.

이러한 변화 속에서 거주지정착과 관련한 북한이주민정책을 현재 진행되고 있는 사회복지전달구조 안에서 모색해나가는 작업은 중요한 의미를 갖는다. 즉, 지역주민으로서 통합하는 의미로 북한이주민을 지원해 나가는 것이며, 사각지대화될 수 있는 북한이주민의 세부적인 욕구에 대응할 수 있다는 부분, 또한 중복적으로 지원되는 부분을 통합 관리해 나갈 수 있다는 장점을 찾을 수 있다. 한편, 이러한 제도권 안에서 확대되어가는 정책 및 관련예산의 활용은 현재 시행되는 정책의 질을 낮추는 의미가 아니며, 오히려 풍부해질 수 있는 여건을 제공할 수 있다고 파악할 수 있다. 기존에 제기된 문제[22], 즉

---

22 기획재정부(국가 중기운영 재정계획)에서 제기한 방안인 '거주지 정착단계 정착지원 현황 및 개선안'을 보면 다음과 같다.
　▷정착금제도 및 생계보호제도 개선 등의 실제 자활의지 제고효과는 크게 가시화되지는 않았으나, 개인별 경제활동 증가 효과는 가져온 것으로 나타남. ▷직업훈련 및 취업지원제도의 강화

취업정책, 신체 및 심리적 지원정책, 가족정책 등을 통일부 주관으로 만 하거나 중앙의 부담으로만 넘기는 것이 아니라 지역사회 안에서 공공과 민간의 협력 하에 긴밀하게 추진될 수 있도록 방안 마련을 세부적으로 하여 현재 추진 중인 사회적 안전망 안에서 북한이탈주민이 지원받아 자립할 수 있도록 하는 것이 필요하다고 본다.

그러나 또한 이 과정에서 고려되어야 할 부분은 북한이주민정책만이 갖는 특수성을 간과해서는 안 된다는 부분이다. 즉, 이러한 일련의 변화에 대응한 정책의 실행은 실제로 현재 통일부의 정책의지가 기본이 되어야 가능할 수 있으며, 중앙부처 간 서비스조정과 연계에 대한 합의가 기초적으로 이루어져야 하며, 특히 실행단계에서는 통일부를 포함한 중앙의 역할과 지자체 간의 연계고리를 돈독히 할 방안이 구성되어서 실제화시키는 것이 필요하다.

가 이루어지고 있으나, 실제 직업훈련이 취업으로 연계되는 비율은 매우 저조함. ▷북한이주민 정착지원을 위한 교육프로그램 운영 및 사회적 지지망 구축이 지역별로 크게 차이를 보이고 있음. ▷관련부처와의 협의를 통해 기존 주거지원 제도에 북한이주민들을 우선적으로 적용시키는 방안을 마련하여 주거지원을 다변화하는 것이 필요함. ▷취업지원을 강화하기 위해서는 실제 지역단위에서 북한이주민들의 경제활동을 모니터하고 안내할 수 있는 인력을 확보하는 것이 필요함. ▷현재 정부 및 지자체 차원에서 운용하고 있는 취업지원제도(예: 보건복지가족부의 사회적 서비스 실시, 여성부의 희망일터지원본부 등) 실무자들이 북한이주민들에 대해 관심을 갖고 이들에게 적절한 취업지원제도를 고안해 내도록 통일부가 지도하고 독려하는 것이 필요함. - 사회적 일자리를 통해 북한이주민들의 취업능력을 제고하여, - 민간 취업시장으로 진입할 수 있도록 하며, - 북한이주민들이 우리 사회의 기여자로서 역할한다는 자부감을 고취함. 또한 북한이주민을 위한 대학특례 및 학비지원 등 교육보호의 기간을 입국 시점을 기준으로 일정 기간으로 제한시키는 것이 필요함. 현재 보호담당관제가 정책취지를 제대로 살리도록 하기 위해서는 전담관제 도입과 함께 지역 단위로 담당관 간의 상호교류가 정기적으로 이루어질 수 있도록 하는 것이 필요하며, 이를 지역협의회 수준으로 발전시키기 위한 예산지원이 필요함. - 지역협의회를 활성화하기 위해서는, 지자체가 관련 조례제정(예: 대구광역시) 및 재정지원(예: 경기도 등) 등을 통해 지역 민간단체의 북한이주민 정착지원사업에 대한 지원을 제도화할 수 있도록 유도함. 민간참여를 좀 더 체계화하기 위해서는 자원봉사 인력들의 현장고민을 덜어주고 지속적으로 참여의지를 북돋아주기 위한 체계를 마련하는 것이 필요함. - 중간관리자를 통한 지역간 담회 및 상시 상담체계 구축.

□Ⅳ부 참고문헌□

〈국내문헌〉

기획예산처(2007), 「거주지 정착단계 정착지원 현황 및 개선안」, 국가 중기운영 재정계획 통일
    외교안보 작업반 자료 중, 미간행.
남기철(2007), 「신빈곤과 국민기초생활보장제도의 위기」, 『한국 사회복지의 현실과 선택』, 도
    서출판 나눔의집, pp.55-56.
박윤숙(2007), 「북한이탈주민 정착지원을 위한 지방자치단체와 민간단체의 역할」, 『기로에 선
    탈북자 지원정책 주무부처 조정, 지자체·민간이양 가능한가?』, (사)북한인권시민연
    합·(사)경인발전연구원 공동정책심포지엄 자료집, pp.78-98.
북한이탈주민후원회(2005), 『북한이탈주민 정착지원도우미 지침서』.
서윤환(2002), 『북한이탈주민의 지역정착화를 위한 사회적 지지망 크기 구축』, 국정원 사보.
선한승(1995), 『북한 탈북노동자의 적응력 실태와 적응과제』, 한국노동연구원.
안혜영 외(2007), 『지역사회복지협의체 운영매뉴얼』, 보건복지부, 미간행.
이금순(2007), 『북한이주민 보호 및 정착지원제도의 개선방안』, 기획예산처, 미간행.
윤여상(2001), 「북한이탈주민 현황과 지원방향」, 『북한이탈주민 지원사업의 지역화 방안과 민
    간의 역할』, 북한이탈주민 지원 민간단체협의회 심포지엄 논문집, pp.1-16.
윤인진(2003), 「북한이탈주민에 대한 사회적 인식과 거리감: 장애인, 외국인 노동자, 동성애자
    와의 비교」, 『북한이탈주민의 지역사회 내 통합과 융화』, 북한이탈주민지원 민간단체
    협의회·연세대학교 사회복지연구소 학술대회 자료집.
윤인진(2007), 「탈북자의 적응 실태와 정착지원의 거버넌스 패러다임」, 『기로에 선 탈북자 지
    원정책 주무부처 조정, 지자체·민간이양 가능한가?』, (사)북한인권시민연합·(사)경
    인발전연구원 공동정책심포지엄 자료집, pp.14-45.
안혜영 외(2007), 『지역사회복지협의체 운영매뉴얼』, 보건복지부, 미간행.
이금순(1997), 「탈북자의 사회적응 대책 및 그 문제점」, 『統一』 189('97.6) pp.68-77.
이금순(2004), 「북한이탈주민 적응실태」, 『북한이탈주민정착지원 발전방향』, 하나원 개원 5주
    년기념 세미나 자료집.
이금순·최수영·김수암·윤여상·안혜영(2006), 「북한이탈주민 문제해결 거버넌스 실태조
    사」, 『한반도 평화·번영 거버넌스의 실태조사(하)』, 통일연구원.
이금순(2007), 『북한이주민 보호 및 정착지원제도의 개선방안』, 기획예산처, 미간행.
이기영(2000), 『하나원에서의 북한이탈청소년 교육생 사회적응력 제고 프로그램 개발에 관한
    연구보고서』, 통일부.
이기영(2001), 『북한이탈청소년의 남한사회 부적응 문제에 관한 유형 분석』, 한국청소년개발원.
이우영·이금순·서재진·전현준·최춘흠(2000), 『북한이탈주민 문제의 종합적 정책방안 연
    구』, 통일연구원.
전우택·윤덕룡·강성록·김형중(2001), 「비정부기구(NGO)의 탈북자 지원경험 분석 및 개선
    방향」, 『통일연구』 제5권 제1호, pp.185-209.
질병관리본부(2007), 『북한이탈주민 건강관리사업 결과보고서』.
통일부(2002), 『북한이탈청소년 대상 대안교육 실시 관련 검토 보고서』.
통일부(1998), 『북한이탈주민의 생활실태조사 분석결과 보고서』.
통일부(1999), 『북한이탈주민의 자격 및 경력 인정방안 연구』.
통일부(2007), 『북한이탈주민 정착지원 실무』.
통일부(1999), 『북한이탈주민 정착 및 보호에 관한 법률』 법개정 시 참고자료.
통일원 인도지원국(1997), 『북한이탈주민 사회적응교육 프로그램』.
홍순혜·박윤숙·원미순(2001), 『북한이탈주민 지역정착 활성화 방안을 위한 연구』, 통일부
    용역연구.

한국보건복지인력개발원(2006), 『행자부주민생활 지원서비스 2단계 교육』.
한국보건복지인력개발원(2007), 『행자부주민생활 지원서비스 3단계 심화교육』.
한국보건사회연구원(2006), 『시범 사회복지사무소 운영평가 보고서』.
행정자치부(2007), 『주민생활 지원서비스 업무운영 매뉴얼』.

〈외국문헌〉

Birman, D. & E. J. Treckett(2001). "The process of acculturation in first generation immigrants: A study of Soviet Jewish refugee adolescents and their parents." in *Journal of cross-cultural Psychology*, 32(4), pp.456-477.

Fantino, Ana Marie & Alice Colak(2001), "Refugee Children in Canada: Searching for Identity", in *Child Welfare League of America*.

Hull, W. F.(1987), *Foreign students in the United State America: Coping behavior within the educational environment*, New York: Praeger.

Hurh, Won Moo & Kwang Chung Kim(1995), *Adaptation stages and mental health of Korean Male*, 26(3), pp.456-479.

Koser, K.(1997), "Social networks and the asylum cycle: The case of Iranians in the Netherlands." in *International Migration Review*, 32, pp.591-611.

Looney, J. G.(1979), "Adolescents as refugees.", in *Adolescent Psychiatry*, 7, pp.199-208.

Mirsky, L.(1997), "Psychological distress among immigrant adolescents: culture-specific factors in the case of immigrants from the former Soviet Union." in *International Journal of Psychology*, 32, pp.221-230.

Park, Jong Sam(1975), *A Three Generational Study: Traditional Korean Value Systems And Psychosocial Adjustment Of Korean Immigrants In Los Angeles*, University of Southern California.

Portes, Alejandro(1996), *The New Second Generation*. New York: Russel Sage Foundation.

Rigby, K.(2000), "Effects of peer victimization in schools and perceived social support on adolescent well-being.", *Journal of adolescence*, Vol. 23. no.1, pp.57-68.

Searle, W. & C. Ward(1990). "The prediction of psychological and sociocultural adjustment during cross-cultural transitions." in *International Journal of Intercultural Relations*, 14, pp.449-464.

Strober, S.(1994), "Social work interventions to alleviate Cambodian refugee psychological distress.", in *International Social Work*, 37, pp.23-35.

V

북한이주민 문제와 사회복지적 개입

8장 북한이주민 지원 민간서비스__김선화
9장 북한이주민 문제에 대한 사회복지 역할__김선화

8장 북한이주민 지원 민간서비스

1. 민간서비스 실시 배경

정착 초기는 새터민들의 욕구와 문제 상황에 대한 가장 집중된 서비스, 가장 밀착된 서비스의 제공이 필요한 시기이며, 이를 통해 새터민들이 적응과정에서 생길 수 있는 시행착오를 줄이는 사회적 지원시스템이 가장 필요한 시기라 할 수 있다. 새터민을 지원하는 사회적 지원시스템은 정부와 민간으로 구분할 수 있다.

정부가 추진하는 정착지원은 새터민 입국자 수 증가와 그에 따른 지방분산정책에 의거하여 민간참여 확대 및 지방자지단체 역할 증대에 포커스를 두고 있어 정부주도 민간참여 형태의 정책을 실시한다고 볼 수 있다.[1]

---

[1] 1990년대 이전 북한이탈주민 거버넌스는 완전한 정부주도형으로 진행되었으나, 1990년대 중반

정부의 정착지원제도의 내용은 주거와 기초생계(의료보호) 및 정착금 지원, 직업훈련 지원 및 교육지원, 보호담당관 및 정착도우미 배치 등의 여러 기초 영역에 대한 제도적 지원이 중심을 이루고 있다. 그렇기 때문에 사회, 문화, 경제, 정치적 배경이 전혀 다른 새터민이 우리 사회에서 정착(적응)하는 과정에서 발생하는 다양한 욕구와 문제해결을 위한 서비스제공의 기능을 수행하지 못하여, 이러한 역할 수행은 여러 유형의 민간단체들을 중심으로 이루어진다.

새터민들의 정착지원을 위해 활동하는 민간단체들의 기능을 살펴보기에 앞서 새터민들의 정착의 중요 변수를 고려할 필요를 언급하면서, 고려해야 할 변수로서 '취업을 통한 경제적 자립', '심리적 안정을 통한 삶에 대한 의지', '사회적 편견과 차별의 극복', '자활자립을 위한 다양한 교육을 통한 능력배양', '남한 국민들의 인식개선을 통한 포용적 사회분위기', '새터민 각각이 가진 개인적 문제 극복' 등을 들 었다. 그러나 특별히 어느 하나를 선택할 수 없는 것은 바로 이 요소들 모두가 정착의 중요한 변수이기 때문이다(김선화, 2007: 19).

정착과 적응이라는 것은 복합적인 요소와 상당한 시간이 소요되는 것으로 정착과 적응 과정 중의 일정한 기간 동안 이러한 요소들을 새터민들의 각 상황에 맞게 지원하는 것이 정착을 지원하는 주체들이 가져야 할 태도이고 기능일 것이다. 이러한 구체적인 정착지원 활동은 정부의 제도적 지원 안에서는 불가능한 것으로 민간기관들[2]이

이후 북한이탈주민 입국자의 급속한 증가와 민간단체의 관심 증대로 정부주도 민간보호형의 거버넌스로 전환하였다. 더구나 북한이탈주민이 지속적으로 증가할 경우 중앙정부의 역할은 기획과 예산지원 등 제한된 영역에 국한되고 이들의 사회적응 교육과 사회정착을 촉진하는 실제적인 기능은 지방정부와 민간단체 중심으로 진행될 가능성이 높다. 결국 북한이탈주민 거버넌스의 분권화는 지방정부와 민간단체의 협동형체계를 이루는 것으로 귀결될 것이다(이금순, 「북한이탈주민 문제해결 거버넌스 실태조사」, 『한반도 평화번영 거버넌스의 실태조사·하』, p.1253).

2 새터민지원 민간단체는 약 60여 개 기관으로 (재)북한이탈주민후원회에서 북한이탈주민 지원 민간단체연대(1999년 24개 단체와 연구자가 모여 발족)를 총괄하는 역할을 담당하고 있다. 민간단

그러한 역할을 수행하고 있다.

북한이주민들이 자신이 성장하고 살아왔던 곳과 완전히 다른 사회에 적응하며 살아가려면 주택과 정착금 등 하드웨어적인 요소도 필수이고, 새로운 사회의 일원으로서 권리와 책임을 다하며 살아가기 위해서는 정치, 경제, 사회, 문화 등 다양한 영역의 소프트웨어적인 요소들도 필수적인 역할을 담당한다. 또한 북한이주민의 정착 과정에 있어서 주택과 정착금제공 등 정부의 제도적인 지원이 매우 큰 역할을 차지하나, 이 외에 정착의 다양한 변수들을 지원하기에는 그 기능과 역할에 있어서 한계를 보일 수밖에 없다.

이러한 기능 등을 보완하고 전문적으로 지원하는 지역사회복지관과 북한이주민을 포함하여 통일에 관심을 갖는 많은 민간단체들은 북한이주민이 지역사회에서 공동체의 일원인 시민으로서의 생활을 영위해 나가는 과정에서 구체적이고 실질적인 도움을 준다고 할 수 있다.

2. 민간서비스 기관 유형

북한이주민을 지원하는 민간서비스 기관의 유형을 구체적으로 살펴보기에 앞서 민간서비스 기관들의 연합체인 북한이주민 지원 민간단체 연대에 대해 살펴보고, 또한 법정단체이며 반민반관의 성격을 가진 재단법인 북한이탈주민후원회를 살펴보면서 민간서비스를 제공하는 개별 기관과의 관계를 확인하고자 한다.

체는 지역복지분과, 아동청소년분과, 정착지원분과, 해외분과로 구분하여 각각의 영역에서 활동하는 기관간의 네트워크를 형성하고 있다.

1) 북한이탈주민 지원 민간단체 연대[3]

북한이탈주민 지원 민간단체 연대는 1999년 11월 3일 '북한이탈
주민지원 민간단체협의회'를 구성, 국내외 북한이탈주민의 보호, 지
원을 위하여 민간단체별로 특화된 다양한 사업을 시행하고 있다. 북
한이탈주민 지원 민간단체협의회는 북한이탈주민 지원과 관련하여
국내외에 활동하고 있는 24개 단체와 연구자들이 모여 창립하였으
며, 북한이탈주민들의 생존과 사회정착을 지원하는 민간단체들이
모여 설립된 본 협의회는 지원사업을 추진함에 있어 민간단체의 자
율적 참여와 협력을 통하여 효과성을 높인 북한이탈주민 지원체계
를 완비하고 소속단체들 간의 상호 정보교류와 연대 지원망을 구축
하고자 설립되었다.

이후, 2006년에 본 협의회는 '북한이탈주민 지원 민간단체 연대'
라는 명칭으로 변경되었으며 북한이주민의 수가 증가함에 따라 소
속 민간단체의 수도 증가하여 2007년 말 현재 64개 단체가 활동하고
있다.

민간단체 연대는 다양한 민간단체가 전문분야별로 지역복지, 정
착지원, 아동청소년, 해외분과의 4개 분과위원회를 구성, 운영하고
있다. 지역복지 분과에는 북한이주민이 밀집해서 거주하는 지역 중
심으로 지역사회에 거점을 두고 정착지원서비스를 제공하는 지역사
회복지관을 중심으로 구성되었고, 정착지원 분과는 종교단체를 비
롯한 시민단체가 중심이 되어 구성되었으며, 아동 · 청소년 분과에
는 아동청소년 북한이주민들을 위한 시민단체 및 종교단체가 설
립 · 운영하는 대안학교 등의 단체 등이 참여한다. 또한 해외분과는

---

3 북한이탈주민후원회 홈페이지 http://www.dongposarang.or.kr/ 참조.

가장 적은 수의 단체가 참여하는데 해외 탈북자에 대한 인권지원 활동을 하는 종교단체와 시민단체 등이 참여하고 있다. 이러한 4개 분과위원회로 구성된 민간단체 연대는 각 분과 위원회별 모임과 연대 전체의 모임으로 구분할 수 있으며 심포지엄을 통해 상호 정보교류를 하는 한편 사업 분야별로 연대 지원망을 구축하고 있다.

민간단체 연대 창립선언문을 보면, 창립의 한 목적으로 개별적이고 독자적인 지원활동을 넘어 좀 더 체계적이고 종합적인 민간 차원의 연대 지원망 구축을 들고 있는데, 특히 민간단체 연대는 북한이탈주민 지원사업을 추진함에 있어 민간단체의 자율적 참여와 협력을 통하여 효과성과 형평성을 높인 북한이탈주민 지원체계를 구축하고 소속단체들 간 상호 정보교류와 연대 지원망 구축을 목적으로 하고 있다.

구체적으로 민간단체 연대는, 첫째로 국내외에서 북한이탈주민들을 지원하는 민간단체들과 연구단체들의 자발적 참여와 협력에 기반하며, 공동의 지원망 속에서 각자의 활동영역을 중심으로 북한이탈주민들을 지원한다는 활동방향을 제시하고 있다. 둘째로는 적극적 상호 정보 교류를 통한 효과적이고 형평성 있는 지원체계 구축을 목표로 삼고 있다. 셋째로는 민간의 연구활동 및 프로그램 개발 지원, 북한이탈주민 관련 연구세미나, 지원 프로그램의 통합적 운영을 통해 일반 국민들의 관심과 참여 확대를 위해 노력한다. 마지막으로는 상호 정보교류와 공동의 협력을 통해 축적된 경험이 정부의 북한이탈주민 지원대책 수립에 반영되도록 적극적으로 노력한다는 목표를 제시하고 있다.

2) 북한이탈주민후원회

북한이탈주민후원회는 반민반관형 민간단체로서 「북한이탈주민의 보호 및 정착지원에 관한 법률」 제30조에 의해서 1997년 8월 17일 설립된 단체이다. 「북한이탈주민의 보호 및 정착지원에 관한 법률」 제30조(법률 제6056호, '99. 12. 28. 발효)에서 언급하는 북한이탈주민후원회는 다음과 같은 역할을 수행하도록 되어 있다.

제30조(북한이탈주민위원회)

① 다음 각 호의 사업을 수행하기 위하여 북한이탈주민후원회(이하 "후원회" 라 한다)를 설립한다.

  1. 북한이탈주민의 생활안정 및 사회적응 지원사업

  2. 북한이탈주민의 취업 지원사업

  3. 기타 통일부장관이 북한이탈주민의 보호 및 정착지원에 필요하다고 인정하여 후원회에 위탁하는 사업

② 통일부장관은 후원회의 건전한 운영을 위하여 예산 등 필요한 지원을 할 수 있다.

③ 후원회는 법인으로 한다.

④ 후원회에 대하여는 민법 중 재단법인에 관한 규정을 준용한다.

이러한 법적인 근거에 의해서 설립된 북한이탈주민후원회는 자체적인 조직[4]을 가지고 직접사업을 실시하기도 하지만, 위에서 언급된 북한이탈주민 지원 민간단체 연대를 통하여 사업을 실시하기도 하는데, 구체적으로는 통일부의 예산을 민간공동 협력사업의 형태로

---

4 회장, 사무총장, 대외협력부장, 총무부장을 포함한 각 사업 담당자까지 8명이 재직하고 있으며 이사회가 구성되어 있다.

민간단체의 사업을 지원하고, 민간단체 연대의 다양한 활동을 지원하는 역할을 수행한다. 북한이탈주민 후원회의 구체적인 사업 내용은, 북한이탈주민 생활안정 지원사업(불우자 생계비지원, 경조사지원 등), 북한이탈주민 사회적응 지원사업(사회적응프로그램, 자매결연사업 등), 종합생활상담센터 운영(생활의 각종 애로사항 상담), 북한이탈주민 실태파악 및 관련자료 관리, 민간프로그램 발굴 및 지원, 해외탈북자 간접지원사업, 북한이탈주민에 대한 대국민 캠페인 활동, 기금조성사업(수익사업, 모금활동 등), 북한이탈주민 지원 민간단체협의회 운영(사무국 역할), 각종 후원 및 위로행사 개최 및 지원 등이다.[5]

3) 무지개청소년센터

무지개청소년센터는 국가청소년위원회에서 이주청소년(결혼이주자자녀, 외국인근로자자녀, 새터민 청소년 등)의 적응과 통합을 위해 지난 2005년도에 재단법인으로 설립하였다.[6] 무지개청소년센터는 지역사회에 직접적인 거점을 두지는 않지만, 하나원에서 지역사회로 나오는 과정에서 지원하고 있고, 지역사회 내 거점을 두는 기관들과 연계 및 협의체 등을 구성하여 지원활동을 하고 있으며, 구체적인 내용은 〈표 8-1〉과 같다.

4) 민간기관 현황

북한이주민의 사회적응과 정착을 지원하는 민간기관은 앞서 소개

---

5 북한이탈주민후원회 홈페이지 http://www.dongposarang.or.kr/
6 이명박정부에서 해당 부서 조정에 의해, 현재는 보건복지가족부에 소속되어 있다.

<표 8-1> 무지개청소년센터 지원 프로그램

프로그램 명	프로그램 세부내용
1. 지역사회 종합지원 사업	· 지역사회 새터민 다문화 청소년 종합지원 사업 - 새터민 청소년 종합지원 사업 - 서울, 인천 지역사업 · 새터민 청소년 DB 유지관리 - 초기단계부터 정착, 성장과정 개인별 상담자료 축적 유지
2. 종합정보 서비스사업	· 정보서비스사업 - 새터민 다문화 관련 오프라인 전문자료관 운영: 국내외 자료 비치 - 무지개 기자단 구성 운영 - 뉴스레터 발행 · 인지제고 사업 - 대한민국청소년박람회 참가 - 운영백서 발간 - 센터 소식지 '뜀틀' 및 각종 홍보물 제작 배포
3. 정착개발 및 연대사업	· 정책개발 - 새터민 다문화 청소년 지역사회 지원망모델 연구 사업 - 새터민 청소년 해외이주 사례연구 · 연대사업 - 새터민 청소년 송년축제 - 새터민 청소년 경제교육
4. 프로그램 개발 및 교육사업	· 새터민 초기정착 교육프로그램 개발 및 운영 - 하나원 방문교육 - 비교문화 체험학습 - 사회입문 프로그램 - 거주지 방문교육 · 전문가 양성교육 - 새터민 · 다문화 청소년에 대한 체계적 · 전문적 지원을 위한 관련 전문가 양성

※ 자료: 무지개청소년센터 홈페이지 http://www.rainbowyouth.or.kr/

이주민 정책과 서비스

한 북한이탈주민 지원 민간단체 연대에 소속된 기관이 대부분이라 할 수 있으므로, 민간기관의 현황을 북한이탈주민 지원 민간단체 연대의 분과위원회별로 구분하여 살펴보고, 각 분과위원회별 활동내용도 간략히 살펴보고자 한다.

(1) 북한이탈주민 지원 민간단체 연대의 분과별 기관 현황[7]

북한이주민들을 위한 민간서비스기관은 약 70여 개 단체로 각 단체마다의 특징과 각각의 고유 목적사업에 의거하여 서비스를 제공하는데, 북한이주민들에게 제공하는 서비스 유형과 각 기관의 유형에 따라서 4개로 구분할 수 있다. 각각의 기관 유형과 주요 특징들을 살펴보면 〈표 8-2〉와 같다.

(2) 북한이탈주민 지원 민간단체 연대의 분과별 주요사업 활동내용[8]

앞서 언급한 4개의 분과위원회에 소속된 각 단체들에 북한이주민의 정착지원에 필요한 고유한 영역들에 대한 서비스를 제공하는데, 정착지원 서비스의 주된 내용과 각 분과위원회별 주요 기관들의 사업내용을 살펴보고자 한다.

같은 분과위원회에 소속되어 있더라도 각 개별 기관들을 사업의 시작 시기와 그 기관의 운영제반과 관련된 여건 및 지역적 여건 등에 따라 정착지원 서비스의 내용이 다소 다를 수 있으며 주된 기관의 서

---

7 김선화(2006), 「지역사회 중심의 새터민 정착지원」, 『통일을 준비하는 한국사회·한국 천주교회의 과제』, 제9차 민족화해 가톨릭 네트워크, p. 54 수정·보완.
8 김선화(2006), 「지역사회 중심의 새터민 정착지원」, 『통일을 준비하는 한국사회·한국 천주교회의 과제』, 제9차 민족화해 가톨릭 네트워크, p.55 수정·보완.

<표 8-2> 북한이탈주민 지원 민간단체 연대의 분과별 기관 현황

구분	단체 특징	단체명
지역복지분과	· 지역복지관이 중심 · 전국적으로 분포: 북한이주민 밀집지역 중심 · 전국적으로 분포(북한이주민 밀집지역 중심) · 거주지밀착형지원 중심	· 서울: 가양7복지관, 공릉복지관, 방화6복지관, 평화복지관, 태화복지관, 한빛복지관, 화원복지관 · 부산(경상도), 대구: 몰운대복지관, 상리복지관, 학장복지관, 개금복지관, 울산화정복지관, 대구북한이주민센터 · 경기: 부천덕유복지관, 한솔복지관, 청솔복지관, 군자복지관, 우림복지재단(고양) · 인천: 삼산복지관, 만수복지관, 갈산복지관 · 대전: 법동복지관, 생명복지관, 월평복지관 · 전남: 광주복지관, 이주민지원센터 · 강원: 명륜복지관
아동청소년분과	· 대안학교 · 무연고 청소년 생활공동체 (그룹홈) · 학습지원(검정고시) 중심 · 청소년 장학금 지원	한꿈학교, 자유터 학교, 여명학교, 셋넷학교, 북한인권시민연합, 다리공동체(우리집), 남북문화통합교육원, 하늘꿈학교, 여럿이함께만드는학교, 라우라의집, 꿈사리공동체, 우양복지재단, 지구촌고등학교, 한국청년연합회, 늘푸른청소년상담교육원, 돈보스꼬청소년센터, 마자렐로센터, 대구YWCA 청소년쉼터, 열린사회 강서양천시민회
정착지원분과	· 정착지원의 일정 영역을 선택하여 지원: 단체 설립목적 반영 · 정착지원의 일정 영역을 선택하여 지원(단체 설립목적 반영) · 전국 규모 단체 다수참여	대한적십자사, 자유시민대학, YWCA(서울, 부산, 대구), 새롭고하나된조국을위한모임, 천주교주교회의민족화해위원회, 고향마을, 남북나눔운동, 대한사회복지회, 생명의 전화, 새마을운동이북5도지부, 온누리건강가족복지회, 한국자유총연맹, 무지개재단, 한국인성개발연구원, 한민족통일여성중앙협의회, 한국기독교정착지원협의회, 한국시민자원봉사자회, 좋은씨앗, 하나로교육복지연구원
해외분과	· 해외탈북자 지원 · 탈북자 인권문제	좋은벗들, 북한인권정보센터, 한국기독교총연합회, 이주난민선교회, 희년선교회, 동북아평화연대, 피랍탈북인권연대, 북한민주화네트워크

이주민 정책과 서비스

〈표 8-3〉 북한이탈주민 지원 민간단체 연대의 분과별 주요사업 활동

구분	단체 특징	주요 활동 단체
지역복지분과	· 지역복지관이 중심 · 전국적으로 분포(북한이주민 밀집지역 중심) · 거주지 밀착형 지원 중심	· 노원: 공릉종합사회복지관(부설 새터민 정착지원센터 운영: 정착도우미사업, 정신건강 및 심리상담, 공부방 운영, 취업지원, 인식개선사업) · 강서: 가양7, 방화6 종합사회복지관(정착도우미사업, 공부방 운영, 취업지원, 주민조직화사업) · 양천: 한빛종합사회복지관(부설 정착지원센터 운영: 정착도우미사업/공부방운영/정신건강 및 심리상담, 공부방 운영, 취업지원) · 대구: 이주민지원센터(정착도우미시행, 정신건강 및 심리상담사업, 사회적응 지원) · 부산: 몰운대종합사회복지관(정착도우미 시행, 사례관리와 사회적응 지원)
아동청소년분과	· 대안학교 · 무연고 청소년 생활공동체 (그룹홈) · 검정고시 지원의 학습 지원 중심	· 기숙형 대안학교: 하늘꿈학교, 한꿈학교, 지구촌고등학교 · 도시형 대안학교: 셋넷학교, 여명학교(청소년), 자유터학교(대학생) · 무연고청소년생활공동체(그룹홈): 다리공동체(우리집), 꿈사리 공동체 · 초등 방과후학교 - 학습지원을 위한 공부방: 남북문화통합교육원(한누리학교), 사회복지관(공릉 · 가양7 · 한빛종합사회복지관)
정착지원분과	· 정착지원의 일정 영역을 선택하여 지원(단체 설립목적반영) · 전국규모 단체 다수 참여	· 대한적십자사: 전국 정착도우미사업 시행, 지사별 정착지원사업 시행 · 자유시민대학: 40명 1년 교육과정(취업지원) · 부산 YWCA: 새터민정착지원센터 설치 운영
해외분과	· 해외탈북자 지원 · 탈북자 인권문제	· 북한인권정보센터: 해외탈북자 지원, 해외탈북자 및 북한이탈주민 관련 실태조사 및 정책개발 활동 · 북한인권시민연합: 해외탈북자 인권 옹호활동 및 탈북자 보호활동

비스 내용을 살펴봄으로써 주된 민간기관들의 활동을 이해하고자
한다.

3. 민간서비스의 내용

민간기관에서 실시하는 북한이주민 정착지원서비스는 북한이주
민을 대상으로 하는 정착의 전반을 지원하는 포괄적인 영역에서부터
개인별 서비스의 영역까지 다양하며, 북한이주민들이 남한사회 정착
에 필수적인 남한주민들과 지역주민을 포함한 지역사회 대상의 사업
까지 다양한 차원으로 이루어진다. 본 장에서는 민간기관에서 실시
하는 정착지원의 다양한 서비스를 구체적으로 살펴보고자 한다.

1) 정착도우미 사업

정착도우미 사업은 2005년도부터 시작된 사업으로 기존의 정부
중심의 북한이주민 정착지원 사업이 최초로 민간에게 위탁되어 시
행하게 된 것이다. 하나원을 퇴소하고 거주지를 배정받아 지역사회
로의 편입과정을 지원하던 서비스의 주체가 신변보호 담당관에서
민간기관의 정착도우미로 변경되고 새로운 지역사회 내에서의 생활
전반에 관한 정착안내자의 역할을 수행하는 사업을 의미한다.

정착도우미 사업의 실시 배경은 2001년도 이후 급증하게 된 북한
이주민에 대한 정착지원의 어려움이 극대화되는 과정에서 기존의
보호담당관(신변 · 취업 · 거주지보호)들의 업무의 과중에 따라 각각
의 업무내용을 분류하고, 좀 더 나은 서비스제공을 위해서 적절한 새
로운 역할 수행자의 필요성이 인식과정에서 비롯되었다. 이는 지역

〈표 8-4〉 정착도우미 사업 내용

구분	내용
운영개요	· 통일부(북한이탈주민후원회 총괄운영)가 민간단체에 위탁사업 · 시작시기: 2005년 · 예산: 위탁운영기관에 예산 지원(신병인수 비용, 정착지원 프로그램 비용, 경조사비, 지원인력 활동비)
실시기관	· 대한적십자사: 본 사업은 전국적으로 거주하는 북한이주민들을 지역사회에서 지원하는 사업으로 전국적인 지사를 가진 대한적십자사가 상당 지역을 담당하고 있다. · 지역사회복지관 - 서울지역: 가양7 · 공릉 · 방화 · 한빛 · 태화복지관/부산: 학장 · 몰운대복지관 - 북한이주민들이 밀집한 지역사회는 종합정착지원 서비스가 가능한 사회복지관을 중심으로 본 사업을 실시하고 있다. · 북한이주민지원센터: 대구지역 담당
프로그램 세부내용	· 운영 기관은 지역으로 신규 전입하는 북한이주민에게 세대별 1명~2명의 정착도우미를 배정하고, 그들은 약 1년 동안 도우미활동 수행 · 정착도우미의 역할 - 하나원 퇴소 북한이탈주민의 인도 및 거주지 전입 안내 - 임대주택 계약 지원 및 초기 거주지생활 지원(물품구매, 시설안내 등) · 운영기관의 역할 - 정착도우미 모집, 교육, 간담회(북한이주민 정착지원 활동 중의 어려움에 대한 논의와 문제에 대한 개입) - 신규 북한이주민 세대에 대한 전문적 개입

사회 내에 편입하는 다수의 북한이주민들에게는 지역사회 내의 지원을 위한 적절한 지원시스템이 부재하고, 낯선 곳에서 모든 것을 새롭게 배워야 하는 북한이주민에게 1 : 1 멘토가 될 수 있는 정착도우미를 배치함으로써 북한이주민의 남한사회 적응을 지원하는 지역사회 내의 새로운 지원시스템의 구축으로 볼 수 있다.

본 사업의 운영의 주체 및 운영기관, 그리고 서비스의 내용을 구체적으로 살펴보면 〈표 8-4〉와 같다.

2) 지역사회 중심(밀집거주 지역)의 정착지원 프로그램 (지역사회복지관)

북한이주민은 정착지원제도에 의거하여 각 세대별 인원수에 따라

<표 8-5> 지역사회복지관의 북한이주민 정착지원 서비스 내용

단위 영역	세부 프로그램 명	프로그램 내용
1. 초기정착지원 및 사례관리	정착도우미 사업	자원봉사자 배치, 1년간 정착지원
	사례관리	정착초기단계 및 요보호 새터민 지원
	생활지원 서비스	경제적 지원(장학금), 긴급지원, 밑반찬 배달 등 의료서비스 및 명절(생필품) 지원, 무료 결혼식
2. 정신건강지원 및 심리상담	임상사례관리	정신과적 어려움이 있는 새터민의 생활지원
	심리상담	정착초기 적응스트레스에 대한 전반적 상담
	정신건강예방교육 및 치료프로그램	가족의사소통 교육 및 가족치료 정신건강 교육(홍보) 및 치료 프로그램
3. 사회적응 프로그램	문화체험 프로그램	남한 문화에 대한 체험 지원
	새터민 융화 프로그램	체육대회, 송년행사, 야유회 및 캠프 새터민 자조 모임
	가정결연 프로그램(멘토링)	남한주민과의 통합 및 사회적응 지원
	성인새터민 교육지원사업	기초 학습 및 적응에 필요한 교육
4. 아동, 청소년, 대학생교육사업	아동공부방	새터민 전담 방과후 교육/부모교육
	청소년 학습 멘토링	자원봉사자 배치 1:1 학습멘토링
	대학생 지원 사업	대학진학상담, 재외국민특별전형입시설명회, 예비대학학교, 캠퍼스 멘토링
	문화체험활동	사회적응을 위한 문화체험 활동
5. 취업 및 진로지원 사업	정보 제공(상담) 및 교육	시장경제교육 및 직업훈련상담 취업 및 창업 관련 정보 제공 및 상담
	근로의욕증진	취업 장애요인 극복을 위한 프로그램
	구직지원(취업알선)	맞춤 취업알선 및 취업후 직장생활 지원
6. 지역사회통합 및 인식개선사업	인식개선 교육(세미나) 및 캠페인	지역대표, 지역주민, 대학생 등의 국민인식전환을 위한 행사
	새터민 봉사단 활동	남한주민들을 위한 새터민봉사단
	지역주민 조직과의 네트워크	부녀회, 통반장 모임 등과 새터민과의 간담회 등을 통한 인식개선 및 통합
7. 지역사회네트워크 및 인프라 구축	지역내 새터민지원 기관 간담회	북한이탈주민지원 지역협의회 활동 보호담당관간담회
	새터민지원 자원봉사단 구축	정착도우미 및 학습지원 봉사자 각 영역 전문봉사 활동
	지역내 영역별 네트워크 구축	의료, 교육, 정신건강, 취업 네트워크
8. 대상자별 특성화 사업	새터민 고령자 지원	고령 새터민을 위한 지원 프로그램
	새터민 여성 지원	여성 새터민의 욕구에 대한 특별프로그램

※ 자료: 김선화(2007), 「새터민 정착지원을 위한 사회복지 프로그램의 현황과 평가」, 『새터민 1만 명 시대, 지난 7년과 앞으로의 7년』, 북한이탈주민연구학회 학술회의, p.29.

주거지원을 받게 된다. 주택공사 및 도시개발공사에서 각 지역별로 임대아파트(영구, 공공임대) 거주지를 배정함에 따라 일정 지역을 중심으로 북한이주민이 밀집 거주하게 되었고 밀집지역을 중심으로 북한이주민에 대한 정착지원서비스가 왕성하게 일어나기 시작하였다. 이러한 프로그램은 바로 영구임대아파트 건립과 동시에 건립되어 운영되는 지역사회복지관이 지역사회 주민의 욕구에 대해 적극적으로 반응한 결과라 할 수 있다.

임대아파트 단지 내에서 1980년대 중반부터 건립되어 전국에 약 400여 개 분포된 지역사회복지관은 2001년도 이후 지역의 새로운 서비스 대상층인 북한이주민들의 욕구와 문제에 대해서 개입하기 시작하였다. 기존 지역사회복지관의 서비스와 프로그램을 통해서 정착지원서비스를 제공하기 시작하였으며 이후 지역에 거주하는 북한이주민의 수가 증가하고 각 욕구와 필요 서비스의 내용이 명확해짐에 따라 별도의 프로그램을 개발하여 운영하였다. 2006년도에는 일부 밀집지역(서울의 노원, 강서, 양천 지역)에서는 '정착지원센터'를 개소하여 전문인력과 다양한 프로그램으로 포괄적 정착지원서비스를 제공하고 있다.

지역사회복지관에서 제공하는 정착지원 프로그램의 전체적인 내용을 언급하면 다음과 같다. 현재 전국의 30여 개 기관을 중심으로 서비스를 제공하고 있으며 각 기관들은 그 기관이 위치한 지역의 여건(북한이주민의 수), 기관의 여건(전담인력 배치 여부, 예산 배정 여부)과 사업 시작 시기의 차이들에 의거하여 〈표 8-5〉에서 소개하는 프로그램을 선별적으로 실시한다고 할 수 있다.

3) 아동 · 청소년 지원 프로그램

북한이주민 아동 · 청소년은 성장기에 북한에서 빈곤과 기아 속에

〈표 8-6〉 아동 · 청소년 지원 프로그램

프로그램 명	프로그램 세부내용	실시기관
대안교육기관	· 검정고시를 위한 시험과목 학습지도(고입, 대입) · 문화예술교육 및 특기적성교육 · 생활상담 및 진로 상담	셋넷학교, 여명학교, 하늘꿈학교(천안), 한꿈학교(남양주)
생활공동체 (그룹홈)	· 생활지도, 인성훈련, 학습 및 진로지도	다리공동체(우리집), 꿈사리 공동체
초등학생 방과후 공부방	· 방과후 보충학습과 낮시간 동안 보호 · 학부모 상담과 학부모 교육 · 학교와 연계한 학교적응 지원	공릉복지관, 한빛복지관, 가양7복지관, 한누리학교
청소년 멘토링	· 대학생 자원봉사단을 운영하여 청소년과 매칭(1:1, 2:1 멘토링, 학습 및 생활 지도)	열린사회 강서양천시민회, 지역사회복지관
학습지도	· 방학기간 동안의 집중 학습지도 · 기초학습 및 영어 교육을 위한 학습지도	북한인권시민연합, 지역사회복지관
대학생 지원	· 장학금 지원 · 대학생 입시 지원(입시박람회 및 입학지원) · 캠퍼스 내 동기 대학생들의 멘토링을 통한 지원 · 리더십 교육 · 대학생들의 통합을 위한 캠프(남한출신 대학생/북한출신 대학생 간의 통합)	우양복지재단, 공릉복지관, 북한인권시민연합

서 가족해체를 경험하고 이후 탈북하여 제3국 등에서의 오랜 체류 기간 동안에 생존에 대한 위협과 열악한 환경에서의 생활 등으로 신체, 정신 건강상에 많은 어려움을 경험하기 때문에 이에 따른 포괄적이면서도 직접적인 지원이 필요한 대상층이라 할 수 있다.

또한 이들은 북한과 제3국에서의 생활기간보다 남한사회에서 살아갈 기간이 훨씬 길고, 북한이주민 사회를 이끌어 갈 대상들이기 때문에 아동 · 청소년들에게 부여되는 기대를 생각할 때 조기에 정착할 수 있도록 다양한 지원이 필요하다. 현재 민간기관에서 제공되는 아동 · 청소년지원 프로그램을 살펴보면 〈표 8-6〉과 같다.

4) 특성화 프로그램 중심의 북한이주민 정착지원 프로그램

〈표 8-7〉~〈표 8-10〉에서는 북한이주민 정착지원 프로그램 중 특성화 프로그램을 항목별로 정리하였다.

〈표 8-7〉 취업(창업)지원 프로그램

프로그램 명	프로그램 세부내용	실시기관
취업창업교육	취업, 인성, 문화 교육 등 1년제 민간교육기관	자유시민대학
취업(진로)상담 취업 알선	취업을 위한 진로상담과 직업훈련 상담 구인처와 구직자들을 연결하여 취업지원	새조위(새롭고하나된 조국을위한모임), 부산YWCA, 지역사회복지관

〈표 8-8〉 의료 지원 프로그램

프로그램 명	프로그램 세부내용	실시기관
무료진료	· 지역 내 병원 및 종합병원(아산병원, 삼성의료원)과 연계하여 정기적인 무료진료	지역사회복지관
건강검진	· 종합건강검진 서비스	북한이탈주민후원회와 지역의 민간기관 협력
종합의료진료	· 국립의료원을 통해서 북한이주민들의 종합의료진료 서비스 제공(무료 및 실비 수준의 진료)	새조위(새롭고하나된 조국을위한모임)

〈표 8-9〉 정신건강 및 심리상담 지원 프로그램

프로그램 명	프로그램 세부내용	실시기관
PTSD 상담 및 치료	· 지역 내 병원 및 종합병원(아산병원, 삼성의료원)과 연계하여 정기적인 무료진료	북한인권정보센터
정신건강지원 및 심리상담	· 정착과정에서의 심리적인 어려움에 대한 상담과 치료 · 지역사회 내 정신보건센터 및 전문상담기관과 연계	공릉복지관, 한빛복지관, 대구이주민지원센터

<표 8-10> 기타 지원 서비스

프로그램명	프로그램 세부내용	실시 기관
법률구조(상담)	· '북한이탈주민법률지원변호사단' 운영, 법률자문	대한변호사협회
사회교육	· 정보화(컴퓨터)교육, 영어교육, 한글교육	좋은벗들, YWCA, 대한적십자사, 지역사회복지관, 종교기관, 이북5도위원회
남북한 주민통합	· 남북한 주민 '좋은이웃' 되기 행사 · 지역 단위 기관의 자매결연	
사회적응 지원	· 북한이주민 체육대회 · 명절과 연말 등 새터민 위로 모임(행사) · 문화체험 행사 · 기초 생활필수품 지원 · 사회·문화 교육 및 체험프로그램	

4. 민간서비스의 평가

북한이주민들을 위한 민간기관들의 서비스는 민간기관들의 미션에 의해서 자발적인 차원으로 시작되었다. 정부의 북한이주민들을 위한 지원 책임과는 다른 측면의 책임이라고 할 수 있겠다. 따라서 각 기관들의 운영철학과 운영적인 제반 여건들에 따라 사업이 이루어지기 때문에 창의적인 측면도 있지만, 다소 중복되기도 하고, 전체적인 측면에서는 북한이주민의 정착지원서비스의 충분성을 내포하지 못하기도 한다. 본 장에서는 이러한 민간에서 자발적으로 제공된 서비스의 내용에 대해서 몇 가지 범주를 가지고 평가해 보고자 한다.

1) 서비스 접근성과 편의성

북한이주민들을 위한 민간기관의 서비스 접근성에 대해서는 2가지 범주로 설명할 수 있다. 지역사회복지관은 북한이주민이 거주하는 밀집지역 내에 위치하면서 해당 지역에 거점을 두고 서비스를 제공하기 때문에 가장 적절한 서비스 접근성과 편의성이 있다고 할 수 있다.

또한, 정착도우미 사업을 실시하는 대한적십자사의 경우도 전국적인 차원의 지사와 봉사관을 가지고 있고, 모든 지역을 근거리 서비스를 제공하는 상황은 아니지만, 비교적 전국 규모의 서비스를 제공하는 데 양호한 접근성이 있다고 할 수 있다. 그러나 지역사회복지관 같은 최적의 접근성은 아니다.

이 두 가지 유형의 기관들은 북한이주민의 일상생활과 정착의 다양한 영역에 대한 밀착 서비스가 가능하고 북한이주민과 긴밀하게 관계를 유지하면서 서비스를 제공하고 있다.

그 외의 기관들은 기본적으로 북한이주민들이 밀집한 지역사회 내에서의 서비스라기보다는 전국에 거주하는 북한이주민들을 위한 서비스를 제공하는 입장이지만, 실제로는 서비스기관의 위치가 서울이기 때문에 서울과 경기권에 거주하는 북한이주민들이 실질적인 서비스 이용자라고 할 수 있다. 현재 북한이주민[9]은 서울과 경기도 및 인천에 전체의 67%가 밀집되어 있기도 하지만, 전국적으로 147개 지역에 분산하여 거주하고 있어 상당히 넓은 지역에 흩어져 거주하고 있기 때문에 그 수요도 상당히 많은 상황인데, 결국 지방거주자들은 서비스에 대한 접근성이 매우 취약하다고 할 수 있다.

북한이주민의 남한 입국자 수가 증가함에 따라, 가장 현실적인 어려움으로 대두되는 것이 북한이주민의 주거 지원인데, 이는 임대아파트의 부족과 연결되는 어려움으로 지방의 공가를 중심으로 북한이주민의 주거지원이 이루어질 가능성이 높기 때문에, 향후 이러한

---

9 통일부 자료에 의하면 2007년 10월 기준 전체 새터민 중 36%인 3,933명이 서울에 거주하면서도 경기도에 2,543명, 인천에 962명이 거주하고 있어 전체의 67%가 서울, 경기, 인천에 밀집 거주하고 있음을 알 수 있다.

지역을 중심으로 서비스 인프라를 구축하는 것은 중요한 과제라 할 수 있다.

최근, 인천광역시의 경우, 2006년 말 국민임대아파트 단지가 남동구 일대에 대규모 조성된 뒤로 불과 6개월 사이에 '구' 단위 지방자치단체로는 전국에서 세 번째로 북한이주민이 밀집 거주하는 지역이 되었는데, 이 지역은 갑작스러운 북한이주민의 거주가 이루어졌기 때문에 그들을 위한 서비스 인프라가 전혀 이루어지지 않았다. 심지어 정착도우미서비스를 제공하는 대한적십자사 인천지사와 인천경찰서, 남동경찰서도 관련 업무 폭주로 인하여 적절한 업무수행에 많은 어려움이 있다고 한다. 이는 거주지 배정과 그에 따른 여러 지원 영역과의 적절한 연계와 논의가 없었기 때문이다. 이러한 상황 속에서 인천 남동구 지역의 북한이주민의 경우 '섬' 지역에 거주하는 것과 유사한 상황이라 할 수 있으며 최근 인근지역의 종합사회복지관(갈산·만수·삼산복지관)과 무지개 청소년센터가 이 지역의 서비스 인프라 구축을 위해서 활동하고 있다.

2) 서비스 포괄성과 충분성

서비스의 포괄성은 북한이주민의 남한사회 적응을 위해서 필요한 전반적인 영역을 얼마나 많이 포괄하고 있는가에 대한 평가라 할 수 있다. 또한, 서비스의 충분성은 각각의 서비스가 북한이주민의 남한사회 정착과 적응에 얼마나 충분한가에 대한 평가라 할 수 있다.

북한이주민을 위한 민간기관의 서비스 포괄성과 충분성은 민간기관들의 서비스의 역사를 살펴보는 과정을 통해서 평가할 수 있다. 북한이주민의 남한사회 입국이 급격히 증가하기 시작한 것은 2000년대 이후로 2001년도부터 전년도 대비 2배수 이상 입국하다가 연간

1,000명 입국, 2006년도 이후로는 2,000명 이상이 입국하여 최근 몇 년 사이에 급격한 증가 현상을 보여서 정부에서의 제도적 지원도 여러 차례 수정과 변화의 과정을 거쳤던 것처럼 민간의 서비스도 영향을 받았다.

지역사회복지관의 서비스는 서비스기관의 수가 증가하면서 서비스제공 지역도 확대되었으며, 2000년부터 서비스를 시작한 기관들은 서비스의 내용과 양이 많아졌으며 전담직원의 수도 증가하고 2006년에는 '새터민정착지원센터'를 자체적으로 운영하는 기관도 생겨나면서 서비스의 포괄성과 충분성을 확보하고자 노력하고 있다.

아동·청소년들을 위한 서비스 지원기관들은 대안학교로서의 기능을 수행하면서 시간이 지남에 따라 북한이주 청소년의 수가 증가하고 그들의 욕구의 다양함을 인식하여 각 학교별로 교육의 내용에 차별적인 부분을 확보하여 서비스를 제공하고자 노력하고 있다. 예를 들면, 문화적 적응을 위한 지원, 특히 북한이주 청소년들의 예술적인 감각의 회복과 예술을 통한 자신의 문제해결을 위한 활동을 지원하는 셋넷학교와 같은 경우를 들 수 있다.

그러나 최근 북한이주 청소년들에 대해서는 정부의 역할이 강조되는데, 이는 전체 북한이주 청소년 중 약 70%가 정규학교에 재학하고 있으므로 학교를 통한 서비스와 기존에 활동하던 민간기관의 서비스와의 중복 현상 및 학교에서의 다소 과다한 서비스 공급 등으로 인하여 서비스의 혼란이 발생하기 때문이다. 최근 교육인적자원부는 각 시도의 교육청을 통하여 '새터민 전담교사'와 모든 지역은 아니지만 교육보호담당관을 배치하고 각 학교 안에서의 북한이주청소년들을 위한 프로그램(캠프와 문화체험 활동, 교사 멘토링, 대학생 멘토링, 방과후 공부방, 학습지도)을 실시하고 있다. 따라서 북한이주 청소년서비스는 그들에게 필요한 서비스 영역의 차원에서는 모든 부분을 포괄하는 포괄성은 부족하나, 일부 영역에서는 충분함을 넘어선 과다 서비스 공급현상이 있다고 할 수 있다.

북한이주민의 민간기관의 서비스에서 성인 및 여성을 위한 서비스는 다소 부족하다. 특히 여성은 최근 3년간 70%의 입국 비율을 보였음에도 불구하고 전반적으로 여성들을 위한 서비스는 취약하다고 할 수 있다. 최근 입국 여성들의 경우 20대와 30대가 많아 대학에 입학하고자 하는 경우 일부 지원은 이루어지고 있으나, 이들의 사회적응을 위한 구체적 영역에서의 서비스 공급은 이루어지지 못하는데, 이는 북한 이주여성들이 서비스를 공급받을 수 있는 시간적인 여유가 없기[10] 때문일 수도 있고, 그들이 자신의 문제와 어려움, 욕구에 대해서 다소 공개하기를 꺼려하기 때문일 수도 있다.

또한, 성인들의 취업 지원의 경우, 민간기관의 서비스 제공은 상당히 취약하다. 취업상담과 취업을 위한 소양교육, 그리고 직업훈련을 받기 위한 상담 등의 서비스가 이루어질 뿐 취업을 위한 좀 더 포괄적이고 적극적인 지원은 부족하다고 할 수 있다. 그러나 이는 취업이라는 것이 어느 한 영역의 지원으로 이루어지는 것도 아니고, 현재 남한사회의 사회적인 여건도 취업 지원을 위한 서비스 공급에 많은 제약 조건으로 작용하기 때문이라 할 수 있다. 정부와 민간이 함께 협력하여 좀 더 거시적 차원의 개입이 필요하기 때문에 민간에서 접근하는 데는 한계가 있는 영역이라고 할 수 있다.

---

10 북한이주민 중 가장 취업이 활성화되어 있는 대상층이다. 그들은 젊고 비교적 건강하기 때문이기도 하지만, 북한과 중국 내 가족(자녀 등)을 남한으로 데려오기 위한 경제적인 여건을 마련하기 위해서 남한에 입국한 후 곧바로 취업을 선택하기 때문이다.

9장 북한이주민 문제에 대한 사회복지 역할[1]

1. 북한이주민 사회복지서비스의 발달

1) 실시 배경

새터민[2]의 정착지원사업을 실시하는 대표적인 사회복지기관으로 꼽을 수 있는 곳은 지역사회복지관이다. 지역사회복지관에서 새터

---

1 본고는 김선화가 2007년 5월 『새터민 1만 명 시대, 지난 7년과 앞으로의 7년』을 주제로 북한이탈주민연구 학회에서 발표한 「새터민 정착지원을 위한 사회복지 프로그램의 현황과 평가」의 내용을 중심으로 저자가 수록하였다.

2 본 교재 전체에서는 '북한이주민' 이라는 용어를 주되게 사용하고 있으나, 이 장은 앞서 언급한 원고를 토대로 일부 수정하여 수록하였기에 원문의 용어인 '새터민' 을 사용하고자 한다. '새터민' 은 2005년도부터 북한이주민에 대한 행정용어로 사용되었으며 "새로운 터전에서 새로운 삶을 시작하는 사람들" 이라는 의미를 지닌다.

민 정착지원 사업을 실시하게 된 배경은 지역사회복지관의 설치 조건 및 그 기능과 밀접한 관계를 가진다.

지역사회복지관은 지역사회 내에서 일정한 시설과 전문인력을 갖추고 지역사회의 인적·물적자원을 동원하여 지역사회 문제를 해결하고 주민의 복지욕구를 충족시키기 위한 종합적인 사회복지사업을 수행하는 사회복지시설[3]로 사회복지사업에 의해 설치된 정부의 민간위탁기관으로서 지역사회에 거주하는 주민과 그들이 가진 문제에 대해서 가장 민감하게 반응하는 대표적인 기관이라 할 수 있다. 2000년대 이후, 이러한 지역사회복지관이 설치된 지역에 새로운 주민계층인 새터민의 증가는 지역사회복지관의 프로그램에 새로운 변화를 이끌어냈다. 지역사회복지관에서 새터민 지원사업을 실시하게 된 배경은 다음과 같다.

첫째, 대부분의 새터민들의 거주지역은 복지관이 위치한 임대아파트 지역이기 때문에 지역적 접근성이 매우 높다는 점, 둘째, 지역사회복지관은 지역 내 거주하는 주민들의 특성(대상별, 문제 유형별)과 그들의 욕구에 대응하여 전문 프로그램을 시행하는 기관이기 때문에 새터민이라는 새로운 대상층에 대해 민감한 접근이 가능하다는 점, 마지막으로 지역사회복지관은 새터민들의 사회적응과 정착에 필수적인 여러 요소들을 공급할 수 있는 다양한 사회복지 프로그램을 보유하고 있어 새터민에게 응용 적용하는 데 비교적 용이하다는 점을 꼽을 수 있다.

이러한 지역사회복지관의 특성들은 지역주민의 새로운 유형인 새터민에 대해 타 민간영역보다 비교적 즉각적이고 효과적으로 대응할 수 있게 하였다.

---

3 사회복지사업법 제2조.

2. 북한이주민 사회복지서비스의 현황

1) 기관현황

지역사회 중심으로 새터민 정착지원 사업을 실시하기 시작한 것은 2000년부터이고 그 대표적인 기관은 지역사회복지관이라 할 수 있으며, 일부 지역(대구, 광주)에서 사회복지사들이 주로 근무하는 지역 새터민 지원기관이 있으며 그 현황[4]은 〈표 9-1〉과 같다. 이 표에서 소개하는 기관은 새터민 사업 영역을 별도로 가지고 있어 담당자를 전담 또는 비전담으로 지정하여 사업을 실시하며, 또한 사업을 위한 별도의 예산을 책정(외부지원 및 자체예산 등)하는 기관이다. 그 밖에 지역사회복지관의 일반적인 사업영역(가족기능강화사업, 지역사회보호사업, 지역사회 조직화사업, 자활사업, 교육문화사업) 내 여러 프로그램을 통해 새터민들에게 서비스를 제공하는 기관도 다수 있다.

〈표 9-1〉에 소개하는 기관들은 북한이탈주민 지원 민간단체 연대(이하 연대)에 가입되어 활동하는 기관 중심으로 소개되어 실제 프로그램을 실시하고 있으나 연대에 가입하지 않아서 누락된 경우가 있을 수 있다. 그러나 대부분은 지역사회복지관이며 그 중 일부는 사회복지사들이 중심이 되어 근무하는 지역 내 새터민 전담기관과 사회복지법인이 포함된다.

---

[4] 북한이탈주민 민간단체 연대 산하 지역복지 분과위원회 소속기관 중심으로 소개함. 북한이탈주민 민간단체 연대는 1999년 북한이탈주민 지원사업을 실시하는 민간단체들의 연합체로 (재)북한이탈주민후원회가 사무국을 담당하고 있으며 4개의 분과위원회(지역복지, 아동청소년, 정착지원, 해외)로 구성되어 있고 60여 개 단체가 소속되어 있다.

〈표 9-1〉 새터민 사업 실시 지역복지기관 현황

연번	기관명	위치	서비스대상 지역
1	가양7종합사회복지관	서울시 강서구	강서구 가양동
2	공릉종합사회복지관	서울시 노원구	노원구 전지역(중계,월계,상계,공릉)
3	방화6종합사회복지관	서울시 강서구	강서구 방화3동
4	신월종합사회복지관	서울시 양천구	양천 지역 새터민
5	평화종합사회복지관	서울시 노원구	중계동 지역
6	한빛종합사회복지관	서울시 양천구	양천구 전지역
7	화원종합사회복지관	서울시 영등포구	영등포 인근 지역
8	태화기독교사회복지관	서울시 강남구	강남구 전지역
9	몰운대종합사회복지관	부산시 사하구	사하구 전체
10	상리종합사회복지관	부산시 영도구	영도구 전체
11	학장종합사회복지관	부산시 사상구	사상구 전체
12	북한이주민지원센터	대구시 서구	대구 전지역 (서구전입자)
13	군자종합사회복지관	경기도 안산시	안산지역
14	한솔종합사회복지관	성남시 분당구	분당 정자동 지역
15	인천삼산종합사회복지관	인천시 부평구	인천시 삼산동
16	인천갈산종합사회복지관	인천시 부평구	인천시 갈산2동
17	인천만수종합사회복지관	인천시 남동구	인천시 만수동
18	학익사회복지센터	인천시 남동구	인천시 논현동
19	덕유사회복지관	부천시	부천시
20	우림복지재단	고양시	고양시
21	중구종합사회복지관	울산시 중구	울산시 중구
22	화정종합사회복지관	울산시 동구	울산시 동구
23	명륜종합사회복지관	강원도 원주시	원주시 명륜동
24	법동종합사회복지관	대전시 대덕구	대덕구 법동
25	생명종합사회복지관	대전시 동구	대전시 동구
26	쌍용종합사회복지관	충남 천안시	천안시
27	목포종합사회복지관	목포시	목포지역
28	전남광주이주민지원센터	광주지역	광주지역

2) 조직(인력) 및 예산 현황

(1) 조직(인력) 규모

새터민 사업을 실시하는 지역복지관은 사업 시작 초기인 2000년
대 초반에는 대체로 지역복지관의 일반 조직 내(가족복지과, 지역복
지과, 재가복지과 등)에 1~2명의 담당자를 지정하여 다른 업무를 담
당하는 팀원들의 지원을 받으면서 사업을 실시하였다. 그러나 2006년
도를 기점으로 하여 별도 조직을 구성(새터민정착지원팀 및 새터민
정착지원센터)하여 전담부서를 통한 종합서비스를 제공하는 기관
(공릉, 한빛, 방화6, 가양7복지관)도 생겨났다. 또한 사회복지사 외에
다양한 네트워크를 통하여 전문인력들의 지원을 받게 되는데, 전담
자원봉사 인력은 평균 40명 정도로, 대학생 및 성인들로 구분되고 성
인들은 전문영역(법률, 의료, 심리, 교육 등)의 자원봉사자 비율이 높
은 편이다.

〈표 9-2〉 새터민 지원 지역복지관의 사업 운영규모

구분	내　　　　　용
인력규모	· 전담사회복지사 배치: 전체 사업기관 중 50%(이 중 2~7명의 전담배치기관은 4개 기관) · 자원봉사자: 정착도우미, 학습지원, 전문영역봉사 등 일평균 20~30명(주요 서비스 기관의 현황임)
사업시작 현황	· 2001년도에 3개 기관에서 사업 시작 · 2004년 이후 지역 내 새터민 거주 비율이 높아지면서 사업수행기관 확대
프로그램 현황	· 기본(보편) 프로그램 　- 사례관리 및 신규전입자 지원(정착도우미사업 외 생활지원) 　- 아동청소년학습지원 프로그램 　- 사회적응 프로그램 · 선택(전문) 프로그램(지역별, 기관별) 　- 심리상담 및 정신건강지원 프로그램 　- 진로취업 지원 사업 　- 대상자별(노인, 여성) 특성화사업
	· 기관별로 사업을 선별적으로 수행

(2) 예산 현황

　지역복지관에서의 새터민 지원사업은 가양7복지관을 제외하고는 2001년도에 중앙사회복지공동모금회의 기획사업 지원(3년간)에 의하여 시작되었다. 사회복지공동모금회의 지원사업 시작 이후, 여타의 기업 사회복지재단에서 공모 형태를 통해 지원이 이뤄졌고, 북한이탈주민지원지역협의회로 배정된 예산이 지역협의회에 소속된 지역사회복지관에 일부 지원되어 사업비로 사용하고 있으며, 법정단체인 북한이탈주민후원회로부터 프로그램 공모형태를 통한 지원을 받아 사용하고 있다.

　또한 지방자치단체들의 역량과 관심에 따라 별도로 책정된 예산이 지원되어 사용되는 경우도 일부 있다. 그리고 이 사업을 추진하는 지역복지관의 자체예산(보조금 및 사업수익금과 후원금) 및 운영 법인의 지원에 의해서도 사업이 추진되고 있다. 일부 기관에서는 새터민 사업을 위해서 모금행사를 실시하여 특정사업을 실시하기도 한

〈표 9-3〉 새터민 지원 지역복지관의 예산 현황

구분	내 용	지원영역	지원형태
민간지원	사회복지공동모금회(기획사업 및 일반공모) 아산복지재단 & 삼성복지재단(공모사업) 아름다운재단	프로그램 수행에 필요한 직접사업 경비	프로그램 공모
	일반 후원금(개인 및 지역교회 및 기업체)		
민간과 정부	· 북한이탈주민후원회 - 정신건강사업, 아동청소년공부방사업 - 기타 프로그램별 공모		
정부지원	지방자치단체(시도청, 구청)의 자체 예산	영역별 위탁사업에 대한 경비	지원
	교육인적자원부: 새터민 청소년사업		
	통일부: 북한이탈주민지원지역협의회(일부)		
	정착도우미사업		
자체예산	복지관 자체예산	인건비, 사업비	자체부담
	운영법인의 지원금	사업비	

다. 이렇게 다양한 방법으로 예산을 확보하여 새터민 지원프로그램을 실시하고 있는데 구체적인 내용은 〈표 9-3〉과 같다.

3) 네트워크 현황

새터민들의 정착을 지원하기 위해서는 다양한 자원이 필요하다. 정착과 적응에 필요한 여러 요소들은 그 서비스를 제공하는 기관이 보유한 자원들도 있지만, 해당 기관이 보유하지 않은 자원들을 더 손

〈표 9-4〉 새터민 지원 지역복지관의 서비스 네트워크 현황

구분	기관현황(기관명)
새터민 지원기관	· 하나원 · 새터민 지원 민간단체(60여 개) · 북한이탈주민후원회
지역기관 (단체,모임)	· 북한이탈주민지원지역협의회(보호담당관 및 지역대표) · 직능단체 및 지역조직(민주평통, 의사회, 새마을부녀회 및 봉사조직 및 친목 조직)
교육기관	· 초 · 중 · 고등학교 교육 복지실 및 대학교 · 일반학원(학습 및 예체능 관련)
복지기관	· 이용시설: 사회복지관, 장애인 · 노인복지관, 보육시설 및 지역아동센터 · 생활시설: 일시보호시설 및 위탁가정 · 사회복지관협회 및 사회복지협의기구
관공서	· 지방자치단체(구청, 시청: 거주지보호담당관) · 고용안정센터(취업보호담당관), 경찰서(신변보호담당관) · 동사무소(국민기초생활보장 관련) · 시 · 구의회
의료기관	· 종합병원(아산병원, 삼성병원) · 지역병의원(내과, 산부인과, 정형외과, 신경정신과, 치과) · 지역보건소, 지역정신보건센터
지원기관	· 기업복지재단, 사회복지공동모금회, 기업체 · 한국정보문화진흥원, 한국문예진흥원
종교단체	· 개신교, 천주교, 불교(사회복지위원회 및 자원봉사 조직)
새터민 관련 단체	· 새터민 단체
기타	· 아파트 관리사무소

쉽게 제공할 수 있는 지역사회 내의 전문기관 등이 있으므로 새터민
서비스 전담기관은 지역 내 자원 및 타 기관들과의 네트워크가 무엇
보다도 중요하다.

지역사회복지관은 지역사회 내에 거점을 두고 오랜 기간 활동[5]하
였으므로 네트워크가 원활히 형성되어 있는데, 현재 새터민서비스
를 제공하는 기관들은 기존 복지관이 보유하고 있는 네트워크를 기
반으로 하여 새터민 지원을 위한 전담 네트워크 등을 다양하게 형성
하고 있다. 이러한 네트워크를 통하여 새터민들이 요구하는 다양한
문제들에 대해서 적정하고 적시적인 서비스제공이 가능한 것이 지
역복지관의 강점이라고 할 수 있다.

4) 프로그램 내용

지역복지관에서 실시하는 사회복지 프로그램은 5개 유형으로 구
분하여 운영되고 있다. 새터민사업에 있어서도 그러한 형태로 운영
되는데, 이를 5대 영역으로 구분하여 정리하고, 구체적인 부분은 각
프로그램별로 설명하고자 한다.

(1) 5대 유형별 새터민 프로그램 현황

새터민 정착지원서비스를 실시하는 사회복지기관은 대부분 지역
사회복지관이므로 지역사회복지관의 주요 사업 영역에 의한 구분을
살펴보면 〈표 9-5〉와 같다. 일부 기관에서는 전담부서에서 새터민의

---

5 전국사회복지관 현황 400여 개, 서울시 사회복지관은 96개소로 25개 구에 골고루 배치되어 있으
  며 저소득층 밀집지역 내에 반드시 설치되어 있다. 또한 사회복지관은 1980년대 중후반 이후로
  집중적으로 건립되어 지역사회 내에 오랜 거점기관으로 지역사회 문제해결에 선도적인 기능을
  수행하고 있다.

〈표 9-5〉 지역복지관 프로그램 5대 유형별 새터민 프로그램 현황

유형	프로그램 내용
가족기능강화사업	· 아동공부방, 청소년 및 대학생 멘토링 · 가족의사소통향상 프로그램 및 가족캠프 · 가족문제 상담 및 가족치료 프로그램 · 심리상담 및 심리검사 · 정신건강예방 및 치료프로그램 (음악, 미술, ADHD, 영화, 독서 등) · 가정 결연(새터민가족과 남한주민가족의 결연)
지역사회보호사업	· 요보호대상자 사례관리(노인 및 환자 및 모자세대 등) · 신규전입자들을 위한 정착도우미 사업(1년간 도우미 자원봉사자 배치, 사회복지사의 집중 지원) · 경제적 지원(장학금, 긴급생계비 등) 및 생활지원(밑반찬) · 의료적 지원(종합병원 무료 진료팀 연계, 지역 내 병원 연계) · 명절 및 절기별 지원(생필품 및 식품 지원) · 결혼식 지원(무료합동결혼식 지원)
지역주민조직화사업	· 새터민 조직 활동(봉사단, 부녀회, 축구단 등) · 새터민과 지역주민조직과의 간담회 및 공동 활동 · 새터민에 대한 인식개선을 위한 세미나 및 활동 · 새터민을 지원하는 자원봉사단 조직 (정착도우미봉사단, 학습지도봉사단, 대학생 멘토링 봉사단, 전문가봉사단 - 법률·의료·상담) · 새터민을 후원하는 후원회 조직 및 모금활동 · 지역사회 네트워크 구축 및 활동(새터민 지원을 위한 다양한 관계기관들과의 네트워크)
자활사업	· 취업알선 및 진로상담 · 취업생활 지원(직장생활 고충 상담 및 문제해결지원) · 근로의욕증진 프로그램
교육문화사업	· 성인 새터민 교육(영어교육, 컴퓨터 교육, 표준어교육) · 아동, 청소년들의 교육(영어, 수학, 한자, 컴퓨터 교육) · 문화생활 지원을 위한 교양강좌 및 학습프로그램 · 사회적응 지원 문화체험프로그램 및 야유회, 송년행사

정착지원서비스를 전반적으로 담당하고 일부 기관에서는 각 업무부서 5대 분야에서 각각의 역할을 나눠 담당하기도 한다.

(2) 새터민 지원 사회복지 프로그램의 흐름도[6]

〈그림 9-1〉의 흐름도는 모든 지역복지관에서 이루어지는 서비스

---

6 공릉종합사회복지관, 「새터민 정착지원센터 사업 안내서」

<그림 9-1> 새터민 지원 사회복지 프로그램 흐름도

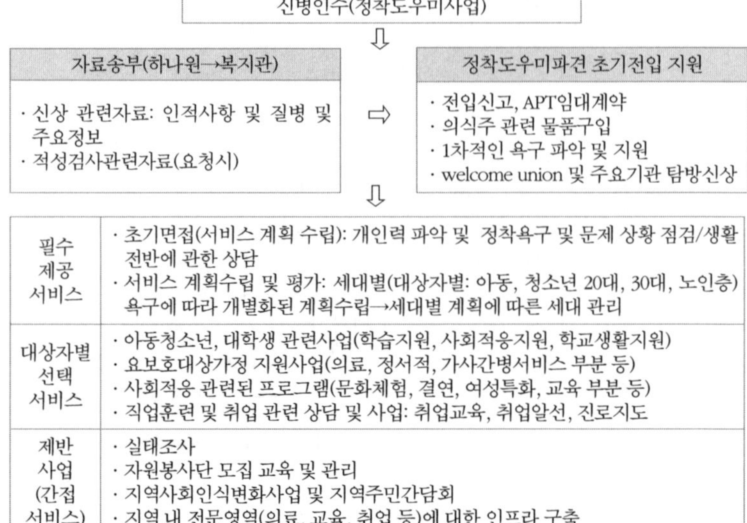

---

7 미국의 난민정착지원 프로그램 담당자 중 취업과 진로 지원 담당자에 대한 명칭.

흐름은 아니다. 하나원의 신병인수 사업인 정착도우미 사업에 참여하는 기관의 경우 이 흐름도에 따라 서비스를 제공한다.

(3) 단위 영역별 새터민 프로그램의 세부 내용

① 초기 정착지원 및 사례관리

〈정착도우미 사업〉
○개요: 2005년부터 통일부 위탁사업으로 8개 기관 실시
○내용:
· "정착도우미" 배치 및 활동을 통한 지원: 1년 동안 정착도우미라는 자원봉사자를 배치하여 초기 정착지원(지역사회 소개, 생필품 구입, 가정방문 및 교제)
· 환영행사: 지역사회의 새로운 구성원으로 편입된 대상자들에게 지역주민으로서 환영하고, 지역에 대한 이해를 돕는 프로그램
  - 매월 신규 전입자들을 대상으로 실시
  - 복지관 직원 및 지역협의회 위원 및 보호담당관들이 참석하여 다양한 정보의 교류 및 교제와 친목
  - 복지관 프로그램 소개, 지역사회 안내, 초기정착에 필요한 기타정보 제공(지역안내 소개책자 및 복지관 프로그램 책자 배포)
· 사회적응 프로그램 실시
  - 초기정착에 필요한 1차적인 욕구 파악(이후, 가정방문하여 구체적인 욕구파악 및 서비스 제공 계기마련)
  - 1~5회까지 초기단계에서 필요한 사회적응교육 및 프로그램 진행
○수행인력: 지역내 협력기관 협조 - 자원봉사자

〈사례관리〉
○개요: 사례관리는 남한사회 정착과정에서 경험하게 되는 많은
　어려움과 복합적이고 다중적인 새터민의 욕구를 정확히 파악·
　검토하여, 이에 맞는 사회복지서비스를 연결, 중재할 수 있도록
　체계적이고 계획적인 개입을 제공하는 전통적인 사회복지실천
　방법
○대상: 초기전입자 및 요보호자 및 핵심문제 해결 필요자(신규전
　입자, 노인세대, 가족문제세대, 복합서비스 필요세대)
○내용: 전담사회복지사가 배치되어 정기적인 가정방문과 상담을
　통해 문제를 파악하여 해결에 필요한 다양한 서비스 제공
○수행인력: 전담사회복지사

〈생활지원 서비스〉
○대상: 새터민 중 다음 내용의 서비스가 필요한 자(사례관리 대상
　자 중 다음의 서비스는 보편서비스로 제공)
○내용:
· 경제적 지원(장학금, 긴급생계비 등) 및 생활지원(밑반찬)
· 의료적 지원(종합병원 무료 진료팀 연계, 지역 내 병원 연계)
· 명절 및 절기별 지원(생필품 및 식품 지원)
· 결혼식 지원 (무료 합동결혼식 지원)
○수행인력: 사회복지사 & 자원봉사자

② 정신건강 및 심리상담

〈심리상담〉
○대상: 정착초기 및 2~3년차 새터민들에게 필요한 서비스로 정

신건강지원 및 심리상담이 필요한 자(정착도우미 시행기관과
연계하여 대상자 확보 및 하나원 연계, 관련 기관으로부터 의
뢰됨)
ㅇ방법: 아웃리치 형태의 상담(주1회~월1회/전화, 방문상담)
ㅇ수행인력: 상담심리사 & 정신보건사회복지사

〈사례관리〉
ㅇ대상: 정신과적인 진단을 받은 새터민 또는 경계선급 새터민
ㅇ내용: 소득과 건강, 가정문제, 직업훈련과 취업, 적절한 사회적
　지지 등의 욕구가 새터민들의 정신건강문제와 밀접하게 관련되
　어 있고 이러한 문제해결을 위한 지역사회 내외의 자원의 효과
　적인 개발·중재·조정·조직할 수 있는 등의 역할을 통해 새
　터민의 문제 해결 지원의 기능
·위기개입
·치료적 프로그램 적용(증상과 수준에 따라 개별 및 집단치료프
　로그램 실시)
·생활지원 영역(의식주 및 경제적 차원)
　- 의식주 관련 기본적인 생활 관리의 어려움 지원
　- 김치, 가사, 경제적(의료비, 긴급 생계비 등) 지원, 일상생활 지원
　- 명절 지원(설, 추석, 연말연시 정서적·물질적 지원)
·가족개입
　- 가족구성원들의 문제(자녀양육, 부부관계, 기타 문제) 개입 →
　　문제해결을 위한 대안마련 및 해결지원
·의료적 지원
　- 의료 네트워크 기관 의뢰(건강검진 및 신체화된 질병들에 대한
　　관리)

  - 신경정신과 상담 및 치료 시 연계병원 지정 및 동행 진료지원
  - 방문진료서비스(의료네트워크 내에 있는 의사 가정방문진료)
○ 수행인력: 사회복지사

〈정신건강 예방교육 및 치료 프로그램〉
○ 치료 프로그램: PTSD 치료 프로그램 및 유형별 치료 프로그램
  (펠트, 음악, 영화, 독서를 활용한 개별 및 집단치료 & 증상 중심
  의 치료 프로그램 진행)
○ 예방교육 프로그램:
· 성인교육 프로그램: 정신건강예방교육, 사회적응훈련, 부모교육,
  자녀/가족관계 훈련
· 아동·청소년 교육 프로그램: ADHD 치료 프로그램, 학교생활
  부적응 및 적응 스트레스 관리
○ 수행인력: 관련 전문가 & 사회복지사

③ 사회적응 프로그램

〈문화체험 프로그램〉
○ 방법: 일정 기간 대상집단을 모집하여 서비스 제공 또는 자원봉
  사자와 북한이탈주민 간의 1 : 1체험 프로그램 실시
○ 내용:
· 문화체험(생활용품 제조체험, 유적지 관람 등)
· 스포츠체험(축구, 농구 등 스포츠 관람)
· 방송 & 연예체험(영화, 콘서트, 자선행사 등 공연관람)
○ 수행인력: 지역 내 협력기관 협조 - 자원봉사자

〈새터민 융화 프로그램〉
○방법: 지역별로 연 3~4회 진행
○내용:
· 여름캠프(아동캠프, 노인캠프, 가족캠프)
· 송년행사(지역별로 연 1회 실시, 문화공연 관람 및 식사 및 북한
  이탈주민들 간의 교류와 나눔행사)
· 봄가을 나들이(신규전입자 및 기존 거주자들 간의 융화 및 남한
  사회적응 과정에서 오는 어려움 공유 및 심리적 안정 도모)
○수행인력: 사회복지사 & 자원봉사자

〈새터민(자조모임) 사회적응 프로그램〉
○방법: 지역별로 연 3~4회 진행
○내용:
· 여름캠프(아동캠프, 노인캠프, 가족캠프)
· 송년행사(지역별로 연 1회 실시, 문화공연 관람 및 식사 및 북한
  이탈주민들 간의 교류와 나눔행사)
· 봄가을 나들이(신규전입자 및 기존 거주자들 간의 융화 및 남한
  사회적응 과정에서 오는 어려움 공유 및 심리적 안정 도모)
○수행인력: 사회복지사 & 지역 내 연계조직 협조

〈가정결연 프로그램〉
○방법: 남·북한가정을 1 : 1로 결연 또는 자녀들 간의 결연
○내용:
· 주말농장을 이용하여 결연가정들의 공동활동
· 상호 가정방문을 통하여 이해를 도모
· 가족구성원별로 깊은 공감대 형성

· 결연가정 교육 실시
○ 수행인력: 사회복지사 & 남한가정

〈멘토링 프로그램〉
○ 내용: 북한이탈주민을 대상연령별(대학생 및 성인)로 구분하여
   남한주민들과 1 : 1로 연결. 연령대에 맞는 삶의 모델을 제공하
   고, 사회적응상의 어려움에 대한 대화 및 의논을 통해 365일 온
   라인 또는 오프라인으로 도움 제공
○ 사회복지사의 역할: 전문자원봉사자(멘토)가 다루기 어려운 문
   제에 대해서 해결책 제공
○ 수행인력: 전문자원봉사자

〈교육 및 강좌〉
○ 내용:
· 학령기 및 진학예정인 자녀를 둔 학부모에 대한 교육(교육제도
   및 자녀 교육방법 등)
· 건강관련 강좌 & 우울증 및 스트레스 해소 심리치료적인 강좌
○ 수행인력: 전문강사

④ 아동 · 청소년 · 대학생 교육 프로그램

〈아동 교육〉
○ 내용: 새터민 아동을 위한 방과후 공부방
○ 운영개요:
· 매주 월~금(방과후 시간) & 방학 중 종일반
· 학습지도 및 요일별 특화 프로그램 실시

○세부 프로그램:

·학습지원

  - 1:1 눈높이 개별학습

  - 특기적성교육 (태권도 · 컴퓨터 등 사회교육 연계)

  - 요일별 특별활동 교육 (영어회화, 사물놀이, NIE 등)

·심리, 정서지원 및 개입 프로그램

  - 전문상담 사례관리 (부모체계 강화/교사연계)

  - 심리치료 프로그램(공격성, 우울성 완화, 사회적응 지원/원
    예 · 미술 · 심리치료 접목)

·사회적응 프로그램

  - 문화체험활동(월1회/문화공연 관람, 스포츠활동 등)

  - 대인관계 향상 프로그램(연2회/집단활동 형식)

·기타: 지원기관 및 학교와 연계/자원봉사자 pool 구축

·학부모교육 및 간담회

○수행인력: 사회복지사, 방과후 공부방 교사, 심리치료(원예, 미술,
  음악) 전문가, 대학생 자원봉사자

〈청소년 교육〉

○탈북청소년 대상 학습지원 프로그램 실시: 부족한 학과목 보충,
  자원봉사자와 인격적인 관계형성 지원

○지원사항:

·1 : 1 개별지도 및 학습그룹(집단)지도(가정방문 & 복지관 내)

·중학교 참고서 및 각종 학습자료 지원

·검정고시 준비 탈북청소년 지원: 학력수준 테스트, 진학상담/검
  정고시 자료집 제작, 학습봉사자 배치

○수행인력: 사회복지사, 자원봉사인력 pool 활용, 외부학원

〈대학생 교육〉

○ 대학진학을 준비하는 새터민 청소년 학습지원: 학습지도 자원봉사 연계

○ 재외국민특별전형 대학입시설명회 개최(입시지원)

· 진로상담 및 학교 · 학과선택, 원서작성 지도

· "대학진학 가이드" 자료집 제작 및 활용

○ 예비대학생 대상 "새내기 대학가다" 프로그램 실시(연1회)

○ 대학재학 탈북청소년의 대학생활 적응을 위한 멘토링 프로그램

· 1 : 1로 매칭하여 대학생활 전반에 대한 지원(자원봉사자 활용)

○ 탈북대학생 자조모임 및 대학동아리 지원 (분기별 모임)

· 대학문화 공유 및 대학생활 어려움의 해결방안 모색

○ 수행인력: 사회복지사, 대학생 자원봉사자

⑤ 취업 및 진로지원 프로그램

〈정보제공(상담) 및 교육〉

○ 시장경제 교육내용:

· 시장경제에 대한 기본교육

· 남북한의 시장 차이 및 남한의 경제상황

· 바람직한 소비생활 등에 대한 해당 분야 전문가의 특강

○ 창업정보 제공:

· 창업이 가능한 환경여건 등 관찰하는 방법

· 적절한 업종에 대한 선정방법

· 창업 준비 여부 검증(어려움 및 문제점 확인 주지)

· 성공한 창업사례 소개

○ 수행인력: 전문강사 - 외부의뢰

〈근로의욕증진 프로그램〉

○방법: 그룹으로 조직하여 주 3~5회로 실시

○내용:

·구직처 검색(구직사이트 및 생활정보지 활용 구직법)

·이력서 및 자기소개서 실습 & 면접법, 이미지 메이킹법

·취업에 유용한 자격증 정보

·자원봉사활동 및 극기훈련(등반) 등을 통한 근로의욕 고취

○수행인력: 사회복지사

〈구직지원(취업알선)〉

○방법:

·상공인 연합회, 고용안정센터 등을 통해 구직처 개발

○내용:

·대상자 욕구와 기능에 맞는 취업처 소개 및 동행방문(직업능력
  검사 및 적성검사 실시)

○기타:

·취업박람회 참석 및 취업포털사이트 연결

·서울남부고용안정센터 및 북한이탈주민후원회와 연계한 취업
  지원

○수행인력: 사회복지사

⑥ 지역사회 통합 및 인식개선사업

〈인식개선 세미나(교육)및 활동〉

○북한이탈주민을 위한 바자회 행사:

·북한음식 판매, 지역사회주민 공동참여, 북한이탈주민 소개 등

○지역 내 기관단체장(직능단체, 학교장, 공무원, 주민자치위원)
　교육
·지역의 대표들을 교육함으로써 해당 기관들의 인식 변화
○남북한 대학생들 간의 인식개선을 위한 세미나:
·남북한 대학생들 간의 간극을 줄이고 연합을 위한 세미나 및 체
　험과 교제를 위한 캠프 진행
○남한 대학생들을 대상으로 한 새터민에 대한 인식변화 교육(새
　터민 자원봉사 아카데미)
·연 2회 서울지역 내 주요대학을 순회하면서 새터민에 대한 바른
　이해를 위한 교육 및 역할극(이후, 새터민 자원봉사자로 활동
　권유)
○남북한주민 화합프로그램(남북통합모임):
·야유회, 산행, 체육대회, 영화보기, 시티투어, 명절행사 공유
　(구성: 직원, 남한참가자, 북한이주민으로 참여)

〈새터민 봉사단 활동〉
○취지:
·남한사회의 수혜자로서의 위치에서 시혜자로서의 경험은 자신
　감 및 삶의 의욕을 고취, 다양한 봉사처에서의 경험이 남한사회
　에 대한 이해의 폭 증진
○활동내용:
·결식노인들을 위한 무료급식 및 치매어르신 보호
·신규전입 새터민들을 위한 지원 활동(청소, 밑반찬 준비, 지역
　안내)
○활동주기: 주 1회~월 1회

〈지역주민조직과의 네트워크〉
○ 취지: 새터민이 밀집하는 지역이 발생됨에 따라 주민 간의 갈등
과 오해 등이 존재하여 정착의 장애요인이 되고 있음. 이를 위한
주민들 간의 융화와 서로에 대한 편견을 극복하는 모임이 필요
○ 활동내용:
· 지역 내 부녀회, 통반장 모임, 기타 소규모 모임 등에 지역 내 새
터민들이 함께 참여하여 간담회를 실시하고, 친교를 통해 서로
에 대한 이해의 폭을 증진

⑦ 지역 네트워크 및 인프라 구축

〈북한이탈주민 지원 지역협의회 활동〉
○ 전국적으로 16개 새터민 밀집 지역 내 지역협의회 구성 운영 중:
· 지역협의회 위원으로 분기별 1회 회의 참가
· 지역협의회 사업추진(사업비 지원에 따른 사업수행)
· 지역협의회 주관 행사 지원(지자체가 주관, 기획하며 지역사회
복지관이 행사전반 수행형태)

〈새터민지원 민간단체협 연대(지역복지분과)〉
○ 현재 전국의 30여 개 지역사회복지관 및 NGO단체 참여:
· 연구모임, 사례회의, 사업공유, 공동사업 추진(연간 4~5회 분과
회의 실시)
○ 새터민 지원정책 제안 및 실태공유

〈보호담당관 간담회〉
○ 거주지, 신변, 취업 등 보호담당관 간담회를 통한 업무유대와 지

원 방안 논의(분기별 또는 반분기별 1회)

〈새터민 지원 자원봉사단 조직 및 활동〉
○대학생 자원봉사단: 아동, 청소년들의 학습 및 사회적응 지원 활동
○정착도우미 자원봉사단: 개별 또는 단체로 참여하여 정착초기의 새터민의 생활지원
○전문봉사단: 의료봉사단, 이미용봉사단, 법률봉사단

〈영역별 네트워크 구축〉
○내용:
· 의료기관, 학교(새터민교육 관련), 취업기관, 종교단체 등과 새터민 지원 영역별 각각의 네트워크 구축 및 정례화된 회의 등을 통하여 새터민들을 위한 구체적인 해결 대안 마련
· 새터민들의 복합적인 문제해결을 위한 서비스 네트워크
○교육네트워크(예시):
· 지역 내 학교 실무자, 지원기관(복지관 등), 교육청 관계자들이 모여 대상자 정보 공유 및 공동행사 기획 및 실무자들의 교육지원

〈연구 및 개발사업〉
○세미나 개최: 새터민 정착지원 프로그램 개발 및 연구 발표를 위한 세미나
○새터민 정착지원 안내서(자료집) 발간: 지역안내 책자, 사회적응안내 매뉴얼 등
○주요 새터민 사업 보고서 및 연구 보고서 발간
○해외연수: 미국난민정착지원시스템 탐방(2003년: 워싱턴, 마이애미)

3. 북한이주민 사회복지 프로그램의 평가

이 절에서는 새터민들을 위한 사회복지 프로그램이 실시된 기관, 또는 각 기관마다 새터민들에게 프로그램을 제공하여 이룬 성과를 살펴보았다. 각 기관이 위치한 지역적 특성(북한이탈주민의 수 또는 지역차원의 특성)을 반영함과 동시에 각 기관의 자원(인적, 물적 자원)의 한계 안에서도 여러 차원의 성과를 볼 수 있었다. 미진한 부분도 발견되었으며, 짧은 기간 안에 안정적인 형태를 갖춘 전문적인 프로그램도 볼 수 있었다. 또한 정부의 사업을 위탁 운영하는 프로그램도 있었다. 이러한 프로그램들이 새터민 정착에 미치는 의미와 가치를 평가하기 위하여 몇 가지 기준을 가지고 살펴보고자 한다.

1) 새터민 정착지원제도의 보완 및 발전의 측면

(1) 지역사회복지관은 하나원 퇴소 이후, 지역 사회 내 지원 시스템으로서 기능을 수행하였다.

하나원 퇴소 70기(2006년 중반)부터 하나원 교육기간은 10주로 2주 단축되었고 매월 둘째 주 목요일, 하나원 퇴소식 이후 새터민들은 거주할 지역사회로 이동한다. 2005년 정착도우미제도를 시작으로, 과거 신변보호 담당관이 거주지까지 새터민들의 신병을 인수하던 역할은 사라지고 대한적십자사 전국지사와 새터민 밀집지역의 지역복지관 및 새터민 기관 9개가 정착도우미라는 자원봉사자들을 활용하여 새로운 보금자리로 새터민과 함께 이동하여 그들의 기본 생활 도우미 역할을 제공하고 있다. 그러나 제도로 일컬어지는 '정착도우미제도' 는 본래 목적에 비추어 볼 때 정착 초기단계의 새터민들의 생활안내와 기초정보제공 및 정서적인 유대기능 달성에는 충분하지만, 새터민들이 지닌 다양하고 복합적인 정착의 중요한 문제나 욕구는 다룰 수 없다는 한계를 지닌다.

또한, 보호담당관(신변, 취업, 거주지)은 지역사회 내에서 새터민을 지원하는 또 하나의 주체인데 이들은 신변보호담당관을 제외하고는 지역별로 1명씩 배정되고 전담자가 아닌 다른 업무와 새터민 업무를 병행하여 수행하므로 새터민 지원에 집중할 수 없으며 동시에 그 기능은 행정적인 기능이 대부분이므로 새터민들의 정착과 관련된 직접서비스를 제공하지 못한다.

이러한 상황 속에서 지역사회복지관은 정부의 이러한 제도 내의 각 주체들과 연계하여 새터민 정착의 핵심적인 요소를 다루고 서비스를 제공하는 시스템으로 기능을 수행하고 있다. 현재 새터민을 위한 프로그램을 실시하는 모든 기관이 시스템으로서 기능하는 것은 아니지만, 새터민 주요 밀집지역(서울시 강서구, 노원구, 양천구와 경기지역, 대구와 부산지역)에서는 하나원 퇴소 이후 새터민들에게 정착지원 직접서비스를 제공함으로써 적응을 지원하는 지역사회 지원시스템으로 기능하고 있다고 할 수 있다. 이는 새터민들이 거주하는 지역에서, 필요한 때에 언제든지 필요로 하는 서비스를 전담인력들에 의해 상시적으로 제공받을 수 있는 지역 내 시스템이라고 할 수 있다. 이로써 정부 제도를 보완하여 새터민들을 지역 내에서 조기에 정착하도록 돕는 데 중요한 역할을 수행한다고 판단된다.

(2) 지역복지관은 북한이탈주민 지원 지역협의회(이하 지역협의회)의 유지 및 활성화에 기여도가 높다.

2001년도부터 통일부는 새터민 밀집지역을 중심으로 지방자치단체에 역할을 부여하고자 전국 16개 지역에 지역협의회를 설치하여 일부 예산을 지원하여 운영하고 있다. 지역협의회는 현재 지역 안에서 활동하는 새터민 지원 유관기관(지역복지관, 자원봉사단체, 민주평통, 적십자봉사관 등)과 당연직 공무원(보호담당관)과 지역의 직능단체장(의사회, 기업체대표 등) 중심으로 구성되어 연 4회의 정기회의를 실시하도록 되어 있다.

또한 그 운영을 위하여 통일부에서 지원되는 약간의 운영비는 협의회 회의를 위한 경비와 해당 지역의 새터민들을 위한 프로그램비로 대체로 지역협의회 소속기관 중 하나인 지역복지관을 중심으로 집행하고 있다. 사실상 현재의 형태는 관주도 민간 참여형으로 되어 있으나, 실제 운영되는 내용을 살펴보면 민간주도 관협조형으로 시행된다고 해도 과언이 아니다. 이는 지역협의회가 공식적인 실행조직이 없기 때문이며, 상대적으로 지역복지관은 구체적인 실행이 가능한, 새터민에게 필요한 서비스를 제공할 수 있는 인력과 프로그램을 갖고 있기 때문이다.

서울시 노원구의 경우 지역협의회의 새터민을 위한 프로그램은 공릉종합사회복지관에서 실시하고, 지역협의회의 위원장 및 기타 위원들은 자치단체의 전반적인 차원에서 협력해야 할 역할 등에 대해 논의하고, 자체 예산을 확보하는 등의 역할들을 나누어 수행함으로써 지역복지관과 지역협의회의 타 위원들과의 협력을 통해 궁극적으로 지역협의회의 활성화를 이끌어낸다고 할 수 있고 이에 지역복지관의 기여도는 높다고 볼 수 있다.

(3) 새터민 밀집 거주지역에서 지역복지관은 종합서비스 제
공의 기반을 확보하여 새터민 정착지원제도의 기능을 보
완하였고 이를 통하여 새터민의 정착수준을 향상시켰다.

새터민들에게 남한 생활은 모든 것이 낯설 수 있다. 스스로에게 필
요한 것이 무엇인지, 그것은 어떻게 확보할 수 있는지, 그러한 서비
스는 어디서 제공되는지를 아는 데 많은 시간이 소요된다. 기본적으
로 남한사회에서 경험한 것들이 적은 만큼 정착의 수준은 낮고, 정착
에 필요한 시간은 길어진다고 할 수 있다. 따라서 정부에서 제공하는
기본적인 지원기간^{하나원 교육기간} 외에도 그들이 정착하는 지역사회 내에
서 정착과 적응에 필요한 다양한 서비스의 제공이 반드시 필요하다
고 할 수 있다.

현재 하나원말고는 공식적인 새터민 교육기관이 없다. 그렇기 때
문에 10주라는 기간 동안 하나원 안에서 상당히 많은 부분의 교육내
용을 다루고 있으나, 그 실효성에 대해서 많은 문제제기가 있다. 제
기되는 문제점을 살펴보면, 대규모 집단교육의 비효과성, 짧은 기간
에 다양하고 방대한 양의 정보제공에 따른 한계, 아직 한국사회에 대
한 충분한 인식이 없는 상태에서의 주입식 교육에서 오는 현실감, 낮
은 인식수준 등을 들 수 있다.

때문에 새터민들에게 현실적인 교육을 실시하고자 한다면 하나원
퇴소 이후, 정착지(지역)에 거주하면서 필요로 하는 다양한 정보 및
교육 등을 제공하는 것이 효과성을 증진시킬 수 있으나 현재의 정착
지원시스템 안에서는 그 기능을 수행하는 공식적인 기관이 없다.

따라서 현재 지역사회에서 새터민들을 위한 정착지원서비스를 제
공하는 기관^{지역복지관}에서 공식적인 역할을 부여받지는 않았지만, 다양
한 형태의 프로그램을 실시하여 보완교육[8]을 실시하고 있다. 향후 사

회적응 전반을 위한 필수교육 중 하나원 외에서의 교육이 필요한 영역에 대해서 지역별 새터민 전담 서비스기관을 지정하여(예를 들면 정착지원센터) 교육기관으로 지정하고 하나원 교육을 보완 및 대행할 기관으로 역할을 수행한다면 현재 하나원 교육의 한계를 일부 보완할 수 있을 것으로 판단된다.

지역사회복지관은 하나원 이후 새터민들이 거주하는 지역에서 사회적응을 위한 보완교육 및 정착지원 프로그램을 통하여 정착지원제도를 보완하고 사회복지 영역의 전문프로그램들을 개발·적용하여 새터민들의 정착지원 수준 향상에 기여하였다. 실제로 2005년 북한인권정보센터 조사연구[9]에 의하면, 새터민들에게 도움을 주는 민간단체 중, 지역복지관이 46.4%로 가장 많이 이용하는 기관으로 응답되었고 도움의 종류로는 경제적 지원(38.1%), 상담활동(24.6%), 취업도움(14.3%), 교육적 지원(본인 및 자녀)(10.5%) 등이 있다고 응답하였다. 이런 서비스에 대해서 높은 만족도를 보인 경우가 54.9%로 나타나 새터민들을 위한 지역사회복지관 서비스는 긍정적으로 평가되었다고 볼 수 있다.

2) 새터민 정착지원 프로그램의 측면

(1) 다양해진 새터민들의 특성에 따라 유형별로 필요한 서비스를 개발하여 대상자별 맞춤형 서비스를 제공하였다.

새터민들의 입국자 특성을 정확히 판단하고 이에 따라 서비스를 제공하는 것은 필수적이다. 새터민 모두에게 공통적으로 적용될 수

---

8 사회적응프로그램, 정보화교육, 남한사회 이해에 관한 교육 등이 있다.
9 북한인권정보센터(2005), 『2005년 새터민 정착실태 연구』, 통일부 용역연구 보고, pp. 83~91.

있는 사항도 있지만 그들의 객관적인 특성^{인구학적 특성}에 따른 정착지원 서비스의 구분과 탈북배경 및 탈북 이후 생활경험, 또 그에 따른 개별적인 상황(신체적·심리적·정서적 측면)에 따라 서비스를 구분하여 제공하는 것이 반드시 필요하다. 사회복지서비스는 사회복지 실천의 본질적 가치에 의거하여 그 서비스 이용자들의 문제에 대해서 개별화^{individualization}된 접근을 기본 원칙으로 한다.

여성입국자가 최근 3년간 급증하였다는 점, 초기정착 새터민들에게는 집중된 서비스제공이 필요하다는 점, 새터민의 의료적 서비스의 중요성과 새터민 아동·청소년들에게 지역사회 안에서의 안정적인 교육서비스가 필요하다는 점, 새터민 밀집지역이 다수 발생되면서 거주 지역사회 안에서 경험하는 차별과 편견의 극복을 위한 지원과 지역주민들과의 통합 문제 등 새터민 모두에게 공통적일 수 있으며 혹은 개별적인 이슈일 수도 있는 사안들에 대한 문제해결 및 대안제공을 위한 프로그램을 실시하였다.

특히, 전문인력에 의해서 특정 영역에 대한 전문적인 가치를 내포한 전문가적 접근이 이루어졌는데, 그 대표적인 예는 사례관리^{case management} 서비스이다. 지역복지관에서 실시중인 새터민 지원사업 중에서 오랜 기간의 경력을 가진 사회복지사가 다양한 전문지식과 자원들을 적용하여 복합적인 문제를 가진 대상자에게 특정 서비스를 제공하는 것이 이에 해당한다. 새터민과 같이 하나의 문제가 아닌 복합적인 문제상황을 가진 대상자들에 적용되는 전통적인 사회복지실천 방법론이 바로 사례관리이다.

각 기관에서 실시하는 사례관리는 새터민의 초기전입 이후 지역 안에서 안정적인 정착이 이루어질 때까지 상당 기간 지속적인 관계성을 가지고 전문사회복지사에 의해서 상담과 각종 서비스를 제공하는 새터민을 관리하는 한 방법이다. 정기적인 사례회의와 지속적인 기록유지는 새터민들의 정착과정을 평가할 수 있는 자료로서의 활용가치 역시 높다고 할 수 있다.

(2) 특정 문제상황 및 요보호 상황의 새터민들을 위한 프로그램을 실시하여 사회복지의 전문적 개입을 통한 새터민들의 문제해결을 이끌어냈다.

새터민들이 남한 정착 생활과정 중에서 경험하는 어려움과 문제상황은 다양할 수 있다. 그러나 그러한 어려움과 문제상황은 정착 초기에 누구나가 경험하는 문제일 수 있으며, 시간이 지나면서 해결되는 문제도 있겠지만 일부에 한해서는 전문적 지원기관에서 다루어야 할 것들도 있다.

대표적인 예로서 새터민가족에 대한 개입과 심리상담 및 정신건강에 대한 개입을 들 수 있다. 새터민가족에 대한 개입은 최근 부각되는 중요한 문제라 할 수 있다. 과거 남성 단독입국 시대를 지나, 가족 동반 새터민의 수가 증가하였으며 초기에는 단독으로 입국하지만 이후 다른 가족들(자녀, 배우자)이 입국함으로써 여러 형태의 새터민가족이 정착한다. 특히, 최근에는 20~30대 젊은 여성 새터민의 입국자 수가 증가하여 그들이 형성하는 가족 구성적 특성에 따라 발생하는 어려움[10] 및 문제도 다양하다. 그러한 어려움의 결과로 가족 간의 대화부족, 자녀양육의 문제, 가정폭력과 이혼의 위기, 이로 인

---

10 대체로 남성보다는 여성이 취업에 용이한 조건을 가지고 있기 때문에 경제적인 지위가 높아진 이주민 여성에게는 한국에서 무능력한 모습을 보이는 미취업 남성배우자에 대한 인식의 변화가 발생하였다. 그러나 남성들은 여전히 북한에서의 가부장적인 태도를 유지하고, 조선족남편들인 경우, 과거 본인이 새터민 여성들의 생존을 보장했던 높은 위치로서의 자기인식이 남아 있기 때문에 한국에서의 생활여건의 변화에 따라 성역할이 변화할 필요성을 인식하지 못한다. 따라서 부부간에 갈등이 심화된다(김선화, 「정착초기 새터민가족의 정착 지원과정」, 2007년 한국가족복지학회 춘계학술대회).

한 심리적인 어려움 등이 정착과정에 많은 장애요인으로 나타난다. 지역사회복지관에서는 이러한 문제 극복을 위한 원조를 실시하고 있다. 가족기능을 보완(자녀양육 지원)하여 가족원들이 문제상황에 노출되지 않도록 원조하고 있고 가족관계 증진(부부의사소통 교육, 자녀양육방법 교육, 가족프로그램)을 위한 프로그램을 실시하여 관계를 증진시키고 있다. 가정폭력과 이혼 위기의 상황에 대한 긴급개입과 이후 문제처리 과정에도 유관기관과 협력하여 지원을 실시하고 있다.

또한 새터민들의 정신건강 및 심리안정을 위한 지원은 전문적 개입이 필요한 영역이다. 새터민들의 재북 경험, 탈북과정 및 탈북 이후 생활경험, 한국에서의 적응과정 중 발생한 어려움 등으로 많은 새터민들이 심리적인 어려움을 겪고 있고 정신건강적인 문제상황을 지닌다. 이들을 위한 개입(심리상담 및 치료 프로그램, 생활지원 서비스·임상사례관리) 등은 숙련된 전문가들이 제공할 수 있는 전문 프로그램으로 이 서비스에 대한 인식 수준이 낮고 경험적 바탕이 없는 새터민들에게 다양한 시도로써 이들을 위한 정신건강 및 심리상담 지원 프로그램들을 실시하고 있다.

(3) 새터민 지원을 통해 확보된 다양한 경험과 정보들을 바탕으로 프로그램 개발과 정책방향성 수립(제도개선) 등을 위한 연구성과를 축적하였다.

한국사회에 다수의 새터민이 거주하기 시작한 지 얼마 되지 않았기 때문에 사실상 현재 제공되는 서비스나 프로그램들은 새롭게 시도되는 것이 대부분이라 할 수 있다. 지역사회복지관에서 제공하는 서비스 또한 그렇다 할 수 있다. 그러나 현재 지역사회복지관에서 제공되는 서비스는 기존 사회복지 영역에서 사용하는 실천기술과 기존의 사회복지관에서 제공되는 서비스 내용 및 패턴을 바탕으로 응용 적용하거나 연구함으로써 개발되었다.

새터민 서비스제공 내용과 과정 중에 습득된 정보들을 바탕으로 새터민 문제를 정리하고, 그에 따른 해결 대안을 찾아내고 공통적인 특성을 파악하여, 그들의 욕구를 파악하고 그에 따른 서비스를 정리하고 제공방법들을 찾아내는 등 각 기관마다의 연구노력들을 다양하게 살펴볼 수 있다. 그러한 고민의 결과들을 연구(사업)보고서의 형태로 발간하기도 하였으며, 워크숍 등을 통하여 관계자들과 공유하는 과정에서 평가를 받은 과정도 이루어졌으며, 또한 새터민들과 그들을 돕는 인력들을 위한 교육교재 및 정보제공 책자 등을 발간하였다.

3) 새터민 지원을 통한 지역사회 통합 기반 구축의 측면

새터민들이 배정받은 거주지에서 안정적인 정착을 하고 궁극적으로 남한사회에 적응하기 위해서는 지역사회 안에서의 다양한 형태의 지원과 관심은 상당히 중요한 부분이다. 이러한 지원과 관심을 이끌어내기 위해서는 지역사회 안에 영향력 있는 기관들 간의 관계망이 형성되어야 하고 지역주민들의 긍정적인 인식이 반드시 필요하다.

(1) 새터민 지원을 위하여 지역복지관은 지역사회 내 주요기관 및 단체들 간의 관계망을 형성하여 지역사회인프라를 구축하였다.

새터민이 지역사회에 조기에 정착하기 위해서는 지역사회 차원의 제반시스템이 반드시 필요하다. 정부에서 마련한 보호담당관제도나 북한이탈주민 지원 지역협의회 및 민간단체들이 맡겨진 역할을 원활하게 수행하기 위해서는 지역사회 안에서 이들 간에 유기적인 관계뿐만 아니라, 지역사회를 주도하고 중요한 역할을 담당하는 다양한 형태의 기관들(관공서 및 직능단체, 시민사회단체, 종교단체, 의료기관, 교육기관 등) 간의 긴밀한 관계가 중요하다. 왜냐하면 이러한 기관들과의 긴밀한 관계를 통해서 새터민 정착지원에 필요한 다양한 자원을 이끌어낼 수 있기 때문이다.

지역사회복지관은 대부분 1980년대 이후 사회복지사업법에 의해 지역에 설치되어 오랜 기간 동안 지역사회를 기반으로 활동하던 경험들을 바탕으로 하여 새터민 지원사업을 실시함에 있어서도 지역사회를 주도하고 중요한 역할을 담당하는 다양한 형태의 기관들과 새터민에 대한 이해를 위한 교육, 간담회, 각종 행사 개최 등을 통하여 협력이 가능한 관계망을 구축하였다. 사실상 이러한 기관들은 이미 지역복지관들과 지역협력 네트워크가 구축된 상태가 많아 이를 바탕으로 새터민들을 위한 프로그램에도 비교적 용이하게 적용하여 협력하고 있다.

예를 들면, 새터민 아동청소년 교육을 위하여 지역사회 내의 교육기관과 지원기관들 간의 네트워크가 있으며, 정신건강을 지원하기 위하여 보건, 정신의료영역과의 네트워크 등이 대표적인 경우라 할 수 있다.

(2) 새터민들과 지역주민의 통합 지원 활동을 통하여 새터민에 대한 지역사회 내 인식개선을 이루어가고 있다.

지역사회복지관은 지역사회를 기반으로 지역주민들의 문제해결과 욕구충족에 필요한 서비스를 제공하는 기관이라는 특성을 충분히 발휘하여 2000년대 이후, 지역사회의 새로운 구성원으로 편성된 새터민과 기존에 거주하던 남한주민들 간의 융화 및 서로에 대한 이해를 증진시킬 수 있는 다양한 프로그램을 실시하였다.

최근 지역별로 새터민 밀집지역이 다수 발생되고, 특히 특정 지역(아파트)에는 10% 이상이 새터민으로 구성되므로 지역주민들은 새터민에 대해 경계하거나, 여러 생활경험에서 비롯된 새터민의 문제점을 지적하거나 편견 등이 많은 상태에 있어 주민들 간의 관계는 그다지 좋은 상황이 아니다. 그렇기 때문에 새터민들이 경험하는 어려움은 더욱 많다. 적응과정에서 새터민이기 때문에 경험하는 어려움 외에 지역주민들과의 불편한 관계에서 발생되는 문제까지 복합적인 어려움을 경험한다. 이러한 문제는 새터민 당사자들에게 정착의 장애요인지만, 새터민들이 지속적으로 증가하는 상황에서 국민통합의 차원에서도 장애요인으로 작용하고 있다.

지역사회복지관에서는 이러한 문제점을 인식하여 여러 프로그램을 실시하여 주민들 간의 통합과 관계개선을 지원한다. 예를 들면, 북한 음식바자회, 중·고등학교 방문 통일교육, 지역 내 대학생들과 탈북대학생들 간의 멘토링 프로그램, 그리고 새터민 어르신과 장애인들을 위한 봉사활동, 지역주민과의 체육활동(축구 등), 지역주민과의 간담회, 지역주민조직의 새터민에 대한 이해 증진을 위한 교육 등을 개최·실시함으로써 상호간의 이해를 높이고, 관계성을 증진시켜 북한이탈주민들과 지역주민들 간의 통합을 이루는 기반을 마련하였다고 할 수 있다.

□ V부 참고문헌 □

〈국내문헌〉

김선화(2004),「지역사회 중심의 북한이탈주민 정착지원사업의 전망」, 북한이탈주민 지원 민
    간단체협의외 워크숍 자료집.
김선화(2005),「지역사회복지관의 북한이탈주민 지원사업의 현황과 과제」, 북한이탈주민 지
    원 실무자 전문성 증진을 위한 교육 워크숍 자료집.
김선화(2006),「지역사회 중심의 새터민 정착지원」,『통일을 준비하는 한국사회-한국 천주교
    회의 과제』, 2006년 제9차 민족화해 가톨릭 네트워크.
김선화(2007),「새터민 정착지원을 위한 사회복지 프로그램의 현황과 평가」,『새터민 1만 명
    시대, 지난 7년과 앞으로의 7년』, 북한이탈주민연구학회 학술회의.
박윤민(2004),「북한이탈주민 지역사회 정착지원 프로그램에 관한 연구」, 서울시립대학교 도
    시과학대학원 사회복지학과 석사학위논문.
박윤숙 · 윤인진(2006),「북한청소년의 사회적 지지 특성과 남한사회 적응과의 관계」, 북한이
    탈주민 연구학회 발표문.
북한이탈주민후원회(2001),「북한이탈주민 사회적응 실태조사 보고」
안혜영(2000a),「북한이탈주민의 남한사회 적응과 사회복지적 대응에 관한 연구」, 이화여자대
    학교대학원 박사학위논문.
이금순 외(2006),「북한이탈주민 문제해결 거버넌스 실태조사」,『한반도 평화번영 거버넌스의
    실태조사 - 하』.
이기영(2000),「남한거주 탈북자의 정착과 사회적응 지원방안」,『통일논총』, Vol.-No.18.
이기영(2002),「탈북청소년의 남한사회 적응에 관한 질적 분석」,『한국청소년연구』, Vol.13
    No.1.
이기영(2003),「남한 거주 탈부자부부의 사회적응 측정에 관한 연구」,『한국사회복지연구』, 제
    12집, 부산대학교사회복지연구소.
이기영(2005),『북한이탈주민의 사회통합을 위한 지역복지실천의 모색』, 집문당.
이기영 · 성향숙(2001),「탈북자 가족구성원의 가족관계 인식에 관한 조사연구 - 탈북자 가구
    주 및 그 배우자의 인식을 중심으로」,『한국사회복지학』, 통권 47호.
이기영 · 윤경애(2003),「북한이탈주민의 지방 정착지원을 위한 지역사회 자원동원전략」,『한
    국사회복지학』, Vol - No.55.
북한이탈주민후원회,『동포사랑』, 소식지, 통권 제 17호.
통일부,「북한이탈주민의 보호 및 정착 지원에 관한 법률」.
통일부,「2006년 통일부 국정감사 제출자료」(사회문화교류본부).
통일부,「2006년 북한이탈주민 통계현황」.

〈기타자료〉

무지개청소년센터 홈페이지 http://www.rainbowyouth.or.kr/
북한이탈주민후원회 홈페이지 http://www.dongposarang.or.kr/
통일부 홈페이지 http://www.unikorea.go.kr/
「2006년도 서울지역 지역사회복지관 북한이탈주민 지원사업 내용 및 브로셔」참조.

VI

이주민 지원정책논의의 확장

10장 북한이주민의 지역사회통합: 정착지원센터모형을 중심으로__김선화
11장 이민정책과 북한이주민정책 조화__이민영

10장 북한이주민의 지역사회통합: 정착지원센터모형을 중심으로

북한을 떠나 남한에서 살고 있는 북한이주민은 북한이 고향인 '남한주민'으로 삶을 살아가고 있다. 그러나 북한이주민들이 살고 있는 지역사회 안에서는 여전히 북한사람으로 인식되어 지역사회에 기존 거주민인 남한주민들과의 관계에서도 통합되지 못하는 현상이 나타나고 있다.

60년에 가까운 분단된 시간 동안 남한과 북한은 역사 인식에 대한 차이와 정치적·사상적 차이뿐 아니라 생활습관과 가치관 및 문화적 측면에서도 차이가 크기 때문에 일상생활 속에서 함께 하는 지역주민들 간에는 이러한 차이에서 오는 오해와 갈등이 나타나고 있다.

이러한 차이를 줄이고 공통점을 찾아내는 일들은 지역사회 차원에서 상당히 중요한 과제가 되었으며 북한이주민이 최종 정착지에서 안정적인 정착을 하는 데 중요한 변수라고 할 수 있다. 또한 이러한 북한이주민과 남한의 기존 거주 주민들이 지역사회 안에서 통합하는 것은 단기적으로는 북한이주민의 남한사회 적응을 돕는 것이며, 장기적인 측면에서는 통일을 준비해 가는 과정으로 이해할 수 있다. 북한에 대한 이해를 증진시키고, 서로에 대한 이해를 확장하는 계기가 될 수 있으며, 통일 이후 남북한 주민들 간의 통합을 이끌어내는 중요한 단초가 될 수 있을 것이다.

본 장에서는 북한이주민과 기존 남한주민들 간의 지역사회 통합을 위한 접근으로 사회복지의 역할을 제시하고자 하며, 그에 앞서 지역사회에서 실시되고 있는 민관(民官)의 북한이주민 지원체계에 대한 현황과 문제점을 파악하고, 북한이주민이 남한주민들과 함께 생활하면서 발생하는 어려움과 문제점들을 살펴보고, 궁극적으로 상호간의 차이를 극복하고 통합을 이루기 위한 사회복지적 측면의 지역사회통합 방법을 제시하고자 한다.

1. 북한이주민과 지역사회통합

북한이탈주민들의 적응상의 문제들은 그들의 내면적인 특수한 태도나 행위의 문제라기보다는 이들이 정착하고 적응해야 하는 '남한사회' 와 '남한주민' 과의 상호적 작용의 결과로 보는 것이 타당할 것이다. 그러므로 북한이탈주민의 적응의 문제들은 남한사회 및 남한주민들의 반응 혹은 작용과 밀접히 연결되어 있으며, 그만큼 이들의 성공적인 정착이라는 개별적인 목표에는 남북한 출신 주민의 융화라는 사회적, 거시적 차원의 목표가 맞물려 있는 것이다. 즉, 남한사회에서의 북한이탈주민의 존재가 사회 내에서 또 하나의 분리를 의

미하는 것이 되어서는 안 되며, 북한이탈주민과 남한주민들이 이질
감을 극복하고 연대감을 형성하면서 거주하는 지역사회 내에서 자
연스럽게 통합되어 살아가게 하는 것이 궁극적인 목표이다. 이러한
목표에 관심을 가지고 실천방안을 모색하는 것이 사회복지의 새로
운 영역이 되어야 한다. 더욱이 북한이탈주민의 남한사회 정착과 사
회통합은 결국 이들이 거주하는 지역사회 차원에서 이루어지는 것
인 바, '지역복지' community welfare 로서 접근되어야 할 주제이다(이기영,
2006: 16).

이러한 측면에서 북한이주민의 사회적응에 가장 밀접한 영향력을
미치는 지역사회라는 환경에서 발생하는 제반사항(환경과의 조화
및 갈등·지역주민들과의 관계적 측면에서의 현황 및 문제점 등)들
을 살펴보고, 환경과 상호작용하는 가운데서 형성되는 통합의 의미
와 중요성을 살펴보고자 한다. 궁극적으로 북한이주민과 지역사회
(지역주민)의 원활한 소통을 통한 사회통합의 중요성을 다루고자
한다.

1) 지역사회 통합의 개념과 필요성

통합에 대한 개념을 구체적으로 접근한 와이너(Weiner, 1966)는
통합을, 문화적으로 또는 사회적으로 분리된 집단들을 하나의 영토
적 단위로 결합시키고 국민적 정체성을 확립시키는 과정으로 보았
다. 이러한 의미에서 통합은 사회문화적으로 분리되어 있는 집단들
을 하나의 영토적 단위로 결합시키고 국민적 정체의식을 확립하는
과정, 특정 사회집단이나 역사적 정치단위들에 대해 불일치를 느끼
는 하위집단 혹은 지역들에 대하여 국가의 중앙적 권위를 확립하는
것, 정부와 피지배자, 엘리트와 대중들 간의 간격과 갈등 가능성을

줄이고 연계를 이룩하는 과정, 사회질서를 유지하는 데 필요한 가치나 목표를 둘러싼 최소한의 합의를 얻는 것, 공통 목표를 위해 조직화하려는 사회의 인민능력과 관련하여 통합적 행동을 유발하는 것 등으로 설명하고 있다(이온죽, 1997: 26; 이기영, 2006: 67 재인용).

현재 북한이주민과 남한주민들의 주거지는 정부에서 제공하는 정책에 따라서 일정 지역에 밀집화되어 있어, 와이너(1966)가 설명한 통합의 관점에서 양자간의 관계를 살펴볼 수 있다. 영토적(지리적) 측면에서 상호 의도된 바 없이 2000년도 이후, 특히 3~4년 사이에 북한이주민의 거주가 밀집화되면서 사회문화적인 배경이 다른 2개의 집단이 영토적(지리적) 단위로 결합하고 국민적 정체의식을 확립한다는 것은 현실적으로 많은 어려움이 발생할 수 있음을 예측할 수 있다.

또한, '사회통합'의 개념을 이해함에 있어 몇 가지 개념과 연결할 필요가 있다. '사회통합'은 사회의 분화[differentiation], 이질화[dissimilation], 분리[segregation], 차별[discrimination], 불평등[inequality] 등을 전제로 한 사회적 과정이라고 볼 수 있는데, 사회적 '분화'는 사회구성원들이 다양한 직업을 위시한 사회경제적 활동의 추구과정에서 자율적이면서도 상호의존적인 상태에 도달하게 되는 것이며, '이질화'는 주로 사회구성원들의 심리·문화적 특성이 몇몇 집단들로 나뉘어 서로 조화롭게 어울리지 못하는 상태를 말한다. '분리'는 사회성원들을 특정한 기준에 의거해 인위적으로 떼어놓고 서로 섞이지 못하도록 하는 것이고, '차별'은 사회성원들을 인위적 기준에 따라 불공정하게 대우하는 것이며, 또한 '불평등'은 사회성원들이 다양한 정치·사회·문화·경제적 자원을 향유함에 있어서 개인이나 집단별로 서로 뚜렷한 차이가 드러나는 상태를 말한다. 이 가운데 사회의 분화는 '문제적인 상태'로 이해되기보다는 분화와 통합의 자연발생적 사이클에 의한 사회진화의 한 요소로서 이해되어 왔다. 따라서 사회통합을 의도적으로 추구한다고 할 때, 사회의 분화보다는, 그 결과 생겨나는 이질화 · 분리 · 차별 · 불평등 등에 주목할 필요가 있다(장경섭, 1995: 421-422; 이기영, 2006: 69 재인용).

따라서 북한이주민의 정착지원의 측면에서 지역사회의 통합은 동일한 거주권 내에 있는 남북한 출신의 주민들 간의 차이와 간격, 갈등 가능성을 줄이고 연계를 이룩하는 과정으로 사회질서를 유지하는 데 필요한 가치나 목표를 둘러싼 최소한의 합의를 이루고자 노력해가는 과정이라고 할 수 있다. 이를 위해서 정치 · 사회 · 문화 · 경제적으로 차이가 있는 남북한 출신 주민들 간에 발생(가능)한 이질화 현상을 해결(예방)하고, 두 집단 간에 차별과 불평등의 요소들을 확인하고 이를 극복 · 해결하기 위한 지원이 필요하다.

2) 북한이주민 지역사회 통합의 현황과 문제점

남한에 거주하는 북한이주민은 서울을 중심으로 한 수도권 지역에 약 70%가 거주하는데, 이들은 특정 아파트 지역에 밀집거주하고 있다. 이들이 거주하는 아파트 지역은 영구임대아파트를 포함한 공공임대아파트로 남한주민들 중에서도 비교적 저소득 계층이 다수 거주하는 지역이라 할 수 있다. 또한 경제적인 상황뿐 아니라 노인과 장애인 및 사회적인 약자들이 거주하는 지역으로서 북한이주민이 만나게 되는 지역주민들도 삶을 살아가는 데 여러 어려움을 경험하는 집단이라고 할 수 있다. 이러한 생활상의 어려움을 경험하는 남북한 출신의 주민들이 밀집되어 있기 때문에 지역사회 차원으로 볼 때는 주민들 간의 비통합의 문제가 발생될 가능성이 비교적 높은 편이라 할 수 있으며 구체적인 내용을 살펴보면 다음과 같다.

(1) 지역사회와 소통을 통한 지원체계 부족

북한이주민들이 배정받은 주거지에서 생활하면서 겪게 되는 여러 가지 어려움들을 해결하기 위해서는 이웃이나 동료들의 관심이 필요하다. 북한이주민들이 남한사회 정착과정에서 거주지, 직장, 학교 등에서 생활하게 되는 사람들과의 관계가 매우 중요한 영향을 미치게 된다. 그러나 실제 이러한 관계 형성을 도와주기 위한 정부나 민간차원의 프로그램은 매우 단발적이고 형식적으로 이루어지는 수준이다. 이는 실제 지역사회 차원에서 북한이주민 정착지원문제에 대한 인식이 매우 부족하며, 이들을 지역사회의 중요한 인적자원으로 수용해야 한다는 의식이 미흡하기 때문이라고 할 수 있다(이금순 외, 2007: 1153).

남한사회에는 지역사회를 중심으로 한 다양한 주민조직과 모임이 존재한다. 예를 들면, 부녀회(새마을 부녀회, 아파트 부녀회), 동대표자회의, 주민자치위원회, 통반장 조직과 반상회 등 공공 또는 민간의 성격으로 구분할 수 있는 다양한 기능과 역할을 수행하는 조직들이 있는데, 이러한 조직과 모임에 대해서 북한이주민들도 지역사회의 주민과 구성원으로서 권리가 있음에도 불구하고 거의 참여하지 못하고 있다. 그 이유를 살펴보면 취업 및 경제활동으로 인하여 시간적인 여유가 없기 때문이라고도 할 수 있지만, 시간적인 여유가 있을지라도 북한이주민들은 이러한 주민조직과 모임에 대한 정보가 부족하고, 기존 남한주민들이 북한이주민들에게 참여의 기회를 개방하지 않기 때문이라고 할 수 있다. 지역사회의 한 구성원으로 이러한 모임에 참여함을 통해서 남북한 출신의 주민간의 상호이해 증진의 기회가 확대될 수 있으며 이를 통하여 서로의 차이를 극복할 수 있는 계기가 마련될 수 있기 때문에 지역사회를 중심으로 정착지원의 역할을 수행하는 기관에서는 북한이주민과 주민조직과의 소통과 참여를 지원해야 한다.

(2) 지역사회 및 지역주민의 편견과 차별

북한이탈주민들의 실태조사를 보면 남한사회의 사회적 편견이 사회적응 과정에서 매우 어려운 문제점으로 지적되어 왔다. 통일연구원 2003년 조사에 따르면 북한이탈주민에 대해 편견을 갖는 이유와 관련하여 '북한에서 왔기 때문에' 가 응답자의 40.1%를 차지하는 것으로 볼 때 출신지역이 가장 커다란 이유를 차지한다. 단지 출신지역이 북한이라는 이유만으로 편견을 갖는다고 인식하는 비율이 가장 높게 나타나고 있는 것이다. 다음으로 '사고방식이 달라서' 라고 답한 응답자가 27.6%를 차지하였다. 이 외에도 '노력 없이 기대수준이 높아서' 10.7%, '말투가 달라서' 가 9.9%를 차지하였다. 반면 북한이탈주민들은 '능력이 부족해서 편견을 갖는다' 는 견해에 대해서는 상대적으로 부정적인 견해(5.6%)를 표출하고 있다. '사고방식이 달라서' 라는 응답이 27.6%를 차지하여 2순위 이유로 꼽았지만 북한이탈주민들은 사고방식의 차이가 남한인의 편견에 가장 큰 영향을 미치는 요소는 아니라고 인식하고 있다. 이러한 북한이탈주민들의 인식을 고려할 때 통합을 추진하는 과정에서 사고방식의 차이 극복보다는 '북한출신' 이라는 편견의 극복이 가장 심각한 것으로 판단된다(이금순 외, 2007: 1154).

통일문제국민여론조사(2003)[1]에 따르면 북한이탈주민에 대해 '동포애를 느낀다' 는 비율이 58%, '이방인 같이 느껴진다' 가 12.9%,

---

1 전국단위 1,000명에 대한 설문조사의 결과이다.

'적대감이 느껴진다' 의 경우 5.5%, '별감정이 없다' 는 21.7%, '생각해 본 적이 없다' 가 1.9%로 나타난다. 성별 응답비율을 보면, 남성(61.7%)의 경우 여성(54.2%)보다 북한이탈주민에 대해 호의적인 감정을 갖고 있는 것으로 응답하고 있다. 북한이탈주민의 사회적응도에 대해서는 긍정적(32.5%)이라는 평가가 부정적(26.8%)보다 다소 높게 나타났으나, 다수(40.7%)는 보통이라는 응답을 하고 있다. 또한 북한이탈주민이 도움을 요청할 경우, 태도에 대한 설문에는 '돕겠다' 는 응답이 49.5%, '관계기관 통보' 가 40.5%, '거절하겠다' 는 응답이 5.1%, '생각해 본 적이 없다' 는 경우가 4.9%로 나타났다. 남성(57.8%)이 여성(41%)보다 적극적인 지원의사를 나타내고 있다. 이처럼 북한이탈주민들과 일반 국민들 간에 상당한 인식 차이가 존재하고 있으며,[2] 북한이탈주민들은 대부분 정착과정에서 '북한출신' 이라는 점 때문에 부당한 차별을 당한다고 느끼고 있다(이금순 외, 2007: 1154).

주거지에서 북한이주민에 대한 남한주민들의 인식에 대한 연구를 살펴보면(이우영, 2006: 46), 같은 아파트 단지에 살고 있는 남한주민들은 기본적으로 북한이탈주민들에 대해 불만을 갖고 있었다. 같은 아파트의 북한이탈주민들과 직접적인 접촉이 없는 사람들도 역시 이미 탈북자들에 대한 고정관념과 편견을 갖고 있었다. 특히 탈북자들이 받고 있는 생계급여에 대한 불만이 높았다. 자신들과 같은 임대 아파트에서, 똑같이 생계급여를 받고 있지만 정부에서 탈북자들에게 더 많은 특혜를 준다고 말한다. 양천아파트 주민의 경우에는 탈북자에게는 정부에서 무조건 17평을 주는 것에 불만이 많았다. 또한 남한주민들은 힘들게 벌어서 생활하고 있는데 탈북자들은 특별한 직

---

2 채정민(2004), 「북한이탈주민 이미지 관리방안」, 『북한이탈주민 정착지원 발전방향』, 하나원 개원5주년 기념 세미나, pp. 65-88. 재인용.

업이 없어도, 열심히 일하지도 않으면서 자신들보다 '더 윤택한' 생활을 한다고 느끼고 있었다.

임대아파트에는 국가유공자들과 유가족들도 살고 있다. 동사무소 사회·복지담당자에 의하면 이들은 탈북자들과 같이 살고 있다는 것에 대한 불만이 높다고 한다. 자신들은 국가를 위해 일한 사람들인데 탈북자들은 그렇지도 않으면서 자신들보다 생계급여도 더 많이 받는 것에 대해 불만을 갖고 있었다.

모든 아파트에서 탈북자들에 대한 반응은 매우 부정적이었다. 인터뷰에 응했던 모든 사람들이 "몇몇은 잘 적응하고 열심히 살고 있지만 대부분은 그렇지 않다"고 말했다. 남한주민들은 탈북자들에 대해 이미 주변에서 들은 이야기를 통해 고정관념과 편견을 갖고 있는 상태이고, 부정적인 경험을 하면서 더욱 싫어하게 되는 것으로 보인다. 이러한 불만과 갈등은 서로 접촉하고 대화할 기회를 갖지 못함으로써 더욱 강화된다.

따라서 북한이주민들이 거주하는 지역단위에서 북한이주민과 남한주민의 만남과 접촉의 기회를 만들고 좀 더 자연스러운 관계를 형성함으로써 막연하게 존재하는 거리감과, 서로에 대한 오해와 편견을 축소할 수 있는 지원시스템이 필요하다.

(3) 남한주민과 북한이주민 상호간 이해의 차이

남한주민과 북한이주민들 사이에는 서로에 대한 인식의 차이가 상당히 크게 나타나고 있다. 정치, 경제, 사회, 문화적인 특성이 상이한 곳에서 살아왔기 때문에 당연한 부분도 있지만, 일상생활을 공유하는 지역사회 내에서 이러한 차이를 근거로 한 서로에 대한 시각의 차이는 생활상에서는 큰 갈등 상황을 만들어낼 수도 있으므로 상당히 의미 있게 살펴볼 필요가 있다.

KBS(시사기획 쌈)에서 2007년 3월 30일~2007년 4월 7일 동안 (주)밀워드브라운 미디어리서치에 의뢰하여 서울시의 북한이주민 밀집지역의 한 아파트에 거주하는 만19세 이상의 원주민[3] 250명과 북한이주민 50명을 대상으로 '새터민에 대한 인식조사'를 실시한 결과를 통하여, 한 지역에 거주하는 남북한 출신 주민들의 상호간 이해와 생각을 살펴볼 수 있다.

북한이주민/원주민(남한출신주민)에 대한 감정을 물은 결과, 원주민들은 과반수인 57.6%가 '별 감정이 없다'고 답했고, 23.2%는 '같은 민족으로서 동포애를 느낀다', 19.2%는 '이방인처럼 느껴진다'고 응답했다. 그에 비하면 북한이주민은 원주민에 대해 '같은 민족으로서 동포애를 느낀다'(48.0%)고 밝혔다. '별 감정이 없다'는 38.0%, '이방인처럼 느껴진다'는 14.0%로 나타났다.

또한 원주민들은 북한이주민의 한국 정착 환영에 대해 57.2%는 '환영한다', 42.8%는 '환영하지 않는다'로 나타나 '환영한다'는 견해가 다소 높았다. '환영한다'는 특히 20대, 30대, 학생, 화이트칼라, 대학교재학 이상, 북한이주민 대면 무경험 층에서 높게 나타났다. 반면 새터민들은 38.0%가 '환영하는 것 같다', 62.0%가 '환영하지 않는 것 같다'고 응답해, 남한사람들이 북한이주민들을 '환영하지 않는 것 같다'는 인식이 우세하다.

북한이주민들의 거주 아파트 추가 전입 찬반에 대하여, 원주민들은 '찬성한다'가 49.6%, '반대한다'는 50.4%로 나타나, 찬반이 팽팽히 맞섰다. 한편, 북한이주민 대면 경험층에서는 과반수가 '반대'(61.5%)의 입장을 보였다. 이는 북한이주민에 대한 경험이 있는 사람

---

3 원주민: 남한에 원래부터 거주한 주민을 일컫는 용어이다.

이주민 정책과 서비스

들일수록 그들에 대해서 거부적인 성향을 보이고 있음을 확인할 수 있다. 반면, 북한이주민들은 76.0%가 '찬성한다', 24.0%가 '반대한다' 고 응답해, 다른 북한이주민이 현재 살고 있는 임대아파트로 추가 전입하는 것에 대해 '찬성' 이 강했다.

북한이주민 지원금제도에 대하여 원주민들은 '현재 수준이 적당하다' (44.4%)는 의견이 가장 많았고, 26.0%는 '지원금을 지금보다 줄여야 한다', 6.4%는 '지원금제도 자체를 폐지해야 한다' 고 응답해 원주민의 30% 정도는 현재의 지원금제도에 부정적이었다. '지원금을 지금보다 늘려야 한다' 는 응답은 11.2%로 적었다. 반면, 북한이주민들은 '지원금을 지금보다 늘려야 한다' 가 64.0%로 가장 많았고, 26.0%는 '지원금은 현재 수준이 적당하다' 고 응답했다.

원주민의 31.6%는 북한이주민이 미래 통일한국을 준비하는 데 '도움이 될 것이다', 68.4%는 '도움이 되지 않을 것이다' 라고 응답하여, 북한이주민들이 미래 통일한국을 준비하는 데 도움이 되지 않을 것으로 보고 있었다. 북한이주민들이 미래 통일한국을 준비하는 데 '도움이 될 것' 으로 보는 원주민들은 구체적으로, '남한주민들이 북한사회의 어려운 실상을 객관적으로 파악하는 데 도움이 된다' (49.4%)를 가장 많이 꼽았다. 미래 통일한국 준비에 북한이주민의 도움 정도 및 분야에 대해서 북한이주민의 80.0%는 '도움이 될 것이다', 20.0%는 '도움이 안 될 것이다' 고 응답해, 자신들이 미래 통일한국을 준비하는 데 도움이 될 것이라는 시각이 강했다. '도움이 될 것이다' 라는 북한이주민들은, 구체적으로 '남한주민이 북한사회의 어려운 실상을 객관적으로 파악' (57.5%)하는 데 도움이 된다는 응답이 많았다. 다음은 '장기간 격리돼 이질화되고 있는 남북한 문화를 하나로 유지시키는 데 도움이 된다' (25.0%)로 나타났다.

북한이주민 정착을 위해 세금을 더 낼 용의가 있는지 질문한 결과,

원주민은 21.2%가 '있다'고 응답했지만, 78.4%는 '없다'로 나타나, 북한이주민을 위한 추가 세금 납부에 대해서는 부정적이었다. 반면, 북한이주민들은 '매우 있다'는 응답 22.0%를 비롯해 과반수인 60.0% 가 '있다'고 응답해 원주민과 북한이주민의 입장 차이를 보였다.

2. 북한이주민의 지역사회 지원체계의 문제점: 거버넌스 평가

1) 북한이주민 지역사회 지원체계의 현황

북한이주민의 지역사회 내에서의 지원체계는 정부의 정착지원시스템 중에서 '거주지보호단계'를 의미한다. 북한이주민은 정부의 보호시설(하나원)을 퇴소하여 정부의 주거지원에 따라 자신의 주거공간을 갖게 되고 이 단계에서 본격적인 남한사회에서의 생활이 시작된다고 할 수 있다. 이 단계에서는 정부의 지원시스템과 민간의 지원시스템이 동시에 가동하여 북한이주민들의 남한사회 정착을 지원하고 있다.

그러나 현재 정부와 민간의 지원시스템이 상호 긴밀한 유기적인 관계를 맺고 있지는 못하다. 이는 정부가 점차적으로 정책을 변화하려는 움직임이 있음에도 여전히 정부주도적인 정책이 지배적이기 때문이라 할 수 있고, 정부의 민간 역할에 대한 인식의 부족과 북한이주민의 정착을 지원하는 상호간의 공식적인 전달체계가 마련되어 있지 못하였기 때문이라고 할 수 있다. 이러한 문제점과 대안을 살펴보기에 앞서 지역사회 내에서의 북한이주민 지원체계의 현황을 간략히 살펴보면 다음과 같다.

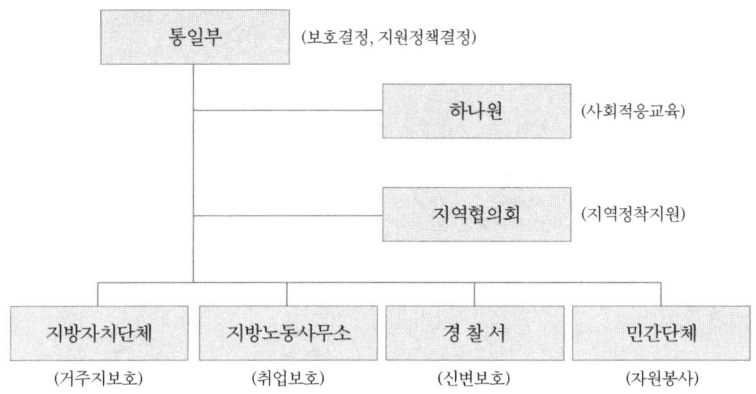

(1) 북한이주민의 지역사회 지원체계

지역사회 내에서 북한이주민의 지원체계는 〈그림 10-1〉과 같이 설명할 수 있다. 정부의 기본적인 지원체계 속에서 민간단체들의 역할이 병행되고 있는 지원체계라 할 수 있다.

(2) 정부의 지역사회 내 지원체계

정부 차원에서 지역사회 내의 북한이주민을 지원하는 주체들은 보호담당관(신변, 취업, 거주지), 북한이탈주민지원지역협의회로 구분할 수 있으며 구체적인 내용은 다음과 같다.

보호담당관의 역할을 살펴보면, 거주지보호담당관은 각 지방자체단체별로 거주지보호담당관을 지정하여 북한이주민의 거주지 편입 및 각종 행정지원 업무를 담당하고 있다(전국 209명의 보호담당관

<표 10-1> 거주지 정착과정의 주요 지원내용 및 역할

구분	주요내용
거주지 보호	· 교육지원: 북한 학력인정, 편　입학지원, 학비 면제 · 의료지원: 소득과 재산수준에 따라 의료보호 대상자 지정, 의료비 면제 · 생계보호: 생계곤란자는 「국민기초생활보장법」 특례로 수급권자 편입주선 · 거주지보호담당관의 임무 　- 거주지보호업무의 총괄조정: 생활보호, 의료보호, 교육지원, 주택알선?교환 　- 생활실태조사 및 거주지보호대장 관리 　- 거주지보호대장 변동사항 보고(매분기 익월 10일) 　- 각종 신청서 접수대장 사본 송부(매분기 익월 10일) 　- 교육대상자 증명서 및 학력확인서 대장 사본 송부(매년 3월 10일) 　- 거주지보호담당관회의 및 연수 참석 　- 북한이탈주민지원협의회 운영
취업보호	· 공 · 사 직업훈련기관을 통한 직업훈련, 직업훈련수당 지급 · 취업보호제 실시: 북한이탈주민을 고용하는 사업주에게 임금의 2분의 1(70만 원 범위 내)을 2년간 지원 · 취업보호담당관의 임무 　- 취업보호 대상 사업체 알선 　- 고용지원금의 접수?신청 　- 북한이탈주민 고용실태조사 　- 북한이탈주민의 취업보호대장 작성?관리 　- 취업보호가 종료된 북한이탈주민의 취업알선
신변보호	· 북한이탈주민 신변안전 보호 및 사회정착 지원
북한이탈 주민지원 지역협의회	· 지역차원에서 북한이탈주민이 거주지에서 필요한 지원을 받을 수 있도록 북한이탈주민이 밀집 거주하는 지역을 중심으로 지방자치단체와 민간지원단체로 구성(전국 16개 협의회 운영 중)

※이금순 외 6인(2007, p. 1151)

지정). 그리고 전국 53개 고용지원센터에 전문 직업상담사로 구성된 취업보호담당관을 지정하여 북한이주민의 취업알선 및 상담 등의 역할을 담당하고 있다. 마지막으로 신변 보호담당관은 거주지 관할 경찰서에 약 700명의 신변보호담당관을 지정하여 신변 보호 및 정착 지원 활동의 역할을 담당하고 있다.

또한 북한이탈주민지원지역협의회(이하 지역협의회)는 2001년도에 그간의 중앙정부 주도적인 정착지원의 역할을 지방정부 차원에서도 개입할 수 있도록 하고자 북한이주민의 밀집지역을 중심으로 관계자들의 협의기구를 만든 것으로서 서울시 노원구에 최초로 설치되었다. 지역협의회의 위원은 거주지·취업·신변보호담당관, 지역사회복지관, 자원봉사센터, 종교·민간단체, 북한이탈주민 고용기업체, 민족통일협의회, 민주평화통일자문회의 등으로 구성하여 북한이주민 정착에 필요한 생활실태 파악 등 각종 애로, 상담창구 역할을 수행하고 있다. 2007년도 현재 부산, 대구, 인천, 광주, 대전, 울산, 충북, 서울 노원·양천·강서·강남·송파, 경기 성남·부천, 포천, 강원 원주 등에 16개 지역협의회가 설치·운영되고 있다.

(3) 민간의 지역사회 내 지원체계

민간 차원에서 지역사회 내의 북한이주민을 지원하는 주체들은 다음과 같다. 또한 북한이탈주민 후원회는 관련 법률에 의해 만들어진 반민반관의 위치에 있으나, 민간 차원의 기능이 더 강조되므로 민간의 지원체계의 범주에 넣어서 설명하고자 한다. 민간 차원으로 지역사회에서 활동하는 주체들은 민간단체와 북한이탈주민후원회로 구분할 수 있으며 간략히 그 기능을 살펴보면 다음과 같다.

북한이탈주민 지원 민간단체 연대 산하, 약 64개 단체가 활동하고 있다. 민간단체 연대 내에는 4개의 분과위원회가 있어 각 민간기관들의 역할이 구분되어 있는데, 북한이주민이 밀집 거주하는 지역사회의 지역사회복지관이 중심축이 되어 정착지원서비스를 제공하는 지역복지분과위원회와 아동·청소년들의 대안교육과 사회적응을 지원하는 아동·청소년분과위원회, 북한이주민의 정착의 여러 이슈들(취업, 의료, 법률, 사회적응 등) 정착지원서비스를 제공하는 정착지원분과위원회, 마지막으로 해외 탈북자들의 지원 및 북한이주민의 인권문제를 다루는 해외분과위원회가 활동하고 있다.

이러한 민간단체들은 북한이주민의 정착에 필요한 다양한 영역을 지원하고 있다. 특히, 정부의 지원체계에 포함되지 않거나, 포함은 되어 있으나 정착단계에서 주변의 지원이 필요한 영역에 대해서 개입하여 상당 부분의 정부의 지원체계를 보완하거나 지원함으로써 제도적 지원이 좀 더 효과적으로 기능할 수 있도록 돕는 역할을 한다고 평가할 수 있다.

북한이탈주민후원회는「북한이탈주민보호 및 정착지원에 관한 법률」제30조에 의거 설립된 법정단체로서, 북한이주민의 사회적응 지원 사업 및 상담역할을 담당하고 있다. 북한이탈주민후원회는 1개의 단체로서 전국에 거주하는 북한이주민을 대상으로 서비스를 제공하기 때문에 밀집된 지역사회 내에서 제공 가능한 직접적인 서비스보다는 지역기관들과 연계하여 간접적인 차원의 지원을 하거나 대국민 홍보 및 캠페인 활동, 그리고 정부의 기능을 보완하거나 대행하는 정도의 역할을 수행하고 있다.

그리고 정착도우미제도를 시행하는 민간기관은 앞서 언급한 민간단체 중 대한적십자와, 8개 지역사회복지관에서는 정부의 민간 위탁 사업인 정착도우미사업을 시행하고 있는데, 이는 정부와 민간기관이 파트너로서 공식적인 기능을 수행하는 대표적이고 유일한 북한이주민 정착지원 프로그램이라고 할 수 있다.

2) 북한이주민 지원체계의 거버넌스 평가의 배경

(1) 거버넌스의 등장배경과 개념

거버넌스governance는 최근 사회과학 전반에서 사용되는 개념으로 정치학, 사회학, 행정학, 경제학, 경영학 등에서 연구, 개발, 사용되는 용어이다. 거버넌스의 개념은 새로운 정치, 경제, 사회, 국제적 환경으로 인해 과거와는 다른 방식의 국가·사회의 운영체제가 필요하다는 문제의식에 따라 새롭게 부상한 사회과학적 개념으로 새로운 정치, 경제, 사회, 국제적 환경과 같은 시민사회의 활성화, 시장의 확대, 다원주의와 정보화사회, 세계화와 지역주의 등으로 점점 국가의 통치 능력은 감소하고 독점적 영역도 축소된 것을 의미한다(서창록·전해황·임학성·전재성, 2006: 43).

우리 모두가 인지하는 바와 같이 시민사회는 다양한 시민들의 욕구 충족과 권리 증진을 위한 활동이 활성화되고 있으며, 다양한 가치와 이념들은 정보화시대에 급속도로 시민사회 안으로 흡수되어 다양한 움직임이 양산되고 사회에 대한 다양한 역할을 기대하며, 세계화는 전세계를 하나의 지구촌으로 통합하여 국제적 교류가 활발해지고 있다.

이러한 현상을 통하여 국가의 능력과 기능은 축소 혹은 분산되고, 사회 내의 행위자들의 관계가 다변화하고 있고, 다양한 형태의 국제적 관계나 접촉이 증가하여 국제적 영향의 기회와 제약이 사회에 미치는 영향은 증가하고 있다(서창록·전해황·임학성·전재성, 2006: 43).

또한, 정치적 운영의 독점적 위치를 점하였던 국가와 사회가 점점 복잡해지면서 더 이상 정책결정 과정에 있어 독점적 지위를 유지할 수 없게 되었다(서창록·전해황·임학성·전재성, 2006: 44). 그 이유로 첫째, 정책결정에 다른 공적, 혹은 사적인 행위자, 이익집단, 전문가와 시민들과의 협력이 필요하게 되었다. 둘째, 다원화되고 복잡한 사회에서는 지식과 정보를 집중화시키는 것이 불가능해져 사회문제의 해결을 위해서는 전문가와 다른 여타의 사회적 행위자와의 공조가 필요하기 때문이다. 셋째, 이러 현상은 정부의 분권화^{decentralization}에 의해 가속화된다. 정치체제는 단일하고 통합된 국가에서 점점 분

화된 정치체제로 변모하게 되고 정책결정과 집행 권한은 점점 사회
수준으로 위임되고 있다.

이러한 배경 속에서 등장하는 거버넌스의 개념은 다양한 학문 분
야에서 서로 다른 의미로 사용되고 있고 이념적 성향에 따라 달리 정
의되기 때문에 쉽게 개념화하기 어려운 용어이지만, 여러 정의들 중
에서 공통적인 부분을 뽑아 정의한 윤인진(2007: 41)에 따르면, "공
공부문과 민간부문의 행위자들이 협력적 네트워크를 구성하여 사회
의 집합적 목표를 달성하고 공적 문제를 해결해 나가는 과정"이라고
한다.

(2) 북한이주민 지원체계의 거버넌스 평가의 필요성

앞서 살펴본 바와 같이 현대사회는 사회를 움직이는 여러 구성원
들 간의 협력적인 네트워크에 의해서 통치되는 사회라는 관점에서
북한이주민의 정착지원체계도 거버넌스 차원의 평가가 필요하다.

북한이주민 지원체계와 정책은 단기간의 일부 영역에서 지원하고
종료될 수 있는 차원의 문제가 아니기 때문에 더욱 그러하다. 오랫동
안 분단국가로 지내오는 과정에서 남북간의 정치 · 경제 · 사회 · 문
화적인 차이는 상당히 벌어진 상태이므로 이러한 상황 속에서 북한
이주민의 남한사회 적응과 정착은 정부의 기능뿐 아니라 민간의 기
능, 시민사회의 기능 모두가 각각의 영역에서 기능하고 상호 긴밀한
네트워크 속에서 접근해야 하기 때문에 북한이주민 지원체계에서의
거버넌스 평가는 필수적인 것이라 할 수 있다.

특히 북한이주민정책이 중앙정부의 주도적인 정책 수립 및 집행
의 방향성에서 점차적으로 지방정부(지방자치단체)로 업무가 이양
되고, 정부에서 담당하지 못하는 정착의 여러 영역을 민간기관이 이

미 수행하고 있는 것을 감안하여 점진적인 민간의 역할을 강조하고 있는 상황에서 거버넌스 차원의 평가는 의미가 있다고 할 수 있다.

이러한 배경 외에도 북한이주민의 남한입국 규모의 증대와 지방 분산화정책, 이들이 가진 특성의 다양화, 정착 및 적응에 대한 욕구와 적응 양상의 다양화, 사회적 지원시스템의 다양한 변화 움직임을 고려할 때, 북한이주민의 정착지원에도 거버넌스체계의 필요성은 더욱 커지고 있다.

3) 북한이주민의 지역사회 지원체계의 문제점: 거버넌스 평가

(1) 중앙정부와 지방자치단체의 협치 부족의 문제

국내 입국한 북한이주민의 상당수는 수도권[4]에 거주하고 있다. 그러나 실제 배정받은 거주지가 수도권이 아니더라도 지방에 정착한 북한이주민의 상당수가 구직, 학업 등을 위해 서울 등 수도권 지역을 수시로 오가며 지내는 상황이므로 수도권 내 거주하는 북한이주민의 비율은 그 이상이라고 할 수 있다.

이러한 밀집현상은 여러 문제 상황을 발생시키는데, 지역 내에서 남한 원주민과 북한이주민 사이에서의 오해와 갈등 속에서 주민간의 통합에 대한 문제가 제기되고 있으며 북한이주민이 상호간 지원하고 지지적인 기능도 일부 수행하고 있지만, 한편으로는 부정확한 정보와 부정적인 측면의 정보의 공유를 통한 정착에 방해 요소를 제

---

4 통일부 통계에 따르면, 최근 3년간 국내 정착 현황은 서울 3,701명(37.06%), 경기도 2,270명 (22.73%), 인천 887명(8.89%) 등의 순으로, 수도권에만 전체 북한이주민의 68.68%가 집중되어 있다.

공하기도 한다.

그러나 정부의 정책 수립에 있어 이러한 현상이 보여주는 문제들이 고려되거나 반영되지 않고 있다. 정부의 예산 편성(북한이탈주민 지원지역협의회)에 있어서도 밀집지역에 필요한 추가 예산 없이 무조건적 인원수에 따른 최소한의 예산 편성이 이루어지고 있다. 또한 중앙정부의 집중적인 수도권 지역 할당 방식에 있어서도 해당 지역의 지방자치단체는 물론 지역사회 내 민간기관 등과의 협의가 전혀 없는 상태로 거주지를 배정하고 있다. 이는 대표적인 중앙정부와 지방자치단체의 협치 부족이라 할 수 있고, 그 결과가 북한이주민의 사회 정착에 장애 요인을 제공한다고 할 수 있겠다.

중앙정부는 지방자치단체 등과의 사전협의 없이 진행되는 중앙하달식의 거주지역 할당방식에 내포된 문제를 살펴보면 다음과 같다(전상천, 2007: 49). 인천광역시의 남동구는 최근 1~2년 사이에 북한이주민이 집중 배치된 지역이고, 경기도 내 안산 시흥공단 인근에 탈북자[5]가 집중 배치되고 있는데, 이는 이들의 취업 등에 용이하다는 점이 고려된 듯하나, 지방자치단체의 지원 여건이나 지역사회의 지지기반 및 지역주민들의 특성과 사회적 분위기를 고려하지 못하고 일방적인 배치가 이루어진 결과이며 이로써 경기도의 여러 지역[6]이 상당한 문제점으로 나타나고 있다. 그러나 이러한 집중적 주거 배치에 따른 관련 예산과 권한은 거의 없는 실정이므로 해당 지방자치단체들의 북한이주민 지원정책은 사실상 유명무실한 상황이다.

최용환(2007: 111~112)은 북한이주민 정책에서 중앙정부 차원의

---

5 남한에 입국한 북한이주민을 부르는 용어는 다양하다. 각 학자 및 연구자들의 인식에 따라서 새터민, 북한이탈주민, 탈북자 등이 가장 보편적으로 사용되고 있으므로 원문의 용어를 그대로 사용하였다.
6 2006년 말 기준으로 볼 때 북한이주민의 입국자 수는 부천(227명)과 성남(166명), 평택(157명), 안산(127명), 수원(120명), 고양(118명) 등의 순으로 나타나고 있다. 전년도에 비해서 100% 이상 급증한 곳들이다.

문제점과 지방정부 차원의 문제점을 다음과 같이 지적하고 있다.

중앙정부 차원에서는 중앙정부, 지방자치단체, 민간단체, 지역주민의 역할분담 체계가 미비하다는 점을 들고 있다. 북한이탈주민의 성공적인 남한사회 정착을 위해서는 중앙정부와 지방자치단체, 민간단체, 지역주민들의 효과적인 역할분담과 효율적인 집행체계가 구비되어야 하나, 현행 체계는 중앙정부 주도형으로 갖추어져 있기 때문에 다양한 문제를 야기하고 있다고 지적하고 있다. 구체적으로, 중앙정부 주도형은 북한이탈주민이 실제 정착해야 하는 곳은 지역사회임에도 불구하고 지방자치단체의 역할을 매우 제한적으로 부여하고 중앙정부가 사회적응교육과 사후관리, 정책기획, 예산집행, 정책평가 등의 업무를 총괄하고 있기 때문에 지역적 특성을 반영한 사회적응교육 프로그램의 운영과 지역사회의 시설과 민간 전문인력의 활용도를 낮추는 결과를 가져오고 있다.

또한 지방자치단체 차원에서는, 먼저 전문인력과 시설, 전문 프로그램 확보 및 활용이 부족하다는 점을 문제로 들었다. 경기도는 서울을 제외하고 전국에서 가장 많은 북한이탈주민이 거주하고 있으며, 수도권에 포함되어 있기 때문에 민간단체를 포함하여 북한이탈주민에 대한 지원서비스의 질이 상대적으로 높은 지역이다. 그럼에도 불구하고 북한이탈주민 지원서비스를 위한 정부와 민간의 전문인력과 사회적응프로그램 부족, 그리고 관련 시설의 확보와 관리에 어려움을 겪고 있다. 다음으로는, 북한이탈주민의 지원정책의 중장기적 계획이 부족하다는 점을 언급하고 있다. 현재의 남북관계와 국제 정세를 고려할 경우 북한이탈주민의 입국은 지속될 전망이다. 더구나 북한의 정치적 변화에 따라서 그 규모가 급격히 증가할 가능성도 배제할 수 없다. 경기도는 군사분계선 접경 지역으로서만이 아니라 서울을 둘러싸고 수도권을 형성하고 있기 때문에 북한이탈주민의 입국

변화 추세에 큰 영향을 받을 수밖에 없다. 따라서 이와 같은 내용들을 포함하는 장기적인 대응 전략과 실제적인 지원 프로그램이 설계되고 준비되어야 할 것이다. 그럼에도 불구하고 현재 이와 같은 실행력을 갖춘 중장기적인 실천 계획은 미비한 상황이다.

(2) 관주도형 정착지원의 비효율성과 민관 협동체계의 부재

1990년대 이전 탈북자 지원 거버넌스는 정부주도형이었으나, 1990년대 중반 이후 탈북자 입국의 급속한 증가와 민간단체의 관심 증대로 정부 주도 민간보조형의 거버넌스로 전환되었다고 평가할 수 있다(이금순 외, 2006: 1253). 그러나 사실상 현재도 정책과 제도적 측면에서는 여전히 정부 주도적 경향이 강하다고 할 수 있으며, 이는 상당한 비효율성을 보이고 있다 할 수 있는데 그 이유를 살펴보면 다음과 같다.

첫째, 북한이탈주민지원지역협의회의 역할의 부족과 기능의 부적절이다. 서윤환(2004: 11)에 따르면, 북한이탈주민지원지역협의회(이하 지역협의회)의 활성화는 그 지역의 지방자치단체의 거주지보호담당관의 역할이 매우 중요함에도 불구하고 소극적이라고 지적하고 있다. 또한, 현재 통일부가 북한이탈주민정책을 주도하고 있지만, 북한이탈주민의 입국의 급증에 대비하여 이들이 실제 거주하고 있는 지역사회의 지방자치단체가 중심이 되어야 할 것이며, 이미 북한이탈주민의 정착지원을 위해 조직된 지역협의회가 그 역할을 맡는 것이 바람직할 것이다. 그러나 중앙정부가 설치하고 각 지방자치단체별로 관리·운영하고 있는 지역협의회는 북한이주민들의 정착과 적응을 위한 지역단위 차원의 자원동원, 지원인프라 구축, 정착교육 및 취업 등의 필요 프로그램들을 실시하거나 지원함에 있어서 거의 형식적인 차원의 활동이 이루어질 뿐 실질적이고 적극적인 차원의 활동은 거의 없다고 해도 과언이 아니다.

이금순 외(2007: 1152)에 따르면, 16개 지역에 북한이탈주민지원 지역협의회가 구성되어 있으나, 일부 지역을 제외하고는 정착지원 활동이 활성화되지 못하고 있다. 주로 보호담당관 등 지역 실무자와 관련 민간단체 및 전문가들로 구성되어 있으나 일반 지역주민들의 참여를 적극적으로 유도할 수 있는 기능은 하지 못하고 있다. 또한 거주지 정착과정에서 실제 북한이탈주민들이 겪는 어려움을 상담할 수 있는 체계가 지역단위에 마련되어 있지 못한 경우가 많다. 다만 보호담당관 등 개인적 차원에서 문제를 해결하고자 하는 노력들이 상당한 비중을 차지하고 있다.

둘째, 보호담당관(신변 · 거주지 · 취업)제도의 기능상의 문제점이다. 지역 단위 보호담당관제도를 마련하고 있으나 많은 경우가 관련 행정업무 처리에 그치고 있다. 이기영(2004: 44)은 정부의 거주지보호담당관의 기능 수행상의 문제점으로서 '거주지보호' 단계의 보호가 제대로 되지 못한다고 지적하였다.

기능상의 문제점을 각각 제시해 보면, 신변보호관은 기능의 과중, 비통일성, 적응 지원기능으로 인한 부작용이 나타나고 있으며, 거주지보호담당관은 정착지원에 한계적 역할만을 수행하고 전반적인 상황 장악력이 떨어진다고 할 수 있다. 또한 취업보호담당관은 탈북자들에 대한 대응력이 낮고, 탈북자들로부터 원거리에 존재하므로 접근성이 떨어지며 이 3명의 보호담당관 상호간 유기적인 기능적 연계가 원활하게 이루어지지 않아 탈북자들의 사회적응 지원을 기대하는 데 다소 무리가 있다고 지적하고 있다.

(3) 공식적 민관의 파트너십이 형성된 지역사회 중심의 정착 지원 전문기관의 부재

앞서 살펴본 바와 같이 지역사회 중심에서 정착지원체계의 문제점은 정부 중심의 지원체계뿐 아니라, 그러한 정부 중심의 지원체계가 지원할 수 없는 북한이주민의 정착의 중요 변수를 지원하는 정부 영역과 긴밀한 연계를 갖고 있는 민간 차원의 전문기관의 부재를 들 수 있다. 과거 정부 영역의 중요한 기능이었던 신변보호담당관의 역할은 하나원 퇴소 시점에서 북한이주민의 지역사회 내 편입과정을 지원하였던 것인데, 2005년도에 대한적십자사와 지역사회복지관 등의 민간기관에서 위탁위임된 것을 제외하고는 민관의 공식적 업무 파트너십은 형성되어 있지 않다.

특히, 북한이주민 밀집지역인 서울의 강서 · 노원 · 양천 지역과 인천 지역의 경우는 기존 정부의 정착지원제도와 시스템으로는 처리가 불가능한 일들이 많다. 예를 들면, 교육적 지원이 필요한 아동, 청소년의 수가 노원구의 경우 200명에 이르는 상태이고, 취업이 필요한 성인 북한이주민이 500명 이상이다. 이러한 밀집지역 내에서는 기존 남한주민들과의 갈등과 마찰을 중재하고 조정하는 일과 지역주민들에게 북한이주민에 대한 긍정적 인식을 갖도록 지역사회 내의 융합을 위한 지원활동 등 과밀화된 상태에서 추가적으로 발생되는 다양한 정착의 욕구를 수행하기 위해서는 민관의 협력적 체계 속에서 이러한 문제를 다루는 전문기관이 필요하다.

현재, 서울의 경우 강서구(가양7종합사회복지관, 방화6종합사회복지관), 노원구(공릉종합사회복지관), 양천구(한빛종합사회복지관)가 자체적으로 '새터민 정착지원센터' 를 기관 내에 운영함으로써 앞서 언급된 다양한 욕구와 문제에 대해서 개입하고 있으나, 이러한 활동은 북한이주민이 남한에서 조기에 정착하는 데 상당한 역할을 수행하고 있음에도 정부에서는 공식적인 민관 파트너로서 인정하거나 그에 따른 정책적 차원의 지원과 제도적 뒷받침을 제공하지 못하고 있다.

3. 지역사회 통합 지원 모형: 정착지원센터 운영 모델

1) 민관 통합 지역사회 지원 모형의 필요성

국내 입국 북한이탈주민들의 규모가 증가하고 이들이 거주할 수 있는 임대주택의 공급 여건을 감안할 때 북한이탈주민들의 정착지역을 전국으로 확대시킬 수밖에 없는 것이 현실이다. 이러한 차원에서 실질적으로 이들의 정착을 지원하기 위해서는 북한이탈주민들이 거주하는 지역 단위의 정착지원체계를 구축하는 것은 매우 중요하다. 또한 북한이탈주민 정착지원의 주무부처인 통일부가 지역에 거주하는 북한이탈주민들의 정착 과정에 필요한 구체적인 지원업무를 수행하는 것은 비효율적이라는 점에서 정부는 정착지원 업무를 지방자치단체로 이양하는 것을 정책목표로 설정하여 왔다. 이를 위해 지역 단위의 정착지원체계를 구축하기 위해 지역 단위 보호담당관 제도를 도입하고 민간단체의 참여를 활성화하고자 했다. 이러한 점에서 북한이탈주민지원지역협의회, 북한이탈주민후원회, 북한이탈주민지원 민간단체연대(북한이탈주민지원 민간단체협의회) 등이 운영되고 있다. 이와 같이 북한이탈주민 정착지원 업무를 좀 더 효율적으로 추진하기 위해서는 중앙 및 지방정부뿐만 아니라 관련 민간단체 등이 합동으로 참여하는 것이 바람직하다는 점에 대해 공감대가 형성되어 왔다. 이와 같이 민관협동의 거버넌스를 통한 북한이탈주민정책 추진은 가장 바람직한 방안으로 제시되어 왔다(이금순 외, 2007: 1150).

또한 전상천(2007: 69~70)에 따르면, 탈북자의 남한사회 정착지원을 위해 NGO와 정부기관의 협력체계 구축은 필수적이다. NGO 단체의 봉사자와 지역복지관, 실질적인 사회적응 교육과 취업, 의료, 법률상담 등을 제공해주는 탈북자 자원지원에 대한 원스톱서비스 구축이 시급하다. 또한 관주도의 탈북자 지원시스템에서 민간주도의 정착지원시스템으로 전환하는 것이 필요하다고 언급하고 있다.

이금순 외(2007: 1153)에 따르면, 북한이탈주민의 신속하고 원활한 사회정착을 위해서는 정부와 민간단체와의 협조체제가 매우 중요하다. 민간단체의 참여는 심리적 안정 확보, 인력지원, 재정지원, 시설지원 및 북한이탈주민에 대한 남한주민들의 이해증진이라는 다양한 효과를 거둘 수 있다. 특히 북한이탈주민과 지역주민 상호간의 접촉 증대를 통해 사회적 거리감을 해소하고 적응력을 높이기 위해서는 지역 단위에서 활동하는 민간단체의 역할이 무엇보다도 중요하다. 또한, 북한이탈주민들이 남한사회 정착 과정에서 거주지, 직장, 학교 등에서 생활하게 되는 사람들과의 관계가 매우 중요한 영향을 미치게 된다.

지역사회 단위에서의 민관 통합의 지원의 필요성을 이기영(2003: 43)은 다음과 같이 언급하고 있다. 현재 거주지보호단계라고 명명되는 지역편입 후 5년 동안, 북한이탈주민을 계속적으로 추적하여 이들의 적응 과정을 모니터링하고 이들의 욕구를 대응할 지속적 관리체계가 미흡하다. 현재까지는 일반적으로 초기(지역 편입 후 6개월 정도)까지 신변보호관(형사)이 그 역할을 하고 있으나 내용적으로 불균등하고 불안정하며, 신변보호기간이 종료된 후로는 그나마 형사들의 역할도 이루어지지 않는다. 앞으로 정착도우미제도가 초기 정착기 6개월~1년간 시행된다고 하면, 이러한 기간까지의 개별적 대응은 기본적으로 가능할 것이다.

개별적 대응의 중요성은 이주민들이 지니는 정착욕구의 다양성 및 포괄성을 기반으로 한다. 이들이 지니는 정착과 적응을 위한 욕구는 매우 다양한데, 이러한 욕구를 개별적으로(1개인, 혹은 1가족 단위로) 대응하기 위해서는 북한이탈주민의 지역편입 후 적어도 4~5년 정도[7]의 지속적 관리시스템이 필요하다. 이러한 관리 시스템 속에는 주기적 생활실태 파악, 욕구의 사정$^{need\ assessment}$, 주기적 가정방문과 상담, 욕구의 포괄적 대응을 위한 팀 접근$^{team\ approach}$, 다양한 자원의 연결 및 제공 등의 기능이 포함된다.

정착도우미가 이러한 기능의 일부를 보장할 수 있으나, 포괄적이고 장기적 접근은 힘들다. 일단 이들의 지원기간은 지역 편입 후 6개월~1년이기 때문에 그 이후의 포괄적 관리시스템을 지역사회 차원에서 구축하는 것이 요구되며, 정착도우미가 활동하는 초기적응 기간 내에서도 1인의 정착도우미와 연계되는 민간지원시스템을 체계화해야만 이러한 개별적 대응이 가능하고, 그 이후의 개별적인 관리기능이 자연스럽게 지속될 수 있다.

김영수(2008)는 통일부 중심의 정착시스템에 문제가 있다고 해서 지방자치단체에 이 문제를 맡긴들 근본적인 문제가 어떻게 해결될 수 있는지에 의문을 제기하면서 통일부 중심의 현 정착지원시스템이 효율적으로 작동할 수 있도록 관련 기관과의 유기적 연계가 가능

---

[7] 북한이탈주민의 사회적응, 경제적 자립도, 심리적 문제들을 거주기간별로 조사한 선행연구의 경험들은 거주기간과 적응도의 관계가 선형적으로 정적(linearly positive)이지 않고 M 곡선이나 V 곡선 모양을 그리고 있어, 특정 시기(대략적으로 거주기간 3년 정도)에 적응도가 매우 떨어짐을 보고하고 있다. 이렇게 볼 때 적어도 4~5년 정도의 지속적 관리시스템이 필요하게 된다.

한 새 정착지원시스템을 가동시키고, 지방에는 권역별로 '새터민정착지원센터'를 설립해야 하며, 그런 후에 지역 거주 새터민에 대한 정착지원업무를 위임해야 한다고 언급하였다.

앞서 살펴본 바와 같이 북한이주민의 수의 증가와 지방 분산배치의 필요성 증대에 따른 새로운 정착지원시스템의 필요성이 강조되고 있다. 이러한 새로운 형태의 정착지원시스템은 지역 단위로 구축되어야 하며, 그 시스템은 기존의 정부 중심의 지원시스템이 아니라, 민간의 주도적인 역할이 가능한 민간주도·정부참여의 민관 협력적인 시스템이어야 할 것이다. 이러한 필요성에 따라 구체적인 민관 통합형 지역사회 중심의 지원 모형에 대한 연구와 논의가 필요한 상황이다.

2) 민관 통합 지역사회 지원 모형의 방향성: 지역복지관 중심의 정착지원센터 운영 모델

북한이주민의 정착과 적응을 지원하는 지역사회 중심의 정착지원시스템의 필요성에 따라 새로운 정착지원시스템 모형을 살펴보고자 한다.

박윤숙(2007: 89)은 지역사회복지관은 지역주민의 복지욕구를 충족시키고 지역주민의 좀 더 나은 삶의 질을 위해 복지서비스를 제공하는 전문기관으로서 북한이탈주민들에게 필요한 서비스를 개발, 제공할 수 있으며 일반 주민 프로그램 속에 그들을 참여시킴으로써 지역사회 주민들과의 통합도 시도할 수 있으므로 북한이탈주민들이 활용하기에 따라서 많은 욕구를 해소할 수 있는 지역사회의 자원이라고 하였다. 따라서 현재와 같은 수준의 북한이탈주민이 입국할 경우 이들이 하나원을 퇴소한 이후 연계하여 정착을 돕는 지원체계는 지역사회복지관이 중심이 될 때 효과적일 것이라고 제안하였다.

또한, 윤인진(2007: 43)은 지역밀착형 서비스를 강화하기 위한 지역에 기반한 사회복지관 또는 사회복지사의 역량강화가 필요하다고 주장한다. 윤여상 등(2005)의 『새터민 정착 종합 실태조사』에 따르면, 탈북자들이 사용하는 공식적 연결망 중 사회복지사가 무엇보다도 중요한 역할을 담당한다고 되어 있다. 탈북자들이 인근의 사회복지관을 찾아 필요한 프로그램과 자원을 활용할 수 있도록 유인하는 방안을 모색해야 하는데, 이를 위해 사회복지관과 사회복지사의 역량을 강화하여 이들이 탈북자들에게 부족한 사회 연결망을 제공할 수 있도록 정책의 우선순위를 두는 것이 필요하며, 통일부에서 고려하는 지역사회 탈북자 정착지원센터를 지역사회복지관에 설치하는 것이 서비스의 접근성, 전문성, 경제성 등을 고려할 때 바람직하다고 제안한다.

다른 연구에서는(최용환, 2007: 115), 북한이탈주민 정착지원센터는 현재의 지역사회협의회처럼 관련 구성단체들끼리 의견을 모으는 데 그치지 않고, 지역 내 북한이탈주민들에게 구체적인 정착 적응 지원서비스를 제공하는 일을 수행해야 한다고 한다. 또한 관련 구성단체들의 실무자들이 참가해 조사하고, 프로그램을 구성하고, 개발된 프로그램 내용을 교육하고, 지원사업에 필요한 자원봉사자들을 모집·교육·배치하는 일을 해야 한다. 그리고 정착지원센터는 지역사회에 거주하고 있는 북한이탈주민과 관련된 정보를 모으고, 이들에게 필요한 적절한 서비스를 선별하여 제공하는 기능을 수행해야 한다고 언급하였다.

새터민의 정착은 지역 중심, 생활밀착형 서비스와 맞춤형 서비스 제공의 방향으로 진행되어야 한다는 연구(김영호, 2005: 176)도 있다. 이 연구에 따르면, 새터민 정착 업무의 핵심은 사회 편입 후 안정적 정착을 지원하는 것이다. 그러나 그동안 안정적 정착을 위한 정부의 정책은 행정부처와 행정체계 중심으로 접근하면서 실효성을 거두지 못했다. 정부는 새터민 정착지원을 단순 행정지원 업무 중심으로 사고하는 경향을 시급히 탈피하고, 민간단체 활동을 극대화하기 위한 실질적 협력 및 지원 방안을 모색해야 한다. 정부는 민간단체의 활발한 참여와 활동을 유도하기 위해 전국적 차원의 민간단체 협조체계 구축, 민간단체 활동의 재정적 지원, 민간단체 활동사례 개발 및 보급, 취업대책, 청소년, 여성, 노인 등 집단별 지원방안 등 실질적 정착지원 방안인 새터민정착지원센터를 설치해야 한다고 언급하고 있다.

김선화(2007: 38~44)의 조사연구에서는, 지역사회복지관이 북한이주민의 정착지원서비스를 제공해왔던 지난 7년을 돌아보면서 북한이주민들을 위한 지역사회복지관의 서비스에 대한 평가를 다음과 같이 제시하고 있다.

첫째, 새터민 정착지원제도의 보완 및 발전의 측면에서는 지역사회복지관은 하나원 퇴소 이후, 지역사회 내 지원시스템으로서 기능을 수행하였고, 북한이탈주민 지원 지역협의회(이하 지역협의회)의 유지 및 활성화에 기여도가 높다. 또한, 새터민 밀집 거주지역의 지역복지관은 종합서비스 제공의 기반을 확보하여 새터민 정착지원제도의 기능을 보완하였고 이를 통하여 새터민의 정착수준을 향상시켰다.

둘째, 새터민 정착지원 프로그램의 측면에서는, 다양해진 새터민들의 특성에 따른 대상자 유형별 필요 서비스를 개발하여 대상자별 맞춤형 서비스 제공을 하였으며, 특정 문제 상황 및 요보호 상황의 새터민들을 위한 프로그램을 실시하여 사회복지 전문적 개입을 통한 새터민들의 문제해결을 이끌어 냈다. 또한, 새터민 지원을 통해 확보된 다양한 경험과 정보들을 바탕으로 프로그램 개발과 정책방향성 수립(제도 개선) 등을 위한 연구성과를 축적하였다.

셋째, 새터민 지원을 통한 지역사회 통합 기반 구축의 측면에서는, 새터민 지원을 위하여 지역복지관은 지역사회 내 주요기관 및 단체들 사이에 관계망을 형성하여 지역사회인프라를 구축하였으며, 새터민들과 지역주민의 통합 지원활동을 통하여 새터민에 대한 지역사회 내 인식개선을 이루어가고 있다고 평가하면서 새터민 정착지원센터의 설치에 대해 지역사회복지관 중심의 설치를 제안하였다.

같은 연구에서(김선화, 2007: 44) 정치, 경제, 사회, 문화적인 환경이 다른 곳에서 이주한 사람이 새로운 사회에서 정착하기에는 상당 기간이 소요되므로 국가가 개입하는 초기단계의 지원으로는 정착이라는 과업을 이루는 데 한계가 있으며, 더 이상의 국가 차원의 개입 또한 불가능하므로 이제 정부의 역할과 그 일을 위탁받아 수행할 민간기관들과의 적절한 역할분배가 필요하며 그에 따른 정부의 구체적인 방안이 강구되어야 한다고 언급하고 있다. 또한, 하나원 퇴소 이후 지역사회 안내자 역할을 위한 정착도우미제도를 실시함으로써 민간 파트너십을 형성하는 것처럼, 초기정착지원 기간 5년이 종료된 이후에 이들에 대한 관리와 지원이 이어질 수 있는 지역 내 민간기관을 선정하여 정부-민간의 파트너십 형성의 필요성을 언급하면서, 구체적으로는 지역사회 내 새터민 지원을 실시하기에 적절한 '새터민 정착지원센터·새터민 서비스 센터'의 설치를 제안한다. 새터민의 남한사회 정착은 제도적인 차원 이전에 지역 안에서 자연스럽게 흡수되고 지역 안에서 문제를 해결해가는 것이 바람직하기 때문이며, 지역사회 안에 이를 감당할 민간기관이 충분하고 자원도 충분하기 때문이다. 이를 위한 정부의 민간기관들에 대한 새로운 시각이 형성되어야 할 것이다. 이러한 새터민들을 위한 지역서비스기관은 새터민들의 정착과정 속에 필요한 밀착된 서비스 제공이 가능하고, 새터민들의 자발적 이용에 따른 서비스 효과의 극대화를 기대할 수 있으며, 또한 지역사회 내에 있는 기존의 인프라 안에 새터민들에게 적합한 프로그램들을 발굴하여 새터민 정착지원제도의 한계를 보완할 수 있으며, 지역사회 내 존재하는 새터민에 대한 많은 편견과 부정적 인식을 해소하여 정착을 시작하는 새터민들이 지역사회(남한사회)에서 안정적으로 정착할 수 있도록 지원하는 포괄적인 기능을 수행할 수 있을 것이다.

3) 정착지원센터의 기능과 역할

(1) 새터민 지원기관과 정착지원센터의 역할

정착지원센터의 고유한 기능과 역할을 새터민 지원기관과 구분하여 살펴보도록 하겠다. 새터민 지원기관은 정부기관과 민간기관을 포함하는데, 정착지원센터는 이에 비해 어떠한 차별적인 역할을 하는지 〈표 10-2〉를 통해 살펴보도록 하자.

(2) 정착지원센터의 역할(사업내용)

① 초기전입자 신병인수(정착도우미사업 흡수) 및 초기전입자 관리

- 정착도우미사업 시행 및 정착도우미 수행기관과 연계하여 기능 보완
- 초기전입자 전반적인 정착지원
- 지역 환영행사 및 지역소개 모임 진행

구분	역할내용	
정부 기관	국정원	조사
	통일부	하나원(3개월), 거주지배정 및 지원, 정착금 지원, 취적
	행정안전부(경찰청) (신변보호담당관)	신변보호(6개월)
	노동부 (취업보호담당관)	직업훈련, 훈련기관 관리, 취업보호제 실시
	지방자치단체 (거주지보호담당관)	각종증명서 발급
	보건복지가족부 (사회복지공무원·동사무소)	생계보호(생계급여지급), 의료보호

정착
지원
센터
	· 초기전입자 신병인수(정착도우미사업 흡수) 및 초기전입자 관리
	· 지역 내 탈북자 전반적인 관리(정착실태 파악)
	· 하나원 이후, 사후교육기관으로서 기능
	· 지역협의회 흡수 운영
	· 포괄적인 정착지원사업 실시
	  - 사례관리(상담, 긴급구호, 생활지원, 노약자지원) 및 사회복지서비스 제공
	  - 사회적응 지원사업
	  - 아동 및 청소년 교육지원사업
	  - 직업교육 및 훈련 관련 사업(기초교육 및 유관기관연계를 통한 사업)
	  - 취업 및 자활지원사업(취업지원, 취업 이후 사후관리)
	· 남북한주민 통합과 지역 내 새터민 인식개선사업
	  - 남북주민융화 프로그램 및 교육 실시
	  - 지역인프라 구축		

유관기관	기관유형	· 북한이탈주민후원회 · 북한이탈주민지원 민간단체(아동청소년분과, 정착지원분과, 해외분과 소속기관)
	기관역할 및 연계방법	현재, 민간단체의 활동(후원회 제외)은 다소 중복되는 경향이 있고, 각 단체들의 활동에 대해 통제기능이 없는 상황임. 특히, 정착지원분과 소속 기관들은 정착지원센터가 수행하는 기능들을 일부 수행하고 있다고 할 수 있음. → 아동청소년분과(대안학교, 생활공동체 등)와 해외분과 소속 민간단체는 기존의 활동을 수행하고, 정착지원센터와는 현행처럼 네트워크 유지로 가능 → 정착지원분과 소속단체(종교단체 포함)는 "정착지원센터"가 설치될 경우 기존 단체들의 일정한 형태의 활동 방향성을 재조정할 필요가 있음. (이 부분은 민간단체협의회 안에서 자연스럽게 조정해가는 방향으로 유도)

② 지역 내 탈북자의 전반적인 관리(정착실태 파악)

· 새터민 친목단체 및 지역단위별 새터민 자치조직 관리
· 정착실태조사: 전수조사 또는 특정 대상층에 대한 실태조사 ·
  정기적 시행
 - 기존의 정부 용역조사 및 기타 연구자들의 연구조사가 연관성
   과 관계없이 무작위로 실시되어 정확한 현실적인 정보를 얻는
   데 한계가 많음. 그러나 정착지원센터를 통해서 실태조사를 실
   시할 경우, 비교적 정확한 실태파악이 가능하며, 양적조사뿐
   아니라, 질적조사(심층면접조사 및 사례분석 등)도 가능함.

③ 하나원 이후, 사후 교육기관으로서 기능 수행

현재 하나원 말고는 공식적인 새터민 교육기관이 없다. 그렇기 때
문에 3개월이라는 기간 동안 하나원 안에서 상당히 많은 부분의 교
육내용을 다루고 있으나, 그 실효성에 대해서 많은 문제제기가 있다.

그러한 문제점으로는 대규모 집단교육의 비효과성, 짧은 기간에
다양하고 방대한 양의 정보제공에 따른 한계, 아직 한국사회에 대한
충분한 인식이 없는 상태에서 주입식 교육에서 오는 현실감 낮은 인
식수준 등을 들 수 있다.

따라서 새터민들에게 현실적인 교육을 실시하고자 한다면 하나원
퇴소 이후, 정착지에 거주하면서 필요로 하는 다양한 정보 및 교육
등을 제공하는 것이 효과성을 증진시킬 수 있으나 현재의 정착지원
시스템 안에는 그 기능을 수행하는 공식적인 기관이 없다.

따라서 지역별 정착지원센터를 사후 교육제공기관으로 지정하여
운영할 경우 효과적인 교육제공 기반 수립이 가능하며, 또한 현재 실
시하고 있는 하나원의 3개월 교육을 일부 축소(단축)하고 지역별 정

착지원센터에 그 내용을 이관하여 실시하도록 하여 지역사회에 거주하면서 필수교육을 이수하도록 하는 방법도 검토해 볼 필요가 있다.

사회적응 전반을 위한 필수교육 중 하나원 외의 교육이 필요한 영역에 대하여, 정착지원센터를 교육기관으로 지정하여 하나원 교육 보완 및 대행기관으로 역할 수행 시 현재 하나원 교육의 문제점을 일부 보완할 수 있을 것으로 판단된다(교육내용 및 교육 진행방법은 또 다른 차원으로 연구되어야 할 것임. 다만, 지역별 정착지원센터를 거점으로 지역단위로 새터민을 관리하면서 보수교육 등의 시행이 가능할 것이라 생각됨).

④ 북한이탈주민지원지역협의회 흡수 운영

지역협의회는 현재 지역 안에서 활동하는 새터민 지원 유관기관(지역복지관, 자원봉사단체, 민주평통, 적십자봉사관 등)과 당연직 공무원(보호담당관), 그리고 지역의 직능단체장(의사회, 기업체대표 등) 중심으로 구성되어 연4회의 정기적인 회의를 실시하도록 되어 있다.

또한 그 운영을 위하여 통일부에서 지원되는 사업비는 대체로 지역협의회 소속기관 중 하나인 지역복지관을 중심으로 집행하고 있다. 사실상 현재의 형태는 관주도 민간참여형으로 되어 있으나, 실제 운영되는 내용을 살펴보면 민간주도·관협조형으로 시행되고 있다. 이는 지역협의회가 공식적인 실행조직을 가지고 있지 못하기 때문이며, 지역협의회의 효과적인 기능 수행을 위해서는 실행조직을 가져야 하나 적절한 대안을 가지고 있지 못하기 때문이다.

따라서 지역별로 정착지원센터를 설치하고 그 안에 지역협의회를 흡수하여 기존 통일부 지침에 의거하여 예산이 배정된 사업은 정착지원센터에서 흡수 수행하고, 지역협의회 회의는 연4회 동일하게 진

〈표 10-3〉 포괄적인 정착지원사업 내용

영역구분	프로그램	세부사업내용
사례관리	요보호대상자관리	· 신규자와 기존전입자로 구분하여 요보호대상자세대를 선정하여 특별 관리 - 노인, 장애인, 모자세대 및 기타사유로 요보호가 필요하다고 판단되는 세대 중심 - 관리파일 작성, 정기적 가정방문 및 필요서비스 제공
	정신건강상담 (심리지원서비스)	· 대다수 새터민에게 나타나는 정신건강상의 문제에 따라 심리상담사에 의해 심리상담 및 치료프로그램실시 - 사회복지사의 사례관리, 서비스제공을 병행 총괄적인 관리 · 지역내의 의료기관 및 정신보건기관과 연계하여 지원
	사회복지서비스제공	· 밑반찬배달서비스/가사, 간병서비스/장학금및긴급생계비지원/무료사회교육서비스 제공
사회적응 지원 사업	문화체험 프로그램	· 여가지원프로그램으로 다양한 남한문화체험활동
	가정결연 프로그램	· 남북한 가정 결연 프로그램
	여성새터민지원사업	· 여성새터민을 위한 특화프로그램(자치조직 운영 및 교육사업 등)
	새터민융화 프로그램	· 새터민 체육대회 / 캠프행사 / 송년행사 · 새터민 봉사단 구축 및 봉사활동
	언어교육 프로그램	· 외래어교육 및 발음교육 등
아동 및 청소년 교육 지원	아동학습 프로그램	· 방과후 공부방 · 학교생활적응 지원 및 학교연계지원
	청소년학습 프로그램	· 청소년 공부방 · 가정방문 학습지도봉사자 배치 · 학교생활적응 지원 및 학교연계지원
	대학생상담 프로그램	· 재외국민특별전형준비지원(진로선택) · 예비대학생모임 · 대학생 학교생활지원 및 학습지원(멘토링프로그램)
직업교육 및 훈련 관련 사업		· 기초교육 : 직업훈련프로그램의 이용 전 기초교육 · 유관기관 연계 (여성발전센터, 직업훈련기관)와 연계를 통한 교육실시 - 기존의 직업훈련기관 이용을 적극적으로 유도, 대상자 의뢰 등
취업지원 사업	취업적응 프로그램	· 취업처 사후관리, 고용업체 사주 간담회
	취업지원 인프라구축	· 지역내 취업지원인프라 구축 및 취업활성화를 위한 관리시스템 구축 · 자활공동체 육성 및 유관기관과의 협력 등

행하되, 정착지원센터의 운영 전반을 지원하고 협력하는 기능을 수
행하는 형태로 전환되어야 한다. 또한 기능이 전환되는 경우, 명칭
또한 변경되어야 할 것이다. 결국 기존의 협의회 위원은 그대로 유지
존속하되, 위원장은 당연직공무원에서 정착지원센터장으로 전환되
어야 할 것이다.

⑤ 포괄적인 정착지원사업의 세부내용

정착지원센터에서 수행해야 하는 북한이주민의 정착지원서비스
의 내용을 살펴보면 〈표 10-3〉과 같다.

⑥ 남북한 주민통합과 지역 내 새터민 인식개선사업

북한이주민들의 남한 정착을 위한 포괄적인 정착지원서비스와 더
불어 필수적으로 필요한 것은 남한주민들과의 융화와 통합이라 할
수 있다. 주민들 간의 융화와 통합은 단시간에 이루어지는 것은 아니

〈표 10-4〉 남북한 주민통합과 지역 내 새터민 인식개선사업

영역구분	세부사업내용
남북주민융화 프로그램 (주민조직화를 통한)	· 지역 단위 행사에 새터민 참여 공동행사 추진 · 새터민 이해 증진을 위한 사업(북한음식소개, 성공탈북자 소개 등) · 새터민 자원봉사단 조직: 사회복지시설 및 이웃과 지역사회를 위한 봉사활동 · 새터민부녀회: 기존 새마을부녀회의 활동에 새터민부녀회가 함께 참여함으로써 주민들 간의 융화 도모 · 새터민 운동동아리(축구단 등): 남한주민과 친선경기를 실시함으로써 주민간의 융화 유도
지역인프라 구축	· 지역사회 내 다양한 홍보사업 · 자원봉사단 구축 및 활동 지원 · 교육, 문화, 의료, 법률, 상담 등의 전문분야에 대한 새터민 지원 지역 네트워크 구축: 새터민 지정지원기관을 선정하여 지원하고, 지역 내 새터민에 대한 이해증진 도모

지만, 지역사회 내 주민들을 조직화하여 융화하는 과정에서 조금씩
이루어 질 수 있을 것이다. 이를 위한 구체적인 사업내용을 제시하면
〈표 10-4〉와 같다.

11장 이주민정책과 북한이주민정책의 조화

1. 이주민정책의 조화 방향: 다문화주의

1) 이념적 방향

　'문화' 란 생활양식의 총체이며 세계를 인식하는 기준이다. 사회 구성원의 행동과 생각을 규정하거나 동시에 구성원의 실천에 의해 재생산되는 역동적인 관념적 유형까지 포함하고 있다. 문화는 개인적인 취향으로 선택 가능한 것 이상의 '사회적으로 구성된 어떠한 것이 개인의 신념체계에 들어와 행동에 영향을 미치는 관념적 실체'이다(한건수, 2006). 어떤 사회에서 다른 문화를 가진 구성원들은 문화적인 차이를 심리 사회적으로 체험하게 되는데, 개인적 노력만으로 문화적 차이로 발생하는 수많은 문제들을 해결한다는 것은 매우 어려운 일이다. 따라서 이주민에 대한 사회적 노력은 국가적 차원에서 이루어져야 한다. 문화적 차이로 인해 겪는 문제들을 해결하도록 돕기 위해서 서비스와 제도 등을 마련하고 가족 내 그리고 사회 내 통합을 이끌어내고자 노력해야 한다.

이주자의 사회통합과 관련하여 우리보다 먼저 이주자를 받아들이기 시작한 나라들에서는 다양한 문화적 정체성을 가진 이주민들과 '국민의 정체성'을 어떻게 정립할 것인지에 대한 질문에 답을 찾는 과정을 겪어왔다. 국가의 접근방식은 '배제'와 '통합' 전략에 따라 다양한 모델들이 시도되었는데, 크게 분리주의, 동화주의, 양방향통합모델two-way integration, 다문화주의multi-culturalism 등으로 구분되는 것으로 알려지고 있다(고현웅, 2007 참조). 그에 따른 이주민에 대한 접근 모델은 국가 제도와 연결되면서 제국주의 모델Imperial Model, 민족주의 모델Folk or Ethnic Model, 공화주의 모델Republican Model, 다문화주의 모델Multicultural Model로 분류되기도 한다(Castles and Miller, 1998; 곽원섭, 2007 재인용).

① 제국주의 모델

이 모델은 같은 지배 체제 아래 있는 국가들에게 제국의 시민권이 주어지는 형태이다. 이는 제국주의 국가들이 식민지 국민들에 대한 그들의 실질적인 지배를 감추기 위해 식민지인들에게 시민권을 허용한 것이다. 1981년 국적법이 개정되기 전까지의 영국연방이 대표적으로 이 모델에 속한다.

② 민족주의 모델

민족적 동질성을 공유하는 사람들이 국민을 형성하며, 이주민은 시민권의 획득이나 국가 공동체에서 배제된다. 혈통주의에 기반을 두고 있는 이 모델에 가장 가까운 국가로는 독일을 들 수 있다.

③ 공화주의 모델

이주민들의 문화적 다양성을 주류 사회에 통합하되, 이주민이 지니는 특수성이 완전히 한 국가의 사회문화 속으로 일체화되는 것이다. 프랑스가 이 모델의 대표적인 국가이다.

프랑스는 이주하려는 외국인과 이미 정착한 이주민들을 나누어 접근한다. 전자는 엄격히 규제하고 후자는 프랑스 내국인과 같은 권리를 보장한다. 이주민에게 기본권이나 소송과 공정한 재판을 받을 권리 등 시민적 권리를 보장하지만, 정치적 권리는 보장하지 않고 있다.

④ 다문화주의 모델

이주민들 각 개인이 지니는 문화적 특수성을 훼손하지 않은 채, 국가가 이질성을 모두 포용하는 모델이다. 대표적인 국가는 스웨덴과 오스트레일리아이며, 미국과 영국도 영향을 많이 받았다. 스웨덴의 경우는 이주민정책과 관련한 3가지 기본 원칙을 가지고 있다(1975년 이후). 평등의 원칙은 외국인과 내국인이 동일한 법적 권리 및 의무를 지니며, 외국인에게 시민적·정치적·사회적 권리가 인정된다는 것이다. 선택의 자유는 인종 문화적 소수자들이 자신의 문화 정체성을 유지하거나 스웨덴의 문화·언어를 받아들일 수 있는 선택의 자유가 있다는 것이다. 협력의 원칙은 다양한 공동체, 내국인들 사이에 원만한 의사소통 메커니즘을 확보하기 위해 국가가 프로그램을 개발하고 지원한다는 것이다. 이를 통해 이주민을 적극적으로 포용하여 좀 더 견고하고 다채로운 문화를 창조하려는 의욕이 담겨있는 다문화주의를 실천하고 있는 것이다.

이러한 모델들이 여러 국가에서 제도화되어 접근한 결과, 분리주의, 동화주의, 제국주의, 민족주의와 같은 '배제' 적 접근에서 양방향통합모델, 다문화주의 등 '통합' 적 접근으로 큰 흐름을 보이고 있다. 세계적인 자본의 흐름, 인간의 이동은 더욱 대규모로 이뤄지고 있으며, 국내 거주 이주민에 대한 사회적 배제는 인종 문화적 차별을 일으켜 사회적 갈등을 키워내었기 때문이다. 이에 선진 국가의 이주민에 대한 지원은 양방향통합모델, 즉 자국의 문화와 가치를 주로 하되 주류문화와 다른 가치와 문화를 인정하고, 양방향으로 사회문화적 접변이 일어남으로써 주류문화가 좀 더 풍부해지고 확장되도록 하는 방향으로 나아가고 있는 것이다. 이를 위한 다양한 지원을 통해 특히 이주민(다문화가정) 자녀들이 자신의 뿌리인 아버지 나라와 어머니 나라 문화 모두에 대한 자긍심을 갖도록 하는 정책방향으로의 적극적인 전환이 이뤄지고 있다.

2) 한국의 이주민정책 방향

그동안 한국은 인종적·문화적 다양성을 통합하려는 국가의 실천적 의지가 부재했었다. 최근 한국에서 이주노동자, 국제결혼이주자, 난민(북한난민 포함) 등 외국인의 유입이 늘어나고 있지만 사회적 소수자로서 이주민들은 최소한의 인권마저 보장받지 못하고 있는 상황이다. 인종과 문화의 차이가 차별로 나타나고 그에 따라 인권침해가 속출하고 있는 현실이 이를 보여주고 있다. 또한 「출입국관리법」, 「외국인 근로자의 고용 등에 관한 법률」, 「국가 인권정책 기본계획 권고안」, 「차별금지법 권고안」 등 이주민 관련 정책들과 이주민의 권리보장과 관련한 기본적인 국제조약에도 비준하지 않는다는 점에서 우리 사회가 아직도 이주민에 대한 '배제'에 좀 더 비중을 두고 있음을 알 수 있다. 한국은 외국인 이주 노동자를 일시적인 노동자로 인식함으로써 이들이 '한국인'이 될 가능성에 대해서는 고려하지 않아 왔다. 그러나 실제 이주 노동자의 성격은 '일시적'에서 '영구적'으로 바뀌어가고 있으며 결혼과 출산을 통해서 대한민국의 구성원으로서 권리를 가져야 하는 위치에 서 있다. 앞으로도 저출산·고령화 현상의 심화는 노동인력 및 인구감소로 이어지고 이주민의 유입은 더욱 가속화될 것이다.

상황이 심각해지자 최근 한국사회는 이주민의 특수성에 대한 이해를 무시하고 '보편적인 인권'만을 보호함으로써 문제를 해결하려는 노력을 펼치고 있다. 국제결혼가정을 위한 접근을 중심으로 '다문화주의'에 대한 개념들이 쏟아져 나오고 있으나 정책과 서비스 내용은 다문화주의와는 상당한 차이가 있다. 일례로 이주민을 위한 법률을 살펴보면, "출신국의 언어와 문화를 유지하도록 지원하는 것은 이들의 동화적 통합을 방해하는 것으로서 결코 바람직하지 않다[1]"거나 "외국인근로자나 결혼이민자의 자녀가 우리 사회에 동화되지 않고 외국 출신 부모의 모국 문화에 동화되는 것은 바람직하지 않다고 본다[2]"와 같은 강력한 동화주의 입장을 취하고 있다.

그러나 이제 이주민정책에 대한 방향은 '배제'가 아닌 어떻게 '통합'하여 함께 갈 것인가에 대한 방향으로 합의를 하고 있는 것 같다. 왜냐하면 많은 앞서간 국가들에서 국가가 배제를 통해 이주민의 유입을 막고 이미 입국한 이주민에게는 권리를 제한함으로써 기존의 질서와 체계를 유지하려고 하였지만 끊임없이 불법적인 경로를 통해 수많은 이주노동자가 유입되는 것이 현실이기 때문이다. 이에 이주

1 박종보·조용만(2006), 『다문화가족지원법 마련을 위한 연구』, p.39.
2 앞의 책, p.44.

※ 한국적 다문화 모형 예시: 〈비빔밥 문화론〉

> 그동안 다문화, 다민족과의 융합과 통합을 위한 미국의 다문화 모형으로 적용되었던 용광로이론과 샐러드보울이론, 또한 오케스트라와 무지개 연합과 달리, 5천여 년 동안 단일민족으로 살아오던 우리 민족은 어떠한 모델로 급증하기 시작하는 다문화 가족과의 융합을 담아낼 수 있을 것인가? 이는 어떠한 재료 프로그램으로 맛있는 비빔밥을 만들어 나갈 것인가 하는 비빔밥 문화론으로 설명할 수 있다. 비빔밥은 샐러드보울보다 오히려 완전한 혼합과 융합을 가져올 수 있는 먹거리이므로 이러한 문화 속에 살아온 한민족은 서구인들보다 더 그들을 받아들일 수 있는 문화적인 수용성을 갖추고 있다. 관과 민의 공동노력을 통해 다문화 가족과 공존할 수 있는 비빔밥 문화를 정착시켜나가야 하겠다(김범수, 2007: 53-54).

민의 유입으로 인해 발생하는 문제들에 대한 충분한 이해를 바탕으로 '배재'가 아닌 '통합'이 이주민과 관련된 문제를 해결하는 가장 적절한 방법이라는 것이다.

우선적으로 한국 상황에서 필요한 것은 사회적 갈등을 최소화하면서 문화적 다양성을 통합하기 위해 우선적으로 ' 이주민의 통합 '에 대한 공론화와 사회적 합의가 이루어지는 것이다. '다문화사회'를 건설하느냐 '단일문화사회'를 만드느냐의 선택적인 사항이 아니라 '문화와 정체성의 다양성을 어떻게 사회적 통합과 조화시키는가 (Martinielo, 윤진 역, 2002: 41; 곽원섭, 2007: 117)' 가 관건인 것이다.

2. 한국의 이주민정책의 현황

한국의 이주민정책은 외국인노동자정책, 결혼이주민정책, 북한

<표 11-1> 이주민 관련 정책 법안의 목적

재한외국인 처우 기본법	다문화가족지원법안	이주민가족의 보호 및 지원 등에 관한 법률안	혼혈인가족 지원에 관한 법률안
제1조(목적)이 법은 재한외국인에 대한 처우 등에 관한 기본적인 사항을 정함으로써 재한외국인이 대한민국 사회에 적응하여 개인의 능력을 충분히 발휘할 수 있도록 하고, 대한민국 국민과 재한외국인이 서로를 이해하고 존중하는 사회 환경을 만들어 대한민국의 발전과 사회통합에 이바지함을 목적으로 한다.	제1조(목적) 이 법은 다문화가족 구성원이 인간으로서의 존엄이 유지되는 건강한 가정생활을 영위할 수 있도록 하는 지원 정책을 강화함으로써 다문화가족 구성원이 우리 사회에 조기에 정착하고 대한민국의 발전과 사회통합에 이바지하게 함을 목적으로 한다.	제1조(목적) 이 법은 대한민국에 체류하고 있는 이주민가족의 보호 및 지원 등에 관한 사항을 규정함으로써 이주민가족이 우리사회에 신속히 적응하고 국가의 발전과 사회통합에 이바지함을 목적으로 한다.	제1조(목적) 이 법은 혼혈인가족에 대한 법적·제도적 차별 및 사회적 배제·편견의 시정과 지원을 위한 정책을 수립·시행함으로써 인간으로서의 존엄과 가치를 구현하고 사회통합에 이바지함을 목적으로 한다.

이주민정책 등 우리 사회 외국인·난민·이주민정책의 큰 틀에서 이해될 필요가 있다. 우리 사회가 다인종·다문화사회로 급속히 변모하면서 외국인 정책도 국익우선과 통제 중심에서 국익과 인권보장의 균형으로 기조가 변화하고 있기 때문이다.

이 중 현재 국회에 계류 중인 「다문화가족지원법」(이하 「다문화가족법」), 「이주민가족의 보호 및 지원 등에 관한 법률」(이하 「이주민가족법」), 「혼혈인가족 지원에 관한 법률」(이하 「혼혈인가족법」)과 2007년 4월 국회를 통과해 7월 17일부터 효력이 발생한 「재한외국인 처우기본법」(이하 「재한외국인법」) 등이 있다. 현재 제정 또는 논의되고 있는 이주민 관련 법안들은 모두 재한외국인, 다문화가족, 이주민가족, 혼혈인가족에 대한 지원을 통하여 이들의 사회적응을 촉진하고 궁극적으로는 대한민국의 발전과 사회통합에 이바지하도록 함을 목적으로 하고 있다.

1) 외국인을 위한 정책 현황

우선 2007년 통과한 「재한외국인 처우 기본법」(이하 「재한외국인법」)에 대하여 살펴보면, 「재한외국인법」 제정 배경은 우리나라의 결혼이민자와 그 자녀뿐만 아니라 외국인근로자, 전문 외국인력, 외국적 동포, 영주권자, 난민 등 다양한 체류 외국인들이 우리 사회에 잘 적응하도록 지원하는 사회통합정책에 대한 수요가 급증한 데에 있다. 그럼에도 관계 부처간 개별·단편적인 정책 수립으로 외국인 정책이 부처간에 중복·충돌되고 예산이 낭비되는 문제점이 있어 왔고, 이러한 문제점을 해소하고 범정부적인 차원에서 다문화가정을 비롯하여 다양한 형태의 외국인에 대한 종합적·체계적인 처우 방안을 마련하기 위하여 제정되었다. 재한외국인법은 국가와 지방자치단체에 정책적 책무를 부담한다고 규정하고 있으며, 주무 책임자인 법무부장관은 관계 중앙행정기관의 장과 협의하여 5년 단위로 외국인정책에 관한 기본계획을 수립하고, 여성부, 노동부 등의 관계 중앙행정기관의 장 및 지방자치단체의 장은 기본계획에 따라 소관별로 매년 시행계획을 수립하도록 하고 있다.

구체적인 의사결정체계로 외국인정책에 관하여 관계 중앙행정기관의 장과 민간 전문가 등으로 구성된 외국인정책위원회, 실무위원회, 분과위원회의 심의를 거치도록 되어 있다. 다문화가족·이주민가족 및 혼혈인가족 지원 정책은 외국인정책의 전체 틀 안에서 여타의 외국인정책과 유기적으로 결합되어 추진될 통합적 전달체계를 구축하고 있다. 2006년 5월과 2007년 10월 '외국인정책 기본방향 및 추진체계'를 확정한 외국인정책위원회는 외국국적동포, 결혼이민자·외국인 여성과 자녀, 외국인근로자 등 6대 정책목표 대상을 설정하여 지원정책을 마련하였다. 외국인정책위원회는 외국인에 관한

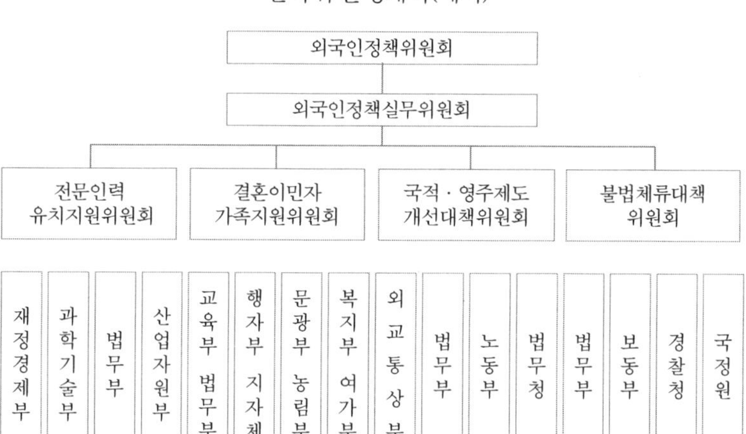

중요 정책을 심의·조정하는 기구로, 국무총리 소속하에 설치되어 있다. 국무총리를 위원장으로 모두 25인 이내의 위원으로 구성된다. 외국인정책실무협의회를 두어 위원회의 심의사항을 사전에 연구·검토하도록 하였으며, 법무부 차관이 협의회 의장이다(정기선 외, 2007: 44).

구체적인 사업으로 재한외국인법에서는 국가 및 지방자치단체가 재한외국인과 그 자녀에 대한 불합리한 차별 방지 및 인권옹호를 위한 교육·홍보 그 밖에 필요한 조치를 하기 위하여 노력할 의무를 규정하고 있다. 재한외국인이 대한민국에서 생활하는 데 필요한 기본적 소양과 지식에 관한 교육·정보제공 및 상담을 지원할 수 있고, 결혼이민자에 대한 국어교육, 대한민국의 제도·문화에 대한 교육 결혼이민자의 자녀에 대한 보육 및 교육 지원 등을 할 수 있다. 국민과 재한외국인이 서로의 역사는 교육, 홍보, 불합리한 제도 시정 등

<표 11-2> '혼혈인 및 이주자의 사회통합 기본방향'에서 정책 대상 유형

I 유형 : 국내 혼혈인	주한미군과 한국인 2세, 기지촌 외국여성과 한국인 2세, 외국인 노동자와 한국인 2세, 결혼이민자의 2세
II 유형 : 국외 혼혈인	외국체류 한국인과 현지인의 2세, 베트남전쟁 관련 한국인 2세, 해외동포 2세 혼혈인, 해외이주 국제결혼자 2세 혼혈인
III유형 : 국내 외국인	기지촌 외국여성과 외국인 노동자 2세, 외국인 노동자간 2세, 외국인 노동자의 국내입국 본국 자녀

을 위해 노력할 것을 규정하고 있다. 이를 위하여 외국인정책에 관한 사업 중 일부를 민간에 위탁하고 지원할 수 있도록 하고 있다.이외에도 빈부격차·차별 시정위원회에서 제시한 이주민정책 방향이 있다. 빈부격차·차별시정위원회는 2006년 4월 '혼혈인 및 이주자의 사회통합 기본방향'을 발표하여 여성결혼이민자, 그들의 2세를 포함하여 이들에 대한 차별 금지 및 사회안정 대책 방안을 함께 마련하였다. 국적취득 가능 여부 및 거주지에 따라 정책 대상을 국내 혼혈인과 국외 혼혈인, 그리고 국내 외국인으로 유형화하고, 결혼이민자 2세에 대한 별도 대책을 추진하기로 하였다(<표 11-2> 참고).

2) 결혼이주민을 위한 정책 현황

다음으로 2008년 3월 제정된 「다문화가족지원법」을 살펴보면, 제정배경은 산발적으로 제공되고 있는 서비스들의 제도적틀을 마련하는 데 있다. 국제결혼과 여성결혼이민여성들이 급증하여 「다문화가족지원법」에서는 결혼이민자 및 그 자녀 등으로 구성되는 다문화가족은 언어 및 문화적 차이로 인하여 사회부적응과 가족구성원 간 갈등 및 자녀교육에 어려움을 겪고 있음에 따라, 다문화가족의 구성원이 우리 사회의 구성원으로 순조롭게 통합되어 안정적인 가족생활을 영위할 수 있도록 하기 위한 가족상담·부부교육·부모교육 및 가족생활교육 등을 추진하고, 문화의 차이 등을 고려한 언어통역, 법률상담 및 행정지원 등의 전문적인 서비스를 제공하도록 하는 등 다문화가족에 대한 지원정책의 제도적인 틀을 마련하려는 것을 목적으로 하고 있다. 평등한 가족관계를 유지하고, 가정폭력 피해자를 보호 및 지원하며, 다국어에 의한 서비스를 제공하고 다문화가족지원센터를 지정하는 서비스체계를 담고 있다. 그동안 보건복지부의 실태조사를 기점으로 적극적인 보건복지가족부 등은 사업을 추진하고 있다. 2006년 4월 "여성결혼이민자의 사회통합과 열린 다문화 사회 실현"이라는 정책 목표 아래 7대 주요과제 및 26개 세부과제를 선정하였다. 여성부를 결혼이민자가족 지원을 위한 추진부서로 선정하고, 12개 관련부처(교육과학부, 외교통상부, 법무부, 행정자치부, 문화관광부, 농림수산부, 정보통신부, 보건복지부, 노동부, 여성가족부, 기획예산처, 중앙인사위원회)의 협력으로 추진하고 있다(〈표 11-3〉참고).

결혼이주민을 위하여 정부에서는 2006년부터 2010년까지 총 2,433억 원의 예산을 투입하는 것으로 계획하고 있다. 2007년 419억 원의 예산은 2007년 여성결혼이민자 수를 82,828명이라고 할 때, 1인당 연간 505,867원 수준으로 지원하는 것으로 나타났다. 적극적인 정책 목표 및 사업 계획에 비해 미흡한 예산규모라 할 것이다.

3) 이주민정책의 추진 전달체계 및 서비스 현황

① 지방자체단체 추진 전달체계

행정안전부는 2006년 8월 「지자체 거주 외국인 지역사회통합 지

<표 11-3> 국제결혼가정 지원대책 정책과제 및 주관부처(2006)

조치사항	주관부처	협력기관
1. 탈법적인 국제결혼 방지 및 국제결혼 당사자 보호		
① 결혼중개업체 탈법행위에 대한 단속	법무부	경찰청
② 국제결혼중개업 관리를 위한 입법 추진	복지부	
③ 인신매매 등 중개행위에 대한 관리방안 검토	법무부	외교부, 여가부 경찰청
④ 결혼비자 발급 서류·절차 표준화	법무부	외교부
⑤ 외교채널을 통한 국가간 협력체계 구축	외교부	
⑥ 결혼 당사자에게 국제결혼에 대한 정보제공	여가부	복지부, 외교부
2. 가정폭력피해자 등에 대한 안정적인 체류지원 강화		
① 배우자의 신원보증 해지신청 요건 강화	법무부	
② 혼인파탄 귀책사유에 대한 입증책임 완화		
③ 이혼에 의한 간이귀화 신청 시 입증요건 완화		
④ 사실혼 부모 출생자녀 및 외국인 모에게 국적 또는 영주권 부여		
⑤ 가정폭력피해자 지원체계 구축 및 보호	여가부	법무부
3. 한국사회 조기적응 및 정착지원		
① 한국생활 적응에 필요한 정보제공 시스템 구축	여가부	법무부, 행자부, 지자체
② 한국생활 적응 및 정착 지원	여가부	문화부, 교육부, 농림부
4. 아동의 학교생활 적응지원		
① 다문화교육추진체계 구축, 학교의 결혼이민자 자녀지원 기능 강화, 교사역량 강화, 집단 따돌림 예방	교육부	
② 복지 및 상담서비스 제공	복지부	교육부
5. 여성 결혼이민자 가족의 안정적인 생활환경 조성		
① 기초생활 보장 및 건강증진 지원	복지부	여가부
② 자녀출산 및 양육지원	복지부	여가부, 농림부
③ 직업상담 및 공공서비스 부문으로 진출 지원	노동부	
6. 여성 결혼이민자에 대한 사회적 인식 개선 및 업무책임자 교육		
① 정부정책 안내 및 일반국민 의식제고를 위한 홍보	여가부 법무부	
② 지역사회의 다문화 친화적인 분위기 조성	문화부	교육부, 행자부, 지자체
③ 공무원 교육 실시	인사위 여가부 법무부	전부처, 지자체
④ 사회복지, 보건의료서비스 종사자 등에 대한 교육	복지부 행자부 교육부 농림부	

조치사항	주관부처	협력기관
7. 추진체계 구축		
① 결혼이민자 가족 실태조사	여가부	행자부, 교육부
② 결혼이민자 가족지원센터 운영	여가부	지자체
③ 자원봉사활동 인프라 구축 및 통역, 상담, 교육인력 양성	여가부 복지부	
④ 범정부 추진체계 구축 및 중앙, 지방정부간 정책네트워크 구축	여가부	

※ 자료: 여성가족부. 『여성결혼이민자 가족의 사회통합 지원대책』 2006. 4. 26.

〈그림 11-2〉 지방자치단체 외국인 지원업무 적용 대상 범주

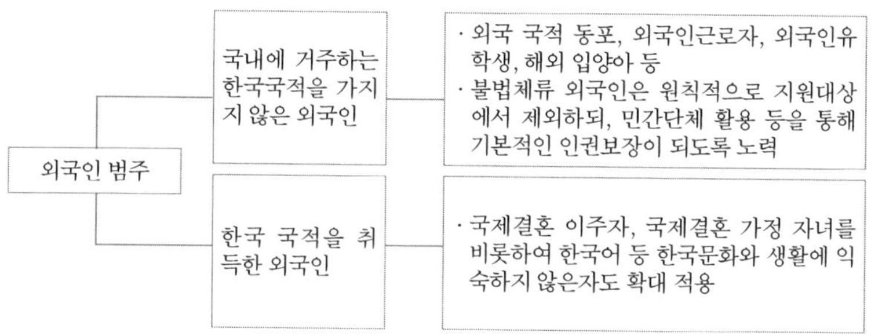

원업무 추진지침」을 마련, 지자체에서 관련 업무를 추진할 수 있도록 하였다. 이 지침의 주요 업무 대상은 국내거주 외국인과 한국 국적 취득 외국인이다. 지방자치단체 추진체계 구축, 거주 외국인 지원기반 마련, 외국인 지역사회 적응지원, 다문화 존중의 지역사회 조성을 추진지침으로 2008년부터 정부 합동평가 대상 과제로 선정토록 하였다(정기선 외, 2007).

주요업무 추진방향은 업무추진체계 구축, 외국인 지원 인프라 조성, 인권 및 복지사업 추진, 문화격차 해소 및 인식전환, 종합적 네트워크 구성이다. 업무추진체계구축을 위하여 총괄부서와 소관부서의

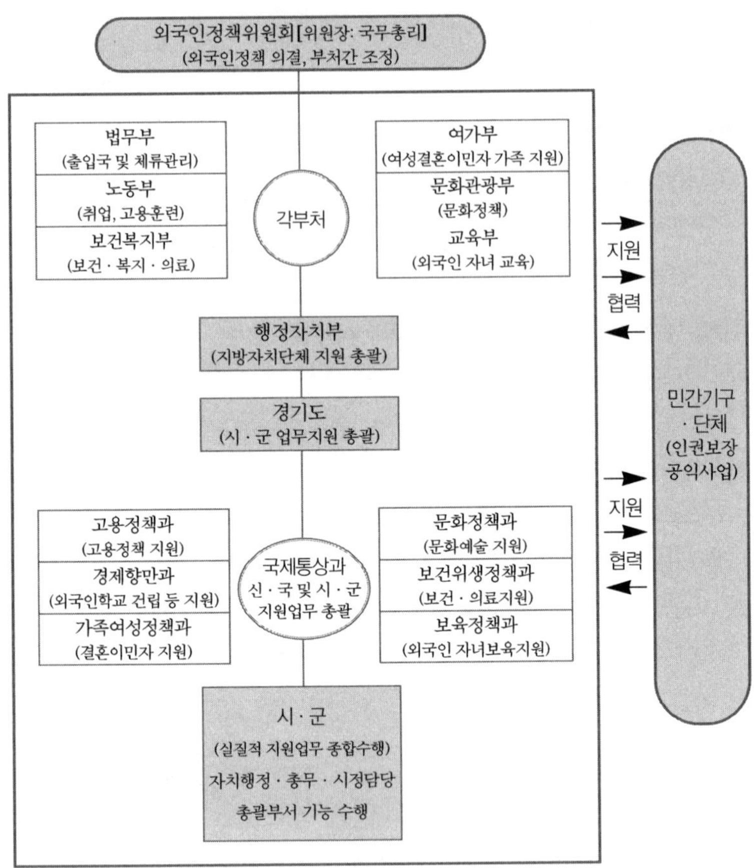

※ 자료: 경기도, 『지방자치단체 거주 외국인 지역사회통합 지원업무 추진계획』(2006).

협력관계 구축 및 자문기구를 설치한다. 조례 제정, 외국인 센터 등을 통한 외국인 지원 인프라를 조성하며, 인권 및 복지사업의 일환으로 각종 상담, 생활안정 및 편의제공, 응급 구호체계를 확립한다. 공무원 및 지역주민 홍보, 교육, 다문화 지역 공동체 형성을 통해서 문

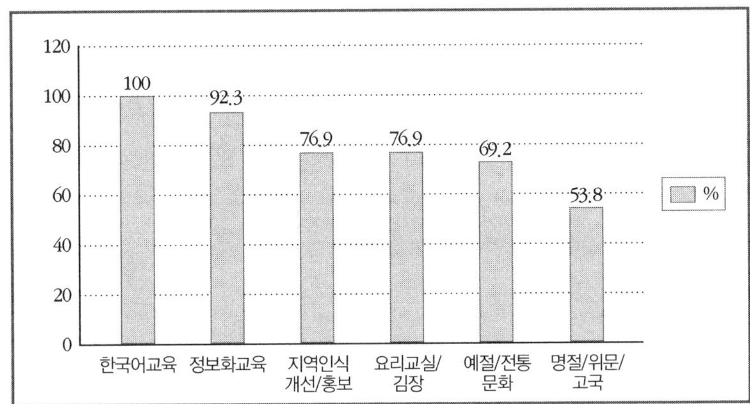

화격차 해소 및 인식전환을 가져오고, 중앙과 지자체의 종합적 네트워크를 구성하는 것이다(〈그림 11-2〉 참고).

외국인 지원업무 종합추진체계를 살펴보면 〈그림 11-3〉과 같다.

② 공공의 서비스 현황[3]

16개 시·도 지자체의 국제결혼가정을 위한 프로그램 실태를 조사한 결과[4], 모든 지자체에서 한글 교육(100%)을 실시하고 있었다. 정보통신부의 지원 등을 받아 정보통신 교육이 92.3%로 많았다. 다음으로 한국생활안내지 등 홍보자료나 지역인식개선을 위한 홍보물 제작 사업, 한국 요리교실이나 김장철 김장행사 등의 사업이 76.9%, 전통예절, 전통문화 탐방 등의 사업이 69.2%를 나타냈다. 명절행사, 위문공연, 고국 보내주기, 친정가족초청 등의 사업은 53.8%로 과반수 이상의 지자체에서 실시하는 사업이었다(〈그림 11-4〉 참조). 결

---

3 16개 시도 지자체의 공공과 민간 서비스 현황에 관한 자료는 전혜정·민성혜·이민영·최혜영 (2008), 『국제결혼가정 자녀 실태조사 및 성장지원 방안 연구』(보건복지부) 결과의 일부를 정리하였다.

4 여성가족부 가족정책국 가족정책팀에서 취합한 2007년 16개 지자체의 사업을 참고하였다.

<표 11-4> 국제결혼가정 지원 사업 예산

단위: 억 원

구분	계	2006년	2007년 전망	2008년 전망	2009년 전망	2010년 전망
계	2,433	164	419	520	617	713
일반회계	1,639	85	274	350	428	502
기금	363	58	65	73	80	87
지방비	431	21	80	97	109	124

※ 자료: 여성가족부, 「여성결혼이민자 가족의 사회통합 지원대책」 2006. 4. 26. 단, '07년 이후 예산은 지원 단가, 지원대상 등에 따라 달라질 수 있음(부처 추계자료).

혼이주여성을 위한 핵심 서비스인 한글교육은 주민자치센터, 여성 발전센터 등의 공공기관에서 실시하거나, 농어촌과 같이 집합교육 이 어려운 지역에서는 '찾아가는 서비스'를 통해 한글교육 및 상담 서비스를 실시하고 있다.

국제결혼가정 자녀를 위한 사업 중에서는 한국어 및 학습지도 사 업이 69.2%로 가장 많았으며, 결혼이주여성이 교육받는 동안 미취학 자녀를 돌봐주는 사업이 53.8%로 나타났다. 다음으로 양육지원, 출 산비 지원 등의 출산 관련 서비스가 38.5%, 문화교류체험, 현장학습 지원 등의 사업이 23.1%, 대학생과 멘토링과 같은 결연사업이 15.4% 로 나타났다. 이 중에서 출산관련 서비스는 보건소를 중심으로 출산 전 검진서비스, 산후도우미 서비스, 영유아 건강진단 서비스와 연계 되어 추진되고 있었다. 특히 '아동양육도우미' 사업은 0~12세의 아동 을 키우는 국제결혼가정 중 언어, 문화 차이 등으로 자녀양육에 어려 움을 겪는 가정에 도우미가 방문해 양육을 지원하는 사업이다. 도우 미는 3달 동안 1주일에 3회, 1인당 5가정을 방문하여, 학습지원, 다문 화 이해교육, 아동의 이동지원, 아동의 인성발달 지원, 아동의 영양 지원 등 자녀의 발달 특성과 가정환경에 맞는 맞춤형 서비스를 제공 하고 있다.

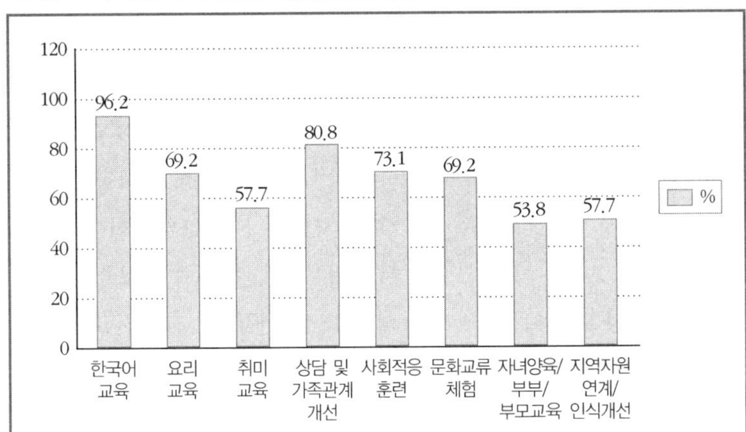

그 외에도 국적 취득을 위한 지원·법률 상담, 일상생활능력 훈련 프로그램, 자조모임·수다방·쉼터·소모임 등의 프로그램이 제공되고 있으며, 배우자를 위하여 부인나라 언어·문화 교육, 배우자 자조모임, 부부 교육, 부부자조모임 프로그램이 제공되고 있다. 지역사회의 인식개선을 위하여 전문가 네트워크 구축, 지역 내 자원연계, 다문화가족을 위한 자원봉사자 양성 등의 프로그램을 제공하고 있다.

③ 민간의 서비스 현황

복지관 및 이주자지원센터 등 시민단체에서 제공하고 있는 국제결혼가정 사업을 조사한 결과[5], 한국어 교육이 96.2%로 가장 많았으며, 다음으로 상담 및 가족관계 개선을 위한 프로그램이 80.8%로 나타났다. 결혼이주여성의 사회적응 훈련이 73.1%, 요리교육과 문화교

---

5 2006년부터 사회복지공동모금회가 지원하는 다문화가족지원사업의 내용을 참고하였다.

류체험이 69.2%, 취미교육, 지역사회자원 연계 및 지역인식 개선을 위한 사업이 57.7%로 나타났다. 자녀양육 및 부부 교육 사업이 53.8%로 과반수의 기관에서 실시하는 것으로 나타났다(〈그림 11-5〉 참조).

자녀를 위한 프로그램을 살펴보면, 결혼이주여성이 프로그램에 참여하는 동안 미취학자녀를 돌봐주는 탁아서비스(아이돌보미)가 57.7%로 가장 많았다. 다음으로 학습지도와 문화교류체험이 34.6%로 나타났다. 아동 상담서비스, 사회정서교육 등 통합교육이 15.4%, 특기 및 적성 교육이 7.7%, 아동의 리더십, 멘토링, 건강진단 서비스가 3.8%로 나타났다.

복지관 및 시민단체의 프로그램은 대부분 결혼이주 여성과 가족에 초점을 두고 있으며, 점차 자녀를 위한 프로그램의 필요성을 느끼고 사업을 확장하고 있었다. 공공 지자체의 서비스와 달리 통합교육, 리더십, 상담, 건강진단 서비스 등 아동의 성장과 발달에 맞는 다양한 서비스를 제공하고자 노력하고 있었다.

이 밖에도 가족캠프 등 가족관계 개선을 위한 프로그램, 자녀양육 지원 프로그램, 부모역할 교육, 임신 및 출산관련 지원 · 가정방문(산후도우미파견 등) 프로그램 등이 제공되고 있다(이상 전혜정 외, 2008).

3. 북한이주민정책과 조화

1) 북한이주민과 국제결혼이주민

남한에 입국하는 북한이주민 수는 1년에 1천 명이 넘어섰고 1만 명 시대에 돌입하였다. 가족동반입국 및 여성입국자의 비율이 높아지고 아동 장년층의 비율도 크게 증가하고 있다. 연령 구성이 다양화되면서 육아문제, 학교생활적응문제, 노인문제가 새롭게 대두되고 있다.

다른 이주민집단과 다르게 북한이주민은 정책적으로 차별화된 접근을 받고 있다. 남한에 입국한 순간 법적으로 보호를 받으며 시민권을 획득하게 된다. 「북한이탈주민 특별법」에 의하여 입국 후 하나원에서 2개월 동안 사회적응 훈련과 1~2년간 보호경찰관의 신변보호를 받으며 1인가족 기준 3,590만 원 가량의 정착금과 취업알선, 직업교육, 교육지원, 특별생계보조금 등을 지원받고 있다. 교육(특히 대학진학) 및 생계(국민기초생활보장수급권)에 있어서 특별한 혜택이 제공되며, 민간 사회복지서비스에 있어서도 다른 남한 주민들과 차별된 서비스를 제공받고 있다.

그러나 남한사회에서 정착하여 생활해나가는 데 겪는 북한이주민의 어려움은 보통의 이주민집단과 다른 특성이 있다. 이는 남북한의 정치적 상황에서 비롯되는 문제이다. 북한사람이 남한체제를 선택한 것은 자신이 성장하고 믿었던 사회를 부정해야 한다는 것을 의미하기 때문이다. 일례로 공산주의체제에서 성장한 사람이 자본주의체제에서 물질적 성공을 이루고자 하지만 실제 자본주의사회가 보여주는 약육강식, 물질만능주의 등과 같은 비인간적 상황에 닥치면 문제해결을 위한 삶의 준거가 부재하여 일상생활의 적응문제로 이어지게 되는 것이다. 또한 독재사회의 집단적 규범을 중시하는 습관에 익숙한 북한이주민은 남한사회의 자유로운 생활방식 선택과 책임이 공존하는 방식을 이해의 어려움으로 호소하기도 한다.

그러나 이와 같이 남북한의 정치적 상황에 따른 북한이주민의 고유한 문제뿐 아니라, 이주민으로서 겪는 북한이주민의 문제도 심각하다. 경제적·문화사회적·심리적·가족적인 측면에서 남한사회에 이주해온 이주민들이 겪고 있는 문제들을 유사하게 경험하고 있

<표 11-5> 북한이주민가족과 국제결혼가족의 공통적 어려움

구분	내용
경제적인 면	경제활동기회 부재: 실업 (본국에서의 경력/학력 무시)
	경제적 빈곤
	과다한 결혼비용으로 인한 빚 (입국과정에서 빚)
	자국송금 부담
문화·사회적인 면	문화적 차이와 차별
	언어소통의 어려움
	정보접근/복지서비스 이용 어려움
심리적인 면	높은 스트레스 (상실, 외상후스트레스증후군 등)
가족적인 면	시부모와 가족 간 갈등
	자녀양육의 어려움
	자녀의 부모 무시 등

는 것이다.

첫째, 경제적인 면에서 기초생활보장수급자 중 북한이주민 수('06년 말 기준)는 4,424가구(6,785명)(보건복지부, 2007)이다. 입국자 1만 명을 기준으로 보았을 때 67% 이상이 기초생활보장수급권자임을 알 수 있다. 정규직은 극소수만 가능하고 북한에서의 경험과 경력이 인정되지 않고, 대부분 단순노동직이나 단순서비스직에 종사하며 40% 정도만 일을 한다(한반도평화연구원, 2007). 저임금, 고용불안정, 발전가능성 부재 등 직장에 애착을 갖지 못하고 이직하는 경우가 많다. 또한 본인과 가족의 남한 입국과정에서 브로커 비용으로 빚을 지고 있으며, 남한 정착 후 중국과 북한의 가족에게 송금을 해야 하는 경제적 부담을 안고 생활하고 있다. 남한에 결혼해 이주한 여성들의 경우도 결혼 입국과정에서 빚을 지는 경우가 많고, 본국의 가족에게 송금을 해야 한다는 부담을 안고 있다. 대부분의 여성들이 취업을 원하고 있으나 학력 및 경력 인정이 되지 않아 단순노동/서비스직으로 일하거나, 언어적 문제로 취업을 할 수 없는 상황에 처하기도 한다. 특히 보건복지부 조사에 의하면 여성결혼이민가구 절반이 최저생계비 이하의 빈곤가구에 해당하고 있다. 그러나 기초생활보장수급권자는 13.7%에 불과하며 국민건강보험에 가입하지 않은 가구도 상당수 있어 결혼이민가족이 사회안전망에서 배제되어 있음을 밝히고 있다(보건복지부, 2005; 김범수 외, 2007).

둘째, 문화 사회적인 면에서는 북한이주민의 언어(어투, 어휘, 뉘앙스), 전통적인 유교적 태도, 경직된 사고방식, 집단주의 사고 등으로 적응에 어려움을 겪고 있다. 또한 정보와 기회를 연결하는 사회연결망이 부재하며, 주로 정부관계자, 다른 북한이주민, 종교인과 관계하는 등 사회활동과 인간관계가 매우 제한되어 있다. 국제결혼여성의 경우는 전혀 한국어를 모르는 상황에서 낯선 사람들과 함께 살아야 하는 어려움을 겪게 된다. 남한사회보다 개방적이고 자유로운 가치관을 가지고 있어 사회적인 이해를 받지 못하는 경우도 있으며, 농촌지역으로 결혼하는 경우 주변에서 도와줄 수 있는 사회적 지원체계와 접근성이 낮아 지역사회 내에서 고립되는 경험을 하기도 한다.

셋째, 심리적인 면에서는 북한에서 남한까지 오면서 겪는 극심한 스트레스로 인한 외상후스트레스 증후군, 북한이주민에 대한 편견과 태도 등에 어려움이 있다. 북한이주민들은 남한사회의 지나친 호기심과 근거없는 우월감, 냉대와 차별을 겪는다. 동남아시아나 러시아 등에서 온 국제결혼여성의 경우는 피부색으로 인한 인종적 차별을 경험하기도 한다. 이는 2세들에게 이어져 피부색이 다르다는 이유로 또래들로부터 왕따를 당하기도 한다. 결혼 초기 언어적 장벽은 이주로 인한 상실을 소외감으로 경험하게 하고 우울감을 느끼게 하는 것으로 나타났다(전혜정 외, 2008).

넷째, 가족적인 면에서는 생활문화와 관습의 차이로 인하여 시부모, 형제, 부부간 갈등이 있으며, 가정폭력 피해의 경험도 높게 보고되었다. 남한의 교육제도에 따른 자녀양육의 어려움을 호소하고 있으며, 성장한 자녀들이 부모를 무시하는 경향도 나타나고 있다. 국제결혼가정의 경우, 가정폭력 피해도 많고 이혼율도 높은 것으로 보고된다.[6] 10살 이상의 나이차이, 농촌사회의 보수성 등을 가진 남한 남편과 상대적으로 개방적이고 자유로운 외국인 부인의 입장 차이는 문화적 가치관적인 갈등을 가져온다. 관혼상제에 대한 이해 부족, 종교적 가치관, 음주 및 사생활에 대한 가치관의 차이 등이 심각한 실정이다(신선인, 2004 참조).

2) 북한이주민정책과 이주민정책의 조화

이상에서 살펴본 바대로 남한사회에서는 급격히 증가하는 이주민을 위한 법적 체계를 마련하는 적극적인 노력을 해나가고 있다. 최근 정부부처와 지방정부가 저마다 '다문화 사회'를 이야기하고 '다문화가족'을 위한 정책을 양산하면서, 이주민을 사회의 다문화 구성원으로 정의하고 다문화가족 구성원이 인간으로서의 존엄이 유지되는 건강한 가정생활을 영위할 수 있도록 하는 지원정책을 강화해나가고 있다. 북한이주민 또한 사회의 다문화 구성원의 한 집단으로서 남한에서의 성공적인 정착과 생활을 통해서 좋은 시민으로서 건강하게 살아가도록 정책이 수립되어 있다.

---

[6] 국제결혼가족, 특히 여성결혼이민자들의 가정폭력 피해 문제, 언어폭력 31%, 신체폭력 26.5%, 성적학대 23.1%, 위협 18.4%를 경험과 높은 이혼율은 문제가 되고 있다(보건복지부, 2005).

이주민 정책과 서비스

① 북한이주민정책과 이주민정책 간의 부조화 문제

그러나 도대체 다문화주의가 무엇인지, 다문화 사회를 위한 다문화가족 지원정책이 무엇인지 파악하기란 쉽지 않다. 이주민들이 경험하는 현실적인 문제 해결을 위한 정책보다는 한국사회로의 일방적인 정착과 통합만 강요하고 있는 방향을 가지고 있다. 다문화가족 지원법의 경우는 현실적으로 '동화주의'가 적합하다는 정책적 입장을 제시하면서, '다문화 사회'를 지향하고 있다는 오해를 낳고 있다. 이제라도 '다문화 사회'라는 용어를 사용하고자 한다면 의미에 맞게 정책에 반영하려는 노력이 필요한 때이다.

구체적으로 정책적 문제를 살펴보자. 우선 적용 대상 측면에서 재한외국인법은 "대한민국의 국적을 가지지 아니한 자로서 대한민국에 거주할 목적을 가지고 합법적으로 체류하고 있는 자"로 포괄 규정하고 있다. 반면 다문화가족법, 이주민가족법, 혼혈인가족법 등은 대한민국 국민과 혼인해 가족을 이루고 있는 외국인 또는 귀화자를 대상으로 한다는 점에서 구별된다. 그럼에도 불구하고 재한외국인법과 다문화가족법이 '합법적' 체류 자격의 외국인만을 법 적용 대상으로 한정하고 있어 합법적으로 체류하지 않은 이주민은 제외되어 있다.

북한이주민들은 법적, 문화적, 민족적으로 국민으로 인식되어 있어 현재 논의되고 있는 「다문화가족지원법」에서 지원받는 대상에서 논의조차 되지 않는다. 「다문화가족지원법」의 경우 한국인과 '가정'을 구성한 이들에게만 정착 서비스를 지원하는 것은 국적과 혈통에 기반하고 있으며, 국적으로 내국인이지만 '문화적 실제적으로 이주민'인 북한이주민 등을 배제한 차별적 접근이라 할 것이다.

다음으로 정책시행 담당기관과 관련해 다문화가족법안, 혼혈인가족법안 등은 '보건복지가족부장관'을 주무장관으로 하여, 다문화가

<표 11-6> 결혼이주민과 북한이주민 지원체계(예시)

협조 및 주관부서	국제결혼이주민 문제	북한이탈주민 문제	주관부서
법무부 여성부	국제결혼 당자사 보호	북한이주민 보호	통일부/국정원
문화부	언어·문화이해 교육	사회적응교육: 정서안정, 문화적이질감 해소, 사회경제적 자립 동기부여	하나원
복지부 농림부	가족의 생활정착 지원	주거지원업무 종합상담/정착지원	지자체 북한이탈주민후원회
복지부	가정폭력피해자 지원	상동	
문화부	사회적 인식 개선	사회적 인식개선	
행안부	전달체계(결혼이민자지원센터) 구축	전달체계 구축	통일부
법무부 복지부	국제결혼 중개업체 관리 감독		
여성부 복지부	생계·의료지원 및 생활정보 제공	거주지보호 생계비 지원 의료지원업무	지자체 복지부 하나원
경찰청 여성부 법무부	인신매매성격의 국제결혼 방지	난민 지원	통일부 국정원
경찰청 법무부	체류자격 불안정 해소	본적취득	하나원
여성부, 복지부,지자체 교육부	자녀의 학교생활 적응 지원	학교생활지원	
여성부 노동부	일자리 알선 및 훈련지원	직업훈련	지방노동사무소 하나원
법무부 경찰청	불법행위 단속	신변보호	경찰청
전 부처, 지자체 중앙인사위	업무관계자 교육	전문인력양성교육프로그램	통일부

족 내지 이주민가족에 대한 정책을 현재 시행 중인 가족정책의 일부로 보고 있다. 반면 재한외국인법은 '법무부장관'을 주무 부서로 하여, 다문화가족정책을 이민정책의 일부로 포함시켜 법무부가 이주민 관련 전반적 업무에 대한 우선권을 갖는 것으로 보인다. 그러나 법무부가 그동안 보여준 출입국과 보호소에서 취한 단속과 통제적

서비스로 인해, 다문화 가족, 이주민의 적응을 위하여 '인권' 적 관점에 기반을 둔 '지원 서비스' 에는 한계가 있을 것이라 보고 있다(소라미, 2007 참조). 북한이주민의 경우는 통일부가 주무 부서로 하고 있어 이주민 관련 접근에 있어서 이와같이 분절적인 체계 문제는 시급히 해결되어야 할 문제라 할 것이다(참고 〈표 11-6〉).

② 북한이주민정책과 이주민정책의 조화를 위한 방향

북한이주민이 지역사회에 정착하는 데 통일부가 중심적 역할을 수행하고 있다면, 국제결혼이주민 등을 위해서는 법무부, 보건복지가족부 등 그들의 욕구에 직접적으로 대응하는 관계부처가 적극적인 역할을 수행하고 있다(〈표11-6〉 참고). 북한이탈주민대책협의회에서는 중앙정부 19개 부처가 참여하여 북한이탈주민에 관한 정책을 협의 조정하고 있다. 북한이탈주민 정착지원 정책 수립, 관계부처 및 지방자치단체 정착지원 사업 기획 및 지원, 정착지원민간기관(단체) 지원, 사회적응교육, 북한이탈주민후원회지원 등의 업무를 수행하고 있으나, 기존의 다문화정책 영역과의 연계는 이뤄지지 않고 있는 것 같다. 따라서 북한이주민이 여타의 다문화 주민들과 함께 지역사회에 통합되기 위해서는 우선 북한이주민정책의 중앙 전달체계인 북한이탈주민대책협의회와 외국인정책위원회, 다문화가족지원체계와 연계가 필요하다.

중앙 전달체계의 연계는 북한이주민의 다양한 욕구에 대응하는 지방자치단체 추진 전략에 있어서도 통합적 접근을 가능하게 할 것이다. 우리 사회에 대한 기본지식과 이해를 높여 이주민의 지역사회 적응을 돕고, 가족갈등 및 자녀문제 등의 해소를 지원하여 장기적 · 집단적 갈등을 예방하고, 지역주민의 일원으로서 이주민이 정체성을 가지고 함께 살아갈 수 있도록 실질적인 지원과 내 · 외국인 간 상

<그림 11-6> 이주민 지원정책 종합추진체계(안)

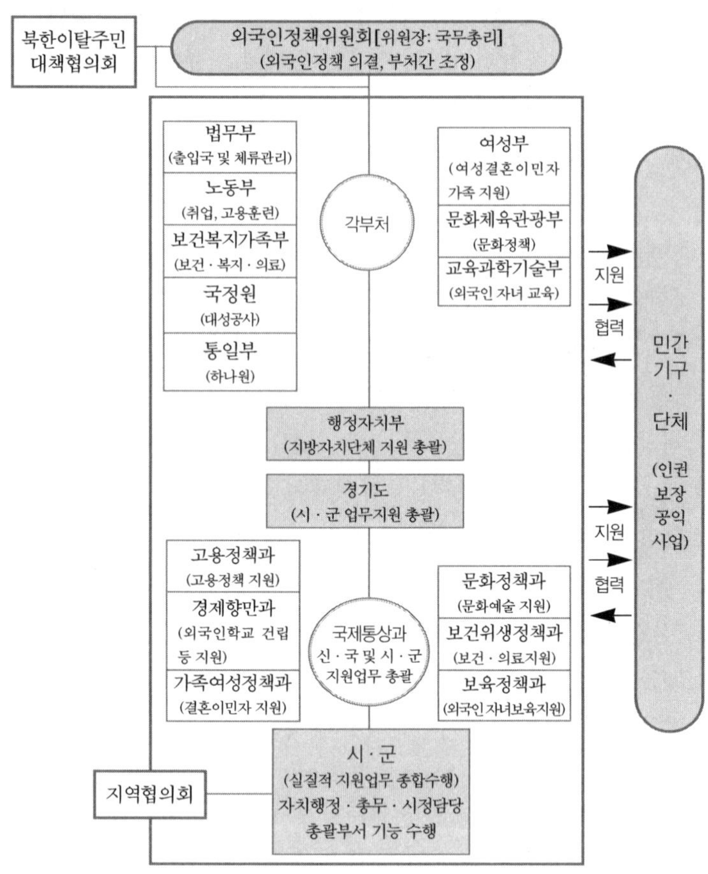

※ 자료: 경기도, 『지방자치단체 거주 외국인 지역사회통합 지원업무 추진계획』(2006)에서 수정 · 보완함.

호 문화교류를 활성화하는 전략적 접근을 통해 이주민정책과 북한 이주민정책의 조화를 시도할 수 있다.

이주민(이민자 주민)을 지역사회 주민의 일원으로서 조기 정착시키기 위한 체계적 · 종합적 지원체계 구축을 마련하여 이주민들을 대상으로 생활편익 향상 도모 등 실질적 서비스 제공을 위해 각 기관 (부서)별, 유관단체를 통한 지원으로 추진 주체간 업무중복 및 혼란 등으로 인해 업무 효율성이 떨어지는 점을 감안하여 민·관 연계를 통해 각 시책에 대한 체계적 통합지원을 위해 총괄·조정기능 수행 부서를 지정하여, 이원화되어 전달되는 중앙정부의 정책을 합리적 으로 추진하는 것이 필요하다.

외국인·다문화가족지원업무와 북한이주민지원업무 종합추진체 계를 제안해보면 〈그림 11-6〉과 같다.

지역사회에서 추진하는 거주외국인 지원 자문위원회를 '다문화사 회를 위한 이주민 지원 자문위원회'로 구성하여 지원 전담인력 및 기구 확보, 이주민 기초 실태조사, 이주민 프로그램 운영, 이주민 관 련 특수시책 지원(인센티브 부여) 사업 등을 통합적으로 추진하는 것이 필요하다.

이러한 통합적인 접근으로 실시되는 서비스들은 민간의 적극적 참여를 촉진하여 결혼이민자가족 지원센터, 국제교류센터, 북한이 주민지원센터, 종합사회복지관 등에서 각 이민자의 욕구에 기반한 전문적 프로그램으로 발전해야 한다. 북한이주민에 대한 접근도 다 양한 기관들의 참여로 여성, 청소년, 아동, 노인 등 북한이주민의 세 분화된 욕구에 기반한 서비스가 제공될 수 있다. 서비스 영역에서도 북한이주민을 비롯한 이주민들의 가족가치·가족형성·가족복지 증진, 이혼·가족해체 예방 및 보호, 주거·생계·취업·자활 지원, 의료·정신·사회적응 지원, 청소년·노인 등 보호, 국가간(남북한 간) 법률쟁송 문제 지원, 지역사회 공동체와 교류·참여 등을 위한 다양한 영역들이 적절히 제공될 수 있도록 도울 것이다(고경화, 2007). 또한 전달체계에서도 중앙정부 중심의 보호, 통제보다는 지자 체 중심의 밀착적 중장기 서비스 제공을 통해 실질적인 자립을 할 수 있도록 도울 것이다.

끝으로 최근 쏟아지고 있는 다문화 사회, 다문화 가정을 위한 정책들 속에서 간과되는 것이 있다. 지역사회에서 이주민들과 함께 살아가는 사람들이다. 이들은 이주민들과 함께 살아가는 방법들을 고민하며 조금씩 변화해나가고 있다. 삶의 터전에서 이주민들과 서로 부딪치고 알아가면서 조화로운 지역사회를 만들기 위한 노력을 하는 것이다. 앞으로 이주민정책과 서비스의 방향은 이러한 지역사회의 노력을 뒷받침해주고 이끌어주는 것이어야 할 것이다.

□ Ⅵ부 참고문헌 □

경기도(2006), 『지방자치단체 거주 외국인 지역사회통합 지원 업무 추진 계획』.
고경화(2007), 『국내외 북한이탈주민 지원사업의 문제와 개선방안』, 2006년도 국정감사 정책
　　자료집.
고현웅(2007), 『다문화가족지원법 제정을 위한 입법 공청회 토론문』, 국회 인권정책연구회.
곽원섭(2007), 『이주민 통합 전략의 국가 간 다양성 비교: 프랑스와 스웨덴을 중심으로』, 한양
　　대학교 박사학위 논문.
국회 여성가족복지위원회(2007), 『혼혈인 · 이주민 · 다문화 가족 지원 관련법 제정에 관한 공
　　청회 자료집』.
김범수 · 서은주 · 손병돈 · 정재훈 · 조석연 · 최현미 · 신승연 · 최승희(2007), 『다문화 사회복
　　지론』, 양서원.
김선화(2004), 「지역사회복지관의 북한이탈주민 지원사업의 평가」, 『지역사회 중심의 북한이
　　탈주민 지원사업의 전망』, 북한이탈주민지원민간단체협의회 동계워크숍.
김선화(2005), 『새터민 정착지원센터 설치에 대한 보고서』(비공개자료, 정부기관의 요청에 의
　　해서 작성된 보고서).
김선화(2007), 『새터민 정착지원을 위한 사회복지 프로그램의 현황과 평가: 새터민 1만 명 시
　　대, 지난 7년과 앞으로의 7년』, 북한이탈주민연구학회 · 한국사회복지사협회 · 한국노
　　동연구원 공동학술대회(2007.5.4).
김영수(2008), 「주간시론: 탈북자정책 이대론 안 된다」, 『뉴스메이커』763호.
김영호(2005), 『서울시 거주 새터민 정착실태 분석과 정착지원정책 및 프로그램 개발』, 서울시
　　정개발연구원, 정책과제 보고서.
박윤숙(2007), 「북한이탈주민 정착지원을 위한 지방자치단체와 민간단체의 역할과 과제」, 『기
　　로에 선 탈북자 정착지원정책, 주무부처 조정, 지자체 · 민간이양 가능한가?』, (사)북한
　　인권시민연합, (사)경인발전연구원.
보건복지부(2005), 『국제결혼 이주여성 실태조사 및 보건복지 지원 정책 방안』.
보건복지부(2007), 『북한이탈주민 기초생활보장수급 현황』, 국회보고자료.
빈부격차 · 차별시정위원회(2006), 『여성결혼이민자 가족의 사회통합 지원』.
사회복지공동모금회(2008), 『'06~'07, 다문화가족지원사업 현황 보고서』.
서윤환(2004), 「지역사회 중심의 북한이탈주민 정착지원사업의 전망, 북한이탈주민 정착지원
　　모형 변화의 필요성」, 『북한이탈주민 지원 민간단체협의회 Workshop』.
서창록 · 임성학 · 전재성(2006), 『한반도 평화 · 번영 거버넌스의 실태조사(상)』, 통일연구원.
소라미(2007), 『다문화없는 다문화사회, 인권』, 인권위원회.
신선인(2004), 「저소득 외국인가정을 위한 가족복지적 개입방안」, 『사회복지연구』, 제27집, 대
　　구대학교 사회복지연구소.
여성가족부(2006), 『여성결혼이민자 가족의 사회통합 지원 대책』.
여성가족부(2007), 『2007년 16개 지자체의 결혼이민자 지원 사업 실적』, 가족정책팀.
윤인진(2007), 「탈북자의 적응실태와 정착지원의 거버넌스 패러다임」, 『기로에 선 탈북자 정
　　착지원정책, 주무부처 조정, 지자체 · 민간이양 가능한가?』, (사)북한인권시민연합, (사)
　　경인발전연구원.
이금순 외(2006), 『한반도 평화 · 번영 거버넌스의 실태조사(하)』, 통일연구원.
이기영(2004), 「북한이탈주민의 새로운 지역사회 지원모형을 위한 접근」, 『북한이탈주민 지원
　　민간단체협의회 Workshop』, 지역사회 중심의 북한이탈주민 정착지원사업의 전망.
이기영(2006), 『북한이탈주민의 사회통합을 위한 지역복지실천의 모색』, 집문당.
이온죽(1997), 「남북한사회통합의 이론적 탐색」, 이온죽 외, 『남북한사회통합론』, 삶과꿈.
이우영(2003), 『북한 이탈주민의 지역사회 정착』.
장경섭(1995), 「통일 한민족 국가의 사회통합」, 박기덕?이종식 편, 『남북한 체제비교와 통합모
　　델의 모색』, 세종연구소.

전상천(2007), 「중앙주도형 정책과 사회적 지지망의 취약성」, 『기로에 선 탈북자 정착지원정책, 주무부처 조정, 지자체·민간이양 가능한가?』, (사)북한인권시민연합, (사)경인발전연구원.

전혜정·민성혜·이민영·최혜영(2008), 『국제결혼가정 자녀 실태조사 및 성장지원 방안 연구』, 보건복지부.

정기선·김영혜·박경은·이은아·박지혜·이승애·이지혜(2007), 『경기도내 국제결혼 이민자가족 실태조사 및 정책적 지원방안 연구』, 경기도가족여성개발원.

최용환(2007), 「탈북자 정착 전국화: 경기도의 여건과 정책 과제」, pp.111-112, p.115, 『기로에 선 탈북자 정착지원정책, 주무부처 조정, 지자체·민간이양 가능한가?』, (사)북한인권시민연합, (사)경인발전연구원.

통계청(2007), 『2005, 2006, 인구통계연보』.

통일한국 편집실(2007), 「새터민 정책전환을 위한 모색: 새터민의 성공적 정착은 통일의 밑거름」, 『통일한국』 2007년 5월호.

한건수(2006), 『현대 한국사회와 다문화주의』, 한국인권재단 제2회 인권대화.

한반도평화연구원(2007), 『1만 새터민, 우리의 짐인가, 힘인가』, 정책 세미나 자료집.

VII

결론

이기영

이 책은 북한이주민을 정책과 서비스 내용을 세부적으로 논의하
면서도 한국사회의 이주민 문제라는 좀 더 넓은 차원에서 보
려고 시도하였다. 다양한 배경과 시각의 저자들에 의해 접근됨으로
써 일관성 부분에서의 장점은 다소 결여된다고 하더라도 이주민 문
제의 개념, 역사, 정책의 관점에서 북한이주민의 정책과 서비스를 논
의하려 노력하였고, 이러한 이주민 문제에 대한 사회복지의 역할과
그 위치를 가늠해 보려는 의지를 피력하였다. 아울러 아직은 서설적
수준이기는 하지만, 북한이주민정책 논의를 전체 이주민 지원정책
의 차원과 접합할 가능성을 열어보려는 논의를 시도하였다.

1994년 이후를 '탈북자' 발생시기로 본다면[1], 한국사회가 북한이
주민 문제를 경험하고 이에 대한 사회적 논의를 이루어온 지 약 15년
이란 시간이 흘러가고 있다. 한국으로 들어오는 탈북자들의 숫자를
장기적으로 예측하기 매우 어렵지만, 어쨌든 이들의 한국행 러쉬는
지속되고 있고 한해 1,500~2,000여 명 규모의 입국이 이어지고 있
다. 약 15년 전에 비하여 한국사회의 이주 관련 인구구성과 이주민에
대한 문화적 민감성은 많은 변화를 보이고 있다. 지금의 한국사회는

---

1 1990년대 중반 '탈북자'가 이슈화 되기 전에도 북한을 탈출하여 한국으로 들어오는 사례들은 한
국전 휴전 후부터 지속되어 왔으나, 이들은 귀순용사로 통칭되었고 남북한 냉전시기의 남북 양
진영 체제우위 유지를 위한 전략적 차원에서 인식되고 또 지원되었다. 그러므로 1990년 중반 이
후 북한의 농업경제의 파탄 이후 심각한 경제난, 그리고 그것을 배경으로 한 정치적 동요를 기반
으로 발생한 '탈북자'(한국입국자를 포함하여)와 귀순용사는 구분될 수 있다.

이미 오래전부터 들어와 한국노동시장의 일부를 실질적으로 구성하고 있는 외국인 노동자들이 존재하고 있고, 이들 중 일부는 결혼과 가족재결합을 매개로 한국사회에서 정주하는 경향을 보이고 있고, 최근에는 한해 결혼하는 10쌍 중의 한 쌍은 국제결혼이 될 만큼 결혼이주민이 증가하고 있다. 한국사회가 이미 다문화사회로 접어들었다는 지적이 빈번하다. 그동안 북한이주민의 정착과 적응문제가 독립적으로 다루어진 경향이 있다고 한다면, 이제는 좀 더 넓은 차원에서 한국사회의 이주민 현상과 연관지어 바라보아야 할 필요가 된 것이다. 물론, 북한이주민은 외국인이 아니라 같은 동포이자 한 민족이며, 같은 문화적 배경을 가졌다고 볼 때, 외국이주민과는 비교할 수 없는 차원이 될 수 있다. 즉 이주민의 언어와 문화적 배경, 민족 및 피부색 등 이주민의 특성이라는 차원에서는 동일선상에 다루어지기 매우 어려운 존재들이나, 북한이주민의 정착과 문화적응을 위한 정책 및 서비스지원의 관점에서는 접합될 수 있는 차원과 요소들이 풍부하며, 더욱 적극적으로는 향후의 한국사회의 이주 관련 정책적 기조와 세부 프로그램들의 효과성과 효율성을 위하여 다양한 이주민을 위한 통일적·통합적 접근이 절실히 요구된다고 말할 수 있다. 또한 사회복지 측면에서 사회복지실천의 역할과 반경을 좀 더 명확하게 규명해보기 위하여 북한이주민 지원정책과 서비스제도의 내용을 기존의 사회복지정책 및 서비스 프로그램의 관점에서 검토해 볼 필요가 있는 것이다.

그동안 북한이주민의 정착과 적응을 위한 지원제도는 관련 법률의 제·개정을 통하여 부단히 정비되고 향상되어 왔다. 1997년 관련 법률 제정 이후 정착금의 수준은 점진적으로 높아지다가 최근 2005년 이후 노동시장 참여활동의 장려를 위하여 정착금과 노동장려금으로 분산시켰다. 즉, 단순지원에서 자활유도의 방향으로 정책적 변화를 꾀하여 왔다. 마치 이것은 전통적 사회복지 지원이 일자리와 노동의 욕 제고의 방향(welfare에서 workfare)으로 변화해온 역사와 같은 맥락이다. 한편, 입국하는 북한이주민의 인구학적 배경과 특성이 다양해짐으로써 좀 더 개별적으로 특화되고 맞춤형의 서비스를 제공하기를 추구하고 있다. 그리고 전체 서비스 전달체계상으로 중앙정부의 직접적 관여에서 지방정부의 역할을 부각하고 실질적인 중심 역할을 지방정부가 하도록 변화시켜가고 있다. 그동안 통일부가 주축이 된 북한이주민의 지원정책 형성과 구체적 지원프로그램의 개발은 정착과 적응지원의 체계성을 빠르게 높여, 외국의 난민, 이주민의 지원체계에 비교하여 손색이 없거나 오히려 더 양호한 시스템을 갖추게 하였다.

이러한 변화와 수정의 노력에 의하여 실제로 북한이주민의 한국사회 생활과 적응과정에서의 향상적 변화가 보이고 있으나 아직도 제도의 효과성을 가시화시키기 위하여 추진해야 할 사항은 적지 않다. 노무현정권 시기에 기획재정부가 제기한 방안들을 참고하면(본문 7장의 각주에서 자세히 언급한 바 있음) 경제적 자립의 향상은 쉽사리 이루어지지 못하고 있으며, 취업지원제도의 효과성을 높이기 위한 더욱 세부적인 전략들이 요구되고 있다. 또한 지역사회 차원의 북한이주민의 관리와 지원을 위하여 지자체의 역할 강화와 예산 확보, 지역별 담당관의 역할 강화를 보장하기 위한 여건 조성, 사회복지관을 위시한 지역 민간자원의 적극적 개발과 지원, 그리고 지역 내 협의회가 실질적으로 기능하게 하는 법적(조례), 재정적(예산지원) 기반의 마련은 지속적인 과제로 제기되고 있다.

지방정부와 민간자원의 역할 강조와 향후 이들에 대한 기대가 높아지는 것은 북한이주민사업에 있어서의 사회복지의 입지와 역할을 한층 향상할 것이다. 민관 파트너십의 필요성은 오래전부터 제기되어 왔으나(이기영, 1998, 1999, 2004; 이금순 외, 2007), 실질적으로 최근에 와서 이의 중요성이 절실해지고 있는 것이다. 이러한 상황은 북한이주민에게 독립적으로 혹은 고유하게 적용하고 지원한 정책과 서비스 프로그램이 사회복지정책과 제도 차원에서 일원적으로 고려될 필요성을 높인다. 사실, 북한이주민의 정착 지원정책 및 제도를 사회복지제도와 연계, 통합하는 것은 전혀 새로운 아이디어가 아니라 그동안 북한이주민 지원의 많은 영역에서 이미 전개되고 있던 것이다. 다만, 공적부조(기초생활보장)와 사회보험(연금, 의료보험 등)과 같은 사회보장제도를 넘어 사회복지서비스 제공을 위한 기존의 한국사회 복지서비스 전달체계로의 통합과 같은 차원이 북한이주민을 포섭하여 그 체계의 대상자로 일원화하는 것을 지금까지 언급하지 않았던 것이다. 그러나 이러한 사회복지서비스조차도 민간 사회복지기관(대표적으로 종합사회복지관)을 중앙정부(통일부)가 간접적으로 연계하여 정부의 역할을 보완하게 함으로써 부분적으로 수행해 왔다고 볼 수 있다. 중요한 차이는 안혜영 교수가 언급하였듯이 지방 사회복지행정 일선의 전달체계에 북한이주민서비스를 포함시켜 지역사회 정착생활의 시작에서 이들의 경제적 자립, 심리적 안정, 문화적 통합 등의 기반을 위한 욕구사정, 사례적 관리, 지속적 서비스의 제공을 복지서비스체계 내에서 해결하고자 하는 것이라고 할 수 있다.

기존의 사회복지서비스 전달체계 내로 북한이주민서비스를 포함시키고자 하는 제안은 현행 북한이주민 지원서비스의 파편화를 지방 혹은 지역사회 차원에서 통합시키고자 하는 의지의 표명일 수 있다. 북한이주민의 한국사회 정착 지원은 매우 다양한 업무(국적, 호적취득, 북한정보 관리, 출신배경 선별, 출입국 문제, 보호관리 명목의 경찰행정, 취업지원 관리, 교육지원 관리, 청소년문제, 공적부조

프로그램, 주택 및 주거지원행정 등)를 요구하고 있는데, 담당부처의 연계와 교류는 중앙정부 수준의 관계자 회의 정도에서 통합적으로 논의될 수 있으나, 실제로 일선 민원행정과 지원서비스가 발생하는 지자체 차원과 지역사회 차원에서는 실무진과 관련 기관들이 파편화되어 연계되기 매우 어렵고 이를 통합하리라고 기대되는 거주지 보호관의 역할이 효과적으로 이루어지지 못하고 있다.

이러한 여건에서 다양한 지원서비스의 일원화·통합화는 매우 절실한 과제이고 기존의 사회복지서비스 전달체계의 활용을 무엇보다 우선적으로 고려할 수 있다. 최근 효과적인 서비스전달을 위하여 기초자치단체 수준에서의 사회복지서비스 행정체계가 대폭 변화되고 개선되었다. 그리고 공공행정과 지역 민간자원을 연결하는 지역사회복지협의체를 발족하고 이의 효과적인 운용을 시도하고 있다. 지역 차원의 북한이주민체계는 이러한 사회복지 지원체계와 많이 닮아 있다. 이러한 토대에서 본론에서 언급된 지역사회복지협의체 안에 이주자 분과(혹은 북한이주민 분과)를 두는 구상이나, 사회복지 행정조직 내 서비스 연계팀을 활용하는 방안 등은 구체적인 전략으로서 실천 가능한 것들 중의 일부일 것이다.

북한이주민서비스를 사회복지 지방행정서비스 전달체계에 통합하는 문제는 이주민서비스의 또 다른 큰 축인 민간서비스 지원체계와의 밀접하고 유기적인 연결이 담보되어야 한다. 북한이주민 지원에서의 한계로 종종 지적된 것은 행정 차원의 지원체계에서 정책적 고려가 크게 벗어나지 못했다는 점인데, 이를 극복하기 위해서 지역사회 내에서 구체적이고 직접적인 정착지원서비스가 지속적으로 개발되고 제공되게 하는 것이다. 이미 이 책의 앞선 장에서 북한이주민 지원에서의 사회복지의 역할이 논의되었지만, 지금까지 민간부분의 직접서비스에서 사회복지실천 영역이 큰 축을 형성해왔고 향후에도

그 발전적 비전을 제시하고 있다. 이에 대한 핵심적 논의가 정착지원
센터가 될 수 있는데, 이는 결국 지역자원의 개발과 통합을 전제로
북한이주민을 위한 각종 정착, 적응, 통합을 위한 직접적 서비스^{direct service}
의 개발과 시행의 주체를 형성하는 문제이다. 현재 주무부처인 통일
부가 이 구상에 대하여 오랫동안 고민해왔고 최근 구체적인 논의가
진행되고 있다. 이미 일부 종합사회복지관 내에 소규모 지역단위(예
를 들어, 서울의 북한이주민 밀집 동 혹은 구 단위)의 종합적 서비스
지원을 위한 정착지원센터가 개설되기도 하였다. 어떠한 명칭이나
주체가 되었든 간에 지역사회 내의 민간서비스 자원과 역량을 통합
하는 문제는 매우 중요하다. 중앙정부의 정책적 기조를 현실적으로
이루어가는 기반이며, 북한이주민의 지역 차원의 기초적인 복지행
정서비스가 향상된다고 하더라도 실질적으로 이들의 욕구를 지속적
으로 파악하고 수시로 상담과 대응 프로그램을 제공하는 역할은 민
간 차원에 일임되거나 민간 영역에 의해 효과적으로 보완되어야 하
기 때문이다.

　지역사회 차원의 정착지원센터와 같은 북한이주민 지원 직접적
서비스의 통합기관을 논의하게 되면, 이 책에서 다룬 중요한 주제의
하나인 다른 이주민(외국인노동자, 결혼이민자 등)의 지원체계와의
연결문제를 생각하지 않을 수 없게 된다. 지역사회 차원의 이주민들
을 위한 또 다른 지원주체들과 지원체계들이 형성되고 있기 때문이
다. 물론 이러한 연계문제는 지역사회 차원이 아니라 중앙정부 차원
에서부터 논의되어야 한다. 연계와 조정의 단위와 수준을 막론하고
북한이주민 정착지원정책이 한국사회의 전체적인 환경에서 거시적
으로 조명되어야 하는 것이 필요한 시점으로 생각된다.

　이미 우리 사회 내의 이주민 지원체계에서 부조화의 문제가 지적
되고 있다. 앞서 본론에서 제시되었듯이 이주노동자지원체계와 결

혼이민자지원체계의 연계 부족, 민간주체들 사이의 연대부족, 그리고 정부행정지원 및 서비스전달체계의 비통합성(예를 들어, 노동부와 여성가족부, 행자부 등 입법과 지원 전달체계의 개별성 추구)의 문제가 나타나고 있다. 대상자의 규모가 증가하고 이들의 거주지 분포가 전국적으로 확산될 때 비연계, 부조화, 비통합성의 문제는 더욱 심화될 수 있다. 여기에 북한이주민 정착지원의 행정과 민간서비스의 체계가 가산되면 전체 이주민 지원구도는 더욱 복잡하게 될 수밖에 없다. 그리고 언급된 합법적 이주자 외에 불법입국, 혹은 불법체류자 등 제도권 밖에 있으나 인권적 차원에서 지원이 필요한 대상자(적어도 사회복지의 관점에서 원조의 대상자가 되는)를 위한 지원정책이 고려되어야 한다. 이러한 장기적 예상은 북한이주민의 정착지원 정책과 서비스를 독립적으로만 생각할 수 없게 만드는 것이다.

이주민 전체를 통합적으로 보는 시각은 북한이주민을 위시하여 모든 유형의 이주민 혹은 이민자를 단일 정책과 단일 제도 안에서 대응하자는 주장은 아닐 것이다. 오히려 이들의 특성과 배경이 차별적으로 고려되는 세밀함이 요구된다. 중요한 점은 정책구상과 프로그램의 개발, 직접적 서비스 제공 등 지원의 각 수준에서 요구되거나 활용되는 체계와 자원의 중복과 비효율성의 방지, 나아가 적극적으로는 공통적으로 필요한 행정서비스, 민관의 연합체계, 지역사회 자원의 동원과 활용 등의 요소들을 적절하게 활용하여 신속하고 효과적인 서비스 제공을 구상하는 것이다.

북한이주민정책을 비롯하여 외국인근로자, 결혼이민자를 위한 정책과 서비스를 통합적으로 구상하는 문제는 향후 좀 더 자세하고 심화된 논의로 다루어져야 할 것이다. 이들의 출신배경, 특성, 적응 행태, 지역사회의 인식과 반응 등에서 많은 차이가 있기 때문이다. 그러나 이러한 통합적 논의 자체는 한국사회 내의 이주자 혹은 이방인에 대한 사회적 시각을 높이고 체계화하는 데 일조하게 될 것으로 보인다. 우리와 다른, 우리와 동떨어진 세계를 살고 있는 존재가 아니라 바로 우리의 곁에서 삶과 생활을 함께 하고 있는 존재임을 깨닫게 하고, 이들이 한국인의 일부를 구성하고 있다는 상황을 좀 더 현실적으로 체감할 수 있게 한다. 이들을 서로 비교적 차원에서 분리시키는 것이 아니라 어떤 유형의 이주자이든 한국사회가 수용하고 통합해 가야 하는 존재임을 통합적인 시각으로 바라볼 수 있게 할 것이다. 통합적 관점에서 함께 고려됨으로써 상대적인 차별과 불평등의 존재를 부각할 수 있고, 어떤 배경을 가지든지, 어떤 사회적 역할을 담당하든지 한국사회 구성원으로서 누려야 할 기본적 권리와 복지의 토대를 선명하게 인식할 수 있게 될 것이다.

그러므로 장기적인 정책 추구의 방향성을 위하여 먼저, 이주민정책 영역 간의 참조와 교류를 시도하고 나아가 조정 및 통합적 시각을 도모할 필요가 있다. 학계에서는 연구자들의 통합적 시각이 요구되고, 또한 정책당국의 정책형성과 시행상의 실질적인 통합이 필요하다. 한국사회 내의 이주민 문제에 대한 통일적이고 거시적 정책을 추구할 필요가 있는 것이다. 효율성을 높이고 또한 비슷한 정책들을 비교·참조하여 효과성을 높여야 할 것이다.

그러므로 북한이주민 문제를 고유하게 접근할 필요성은 기본적으로 필요하지만, 북한이주민에게 국한된 정책으로 고립되어서는 안 될 것이며, 한국사회 내에서 북한이주민문제의 외적환경의 변화를 인식하고 적극적인 대응을 고려하는 것이 요구된다. 사회복지교육과 실천 부분에서도 이러한 통합적 시각의 정립이 강화되어야 한다. 다양한 유형의 이주민의 문제 대응을 위한 정책과 서비스연구, 실천 전략의 개발, 이론적 발전을 추구하는 것이 필요하고 그 세부적 전략을 학계와 실천계에서 논의해야 할 것이다.

이기영(1998), 「탈북자지원 민간단체와 정부와의 파트너십 연구」, 『'98 신진연구자 북한 및 통일 관련 논문집 - 남북교류협력(Ⅳ)』, 통일부, pp. 65-130.
이기영(1999), 「NGO와 정부의 연결관계의 모색: 탈북자 정착지원의 경우」, 『한국사회복지학』 제37권, 1999. 4, pp. 327-355.
이기영(2004), 「지역사회 중심의 북한이탈주민 정착지원 사업의 전망」, 『북한이탈주민의 새로운 지역사회 지원모형을 위한 접근』, 북한이탈주민 지원 민간단체협의회 Workshop.
이금순 외(2006), 『한반도 평화 · 번영 거버넌스의 실태조사(하)』, 통일연구원.

<붙임> 난민, 망명신청자, 국내강제이주자, 귀환자(난민 그리고 강제이주민), 무국적자, 망명국 및 망명지에 의해 UNHCR에 관여된 자.

국가	난민	UNHCR에 의해 보호되고 있는 자	망명신청자(진행/사례)	귀환자(난민 그리고 강제이주민)	UNHCR에 의해 보호 및 도움을 받고 있는 국내강제이주자	귀환된 국내강제이주자	무국적자	망명국 및 망명지에 의해 UNHCR에 관여된 자	총인원
Afghanistan	35	35	5	387,917	129,310	10,443	-	-	527,710
Albania	56	56	36	10	-	-	-	-	102
Algeria9	94,180	90,062	941	-	-	-	-	-	95,121
Angola	13,090	668	1,588	47,017	-	-	-	-	61,695
Argentina	3,158	389	867	-	-	-	-	-	4,025
Armenia	113,714	5,871	78	-	-	-	-	-	113,792
Australia	68,948	-	1,420	-	-	-	-	-	70,368
Austria	25,486	-	42,396	-	-	-	501	-	68,383
Azerbaijan	2,618	2,618	88	1	686,586	-	2,300	395	691,988
Bahrain	1	1	17	-	-	-	-	-	18
Bangladesh	26,311	21,716	79	-	-	-	300,000	-	326,390
Belarus	690	281	23	-	-	-	8,886	2,431	12,030
Belgium	16,820	-	15,724	-	-	-	426	-	32,970
Belize	488	81	1	-	-	-	-	-	489
Benin	10,797	10,797	1,349	-	-	-	-	-	12,146
Bolivia	567	366	20	-	-	-	-	-	587
Bosnia and Herzegovina	10,318	3,079	91	1,419	135,500	4,184	-	-	151,512
Botswana	3,160	-	-	-	-	-	-	-	3,160
Brazil	3,492	2,257	398	-	-	-	-	17,000	20,890
Bulgaria	4,504	-	860	-	-	-	-	-	5,364
Burkina Faso	511	511	756	-	-	-	-	-	1,267
Burundi	13,176	12,867	7,137	48,144	13,850	-	-	-	82,307
Cambodia	99	95	127	9	-	-	-	60	295
Cameroon	35,083	35,083	4,161	1	-	-	-	-	39,245
Canada	151,827	-	23,593	-	-	-	-	-	175,420
Central African Rep.	12,357	2,227	1,907	51	147,000	-	-	-	161,315
Chad	286,743	268,783	8	20	112,686	-	-	-	399,457
Chile	1,134	1,134	338	1	-	-	-	-	1,473

이주민 정책과 서비스

국가	난민	UNHCR에 의해 보호되고 있는 자	망명신청자(진행/사례)	귀환자(난민 그리고 강제이주민)	UNHCR에 의해 보호 및 도움을 받고 있는 국내강제이주자	귀환된 국내 강제 이주자	무국적자	망명국 및 망명지에 의해 UNHCR에 관여된 자	총인원
China13	301,027	8,168	83	1	-	-	-	19	301,130
Colombia	143	46	77	38	3,000,000	-	9	-	3,000,267
Comoros	1	-	-	1	-	-	-	-	2
Congo	55,788	42,331	4,289	4,508	3,492	1,008	-	-	69,085
Costa Rica	11,515	-	332	-	-	-	-	5,055	16,902
Cô	27,288	27,288	2,313	7	709,228	149	-	-	738,985
Croatia	2,443	2,443	10	4,633	3,975	829	18	-	11,908
Cuba	667	510	27	1	-	-	-	-	695
Cyprus	924	4	12,508	-	-	-	-	-	13,432
Czech Rep.	1,887	1,887	2,876	-	-	-	-	-	4,763
Dem. Rep. of the Congo	208,371	5,358	94	41,228	1,075,297	490,000	-	-	1,814,990
Denmark	36,659	-	446	-	-	-	796	-	37,901
Djibouti	9,259	7,021	19	-	-	-	-	-	9,278
Ecuador	11,789	11,789	5,521	-	-	-	-	250,000	267,310
Egypt10	88,022	18,022	16,368	1	-	-	77	-	104,468
El Salvador	39	-	-	-	-	-	-	-	39
Equatorial Guinea	-	-	-	-	-	-	-	-	-
Eritrea	4,621	4,621	2,004	-	-	-	-	32	6,657
Estonia	5	-	8	-	-	-	119,204	-	119,217
Ethiopia	96,980	96,980	323	23	-	-	-	-	97,326
Fiji	-	-	2	-	-	-	-	-	2
Finland	11,827	-	1,133	-	-	-	68	-	13,028
France	145,996	-	39,571	-	-	-	904	-	186,471
Gabon	8,429	8,429	4,127	-	-	-	-	-	12,556
Gambia	13,761	8,727	602	-	-	-	-	-	14,363
Georgia	1,373	1,373	8	1	245,980	-	1,273	61,067	309,702
Germany	605,406	-	52,807	-	-	-	10,013	-	668,226
Ghana	44,938	44,938	5,588	9	-	-	-	-	50,535
Greece	2,289	7	13,504	-	-	-	108	3,000	18,901
Guatemala	382	-	3	-	-	-	-	-	385

국가	난민	UNHCR에 의해 보호되고 있는 자	망명신청자(진행/사례)	귀환자(난민 그리고 강제이주민)	UNHCR에 의해 보호 및 도움을 받고 있는 국내강제이주자	귀환된 국내 강제 이주자	무국적자	망명국 및 망명지에 의해 UNHCR에 관여된 자	총인원
Guinea	31,468	31,468	3,887	1	-	-	-	-	35,356
Guinea-Bissau	7,804	7,804	317	-	-	-	-	-	8,121
Haiti	-	-	-	1	-	-	-	-	1
Honduras	22	-	-	-	-	-	-	-	22
Iceland	267	-	30	-	-	-	1	-	298
India	158,366	11,560	681	1	-	-	-	-	159,048
Indonesia	301	301	265	-	-	-	-	-	566
Iraq	44,406	44,406	2,180	20,235	1,834,368	150,000	130,000	-	2,181,189
Ireland	7,917	-	3,424	-	-	-	-	-	11,341
Islamic Rep. of Iran	968,370	968,370	1,019	103	-	-	-	-	969,492
Israel	837	837	863	-	-	-	-	-	1,700
Italy	26,875	-	-	-	-	-	886	-	27,761
Japan	1,844	200	1,217	-	-	-	1,826	-	4,887
Jordan10	500,229	229	19,248	-	-	-	9	-	519,486
Kazakhstan	4,412	1,363	89	-	-	-	45,698	-	50,199
Kenya	272,531	272,531	18,515	-	-	-	100,000	-	391,046
Kuwait	50	50	525	-	-	-	88,086	21,000	109,661
Kyrgyzstan	366	366	569	-	-	-	10,190	1,129	12,254
Lao People's Dem. Rep.	-	-	-	-	-	-	-	-	-
Latvia	21	-	3	-	-	-	393,012	-	393,036
Lebanon10	20,164	164	2,579	-	200,000	550,000	-	110	772,853
Lesotho	-	-	-	-	-	-	-	-	-
Liberia	16,185	4,811	53	107,954	-	237,822	-	8	362,022
Libyan Arab Jamahiriya	2,760	2,760	1,994	1	-	-	-	-	4,755
Liechtenstein	277	-	25	-	-	-	-	-	302
Lithuania	531	-	50	-	-	-	-	-	7,796
Luxembourg	2,206	-	50	-	-	-	-	-	2,256

이주민 정책과 서비스

국가	난민	UNHCR에 의해 보호되고 있는 자	망명신청자(진행/사례)	귀환자(난민 그리고 강제이주민)	UNHCR에 의해 보호 및 도움을 받고 있는 국내강제이주자	귀환된 국내강제이주자	무국적자	망명국 및 망명지에 의해 UNHCR에 관여된 자	총인원
Madagascar	-	-	-	-	-	-	-	-	-
Malawi	3,943	3,943	5,245	-	-	-	-	-	9,188
Malaysia	37,170	37,170	9,186	-	-	-	-	61,314	107,670
Mali	10,585	10,585	1,884	-	-	-	-	-	12,469
Malta	2,404	-	211	-	-	-	-	-	2,615
Mauritania	770	770	91	1	-	-	-	29,500	30,362
Mauritius	-	-	-	-	-	-	-	-	-
Mexico	3,319	149	136	-	-	-	-	-	3,455
Micronesia (Federated States of)	2	-	-	-	-	-	-	-	2
Moldova	161	161	78	-	-	-	1,706	-	1,945
Mongolia	5	5	2	-	-	-	581	-	588
Montenegro 11	6,926	6,926	10	-	16,196	199	-	-	23,331
Morocco	503	503	1,375	-	-	-	-	-	1,878
Mozambique	2,558	1,554	4,316	-	-	-	-	-	6,874
Myanmar	-	-	-	-	58,500	-	669,500	-	728,000
Namibia	5,462	-	1,122	35	-	-	-	-	6,619
Nepal	128,175	108,021	1,481	-	100,000	-	3,400,000	10,387	3,640,043
Netherlands	100,574	-	13,118	-	-	-	4,461	-	118,153
New Zealand	4,906	-	229	-	-	-	-	-	5,135
Nicaragua	199	34	9	7	-	-	-	-	215
Niger	317	195	20	-	-	-	-	-	337
Nigeria	8,768	8,768	676	4	-	-	-	-	9,448
Norway	43,336	-	4,284	-	-	-	672	-	48,292
Occupied Palestinian Territory	-	-	-	2	-	-	-	-	2
Oman	7	7	7	-	-	-	-	-	14
Pakistan12	1,044,462	1,044,462	2,677	2	-	-	-	-	1,047,141

국가	난민	UNHCR에 의해 보호되고 있는 자	망명신청자(진행/사례)	귀환자(난민 그리고 강제이주민)	UNHCR에 의해 보호 및 도움을 받고 있는 국내강제이주자	귀환된 국내강제이주자	무국적자	망명국 및 망명지에 의해 UNHCR에 관여된 자	총인원
Panama	1,848	1,635	242	-	-	-	1	13,500	15,591
Papua New Guinea	10,183	2,681	2	-	-	-	-	-	10,185
Paraguay	59	59	2	-	-	-	-	-	61
Peru	911	115	488	3	-	-	-	-	1,402
Philippines	100	13	40	-	-	-	-	416	556
Poland	6,790	-	2,057	-	-	-	74	-	8,921
Portugal	333	-	-	-	-	-	-	-	333
Qatar	46	46	35	-	-	-	-	-	81
Rep.of Korea	96	82	614	-	-	-	-	-	710
Romania	1,658	200	177	-	-	-	223	-	2,058
Russian Federation	1,425	1,425	291	140	158,905	2,017	53,982	235,799	452,559
Rwanda	49,192	49,192	3,945	5,971	-	-	-	-	59,108
Sao Tome and Principe	-	-	-	-	-	-	-	-	-
Saudi Arabia	240,772	772	278	-	-	-	70,000	-	311,050
Senegal	20,591	20,464	2,634	1	-	-	-	-	23,226
Serbia	98,997	98,997	5	6,074	227,590	1,433	-	85,000	419,099
Sierra Leone	27,365	27,365	228	134	-	-	-	-	27,727
Singapore	1	1	10	-	-	-	-	-	11
Slovakia	248	248	2,744	-	-	-	-	-	2,992
Slovenia	254	-	180	-	-	-	4,090	-	4,524
Somalia	669	669	1,221	1,845	400,000	-	-	-	403,735
South Africa	35,086	5,906	131,107	4	-	-	-	-	166,197
Spain	5,275	-	-	-	-	-	20	-	5,295
Sri Lanka	162	162	135	375	469,165	89,405	-	-	559,242
Sudan	196,200	129,758	4,460	42,258	1,325,235	11,955	-	42,114	1,622,222
Suriname	-	-	-	-	-	-	-	-	-

이주민 정책과 서비스

국가	난민	UNHCR에 의해 보호되고 있는 자	망명신청자(진행/사례)	귀환자(난민 그리고 강제이주민)	UNHCR에 의해 보호 및 도움을 받고 있는 국내강제이주자	귀환된 국내강제이주자	무국적자	망명국 및 망명지에 의해 UNHCR에 관여된 자	총인원
Swaziland	752	612	256	-	-	-	-	-	1,008
Sweden	79,913	-	17,405	-	-	-	5,571	-	102,889
Switzerland	48,523	-	12,385	-	-	-	153	-	61,061
Syrian Arab Rep.10	702,209	-	5,213	3	-	-	300,000	-	1,007,425
Tajikistan	929	919	238	142	-	-	184	-	1,493
TFYR Macedonia	1,240	1,189	205	176	-	-	762	479	2,862
Thailand	133,117	133,117	18,424	-	-	-	-	288	151,829
Timor-Leste	3	3	3	-	155,231	11,727	-	-	166,964
Togo	6,328	1,328	442	7,917	-	3,000	-	-	17,687
Tunisia	93	59	68	-	-	-	-	-	161
Turkey10	2,633	2,633	6,219	15	-	-	-	306	9,173
Turkmenistan	750	750	1	-	-	-	-	-	751
Uganda	272,007	222,330	5,812	5,035	1,586,174	300,000	-	-	2,169,028
Ukraine	2,275	248	1,183	-	-	-	64,992	5,000	73,450
United Arab Emirates	174	174	32	-	-	-	-	-	206
United Kingdom	301,556	-	12,300	-	-	-	205	-	314,061
United Rep. of Tanzania	485,295	287,061	380	4	-	-	-	-	485,679
United States	843,498	-	124,223	-	-	-	-	-	967,721
Uruguay	125	77	28	-	-	-	-	-	153
Uzbekistan	1,415	1,415	-	4	-	-	7	-	1,426
Venezuela (Bolivarian Rep. of)	720	241	7,754	-	-	-	-	200,000	208,474
Viet Nam	2,357	-	-	63	-	-	7,200	-	9,620
Yemen	95,794	95,794	859	2	-	-	-	-	96,655

국가	난민	UNHCR에 의해 보호되고 있는 자	망명신청자(진행/사례)	귀환자(난민 그리고 강제이주민)	UNHCR에 의해 보호 및 도움을 받고 있는 국내강제이주자	귀환된 국내 강제 이주자	무국적자	망명국 및 망명지에 의해 UNHCR에 관여 된 자	총인원
Zambia	120,253	64,690	215	-	-	-	-	-	120,468
Zimbabwe	3,519	2,149	296	1	-	-	-	-	3,816
Various	-	-	-	67	-	-	-	-	67
Total	9,877,707	4,474,092	740,165	733,622	12,794,268	1,864,171	5,805,943	1,045,409	32,861,285

출처: 2006 ASR. Data 는 잠정적이며 변화가능성이 있음. 2007년 6월 15일 통계임.

자료: UNHCR/Governments. Compiled by: UNHCR, FICSS.

이주민 정책과 서비스

국문

ㄱ

가정결연 프로그램 / 271
가족 재결합을 위한 이주자 / 50
강제이주 / 49
거주지보호단계 / 304
결혼이민자가족지원센터 / 119
계약노동자 / 48
고용보험법 / 130
고용허가제 / 123, 134
공화주의 모델 / 333
국가유공자 및 월남귀순자 특별원호법 / 153
국민건강보험법 / 129
국민기초생활 보장법 / 139
국민연금법 / 128
국제결혼이주민 / 348
국제노동기구 / 94
궤도난민 / 54
귀순북한동포보호법 / 154
귀환 이주자 / 50
긴급지원 / 113

ㄴ

난민 / 34, 49, 51
난민수용시설 / 36
난민의 지위에 관한 협약 / 52
난민의정서 / 52

ㄷ

다문화가족법 / 111
다문화모형 / 68
다문화주의 모델 / 333
도구주의적 이민정책 / 34
동화모형 / 69
뒷문 메커니즘 / 89

ㅁ

망명 신청자 / 49
메이어스 / 70
멘토링 프로그램 / 272
무지개청소년센터 / 241
문화체험 프로그램 / 270
민족주의 모델 / 332
민족집단모형 / 79

ㅂ

배출 · 유인이론 / 35
배출요인 / 36
보트피플 / 81
북한이주민 / 348

북한이주민정착지원사무소 / 140
북한이탈주민 / 150
북한이탈주민 정신건강지원 / 174
북한이탈주민 정착지원센터 / 174
북한이탈주민 지원 민간단체 연대 / 238
북한이탈주민 지원 조례 / 173
북한이탈주민의 보호 및 정착지원에 관한 법률 / 44, 155
북한이탈주민지원지역협의회 / 306
북한이탈주민후원회 / 162
불법이주자 / 49
비빔밥 문화론 / 336

ㅅ

사례관리 268
사회적응 프로그램 / 270
사회통합 / 296
산업연수생제도 / 105
산업재해보상보험법 / 131
새터민 / 235
새터민 융화 프로그램 / 271
새터민보호담당반 / 164
새터민복지담당반 / 164
새터민취업보호담당반 / 164
생산적 다양성 / 79
생활지원 서비스 / 268
스토커 / 23
시민권 모형 / 79
신고전적 경제이론 / 45
실업급여 / 116

ㅇ

역내권 보호프로그램 / 77
역외권 정착프로그램 / 77
연수취업제도 / 106
옆문 메커니즘 / 89
오페어 / 24
와이너 / 295
외국인근로의 고용 등에 관한 법률 / 107
외국인노동자협의회 / 106
외국인력정책위원회 / 135
월남귀순용사특별보상법 / 153
위임난민 / 53

유엔 난민고등판무관실 / 53
유인요인 / 37
의료보장 / 114
이민정책 / 90
이민자정책 / 90
이주 / 47
이주관리 / 20
이주노동자 / 94
이주노동자운동 / 106
이주민 네트워크 / 24
이주의 여성화 / 93
이주자 / 46
이주 프로그램 / 77
인도적 프로그램 / 77

ㅈ

자조모임 / 271
정착 지원금 / 217
정착기본금 / 217
정착도우미 / 163, 174
정착도우미 사업 / 267
정착민 / 48
정착지원센터 / 191
제국주의 모델 / 332
주거지원금 / 217
중국 · 북한 범죄인상호인도협정 / 53

ㅊ

차별적 배제모형 / 69
체류자격 변경허가제도 / 107
초국적 이주 공간 / 26
출입국관리법 / 96
취업 장려금 / 217
취업지원 / 115

ㅋ

캐슬과 밀러 / 67

ㅌ

통일교육원 / 163, 183
통일미래지도자 과정 / 164

ㅍ

파이퍼 / 104
파이버 · 로체스 / 104
폐쇄정책 / 89

ㅎ

하나원 / 140, 160
한겨레 중 · 고등학교 / 141
한부모가정지원 / 114

영문

IOM / 27
Migrant Worker / 94
Migrant' s Arirang / 138
MOU / 124
rainbow+ / 122
Republikflucht / 54
UNHCR / 29

이주민 정책과 서비스

초판 1쇄 발행 2008년 7월 1일

지은이 / 이기영 안혜영 이민영 박은숙
　　　　박윤숙 김현경 김선화
　　　　그리스도대학교 남북통합지원센터 편
펴낸곳 / 나눔의집
펴낸이 / 박정희
주 소 / 152-790 서울시 구로구 구로3동 182-13번지
　　　　대륭포스트타워 II 1205호
전 화 / 02-2082-0260
팩 스 / 02-2082-0263
www.ncbook.co.kr

값 16,000원
ISBN 978-89-5810-132-1　93330

●파본은 구입하신 곳에서 교환해 드립니다.